KB260445

# 전쟁이라는 문턱

## 총력전하 한국-타이완의 문화 구조

**전쟁이라는 문턱 : 총력전하 한국-타이완의 문화 구조**

초판 1쇄 인쇄 _ 2010년 6월 30일
초판 1쇄 발행 _ 2010년 7월 10일

지은이 · 한국-타이완 비교문화연구회

펴낸이 · 유재건 | 주간 · 김현경
편집팀 · 박순기, 박재은, 주승일, 태하, 임유진, 강혜진, 김혜미, 김재훈, 김미선
디자인팀 · 권진희 | 마케팅팀 · 이경훈, 정승연, 황주희, 이민정, 박태하
영업관리팀 · 노수준, 이상원, 양수연
펴낸곳 · (주)그린비출판사 | 등록번호 · 제313-1990-32호
주소 · 서울시 마포구 동교동 201-18 달리빌딩 2층 | 전화 · 702-2717 | 팩스 · 703-0272

ISBN 978-89-7682-739-5 93910

이 도서의 국립중앙도서관 출판시도서목록(CIP)은 e-CIP 홈페이지(http://www.nl.go.kr/ecip)에서
이용하실 수 있습니다.(CIP제어번호 : CIP2010002406)

그린비 출판사 나를 바꾸는 책, 세상을 바꾸는 책
홈페이지 · www.greenbee.co.kr | 전자우편 · editor@greenbee.co.kr

이 저서는 2007년 정부(교육과학기술부)의 재원으로 한국연구재단의 지원을 받아 수행된 연구임
(KRF-2007-361-AM5)

# 전쟁이라는 문턱

## 총력전하 한국-타이완의 문화 구조

한국-타이완 비교문화연구회 지음

그린비

 차이의 장소와 소통의 가능성을 향하여
— 식민지 문화의 비교 연구

이 책은 2009년 7월 성공회대 동아시아연구소와 타이완 칭화대학 타이완문학연구소가 공동 주최한 워크숍 '총력전하의 문화 사정: 식민지 후기 한국과 타이완 비교 연구'의 성과물이다. 이 워크숍을 기획한 것은 2008년 여름 무렵으로, 그로부터 1년 후에 워크숍이 열리고 다시 1년 후인 올해 2010년 여름 이 단행본이 출간되는 셈이다. 기획 초기 단계에, 식민화 과정의 복잡성과 복합성을 신중하게 사유해 온 한국 학자들 4명이 선뜻 동참의 뜻을 밝혀 주었다. 함께할 타이완 연구자들을 모으는 일은 타이완의 류수친 선생이 맡아 주었고 그녀는 곧 훌륭한 동료 학자들을 소개해 주었다.

이렇게 하여 총 9명의 참여자(천웨이즈陳偉智 선생은 급한 사정으로 워크숍에는 참여하지 못했다)들은 2009년 7월 25~26일 이틀 동안, 개인 논문을 발표하고 공통의 의제를 토론하는 시간을 가질 수 있었다. 애초 이 워크숍은 몇 가지 원칙을 공유하고 있었고 또 준비 과정에서 그 원칙을 최대한 지키고자 모두 협조했고 노력했다. 원칙의 핵심은 다음과 같았다. 첫째, 가능한 한 작은 규모의 모임을 만들어 불필요한 준비를 줄이고 토론 시간을 충분하게 확보하자는 것이었다. 이를 위해 우리는 워크숍 전에, 완성된 논문의 독해를 서로 모두 마치기로 했다. 둘째, 연구 결과물을 한국과 타이완에서 공동 출판하자는 것이었다. 특히 한국의 경우 학문장(學文場)의 '국제화'가 가속화된 이후 다양한 방식으로 국제교류가 이루어져 왔지만, 그것이 보다 '쌍방적일' 필요가 있다는 데 모두가 공감했기 때문이다. 이러한 원칙들은 시간과 재정의 불필요한 소모와 낭비를 최소화하고 교류의 내실을 꾀하는 데 필수적이었다.

워크숍의 주제로 '총력전하의 문화 사정'을 선택한 것, 그리고 한국과 타이완 비교 연구라는 방법론을 취한 것에 대해 부연해야 할 듯하다. 아시아 권역의 역사와 현재에 대한 다양한 성찰적 사유가 본격화된 이래 적지 않은 시간이 흘렀다. 그럼에도 불구하고, 우리에게는 끊임없이 되묻고 기억하고 반추해야 할 문제들이 남겨져 있고 또 지금도 여전히 생겨나고 있다. '관계'에 대한 의식 혹은 '관계 맺음'을 향한 노력이 없다면, 우리는 과연 자기중심적 의식에서 벗어나 타자를 향해 접근할 수 있을까? 나아가 그 타자를 경유하여 '자기'를 다시 질문할 수 있을까? 한국과 타이완의 역사를 하나의 무대 위로 불러들인 우리의 시도는 그간의 아시아를 둘러싼 권역적 이해의 성숙과 더불어 진행된 시선의 복합화 또는 시야의 확장과 연관되어 있다.

한국과 타이완은 식민화와 반공이라는 역사적 유산을 공유하고 있다. 그러나 서로에 대한 이해나 교류는 식민체제나 냉전 시스템 내에서 오랫동안 제한적으로 이루어져 왔다. 우리는 두 지역이 처해 있던 유사한 역사적 국면이나 환경 그리고 궁극적으로는 통약 불가능할 차이들을 함께 검토하고 싶었다. 특히 식민화의 문제와 관련하여 말하자면, 한국은 주로 일본과의 관계 속에서 논의되어 왔고 타이완 역시 그러했다. 식민 종주국과 식민지 사이의 관계는 언제나 문제적이며 따라서 결코 외면할 수 없는 뜨거운 지점이지만, 식민지들 사이의 관계를 물을 수 있는 다른 구도의 설정도 필요해 보였다. 단지 제국의 공간적(권역적) 운용을 살펴보기 위해서는 아니다. 이러한 구도의 설정은 관계의 다각화와 관계 맺음의 다면화를 통해, 공통의 기억과 체험을 나누어 가진 서로 다른 집단들의 소통이나 상호 발견을 자극하기 위함이다. 이 자극이 과거 자체를 바꿀 수는 없겠지만 과거를 안고 있는 현재와 미래, 과거를 향하는 현재와 미래의 태도는 변화시킬 수 있을 것이기 때문이다.

이런 점에서 우리의 비교 연구는 의미와 한계를 동시에 가질 것이다. 한국과 타이완의 역사가 서로 소상하게 구체적인 차원에서 마주 세워진 적은 생각만큼 많지 않다. 마주-세움을 통해 제국주의나 냉전의 구조에 다초점적으로 접근하는 일이 가능할 것이다. 제국의 장악력이 물리적·이념적으로 극대화되었던 총력전 시기는, 그 강력해지는 장악력과 연동하여 식민자와 피식민자 사이의 탈구 그리고 피식민자 내부의 균열 역시 극단화된 시기이기도 했다. 이때 '협력'이나 '저항'이라는 틀로 쉽게 환원될 수 없는 욕망과 의식, 삶의 문제들이 극적으로 분출했다. 따라서 식민자와 피식민자 사이의 작용-반작용이 격렬해진 1930년대 후반의 전시체제는 포스트식민성의 문제를 첨예하게 고민할 수 있는 하나의 결정적인 절단면이라 하겠다.

이런 문제의식하에서, 우리는 한국과 타이완의 상황을 겹쳐 놓고 그 현장을 미시적으로 살펴보고자 했다. 하지만 우리의 열의와 열심에도 불구하고, 사실상 이러한 시도는 초기적인 차원의 작업임을 인정하지 않을 수 없을 듯하다. 비교 연구는 좀더 밀도 높은 관계사(關係史)나 교류사적 관점을 갖춘 형태로 지속적으로 진전되어야 한다. 1945년 이후 한국과 타이완 사이에서 본격적으로 진행된 보다 실제적인 관계와 상호 참조화의

맥락을 생각해 볼 때, 그리고 오늘날 촉진되고 있는 지구화 및 권역화 과
정의 사회·정치·문화적 양상을 염두에 둘 때 더더욱 그러하다. 이번 우리
의 기초적인 작업과 시도가 수많은 교차와 조우의 풍경을 규명하는 '두터
운' 트랜스내셔널리티의 역사문화 연구로 성숙되고 연장되기를 기대해
본다.

*　　*　　*

총 열 편의 논문을 싣고 있는 이 책은 세 개의 부로 구성되어 있다. 한국 필
자들의 글에 대해서는 류수친 선생이 자세하게 소개해 주었으니 그녀의
서문을 참고하기 바란다. 나는 타이완 측 참여자인 천웨이즈, 류수친, 왕
후이전, 스완순, 미사와 마미에의 논점을 간략하게 재구성하고 이들의 글
이 한국 연구자들에게 던져 주는 시사점을 중심으로 그 의의를 짚어 보고
자 한다.

　우선 1부 '시공간 지형과 의식의 지정학'에 실린 천웨이즈와 류수친
의 글은 제국 일본에 의해 틀 지어진 거대한 시공간적 지평에서 타이완이
어떠한 방식으로 재구성되고 재상상되었는가를 검토하고 있다. 천웨이즈
의 분석은 우신룽(吳新榮)의 시에 초점을 맞추고 있다. 그는 표면적으로
시국적(時局的) 색채를 강하게 띠고 있는 텍스트의 지층을 면밀하게 들춰
내면서, 이 텍스트가 당시 상황에서 발휘한 효과의 양가성에 주목한다. 그
에 따르면 우신룽의 텍스트는 타이완을 중심으로 하는 범아시아적 공간
에 대한 상상 그리고 새로운 역사 단계를 향한 기대를 담고 있다. 이 상상
과 기대는 타이완을 세계사적 차원에서 재정위(再定位)하고 재전유(再專
有)하려는, 전시 타이완 지식인의 의식의 곡예라 할 수 있다. 1930년대 후

반에 새로운 세계사적 감각의 대두와 더불어 이전과는 다른 방식의 자기 정체화 기제가 작동하기 시작한 것은 조선의 경우도 마찬가지다. 이 문제에 대한 현재 한국 학계의 해석 역시 복수적(複數的)인데, 천웨이즈는 피식민자가 새로운 인식틀을 구성하는 역능에 강조점을 두고 있다. 이러한 관점은 전시 담론이 갖는 이중적 의미를 묻고 있는 한국의 학자들에게도 의미 있는 참조점이 될 것이라 생각한다.

류수친은 타이베이와 하얼빈이라는 두 도시가 제국 경영 시스템 내에서 갖는 정치경제적 위상을 분석하면서 두 지역의 도시적 글쓰기가 갖는 문화정치적 의미를 탐색하고 있다. 타이베이와 하얼빈은 각각 남진(南進)과 북진(北進)의 전초기지였지만 거대한 제국 체계 내에서 갖는 입지가 서로 달랐기 때문에 지역적 글쓰기의 특징과 성격도 각기 다르게 발현되었다. 이 글은 식민지 도시들의 상호 연계성과 역학 구조를 조감하는 거시적인 관점과 특정한 지역성의 표출로서의 글쓰기 양상에 주목하는 미시적인 관점을 함께 갖고 있다. 국제도시 하얼빈과는 달랐던 타이베이의 상황 그리고 이곳의 작가들이 어떠한 삶의 상태를 소설화했는지가 정치하게 분석되고 있다. 한국 학계에서도 만주와 만주문학 연구가 다채롭게 진행되어 왔다. 더불어 경성 도시문화 분석 또한 이루어져 왔다. 그러나 제국 체계와 식민지 세계화라는 관점에서 도시들을 비교하는 작업은 찾아보기 힘들다. 경성도 주로 동경과의 관계 속에서 다루어져 왔다. 이런 점에서 류수친의 문제의식은 식민지 도시문화 연구의 필요성과 그 연구틀의 생산적인 각도 조절을 자극하고 있다.

다음, 2부 '타자 경험과 자기 구성의 역학'에 실린 왕후이전과 스완순의 글에 주목해 보자. 왕후이전은 타이완 지식인의 개인 독서사(讀書史)를 재구성하면서, 타이완의 전반적인 지(知)의 체계와 그것의 전시적(戰

時的) 성격을 세밀하게 분석하고 있다. 지식사회학적 관점을 취하고 있는 이 글을 통해 우리는 식민지 지식체계 형성의 동력학에 접근할 수 있다. 그녀는 일본 출판문화 산업의 논리가 타이완에서 어떤 식으로 작용했는지 또 그 영향권 내에 있던 타이완의 독서 시장에서 지식인들의 앎의 구조가 어떤 양상을 띠었는지를 규명하고 있다. 특히 전시에는 시국 선전의 필요성에 부응하여 '지나학' 총서류가 대량 번역 출판되었는데, 이 시기 출판독서계에 불었던 '지나열(熱)'은 전시 타이완 지식인의 중국에 대한 상상뿐만 아니라 전후 초기 중국 정권 수립에 대한 태도에도 깊은 영향을 미쳤다. 현재 한국에서도 식민지 독서 시장과 지식 유통에 관한 연구는 다각적으로 이루어지고 있지만, 총력전 시기는 상대적으로 주목을 덜 받고 있다. 이 가운데 검열 연구가 지식과 이념에 대한 직간접적 규제를 밝히고 있지만, 전시라는 특수한 환경에서 조성된 지식 생산-소비 시장에도 더 많은 관심을 기울일 필요가 있다. 특히 1930년대 후반 '지나'는 타이완뿐만 아니라 조선에서도 중요한 의미를 갖는 존재였으므로 이 문제에 대한 문화사회학적 논의도 긴요하다 하겠다.

스완순은 타이완의 인형극 전통을 대표하는 부다이시(布袋戲)가 총력전 시기에 어떠한 '개조'와 '변화'의 부침을 겪게 되었는지를 분석하고 있다. 그녀의 주된 관심은 타이완 혹은 타이완 문화의 지방성(locality)으로, 특히 1940년대 초에 지방문화론과 향토성론이 돌출적으로 재구성된 경위를 규명한다. 이 작업을 위해 주로 초점을 맞춘 인물은 부다이시 개조를 주도한 황더스(黃得時)이다. 태평양전쟁기를 전후하여 부다이시는 일본 신인형극의 형태로 '갱생'되었는데, 필자는 황더스가 이 개조 프로젝트를 수용하고 실행해 간 과정에 기록되어 있는 내적인 긴장 관계를 논하는 데 주력하고 있다. 그녀는 한편으로는 제국의 문화정책 논리를 받아들이면서도, 또 한편으로는 그것의 전능성에 흠집을 내는 식민지 문화론자의 입장에 의미를 부여한다. '대동아공영'이라는 모토 아래 '향토성'과 '지방적 특수성'을 둘러싼 다양한 논의들이 제출되었음은 주지의 사실이다. 이러한 담론적·이념적 틈바구니에서 실낱같은 가쁜 호흡으로 살아 있던 식민지의 예술과 문화를 어떻게 의미화할 것인가는 이곳 연구자들에게도 여전히 어려운 문제이다. 스완순의 글을 통해 한국의 학자들은 고민을 공유하고 함께 논구해 볼 수 있을 것이다.

마지막으로, 3부 '차이와 욕망, 혹은 균열의 정치학'에 실린 미사와 마미에의 글을 재독해 본다. 그녀의 글은 배우이자 영화감독이었던 허페이광을 통해 전시 타이완 출신자의 정체성 정치에 내재된 불가피한 복잡성을 흥미롭게 포착한다. 식민지 시기 타이완인의 자기 정체화 기제는 타이완을 넘어서서 '중국'이라는 지정학적 공간까지를 포괄하는 경우가 있었기에, 조선의 경우와는 좀 다르게, 그 구조가 더 복잡했다고 할 수 있다. 이 글은 타이완 출신자가 중국(인)과 일본(인)이라는 안팎의 경계선들을 어떤 식으로 그리거나 지우면서 자기를 구성해 갔는지, 그리고 왜 그럴 수밖에 없었는지를 진지하게 묻고 있다. 이 시기의 조선인이나 타이완인에게, '누구로 살 것인가'를 선택하는 일 또 선택한 대로 연기(演技)하거나 수행하는(perform) 일은 늘 위험과 불안을 동반하는 일이었다. 더 나쁘게는, 그것은 늘 지연과 실패로 귀결되는 일이었다. 피식민자의 정체성 정치가 개인적 욕망의 기록이자 고통의 기록일 수밖에 없는 이유는 여기에 있을 것이다. 이 글은 '일본인-되기'라는 정체성 전환이 특히나 문제시되었던 총력전 시기, 조선인의 상황과 내면 의식을 읽어 내는 작업에도 의미 있는 도움을 줄 것이라 기대한다.

지금까지 다섯 편의 글의 문제의식을 간략하게 소개했다. 더 자세한 논의와 섬세한 해석은 본문을 참조해 주기 바란다. 이매뉴얼 월러스틴은 역사적 사회과학에서 필요한 것은 각각의 가능한 시간성들과 공간성들 속에서 우리의 실재가 어떻게 보이는가를 숙고하는 것이라고 했다. 이러한 사유의 태도가 비단 사회과학에만 국한되는 것이 아님은 당연하다. 우리의 실재라는 것은, 한국과 타이완이라는 시간성들과 공간성들 속에서 어떻게 보일 것인가. 그리고 우리들 각자의 발화는 역시 한국과 타이완이라는 시간성들과 공간성들 속에서 어떻게 수신(受信)될 수 있을 것인가. 이러한 상대화와 거리화의 가능성은 이제 이 책이 출판되는 두 지역에서 곧 열리게 될 것이다. 발화한 의도대로 잘 도착하여 이해될 수 있다면 더 바랄 나위가 없겠지만, 설사 그렇지 않다 해도 즐거울 일이다. 그 어긋남을 통해 우리는 우리들의 입장을, 우리 자신을 향해 나아가 저편에서 귀 기울이고 있는 타인을 향해 새롭게 질문하고 또 재정비할 수 있을 것이기 때문이다.

서로 다른 언어로 글을 쓰고 소통하는 것은 예상보다 몇 배 더 힘겨운 일이었다. 두 언어 사이에서 끝까지 지치지 않고 번역과 교환의 다리를 놓아 준 이영섭, 이정순, 이해응, 송태욱, 진정원, 이주해, 자오옌(焦艷), 황이후이(黃懿慧) 선생께 깊고 깊은 감사의 뜻을 전한다. 그리고 작년, 멀리 타이완까지 함께 동행하여 모든 일을 척척 맡아 해결해 준 김수현 선생, 식민지 선전영화를 선별하여 해설과 상영을 맡아 준 정종화 선생의 후의도 잊지 못할 것이다. 워크숍의 모든 과정을 정성스럽게 준비해 준 칭화대학 타이완문학연구소의 류수친, 왕후이전 선생과 그곳의 젊은 학자들에게도 특별한 감사와 우정을 전한다. 물론, 참여한 모든 분들의 열의와 성의가 아니었다면, 이 작은 결과물은 이렇게 좋은 모습으로 나오기 힘들었을 것이다. 이 책이 학문적 교류의 성과일 뿐만 아니라 소중한 우정과 신뢰의 기록이기를 진심으로 바란다. 끝으로, 어려운 시절에 책 출간을 기꺼이 맡아 준 그린비출판사와 많은 것을 배려해 준 편집부의 박순기 씨, 박태하 씨께도 인사를 전한다.

2010년 6월 필자들을 대신하여

김예림

 조선과 타이완을 어떻게 만나게 할 것인가?
— 식민지 문학의 비교 연구

## 1. 벗이 먼 곳에서 오다[1] : 프로젝트의 시작

워크숍 '총력전하의 문화 사정: 식민지 후기 한국과 타이완 비교 연구'는 한국 성공회대학교 동아시아연구소가 발기 단체가 되고 타이완 칭화대학 타이완문학연구소가 공동 작업의 창구가 되어 이루어졌다. 우리는 함께 활동 사항을 계획하면서, 일본 식민통치 시기 한국과 타이완의 전시(戰時) 문화 경험 비교를 연구 주제로 삼아 국제적인 공동 연구와 출판 프로젝트를 진행했다. 전체 프로젝트는 2008년 8월 정식으로 시작되었으며, 주요 활동 및 성과는 다음과 같다. ① 논문 작성, ② 서울에서 쌍방 주관자 작업 회의, ③ 한국 연구팀과 타이완 연구팀의 분과 회의 및 논문 수정, ④ 논문의 양국 상호 번역 및 분과 간 상호 교차 독회, ⑤ 식민지 시기 한국과 타이완에 관한 기본 도서 상호 교차 독회, ⑥ 다국적 워크숍 전체 학자 논문 발표회 '총력전하의 문화 사정: 식민지 후기 한국과 타이완 비교 연구',

---

1) 이는 『논어』(論語), 「학이」(學而) 편 제1장의 "有朋自遠方來"를 인용한 것이다. ── 옮긴이

⑦ 논문 수정과 번역, ⑧ 2009년 한국과 타이완 양국에서 연구서 출판.

'총력전하의 문화 사정: 식민지 후기 한국과 타이완 비교 연구' 다국적 회의는 전체 학자의 논문 초고 발표, 상호 토론 및 비교 의제 교류를 목적으로 하고 있었으며, 이는 전체 프로젝트의 정점이었다. 1990년대 중반 이후부터 태평양전쟁 시기의 한국과 타이완에 대한 전면적인 검토가 시작되었는데, 이 문제는 지금까지도 여전히 뜨거운 논쟁거리이다. 과거 이러한 연구들은 대부분 한국-일본이나 타이완-일본이라는 양자 간 고찰에 치중되어 있었는데, 이제는 문제의식의 다각화를 위해 한국과 타이완의 경험을 비교하는 작업이 더 강화되어야 할 것이다. 이 회의는 만주사변, 중일전쟁, 태평양전쟁이라는 세 차례에 걸친 전쟁 기간 동안의 정치 환경, 민족 관계, 지역 문제, 문화 생산 현상을 하나의 연속적인 그리고 순간적으로 계속 변화하는 반응 과정으로 파악하였다. 주된 초점은 1937년부터 1945년까지의 총동원 체제 시행기에 집중되어 있었다.

회의는 2009년 7월 24일부터 26일까지 칭화대학에서 개최되었는데, 전체 프로그램은 주제 회의 및 원탁회의로 구성되었고, 별도로 한국과 타이완의 전시(戰時) 기록 필름도 상영했다. 발표회를 마친 후에는 참여했던 전체 학자들이 논문 번역 및 출판 관련 회의를 진행했다. 워크숍 참여자에는 논문 발표자 9명, 회의 업무 준비 및 논문 번역과 통역을 담당한 교수 몇 명이 포함되어 있었다. 타이완 중앙연구원 타이완사(史)연구소의 한국인 학자 진정원 교수는 통역을 담당해 회의에서의 의사소통을 도왔다. 성공회대학교 동아시아연구소의 김수현 선생, 한국영상자료원의 정종화 선생은 회의 업무 진행과 토론의 구체화를 위해 중요한 역할을 담당해 주었다.

## 2. 다른 산의 돌이라도 내 옥을 다듬을 수 있다[2] : 한국 연구팀

한국 측 논문과 원탁회의의 초점은 중일전쟁 발발 이후 국가총동원법
(1938)과 더불어 시작된 육군특별지원병제도, 국민정신총동원운동, 국민
총력운동, 징병제도 등의 조치 및 같은 시기에 시행된 황국신민화 운동이
조선인의 주체성 구축과 포스트식민의 사고에 어떠한 영향을 주었는가
하는 점이었다. 중일전쟁은 조선에서 발발한 것도, 조선을 겨냥해 발발한
전쟁도 아니었지만 조선의 내적·외적 구조에 미증유의 심대한 영향을 미
쳤다. 한국 학자들은 한결같이, 한국 역사에 있어서 중일전쟁이 초래한 심
각한 영향, 황국신민화와 전쟁 동원 정책이 가지고 있던 '민족 말살'과 '포
스트식민의 새로운 가능성'이란 양면적 의의를 제시했다.

　　김예림은 전쟁이 피식민주체의 생활과 사유 방식을 규정하는 구조
가 되었고, 주체가 소유한 권리나 사회관계가 전쟁 혹은 전장에 치중하여
실행되었음을 강조했다. 장기화되는 전쟁을 위해 일본 제국은 "피식민 집
단을 운용하는" 기술을 사용하기 시작했다. 즉 피식민자를 활용하기 위
해 그들에게 의무를 부여하고, 의무를 부여하기 위해 주어야 하는 권리 또
한 부여한 것이다. 이로 인해 조선의 담론장에 변화가 나타났을 뿐만 아
니라, 자신과 다른 민족(특히 일본과 중국)에 대한 인식 역시 이전과는 달
라졌다. 차승기는 황국신민화의 제시가 '동원 이외'의 양상을 파생시켰다
는 점, 조선인의 포스트식민 상상이 전쟁을 빌려 "제도적 평등을 쟁취하
려는" 측면으로 전개되었음을 역설했다. 김항 역시 "전쟁은 대단한 재난"

---

2) 이는 『시경』(詩經), 「소아·학명」(小雅·鶴鳴) 편의 "他山之石, 可以攻錯"이란 구절을 번역한
　　것이다. ── 옮긴이

이었지만 그럼에도 불구하고 전시 통제하에서 인간적 사유만큼은 자유를 누리고 있었다고 보았다. 한국의 연구자들은 민족주의적-계급주의적 틀에서 벗어나 비이데올로기적인 욕망의 영역을 이해하고자 했으며, 민중사나 일상사의 입장에서 총력전 체제에 접근하고자 했다. 그들은 식민지-제국 체제가 총력전 체제로 전환된 과정에서 당시 조선인이 어떻게 새롭게 태어나기를 원망(願望)했는지, 또 어떻게 '제국 주체'로 새롭게 태어나려 했는지를 규명했다.

김예림은 문화정치적 관점에서, 특정 집단을 전쟁터로 이끄는 생명정치의 관리·동원·배치 기술이 전장 경험과 전쟁 스펙터클의 문화 생산과 전파를 작동시켰음을 지적했다. 식민자(즉 일본)는 조선인에게는 참전 자격이 없다는 "전락에 대한 염려"를 조종하고, 발언권을 지닌 조선의 지식 계층을 통해 최전선의 소식을 끊임없이 전파했다. "전쟁 스펙터클 사회"가 조성되고, 대륙으로의 진군 및 지원병 정책의 영향력이 강화되었다. 동시에 사회 모든 구성원의 전시 도덕과 규범을 보급할 시스템도 구축했다. 조선인의 입장에서 보자면 일본-만주-'지나'(支那) 연합체 내에서, 자신의 생존 근거의 창조를 목표로 민족주의를 고취하는 제국의 중국과의 전쟁을 지지하고, 아울러 '포스트민족주의'의 새로운 입장에서 조선의 집단 정체성을 재건하기 시작한 것이다. 1930년대와는 완전히 다른 "민족의 총체적인 전향"은 바로 이러한 배경 아래서 생성된 것이다.

차승기는, 생명정치란 바로 생명을 전시 동원 체제 속으로 내몰아 피식민 집단을 "포획된 생명"으로 전락시키고 제국이 관리·이용·재생산하는 정치라고 주장했다. 그는 식민자가 후생 사업, 내선결혼, 생활의례 등 다양한 생명정치의 활용을 통해, 어떤 식으로 피식민자에게 식민지-식민 종주국 간의 위계질서를 축소하려는 동기를 부여하는지 그리고 포스트

식민의 욕망을 이끌어 내어 내면화시키는지 광범위하게 설명해 주었다.
그러나 무차별적인 황국신민화의 욕망에 근거한 조선인의 협력 혹은 충
성 역시 주체적인 목적이 있었다. 그렇다면 제국과 식민지 쌍방은, 어떻게
'황국신민을 획득하고 제국 지배를 강화'하고, 포스트식민의 욕망이 '식
민지/제국이라는 권력의 벽을 무너뜨리는 것'을 피하면서, 동시에 '황국
신민이 되어 식민지라는 꼬리표를 떼어 버리는 것'이 '민족 말살'이라는
선택을 초래하지 않게끔 할 수 있었을까? 그는 포스트식민의 욕망을 조절
하면서 만들어진 "공민(公民)이라는 연금술"이 '총체전(總體戰)[3]의 통합
(황국신민화): 제국 식민지 평등권(공민화)'이라는 역설적인 관계를 지니
고 있음을 발견한다. '생명정치'와 '포스트식민 욕망'의 균형 상실의 끝은
바로 '공민이 되는 것=일본인이 되어 죽는 것'이었다.

소영현은 욕망정치의 각도에서, 보통의 민중을 대상으로, 전쟁이라
는 엄청난 변화 아래 놓인 일상생활과 개인적 욕망에 관심을 두었다. 그녀
는 1940년 전후, 즉 전시 경제는 번영하지만 개인의 생활은 궁핍해지는
모순적인 상황에서, '지나로의 진군', '내선일체'(內鮮一體) 등의 지역 질
서와 권력 위계의 변화라는 자극 및 투기 심리 등이 요인이 되어 조선인
들에게 "맹목적으로 변화를 추구하고자 하는" 갈망이 나타났음을 지적했
다. 국민총력조선연맹 문화부의 조선 국민 문화 건설 방안은 무지향적인
개인 욕망을 집단 욕망으로 발전시키거나 억제시켜 버렸는데, 이는 곧 조
선인들을 '전시체제의 기계 인간'으로 개조하려는 의도였다. 그러나 변화
를 추구하든 개조를 받아들이든, 변화에 대한 식민자와 피식민자의 독해

---

3) 총체전(總體戰)이란 전시 총동원 체제를 가리킨다.

와 이해는 종종 이질적이었다. "경제-일상과 문화에 틈이 나타난" 시기, 식민지 민중과 욕망의 난동이라는 그 은밀하고도 복잡한 상황과 배후에 숨겨진 주체의식은, 이미 지식계층의 인쇄매체가 묘사하고 읽어 낼 수 있는 것이 아니었다. 또한 계급 혹은 민족 문제로 정의를 할 수도 없는 것이었다. 그것은 개인적인, 심지어 반어적으로 근대정신을 풍자하는 차원에 진입해 있었다.

백문임은 군사 인력 동원이 조선의 문화관습이나 여성을 설득해야 하는 과제에 맞닥뜨렸을 때, 어떤 방법을 통해 '제2 황군=진정한 남자=일본인 되기'로 남성을 유인하고, 동시에 복제판 "군국(軍國)의 어머니"와 "후방의 아내"로 여성 심리에 대한 공방을 펼쳤는지 분석했다. 더불어 1940년 조선영화령이 반포되고 1942년 조영(법인 조선영화주식회사)이 성립됨에 따라 "문화전의 실질적인 무기"로 간주되던 선전영화가 이미 군국 담론이 만들어지는 주요 영역이 되어 있었음을 밝히고자 했다. 그러나 영화 속 일본·조선 남성의 평등 담론의 허실과 조선 여성의 역할이 상징하는 의미의 혼잡성을 통해, 그녀는 '지원병 남성'의 정의 과정에서 스토리 속 성별 담론의 균형 상실, 영상/음성의 비대위적(非對位的) 처리, 그리고 연기자들의 일본어 구사 능력 부족 등의 요인으로 담론 전달의 한계가 초래되었음을 지적했다. '제국 관점의 남성 종군 담론의 과잉'과 '식민지 여성 담론의 애매모호함'은 성 담론을 기초로 하는 '제국 군인=일본인'이라는 제국 언어 체계 내에서 의미의 결함과 파탄을 드러냈다. 조선 여성의 언어와 음성이 의미 체계를 전달하지 못하는 공연은 부득불 영상의 독해에 의지하게 만드는 상황을 초래했고, 이로 인해 도리어 "제국 언론을 복제한" 조선 남성 담론 밖에서 전혀 예상치 못하게도 전시 문화의 산물인 내선일체론의 숨길 수 없는 모순점이 드러나고 말았다.

김항은, 다카야마 조규(高山樗牛), 니시다 기타로(西田幾多郎), 미키 기요시(三木淸)를 통해 하이데거를 접촉한 박종홍의 사상 경로에 주목하면서, 박종홍 자신이 몸담았던 "서양의 과학 중심주의와 이성 계몽주의를 벗어나 실제 생활 체험과 본능을 기초로 하는" 일본 사상계의 영향력을 검토했다. 박종홍은 하이데거 철학의 자양분을 섭취한 뒤, 이를 전쟁 체제에 대한 사고에 응용하여 "위기의 시기는 역시 철학이 자신의 사명을 다해야 할 때"라는 위기철학(危機哲學)을 발전시켰다. 박종홍은 민족과 계급 대신 '우리'라는 일상용어를 선택하여 조선인을 지칭했다. 또한 이를 빌려 다시금 새로이 '조선 문화유산'의 계승과 창조의 의의를 해석해 내었다. 그는 '우리-내-존재'를 제시하고, 이를 근거로 '전환기' 세계질서의 재건에 관한 자신만의 철학적 대책을 내놓았다. 이러한 철학적 전향을 통해 그는 맑시즘과 민족주의 등 근대 질서를 초극하는 또 다른 창조 윤리를 제시했던 것이다. 김항은 그의 글 전체에서 '총력전/위기/전환기'에 국한되지 않은 철학사상을 지적하고 있을 뿐만 아니라 아울러 간접적으로 박종홍과 비교되는 인물로 '근대의 초극' 좌담회에 참석했던 교토학파 철학자이자 문학평론가인 고바야시 히데오(小林秀雄)의 소중한 가치도 드러내 보여 주고 있다.


## 3. 원탁회의: 타이완과 조선을 어떻게 만나게 할 것인가?

한국 학자들의 공통된 목표는 다음과 같이 정리될 수 있다. 즉 조선인의 포스트식민 욕망에 대한 검토를 통해 중일전쟁하에서 조선인 정체성의 정치적 전향을 촉진했던 통치 배경을 살펴보는 것, 그리고 피식민자의 욕망을 이끌어 냈던 제국의 기술 및 이런 욕망과 불안을 이용하고 역이용하는 양가적 구조를 분석하여, 이로부터 조선과 제국 사이의 착종에서 생겨난 각종 변화 및 조선의 주체성 구축에 미친 영향을 규명하는 것. 이것은 한국 학자들의 공통된 목표라고 할 수 있다. 전전(戰前)에는 '무국가 민족'이 되었다가 전후에는 '분단체제'를 받아들이게 된 조선에 비해, 타이완은 민족 전체가 식민 상황에 편입된 것도 아니었고 또 국가 체제로 포스트식민 상황에 처하게 된 적도 없다. 이 때문에 타이완에게 중일전쟁은 스트레스이자 동시에 계기였다. 저항 모델이 해소되는 동시에, 기타 가능한 관측들 역시 쏟아져 나왔기에, 타이완의 상황을 해석할 때에는 여전히 논의의 여지가 있다. 타이완 연구자들이 밝히고자 힘쓴 것은 바로 '탈민족', '초국가' 형태로 더욱 약세를 보이게 된 피식민자의 생존 전략과 역사 창조 모델이다.

원탁회의에서는 중일전쟁이 식민 당국에게, 그리고 서로 다른 계층과 성별의 피식민지인에게 어떠한 절박한 과제들을 던져 주었는가, 어떻게 체제를 조정하고 체제에 적응할 것인가, 체제 운영의 쌍방 조건 및 심리 기초, 정책의 효과와 역효과는 무엇인가, 제국의 상징체계와 문화 생산은 어떤 관련성을 갖는가, 전쟁 체제는 어떻게 사람들의 생활·심리·의식에 침투하여 포스트식민 역사에 영향을 미쳤는가와 관련하여 뜨거운 토론이 계속 이어졌다. 학자들은 모두 '친일', '협력', '민족 말살' 등의 틀로는 당시의 복잡성을 충분히 해석할 수 없다는 데 의견의 일치를 보였다.

김예림은 당시의 상황을 '민족' 혹은 '지방' 등의 단순한 모델로 개괄적으로 분석하는 것이 타당하지 않으며, 구체적인 일상생활사와 풍속사 등이 아시아 및 지역 연구의 비교적 좋은 방법론이 될 수 있을 것이라고 언급했다. 그녀는 서로 다른 경험 혹은 기억이라는 차원에서 '아시아'라는 것을 살펴보는 데 힘쓰고 싶어 했다. 김항은 1945년 이후 일본에 머물

렸던 조선인과 타이완인이 일본 국적을 박탈당했음에도 불구하고, 오히려 야스쿠니 신사(靖國神社)에는 수만에 달하는 이들의 영위가 '모셔져' 있음을 지적했다. 그리고 1978년 한국이 선조들의 영위를 돌려달라고 요구했을 때, 일본이 '죽은 이들은 일본인의 신분으로 죽었다'라고 주장하면서 돌려주지 않았던 사실을 언급했다. 그러나 사실 조선인은 '일본인의 신분으로 사망한 것'이 아니라 '죽은 뒤에야 일본인이 되었던 것'이다. 이미 주권국가가 수립된 입장에서 주권국가가 없던 시기를 회상하는 것은, 전후 조선 식민지 연구의 최대 난관이다. '전쟁 책임'으로부터 시작한 식민지 연구 역시 한계를 가지고 있다. 일단 문제가 전쟁 책임에 놓이게 되면 조선과 일본, 중국과 일본 등 주권국가의 문제는 처리할 수 있을지 몰라도 허페이광(何非光)[4]이나 위안부 등과 같은 문제는 처리할 수가 없다. 그는 학자란 응당 국가를 넘어서는 더 큰 범위를 책임져야 하며, 국가가 짊어질 수 없는 법률 책임에서 출구를 찾아야만 한다고 여겼다. 그는 타이완 참여자들의 연구를 통해 타이완이 아직 국가로 발전하기 전이었지만 오히려 국가를 초월하고 있었으며, 앞서 말했던 책임에 대한 타이완의 사유

---

4) 1913년 타이완에서 태어난 영화배우 겸 감독. 타이완 출신이지만 이후 중국 대륙으로 들어가 상하이 등을 전전하다 우연히 영화배우로 발탁되었다. 그는 1930년대에 수많은 영화를 찍었는데, 직접 감독·각색·주연을 도맡았던 항전(抗戰) 영화 「동아지광」(東亞之光) 등이 특히 유명하다. 영화 외에도 연극이나 중국 전통 지방극 등 다방면에서 재능을 발휘했지만, 해방 이후 간첩으로 몰려 중국 영화계에서 완전히 축출되었고, 과거 그의 업적들도 모두 무시되거나 은폐되었다. 그의 생애와 영화계에서의 활동은 상당히 복합적이어서, 일본이 강점하던 타이완 출생에, 본격적인 영화배우와 감독 활동은 대륙에서 시작했고, 마지막엔 공산당에 의해 일본의 간첩, 타이완의 특수요원, 국민당의 파견요원 등 다양한 죄명을 뒤집어쓰고는 갑자기 사라져 버렸다. 이같이 파란만장한 그의 삶은, 일본과 타이완, 그리고 대륙(국민당과 공산당)의 힘이 교차하고 충돌하던 당시의 복잡 미묘한 시공간을 대변해 준다(그는 1979년 문화대혁명 이후 복권되었고, 1997년 타계했다). 현재 타이완이나 대륙에서는 무시되거나 은폐되었던 그의 업적을 발굴하여 재평가하고 있는데, 어떤 관점으로 어떻게 재평가할 것인지는 아직도 논쟁거리이다. ─ 옮긴이

는 좀더 많은 가능성을 함축하고 있음을 발견했다고 언급했다. 왕후이전(王惠珍) 역시 이에 호응하여, 비록 법률적 차원에서 중국과 일본, 조선과 일본의 전쟁 문제가 이미 처리되었다 해도, 타이완과 일본 문제는 중국 문제 아래 부속되어 있기 때문에 아직 해결되지 않았음을 지적했다. 백문임역시 타이완인의 정체성은 어떤 점에서 조선(또는 한국)에 비해 복잡하기 때문에 보다 세밀한 고찰이 필요하며, 앞으로도 함께 연구할 만한 문제들이 매우 많을 것이라고 언급했다.

스완순(石婉舜)은 총동원 체제는 일본 제국 및 일본의 식민지에 보편화되었던 현상으로, 이번 프로젝트를 통해 서로 간에 많은 공통점과 차이점이 있음을 발견했다고 말했다. 미사와 마미에(三澤眞美惠)는 한국 측의 연구가 이데올로기 중심의 논의가 갖는 한계를 뛰어넘은 훌륭한 연구라고 의미를 부여해 주었다. 동시에 자신을 비롯한 타이완 연구자들의 고찰은 지방성과 지역 연대, 지역적 유동성이라는 측면에서 공헌할 수 있을 것이라 언급했다. 더불어 그녀는 국가라는 틀을 벗어나는 것은 하나의 전략이 될 수는 있지만 과도하게 이상화되어 있다는 점, 결국 학자들이 국민이라는 신분을 벗어나기는 매우 곤란한 것이 현실이라는 점을 지적했다. 이 때문에 그녀는 "국민국가라는 틀을 벗어나기 매우 힘들다는 현실적 조건을 받아들이고 일본 학자로서 책임을 다하겠다"라는 입장을 취했다.

차승기는 한국과 타이완의 연구자들이 접촉 기회가 많지 않음을 지적했다. 프로젝트가 거의 끝나 가는 지금 그가 재고하게 된 것은 조선과 타이완이 과연 만난 적이 있는가, 이후로 만나게 될 가능성이 있는가라는 질문이라고 밝혔다. 이는 곧 식민지 시기 조선과 타이완의 만남은 일본을 경유하지 않을 수 없었고 또 지금은 종종 중국을 통해야 하는데, 이런 상황에서 서로의 역사를 이해할 통로를 과연 어떻게 찾을 것인가의 문제이다. 통역을 도와준 진정원은 타이완에서의 연구 경험을 토대로, 일반적으로 조선과 타이완이 일련의 공통 경험들을 갖고 있다고 여겨지지만 실제 상호 간의 교류는 매우 적었으며 서로에 대한 인식 역시 대부분 제국 체계에서 만들어진 산물이었음을 지적해 주었다. 조선, 타이완, 만주 사이에는 직접적으로 교류할 공간이 없었고, 지식인들 간의 직접적인 교류 또한 없었다. 그렇다면 어떻게 교류 연구를 진행시켜야 할 것인가? 그녀는, 제국의 방사형 구조가 식민지들 사이의 교류와 가능성을 어떻게 박탈했는지를 재고해야 한다고 강조했다. 그리고 거의 이루어지지 않았던 상호 간의 교류 중 어느 부분이 제국이 미처 장악하지 못했던 부분인지를 살펴보는 것에 우선적으로 노력을 기울여야 한다고 보았다.

류수친은 한국과 타이완 비교의 역학관계와 필요성을 지적했다. 그녀는 포스트식민의 욕망 조작 역시 타이완 전시 동원 기술의 중요한 일환이었음을 지적했다. 열렬한 반응을 얻은 다카사고(高砂) 지원병[5]이나 천휘취안(陳火泉)의 소설 「길」(道)을 통해 조선과 유사한 현상을 발견할 수 있다. 그러나 태평양전쟁이 발발하여 조국과 전쟁한다는 모순적 상황에 대한 갈등이 감소되자, 타이완과 제국 간 '동상이몽'의 조건이 부상하기 시작했다. 1943년 전황은 악화되었고 '일본인이 되는 것＝죽음'이란 사실이 혼란스럽게 끊임없이 다가오자, '황국신민의 환상'이라는 공간은 무너

---

5) '다카사고'란 타이완의 별칭이다. 이 이름은 원래 중세시대 일본에서 타이완을 지칭하던 표현이었다. 일본은 타이완을 점령한 후, 타이완이 관계된 명칭에 곧잘 '다카사고'란 표현을 썼다(예를 들어, 타이완의 원주민을 일본은 다카사고족이라고 불렀다). 1942년 4월, 타이완은 '육군특별지원병제'를 실시하여 처음으로 1,000명의 지원병을 모집했는데, 지원한 타이완 사람이 42만 명도 넘었다. 2차로 다시 1,000명을 모집하자 60만 명 정도가 지원했다. 1943년에는 '해군특별지원병제'를 시행해 3,000명의 지원병을 모집했는데, 타이완 사람 31만 명 정도가 지원했다(1944년 이후로는 아예 징병제가 실시되었다). 타이완의 지원병 모집에 가장 열렬히 호응한 이들은 바로 일본에 유학 중인 타이완 지식인들이었다. —— 옮긴이

져 버리고 말았다. 조선에서 만주사변 혹은 중일전쟁 이후로 동아시아 공동체 상상이 각광받기 시작한 것과는 달리, 타이완과 제국의 '밀월 기간'은 매우 짧았으며 포스트식민의 욕망을 쟁취하려는 성향 역시 달랐다. 소영현은 회의에 참가한 몇몇 학자들은 한국문학을 전공했지만 현재 한국문학 연구가 이미 학제적이고 트랜스내셔널한 역사 영역 연구까지 확장되었음을 말해 주었다. 그리고 타이완의 학계와 마찬가지로, 연구 관점 역시 '한국문학이란 무엇인가'에 대한 부단한 반성으로 말미암아 날로 확대되고 있다고 현황을 전해 주었다. 앞으로도 서로 간에 논의할 만한 의제는 다양하며, 이번 프로젝트의 수확 역시 대단히 풍부하다.

타이완 국립 칭화대학에서

류수친(柳書琴)

# 차례



## 1부 _ 시공간 지형과 의식의 지정학

### 1 전쟁, 문화, 그리고 세계사

우신룽의 시 「결전에 바친다」를 통해 본
새로운 시간의 공간화 논술의 계보

—천웨이즈(陳偉智)



### 2 전쟁 스펙터클과 전장 실감의 동력학

중일전쟁기 제국의 대륙 통치와
생명정치 혹은 조선·조선인의 배치

—김예림

# 3부_차이와 욕망, 혹은 균열의 정치학

**일러두기**

1 본문의 주석은 모두 각주로 표시되어 있다. 타이완 학자들의 원고 중 번역자가 덧붙인 주석은 '—옮긴이'라고 표시했으며, 표시가 없는 것은 모두 원주이다.

2 일제강점기에 출간된 한글 문헌을 인용할 경우, 의미가 손상되지 않는 범위 내에서 현대 표기법에 맞게 다듬어 썼다.

3 단행본·정기간행물에는 겹낫표(『 』)를, 논문·단편·영화제목·연극제목 등에는 낫표(「 」)를 사용했다.

4 외국 인명이나 지명, 작품명은 2002년에 국립국어원에서 펴낸 외래어 표기법을 따라 표기했다.

# 1부 시공간 지형과 의식의 지정학

# 1장 전쟁, 문화, 그리고 세계사
— 우신룽의 시「결전에 바친다」를 통해 본 새로운 시간의 공간화 논술의 계보

천웨이즈(陳偉智)[*]

> 우리의 모순과 혼란은 갈수록 깊어지기에,
> 모든 것이 그저 역사의 세찬 흐름으로 해결되기만을 기다릴 뿐이다.
> 우리의 정적인 행동은 외부의 역량이 있어야만
> 비로소 동적인 전진을 이룰 수 있다.[1]

> 아아! 이 전쟁, 대동아전쟁이여!
> 새로운 질서의 건설과 새로운 문화의 창조라네.[2]

## 1. 머리말

이 글은 옌펀(鹽分) 지역의 문학가인 우신룽(吳新榮, 1907~1967)이 1943년 말『싱난신문』(興南新聞) 문예란의 '필검진군'(筆劍進軍) 코너에 발표한「결전[3]에 바친다」(決戰に捧ぐ)란 시에 대한 분석을 통해[4] 전쟁과 '문화'의 관계, 좀더 정확하게 말하자면 결전 시기에 '문화'라는 의제에 대한 타이완 지식인의 사유와 그것이 드러내 보여 주는 세계사의 역사의식에 대해 논할 것이다.

---

* 미국 뉴욕대학교 역사학 박사과정

1) 吳新榮,『吳新榮 日記·戰前篇』, 台北: 遠景, 1981, 62쪽, 1936年 1月 6日字. 이제부터 이 글의 주석에서는 이 책을『戰前日記』라 약칭할 것이다.
2) 吳新榮,「決戰に捧ぐ」,『興南新聞』1943年 12月 6日字, 2版.
3) 여기서의 '결전'은 구체적으로 태평양전쟁을 가리킨다. ── 옮긴이
4) 吳新榮, 앞의 글.

## 결전에 바친다　　　　　　　　　　獻給決戰

지축은 끊임없이 돌고　　　　　　　　地軸不斷地在旋轉
역사는 영원히 계속되네　　　　　　　歷史永遠在繼續
난 니타카야마 산* 정상에 서서 생각에 잠기네　　我站在新高山頂在思想
동으로는 아득하니 태평양에 마주 대하고　　　東臨渺渺茫茫的太平洋
서로는 망막하니 아시아 대륙과 닿아 있네　　西控茫茫渺渺的亞細亞大陸
북으로는 신슈** 일본 열도와 이어져 있고　　北繫神州日本群島
남으로는 열대 말레이시아 열도가 보이네　　南顧熱帶馬來群島
아아! 이 섬, 우리의 타이완이여!　　　　啊! 這個島, 我們台灣
동아시아의 중심, 사통팔달***의 관문일세　　東亞的中點, 八紘的關門

태양은 찬란하여 사방을 비추고　　　　太陽燦然輝耀四方
만물은 활발하여 생기가 넘쳐나네　　　萬物活潑生機洋溢
난 니타카야마 산 정상에 서서 멀리 내다보네　　我站在新高山頂在眺望
멀리 마젤란 해협은 역사적으로 이미 오래되었고　　遠方麥哲倫海峽在歷史上已古老
마주보고 있는 파나마 운하는 너무 좁아라　　對面的巴拿馬運河太狹窄
오른손 편에 있는 오스트레일리아는 별천지요　　右手澳大利亞別有天地
왼손 편에 있는 알류샨 열도는 답석(踏石) 같아라　　左手阿留申群島像踏石
아아! 이 넓디넓은 태평양이여!　　　啊! 這汪洋太平洋
새로운 시대의 요람이요 새로운 세기의 제단이라　　新時代的搖籃, 新世紀的祭壇

화약 연기는 이미 저 바다의 모든 섬들에서 피어오르고　　煙硝已昇在海洋的各島嶼上
폭탄 소리는 밀림의 구석마다 두루 울리네　　爆炸聲響遍密林每一角落
난 니타카야마 산 정상에 서서 외치네　　我站立在新高山頂在呼喊
근면한 황제(黃帝) 자손들이 언약하고　　勤勉的黃帝子孫口約
용감한 칭기즈칸 후예들이 언약하고　　勇敢的成吉思汗後裔口約
신앙심 깊은 석가모니 제자들이 언약하고　　信仰深厚的釋迦子弟們口約
덴진(天神) 자손들이 이어서 일어나 언약하네　　和天神的子孫相繼站起來口約
아아! 이 전쟁, 대동아전쟁이여!　　　啊! 這一戰, 大東亞之戰
새로운 질서의 건설이자 새로운 문화의 창조라네　　新秩序的建設, 新文化的創造

| 옮긴이 주 |

* 니타카야마 산(新高山)은 지금의 위산 산(玉山)을 말한다. 위산 산은 타이완의 가장 높은 산으로 일제강점기 당시 니타카야마로 명명되었다.
** 신슈(神州)는 중국을 가리키기도 하지만 여기서는 일본을 뜻한다.
*** '사통팔달'은 일본어 '八紘'을 의역한 것이다. 원래 뜻은 '八方'(전 세계)이다. 이는 제2차 세계대전 당시 침략전쟁의 대의와 당위성을 표방하던 일본의 국시이자 구호였던 '八紘一宇'를 염두에 둔 표현이다.

전쟁 동원 체제에 대한 분석이든, 혹은 '황국신민 문학'이나 '아시아 흥기[5] 문학' 연구든, 심지어 민속 문화나 향토 문화에 대한 개조와 변통이든 상관없이, 전쟁 시기 타이완의 문화사는 줄곧 많은 연구 성과가 축적되어 왔다.[6] 이런 연구 성과들은 전쟁 시기, 특히 결전 시기의 타이완 문화사의 복잡한 이데올로기 구도와 사회의식의 변화, 그리고 새로운 정치적 지리 공간에 대한 상상을 다시금 재조명하면서, 타이완인이 역사적 행위자가 되는 주체성 형성의 역동적인 과정을 강조했다.[7]

위에서 언급한 새로운 역사 연구의 맥락에서는 우신룽과 그를 대표로 하는 타이완 남부 옌펀(타이난台南 베이먼자리北門佳里 일대)의 문학가들을 대표적인 타이완 남부의 문학 그룹으로 보았다. 지금은 결전 시기 옌펀 문학가들의 활동과 작품에 대한 연구에서, 그들이 문학과 민속 연구에서 보여 준 지방색을 곧잘 강조하곤 한다. 바꿔 말하자면, 지금의 연구자들은 문학사를 쓰면서 옌펀 문학가들의 이런 문학 활동을 일종의 자기 표현으로 간주하고, 그들의 문학 활동 중 '타이완성(性)' 혹은 '민족문화'가 내포되어 있는 개별 사례들을 일본 식민통치에 대한 '저항'의 계보에 포함시켰다는 말이다. 그러나 이처럼 뒤늦게 재건된 민족 서사 속에 설정

---

5) '아시아 흥기'란 원고의 '흥아'(興亞)를 푼 것이다. 여기서 '흥아'란 바로 '흥아론'('아시아주의' 라고도 불림)을 가리킨다. 흥아론은 후쿠자와 유키치(福澤諭吉)의 탈아론과 연속선상에 있는 주장으로, 탈아론이 제국주의적 식민주의와 연결된다면, 흥아론은 아시아주의적 대륙침략론의 단초를 제공했다고 말할 수 있다. ── 옮긴이

6) 전쟁 동원 체제에 대한 연구는 곤도 마사미(近藤正己)와 린지원(林繼文)을 참고하라. 전쟁 시기의 타이완 문학 연구는 린루이밍(林瑞明), 류수친(柳書琴), 리원칭(李文卿), 천젠중(陳建忠), 다루미 지에(垂水千惠), 호시나 히로노부(星名宏修), 나카시마 도시로(中島利郎) 등을 보라. 전쟁 시기의 민속 연구와 향토 문화의 변화는 우미차(吳密察), 쭈윈후이(祖連輝), 스완순(石婉舜)을 보라.

7) 최근 이 분야에 대한 저작으로는 石婉舜·柳書琴·許佩賢 編, 『帝國裏的'地方文化': 皇民化時期的台灣文化狀況』, 台北: 播種者, 2008을 보라.

된 '저항'은, 아무래도 그들의 작품 속에 드러나 있는 당시의 시국적 색채를 등한시하고 있는 것으로 보인다.[8]

그렇다고 이 시대 작품들이 현저하게 시국적인 색채를 드러내고 있는데도, 단순히 전쟁 협력자로서 전쟁 동원 선전을 베낀 것이란 평가에 근거해 이 작품들의 가치를 부정해 버릴 수도 없다. 이와 유사한 상황을, 우리는 '황국신민 문학'에 대한 논의에서 발견하게 된다.[9] 그러나 만약 단순하게 부정해 버릴 것이 아니라면, 완곡하게 문학사 서사에 편입된, 역사학자 린루이밍(林瑞明)이 '고민하는 영혼들'이라 말했던 그들의 존재는 우리가 이 전쟁과 문화 사이에 존재하는 복잡한 관계를 심도 있게 검토하는 데 단서를 제공해 줄 수 있을 것이다.[10]

당시에는 인식하지 못했지만, 세계사의 주요한 사건인 두 차례의 세계대전은 수많은 지식인들로 하여금 전쟁의 의미를 되새기게 만들었고, 동시에 종종 '문화'라는 의제를 다시금 새로이 심사숙고해 볼 역사적 계기를 제공하기도 했다.[11] 타이완은 일본의 통치 아래, 두 차례의 세계대전이라는 세계적인 전쟁을 경험하게 되었다. 제1차 세계대전 이후든 제2차 세계대전 중이든 상관없이, 두 전쟁은 전쟁에 대한 타이완 지식인들의 사

---

8) 예를 들어 궈수이탄(郭水潭), 왕비자오(王碧蕉)의 작품이 있다.
9) '황국신민화 문학'이 섭급되는 신분 아이덴티티 의제의 복잡성을 다시금 새로이 살펴보는 것에 관해서는 저우진보(周金波), 천휘취안(陳火泉)의 일련의 연구를 참고하라.
10) 林瑞明,「決戦期台湾の作家と皇民文学苦悶する魂の歴程」, 大江志乃夫 外編,『近代日本と植民地(6): 抵抗と屈從』, 東京: 岩波書店, 1992, 235~261쪽.
11) 사상에 대한 세계대전의 영향은 각종 개선 방안을 촉발하기까지 했다. 이는 제1차 세계대전 이후 거의 세계적인 현상이었다. 예를 들어 "(유럽)문명"의 위기(후설Edmund Husserl)나, "유럽이 어찌 가능했던가"(폴 발레리Paul Valéry)나 "민족문화"의 위기(중국, 인도)나, 심지어는 '근대' 자체까지도 반성했다(전시의 일본). 그리고 사상적인 반성 활동이 정치적인 개선을 수반하기도 했다. 예를 들어 기존 제국(imperial state)의 정치 형식 개선에서부터 다국적 조직인 국제연맹(League of Nations)의 성립까지 촉진했다.

유를 촉발시켰다. '세계사적'이라고 간주되던 역사적 시기는, 이러한 역사적 계기 속에서 타이완이 당면한 역사적 상태를 고민하게 했다. '문화'는 이러한 상태를 돌파하는 사상적인 시도가 되었고, 더 나아가 정치·경제 등등의 사회 범주와 상대되는 독립적인 영역을 형성했다. 제1차 세계대전 이후 '문화'라는 신조어가 타이완에 등장하면서, 이는 이전 상태와는 다른 '현재'에 대한 표현 또는 바람이자, 새로운 역사 단계로 진입하는 언어적인 기호로 간주되었다. 제2차 세계대전 중에는 세계대전 자체가 세계사의 역사적 계기이자 새로운 역사 단계가 형성되는 것으로 인식되었다. 이 때문에 '문화' 역시 이러한 계기 속에서 다시금 하나의 주제로 탈바꿈하게 되었다. 우신룽은 「결전에 바친다」의 마지막을 "아아! 이 전쟁, 대동아전쟁이여! / 새로운 질서의 건설과 새로운 문화의 창조라네"라고 끝맺고 있다. 비록 기존의 전쟁 논술이 설정한 논술 공간 속이었기에 이러한 사유가 현현할 수 있었던 것이기는 하지만, 우신룽은 여기서 한 걸음 더 나아가 전쟁이 만들어 낸 역사적 계기와 '새로운 문화의 창조'를 하나로 연계하여, 문화가 단순히 전쟁 동원의 수단이 아니라 바로 전쟁의 목적이며, 시간 의식을 자각한 새로운 역사 단계의 창조임을 드러내 보였다.

이 글은 우선 「결전에 바친다」라는 텍스트의 해석을 통해 그 안에 드러나 있는 타이완을 중심으로 하는 범아시아주의적인 공간 상상, '민족-문명'을 중심으로 하는 지정학, 그리고 새로운 역사 단계에 대한 기대를 분석할 것이다. 이어서 우신룽의 이 텍스트 탄생 과정을 분석하고, 아울러 우신룽이 이 텍스트 속에 아로새긴 동시대 논술 공간 및 이 텍스트 속에 반영된 타이완 사상의 계보를 논의할 것이다.

## 2. 텅 빈 제4기와 역사적 순간

우신룽은 만년에 발표한 「신시와 나」(新詩與我)에서 이전의 작품 활동을 세 시기로 나누면서, 이를 자기 시고(詩稿)의 분장(分章) 기준으로 삼았다.[12] 이 세 시기는 도쿄에 유학하던 청년 시절의 '낭만주의 시기', 1932년 타이완으로 돌아와 제2차 세계대전이 끝날 때까지인 장년 시절의 '이상주의 시기', 이후 노년 시절의 '현실주의 시기'이다. 이 중 제2기인 '이상주의 시기'는 우신룽이 일본에서 타이완으로 돌아온 후 타이완이 광복되던 때의 작품이다. 이 시기 우신룽은 친구들과 청풍회(青風會)를 조직했다가, 한 걸음 더 나아가 이를 '옌펀 시절'의 문학 그룹으로 발전시키면서 타이완 전국구 성격의 문예 그룹 활동에 참여하게 된다. 우신룽은 이 시기 작품의 특징에 대해 이렇게 설명하고 있다. "내 내심(內心)은 이미 이상주의를 품고 있었기에…… 이 시절의 작풍은 비교적 의기양양한 것이었고", 대외적으로는 "공공연히 우리는 자유와 고향, 그리고 예술을 사랑한다고 선언했고", 대내적으로는 "열정적인 지식인들을 규합하여 명랑한 생활을 꾸리고 건강한 삶을 획득하며, 강성한 권력에 아부하는 무리들이나 저급한 취미를 가진 색정의 노예들과 대립했다".[13] 이때에 와서 자신의 작품들을 정리한 것은, 우신룽이 임종(1967년)하기 전에 자신의 문학 활동에 대해 총괄적으로 되돌아보았기 때문인 듯하다.

「신시와 나」를 발표하기 20년 전, 우신룽은 일찍이 자신의 작품들을 정리하여 시기를 나누어 분류했고, 아울러 각 시기의 단계별 특징을 부여

---

12) 吳新榮, 「新詩與我」, 『琑琅山房隨筆』, 台北: 遠景, 1981, 171~174쪽.
13) 같은 글, 174쪽.

했다. 1943년 7월 우신룽은 과거에 쓴 시 원고를 정리하기 시작했는데, 이를 모아 『진영시고』(震瀛詩稿)라는 시집을 간행할 계획이었다. 우신룽은 자신의 일기에서 이렇게 말했다. "지금이 바로 한 시대에서 다른 시대로 전환되는 분기점이며, 아울러 내 시의 경지 역시 이미 막다른 골목에 다다랐기 때문에, 일단락을 고할 때가 되었다."[14] 그리고 자신의 문학 활동과 작품을 다음과 같이 네 시기로 나누었다. "제1기 요람기─도쿄 유학 시절. 제2기 전기─옌펀 시절. 제3기 중기─타이완문학 시절. 제4기 후기─." 그리고 시 원고를 정리하던 당시는 "지금이 제3기이기 때문에, 제4기는 미처 알 수가 없었다".[15]

일기에서 우신룽이 지적한 '지금'은 시대의 전환기였고, 스스로도 "시의 경지가 이미 막다른 골목에 다다랐다"고 반성한 후에, "또 다른 시대"가 도래하길 기대하고 있었다. 우신룽 자신의 문학 발전 단계상의 시기 구분을 적용해 보자면, 이때는 제3기인 '타이완문학 생활' 이후의 단계였고, 일기 중 쓴 '제4기'는 비록 "아직 알 수 없긴" 하지만, 단지 명명되지 않았을 뿐 곧 도래할 것임을 이미 의식하고 있었다.

우신룽이 지적한 제2기 옌펀 시절은, 1932년 타이완에 돌아온 이후 옌펀 일대의 동료들과 활약하던 때이다. 제3기 '타이완문학 시절'은 자신 역시 편집위원을 맡고 있던 『타이완문학』(台灣文學) 잡지 시절을 가리킨다. 『타이완문학』은 1941년 전 타이완문예연맹의 회원이었던 장원환(張文環), 왕징취안(王井泉), 황더스(黃得時) 등이 설립한 치원서(啓文社)에서 출판했다. 당시는 일본인 문학가 니시카와 미쓰루(西川滿)가 편집장이

---

14) 吳新榮, 『戰前日記』, 145쪽.
15) 같은 책, 145쪽.

던 『문예타이완』(文藝台灣)의 입장과 대립하는 문학잡지로 간주되었다. 총력전의 동원 통합이 강화되면서, 1943년 말 타이완 문학결전회의(11월 12~13일) 후, 『타이완문학』과 『문예타이완』은 통합되어 『타이완문예』(台灣文藝)로 개명되었고, 타이완봉공회(台灣奉公會)가 이를 발행하게 되었다. 우신룽은 타이완 문학결전회의에 참가했을 당시를 일기에 다음과 같이 적고 있다. "시국은 결전을 목전에 두고 있으며, 이 회의는 역사적 의의를 지니고 있다. 전쟁을 위해 문학은 결전을 위한 결의에 헌신하지 않을 수 없다." 그러나 동시에 문학잡지가 병합된 것에 대해서는 안타까워하면서 "문학의 길이 계속 갈 만한 가치가 있는 것일까?"를 고민했다.[16]

　『타이완문학』이 사라진 것은, 우신룽이 수개월 전 자신의 시작 활동에 대해 정의한 분기 중 제3기의 종결을 의미했고, 동시에 미처 명명하지 않았던 제4기가 시작되었음을 선언하는 것이었다. 1943년 말에서 1945년 전쟁이 종결되기 전의 단계는 정확히 결전 시기의 클라이맥스에 해당한다. 「결전에 바친다」라는 시는 바로 이러한 한 시대가 전환되는 바로 그때에 발표되었다. 비록 타이완 문학결전회의 결성 이후 우신룽은 이후 자신의 문학 여정이 어디로 나아가게 될지에 대해 탄식하기도 했지만, 그 다음 달(1943년 12월 6일) 『싱난신문』 문예란의 '필검진군' 코너에 발표한 「결전에 바친다」를 보면, 이미 결전 시기 중 자신의 문학 여정이 나아가게 될 방향을 찾은 것으로 보인다.

　이 명명되지 않은 시기는 일찍이 존재했던 역사적 가능성의 순간을 제시하고 있다. 우신룽이 전후[17]에 새로이 자신의 시에 대한 시기 구분을 하면서, 특별히 구분했던 이 짧디짧은 1년여의 결전 시기는 사라지고 만다. 그러나 전후의 새로운 시기 구분이 반드시 전쟁 이전 역사의 소멸을 의미하는 것은 아니다. 자신의 시에 대한 우신룽 최후의 시기 구분으로 보자면 '이상주의 시기'가 줄곧 전쟁 종결 때까지 계속되면서, 결국 미처 명명되지 않은 결전 시기인 '제4기'는 '이상주의' 시기 속에 포함되어 버렸다. 하지만 이는 오히려 「결전에 바친다」를 읽음으로 해서 겉으로 드러난 시국이라는 희뿌연 안개를 걷어 낼 수 있을 뿐 아니라, 한 걸음 더 나아가 결전 시기 공시적(共時的)인 세계사 논술 공간 아래, 일련의 타이완 사상사의 통시적(通時的)인 주제의 연속과 발전을 살펴볼 수 있다는 것을 말해 준다.[18]

## 3. 니타카야마 산 위에서

기존의 결전 시기 문학 연구는 황국신민 문학의 형성 과정 중 정체성의 정치(Politics of Identities) 문제를 살펴보면서, 최종적으로는 일본인으로 변

---

16) 吳新榮, 『戰前日記』, 148쪽, 1943年 11月 12~13日字.

17) 여기서 전후란 크게는 제2차 세계대전 이후, 작게는 태평양전쟁 이후를 말한다. ─옮긴이

18) 도대체 우신룽이 말한 '이상주의'란 무엇인가? 이 점에 대해 우신룽이 따로 설명하지 않았기 때문에, 그 스스로의 행동에 근거하여 귀납시켜 볼 수 있을 뿐이다. 우선 다이쇼(大正) 시기 성장하고 교육을 받은 지식인으로서 같은 시기의 사람들과 마찬가지로 우신룽은 다이쇼 시기 교양주의의 영향을 어느 정도 받았다. 타이완에서 중등교육을 받은 우신룽은 대체로 그보다 좀 나이 든 왕바이위안(王白淵)과 셰춘무(謝春木)와 마찬가지로 학교에서 독일철학의 '이상주의' 세례를 받았다. 만약 셰춘무와 왕바이위안이, 셰춘무가 '제국주의의 사상적 무기'라고 칭한 관념론으로부터 빠져나온 방식이 좌경화였다면, 우신룽은 1920년대 말에서 1930년대에 좌경화의 단계를 밟은 후, 전쟁 시기 관념론의 기초 위에서 전쟁이라는 계기 속에서 전개될 미래의 역사적 유토피아를 구상했다. 또한 1930년대 우신룽은 문학 활동 중 좌익적인 사회의식을 드러내 보였다. 문학 활동과 잠시 뒤 시작된 정치 참여 속에서도, 사회개혁을 공공활동에 참여하는 이상으로 삼았다. 이 때문에 우리는, 우신룽의 '이상주의'에 관념론적인 윤리학과 좌익 사상의 영향을 받은 사회발전적 역사유물론이 내포되어 있을 거라고 추정해 볼 수 있다. 왕바이위안과 셰춘무의 사상적 전환은 柳書琴, 『荊棘之道: 台灣旅日靑年的文學活動與文化抗爭』, 台北: 聯經出版社, 2009를 참고하라. 우신룽의 좌익 의식 형성사에 대한 독서 분석에 대해서는 河原功, 「吳新榮之左翼意識: 關於『吳新榮舊藏雜誌拔粹集(合訂本)』之考察」, 『台灣文學研究集刊』 第4輯, 2007, 123~197쪽을 참고하라.

화될 가능성 여부 속에서 타이완인의 집단 정체성의 좌표를 찾아내고, 아울러 민족 정체성이라는 신분 범주에서 자원(自願)이나 타력에 의한 정체성 변천의 정도를 변별하는 데에 집중되어 있었다. 이런 연구들은 국가 정책, 문예 정책, 서적 유통과 독서 경험 같은 물질 기초의 구조 측면에 대한 분석이든, 아니면 문학가의 미학적인 경험, 문학 활동 이력, 전시 생활의 재현 경험 등 행위자 측면의 분석이든 상관없이, 대체로 모두가 "타이완인이 되거나 일본인이 되거나", "(타이완인과 일본인이) 동시에 되는" 민족 정체성 의식이라는 지표(地表) 구조를 그려 내고 있었다.[19] 바꿔 말하자면 전시 타이완의 문화사는, 한편으론 1920년대 이래로 점차 형성된 타이완 민족주의의 문화적 실천 형식의 연장이었고, 또 다른 한편으론 제국 신민에 대한 식민 지배자의 국민 형성 동화 요구 속에서 이민족(타이완인)과 국민(일본인)이란 두 가지 서로 다른 신분 범주 차별 대우의 시간정치(時間政治, 이민족으로서의 불평등한 '현재'이자 국민으로서의 평등한 '미래')[20]가 전시에 극단화한 발전이자 그것에 대한 극복이기도 했다.[21] 식민

---

19) 근래의 연구는 Leo T. S. Ching, *Becoming "Japanese": Colonial Taiwan and the Politics of Identity Formation*, Berkeley: University of California, 2001을 참고하라.

20) '시간정치'는 'temporal politics'의 번역어이다. ── 옮긴이

21) 식민지의 시간정치는 최근 많은 학자들이 연구하는 주제가 되었다. 고마고메 다케시(駒込武)는 '사상으로서의 근대'와 '문명으로서의 근대' 사이의 차이를 제시했다. 천페이펑(陳培豐)은 타이완인이 "민족에 동화되고" "문명에 동화되면서", 이 두 가지 서로 다른 '동화'에서 형성된 시간정치 속에서 자신의 주체성을 어떻게 수립했는가를 논하고 있다. 이 밖에 우루이런(吳叡人)은 '시차식 흡수'를 가지고 일본의 국가 구축과 국민 형성 사이의 시간차를 설명했다. 駒込武, 『植民地帝國日本の文化統合』, 東京: 岩波書店, 1996; 陳培豐, 『「同化」的同床異夢: 日治時期台灣的語言政策, 近代化與認同』, 台北: 麥田, 2006; 吳叡人, 「福爾摩沙意識型態: 試論日本殖民統治下台灣民族運動'民族文化'論述的形成(1919~1937)」, 『新史學』17卷 2期, 2006, 127~218쪽을 보라. [마지막 문헌 제목에 등장하는 포르모사(福爾摩沙, formosa)는 포르투갈인이 명명한 타이완의 이름으로 '아름다운 섬'이란 뜻이다. 아직까지도 타이완의 애칭으로 곧잘 사용된다. ── 옮긴이]

통치의 시간정치는 통치자와 피통치자의 신분 정체성의 차별로 전환되었고, 식민통치 이데올로기가 설정한 시간(역사 단계)상의 차별은 공간(민족문화)상의 차별로 바뀌었다.

만약 결전 시기의 이데올로기가 일본 제국이 세계사적인 역사 발전 과정 중에서 공간상의 회귀(동아시아, 황인종, 피식민자, '일본')를 통해, 서방을 중심으로 하는 '근대'를 시간상으로 극복하고 '근대' 이후의 새로운 세계사 단계에 진입함으로써, "동아시아의 영원한 평화"(「대전조칙」大戰詔敕)를 추구하고자 하는 것을 가리키는 것이었다면, 그러한 결전 시기의 이데올로기는 이 전쟁의 세계사적인 역사철학의 논술 공간 속에서 그저 "일본인이 되려는"(혹은 '황국신민화하려는') 위로부터 아래로의 제국 국민 통합 정책 및 이러한 과정 중 피식민자가 아래로부터 위로 올라가려는 저항과 협력 속에서, 민족 정체성 정치에 집중되어 온 의제에 불과한 것이 아니었다. 전쟁은 대동아권, 일본 제국, 신질서, 황국신민, 일본 정신 같은 각종 공간적 기호를 부각시킬 뿐만 아니라, 시간의 세계사적인 역사성을 자각하도록 자극하기도 했다.[22]

우신룽의 시 「결전에 바친다」를 기존의 민족 정체성의 정치에 집중하는 동시대 텍스트와 비교해 보면, 전쟁의 세계사적인 역사적 시간의식에 대한 자각을 명확하게 드러내 보여 준다. 「결전에 바친다」는 첫머리에서 "지축은 끊임없이 돌고 / 역사는 영원히 계속되네"라고 하면서, 전쟁을 직접 언급하지는 않은 채 세계 역사의 영원한 발전을 전면에 내세웠다. 이는 전쟁을 역사적으로 이해한 것이다.

---

22) 子安宣邦, 『'近代の超克'とは何か』, 東京: 靑土社, 2008.

「결전에 바친다」는 세 연으로 구성되어 있는데, 제1연은 타이완의 지리적 위치를 강조하고 있다. 공간적인 배치를 통해 타이완을 둘러싼 사방의 지리적 특징을 드러내고 있는데, 동쪽은 태평양, 서쪽은 아시아 대륙, 북쪽은 일본 열도, 남쪽은 말레이시아 열도라는 지리적 공간 속에서 "아아! 이 섬, 우리의 타이완이여! / 동아시아의 중심, 사통팔달의 관문일세"라고 하면서 타이완이 세계사적인 사건이 발생하고 있는 중요한 위치에 놓여 있음을 말하고 있다.

제2연에서는 이러한 물리적인 공간 위치를 역사화하면서, 타이완이 지리적으로 위치해 있는 태평양의 동서남북 사방에 일찍이 있었던 역사적 경험을 보여 주고 있다. 우신룽은 태평양을 마주 대하고 있는 마젤란 해협, 파나마 운하, 태평양 남극단의 오스트레일리아, 북극단의 알류샨 열도라는 네 곳을 들어 근대 서방의 대외적인 제국주의 확장의 역사를 상징적으로 드러내 보여 주고 있다. 동시에 '나'로 간주되는 우신룽은 타이완에 서서 동쪽 태평양을 향해, 태평양을 중심으로 하는 주변 이웃들의 지리를 세계사 속에서 서방 제국주의 확장이라는 역사적 지리로 변환시키고 있다. 만약 제1연에서 제2연으로의 발전을 객관적인 지리 공간에서 역사적인 행위가 축적되어 이루어진 역사적 지리 공간으로 변환된 발전이라고 한다면, 타이완은 이러한 역사적 지리 공간 안에서 아시아 대륙의 부속 도서(島嶼)에서 현재 세계사적인 사건이 벌어지는 현장의 태평양 도서로 전환되면서, 대륙으로부터 대양으로 진입하게 된 것이다. "아아! 이 넓디넓은 태평양이여! / 새로운 시대의 요람이요 새로운 세기의 제단이라."

제3연은 태평양 도서의 화약 연기로써 전쟁을 상징적으로 대입하고 있다. 이 전쟁은 앞의 두 연에서 발전시켜 온 역사적 지리 공간 속에서 아시아의 모든 오래된 문명-민족이 동맹을 맺는 계기이다. 이 세계사적인

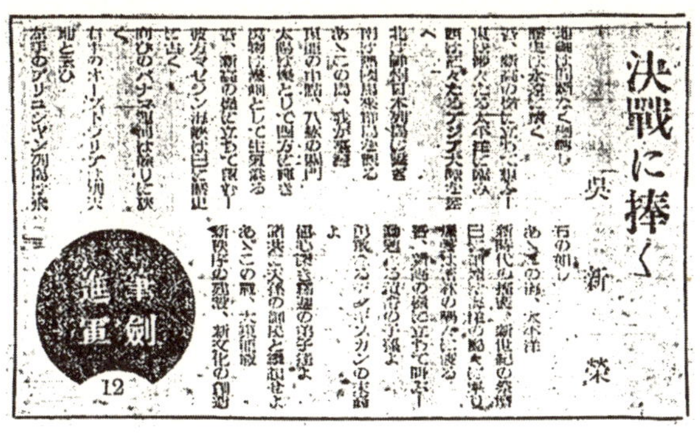

『싱난신문』에 실린 우신룽의 시 「결전에 바친다」.

사건으로서의 전쟁 속에서, 아시아의 오래된 문명이 상징하는 '근면', '용감', '신앙심', '덴진'(天神)의 정신적 역량을 결집하여 이전의 물질 발전을 핵심으로 하는 세계사적인 단계, 즉 서방 자본주의 발전과 제국주의 해외 확장의 '근대'를 극복하려 했다. 마지막으로 그는 '이 전쟁', 즉 '대동아 전쟁'의 역사적인 의의를 아울러 구체적으로 다음과 같이 강조하고 있다. '새로운 시대'와 '새로운 세기'는 태평양이란 역사적인 공간 속에서 전개되고 있으며, '새로운 질서'와 '새로운 문화'는 서방의 근대를 극복하는 세계사적인 사건 속에서 건설되고 창조되려 한다. 새로운 역사적 계기는 역사적인 세계사적 사건으로서의 전쟁 속에서 이전의 역사가 누적되어 온 역사적 지리 공간을 고쳐 쓰고, 아울러 이전까지 누적되어 온 서방의 물질적인 '근대'를 초월하여, 아시아 문명이 부활하고, 민족 평등의 동맹이 맺어지고, 정신력으로 승리한 '근대' 이후의 새로운 세계사적인 단계에 진입하게 될 것이다.

우신룽은 이 시에서 작자 '나'의 입장으로 세 연 모두에서 "난 니타카야마 산 정상에 서서" "생각에 잠기고", "멀리 내다보고", "외친다". 만약 제1연에서의 "생각에 잠기는 것"이 지리적으로 "타이완을 중심으로 하는" 사유를 수립하는 것을 의미한다면, 제2연의 "멀리 내다보는 것"은 시선이 확실히 태평양을 향해 있는 것이며, 마지막으로 제3연에서 니타카야마 산 정상에 서서 "외친 것"은 한 걸음 더 나아가 '황제(黃帝)의 자손'인 한족(타이완인과 우신룽 자신도 포함될까?), '칭기즈칸의 후예'인 북방 몽고와 만주 지역의 유목민, '석가모니의 제자'인 남아시아 민족, 그리고 '덴진의 자손'인 일본인을 포함하는 아시아의 오래된 문명 – 민족의 동맹을 소환한 것이다. 이 세 연 중에 '나'는 정적인 생각으로부터 시선을 먼 곳에 두며 멀리 내다보는 데까지, 그리고 다시 외치는 단계까지 발전하면서, 개체로서의 '나'라는 내재적 출발로부터 '나'의 시선을 통해 적대적 타자(태평양에서의 영국과 미국의 역사적 거점)까지 연장하고, 아울러 더 나아가 개체로서의 '나'의 배후에 있는 근대 서방 제국주의의 지배라는 어두운 그림자 아래 같은 운명을 지닌 우호적 타자(아시아의 오래된 문명 – 민족)를 소환함으로써 새로운 집단의 연대를 조성한 것이다.

그리고 '나'란 존재가 위치한 니타카야마 산은 단지 타이완만을 상징하는 것이 아니었다. "니타카야마 산 정상에 서서" 새로운 역사적 가능성 자체를 소환하는 것은 상징성이 풍부한 행위였다. 그 어떤 타이완의 지리 풍경도 '니타카야마 산'보다 더 많은 역사적 의의를 지닐 수는 없다. '니타카야마 산'이란 명명(命名) 자체가 근대 일본 제국이 아시아에서 확장을 한 출발점이자 식민지로서 타이완을 획득했음을 상징한다. 1895년 청일전쟁 이후 타이완이 일본의 첫번째 해외 식민지가 되면서, 1897년 초보적인 지리 조사를 거친 후, 타이완의 원주민인 저우(鄒)족이 '파통칸'(Pattonkan)[23]이라 불렀고, 타이완의 한족들이 음역하여 '바통관(八通關) 산'이라 부르거나 의역하여 '위산 산'(玉山)이라고 부르기도 했으며, 서방

의 지도에는 모리슨 산(Mt. Morrison)이라 표기되어 있던 바로 이 산이, 제
국의 영역 내에서 해발고도가 가장 높은 산인 것을 발견하고는, 메이지
(明治) 덴노(天皇)가 이를 새로이 '니타카야마 산'으로 명명했다. 지리 공
간의 명명은 종래로 권력이 지표(地表)에 시행된 흔적이다. 19세기 중엽
영국 왕립지리학회(Royal Geographical Society)가 타이완에 대한 해도 측
량을 마치고 '파통칸'을 이 산을 '발견'한 미국 해군 선장의 이름을 따 모
리슨 산이라 명명했을 때, 타이완은 이미 서방의 '근대'에 상징적으로 진
입한 것이다. 일본이 타이완을 통치한 후의 '니타카야마'란 명명은 지도상
에서 서방의 명명을 고친 것이다. 이러한 새로운 명명은 일본이 동아시아
지역에서 흥기했음을 의미한다. 마지막으로 이러한 역사적인 배경하에
서 우신룽의 이 시가 바쳐진 '결전'은 1937년의 중일전쟁을 가리키는 것
이 아니라 1941년 12월 8일 "니타카야마 산에 올라라"[24]라는 전쟁 개시
명령으로 전개된 태평양전쟁을 가리키는 것이다. 결전 시기의 제국 이데
올로기는 다시금 '니타카야마 산'의 이름을 부르는 이 역사적인 시점에서
제국이 타이완을 점령하던 초기에 이미 바꿔 버린 지명을 다시금 외우는
것에 그치는 것이 아니라 새로운 역사를 창조하는 것이었다. 제국 역시 서
방 강국과 비견되는 상황으로부터 한 걸음 더 나아가 서방을 초월하고자
했다. 우신룽의 시 속의 '내'가 이러한 여러 겹의 의미를 지닌 '니타카야마
산'을 밟고 선 것은 우연한 선택이 아니라 역사적인 필연이었다.

---

23) 저우족 말로 '파통칸'은 '빛나다'라는 의미이다. ― 옮긴이
24) 이는 태평양전쟁의 개시, 즉 진주만 공습을 지시한 일본의 작전 전령 제10호 'ニイタカヤマ
　　ノボレ1208'을 가리킨다. ― 옮긴이

## 4. 시간 혹은 공간, 역사 혹은 민족

우신룽의 「결전에 바친다」를 자세히 독해하는 데서, 당시 결전 시기의 언론 공간에 입각해 얘기하자면, 이 시가 드러내는 역사성은 타이완인이 어떻게 일본인이 되느냐 하는 시간정치에 있는 것이 아니라, 세계사적인 시간정치에 있다. 그리고 이 점은 우신룽과 동시대 황국신민 문학 사이에 확실한 차이를 만들어 냈다.

1941년 저우진보(周金波)의 「지원병」(志願兵)을 시작으로 1943년 왕창슝(王昶雄)의 「급류」(奔流), 천훠취안(陳火泉)의 「길」(道)에 이르는 대표작들은 '황국신민 문학'으로 하여금 결전 시기 타이완 문학의 지표가 되게 하였다. 작가들이 황국신민 문학 속에서 표현하려 했던 것이 협력/굴종의 요소였든, 아니면 전후 학자들이 황국신민 문학 속에서 뽑아 오려 했던 저항(적극적으로 모든 것을 동일시할 것을 요구한 것이나 소극적으로 항의한 것)의 요소였든 상관없이, 모두가 민족 알레고리(Allegory) 혹은 민족 서술 속에서 '일본'이나 '타이완'의 공간적인 함의를 강조하고 있었다. 우신룽의 「결전에 바친다」는 타이완 문학가가 공간성 외에도 결전의 역사적인 시간의 의미를 파악하려 시도했던 몇 안 되는 작품 중 하나이다. 즉 「결전에 바친다」 중 우신룽이 제3연에서 아시아의 각종 고(古) 문명-민족을 소환한 것은, 당시 대동아공영권의 제국 이데올로기 속에서 동아시아 각 민족이 일본의 영도하에 단결하여 (서방) 제국주의에 반대한다는 (일본) 제국의 공간 의식에 호응하는 듯하다. 그러나 결전 자체는 역사를 새로운 단계로 끌고 갈 세계사적인 사건으로 간주되고 있었다. 우신룽에게 전쟁이란 그저 민족 정체성이라는 신분(身分) 정치일 뿐 아니라, 더더욱 중요한 것은 새로운 역사의 창조였다.

「결전에 바친다」 속에서, 시간은 다른 문학작품 속의 서술적 시간처럼 그저 시계의 시간이나 편년(編年)의 수량 단위로서 스토리가 발전하는 배경으로 충당되었을 뿐 아니라(예를 들어 황국신민 문학 중 저우진보의 「지원병」 중 '나, 밍구이明貴, 진류進六'와 왕창승의 「급류」 중 '이둥伊東, 린보넨林柏年', 천훠취안의 「길」 중 '천군'陳君 등 주인공들의 자의식 성장과 정체성의 전환적 발전), 상대적으로 시간은 바로 이 시의 주제이며 그 자체가 질량을 갖춘 세계사적 시간이 결전을 통해 전개되고 있다.

우신룽은 「결전에 바친다」에서 타이완인의 민족적 신분을 처리하는 데서 애매한 입장을 취하고 있다. 제3연에서 화하(華夏) 민족, 북방 초원의 몽고와 만주의 유목민족, 인도 민족, 그리고 일본이라는 덴진 자손의 민족을 소환할 때에, 타이완인은 '황제(黃帝)의 자손'으로 간주할 것인가, 아니면 '덴진의 자손'으로 간주할 것인가? 니타카야마 산 정상에서 태평양을 마주 대하면서 자기 주변의 오래된 아시아의 문명-민족에게 외치는 '나'는, 아무래도 '황제의 자손'이나 '덴진의 자손'과는 차이가 있는 듯하다. '나'는 비록 일찍이 황제의 자손이었지만 현재는 그렇지 않다. 타이완인으로 간주되는 '나'는 「결전에 바친다」에서 비록 새로운 역사의 진원지이자 중심(니타카야마 산)에 굳건히 서 있지만, 그 안에 있는 듯하면서도 그 밖에 있는 듯한 애매한 위치에 서서, 새로운 세계사적 계기 속에서 '내'가 상징하는 타이완인의 신분을 유지하고 있다.

근대에 비국가적 사회(non-statist society)라는 존재양태에 위치한 타이완인은, 1920년대에 집단적인 신분 정체성의 범주가 형성된 이후로, 전시에도 이미 국가의 전쟁 동원 때문에 국가가 행동주체인 전쟁에 의해 국가에게 흡수당해 버리지는 않았을뿐더러, 헤겔이 말한 전 정치 단계(前政治段階)로서의 민족의 범주로 회귀하지도 않았다. 우신룽은 아마도 원래

(이념 혹은 실체로서의) 국가를 행위자로 하는 세계사 속에서 전혀 자기 자리가 없었던 비국가적 사회(=타이완)에 새로운 세계사적 위치를 부여한 듯하다.[25]

전쟁 동원이 최고조에 달했을 무렵, 우신룽은 시간을 공간으로 대체하고 역사를 민족으로 대체했다. 그러나 동시에 일본도 아니고 중국도 아닌 애매한 타이완인의 위치를 보류시켜 두었다. 그러나 이는 결코 우신룽이 소극적으로 역사 발전을 기다리는 방법을 택하여 외부 역량에 의한 역사 발전을 받아들인 결과임을 의미하는 것이 아니라, 세계사적 사건인 결전이 창출한 역사적 계기 속에서 '나'와 '우리 타이완'의 새로운 질서와 새로운 문화를 기다리며, 현재의 역사 단계와 다른 미래를 지향하고 있음을 의미하는 것이다. 이런 태도 역시 시 속에서 우신룽의 '니타카야마 산'에 대한 차용이 니타카야마 산이란 장소에 겹겹이 누적된 역사 경험 속에서 다시금 니타카야마 산의 역사적인 의의를 부여하는 것임을 설명해 준다.

## 5. 어떤 전쟁인가?

우신룽의 「결전에 바친다」 속 전쟁은 이 글에서 상술한 바와 같이 태평양 전쟁을 가리킨다. 우신룽은 1937년의 중일전쟁과 1941년의 태평양전쟁에 대해 다른 태도를 보였는데, 분명한 심경의 변화가 있었던 것이다.[26] 그는 역사 밖에서 피동적으로 받아들이는 입장에서 결전 중 새로운 문화의 역사적 계기를 보아 낸 행위자로 변신한다. 「결전에 바친다」는 태평양 전쟁 발발 후 전쟁에 대한 우신룽의 태도가 바뀐 뒤 전쟁의 의의에 대한 사유가 점차 누적되어 이루어진 최종적인 텍스트로 간주할 수 있다.

1932년 고향인 타이난 자리(佳里)에 돌아가 개업한 뒤 우신룽은

1936년 말 일기에서 당시까지 자신이 '한 일들'을 총결하면서 다음과 같이 썼다. "1936년이 막 지나가려 한다. 난 올해 한 일들이 사실 적지 않았다. 첫째로 타이완 문단에 진출했고, 둘째로 사교계에 발을 들였으며, 셋째로 정치적 기반을 획득했다."[27] 이듬해인 1937년 중일전쟁이 발발한 후 우신룽은 대체적으로 이 세 가지 '공적'인 영역에서 일본 식민 정부의 전쟁 동원 체제의 지방 말단 간부로 편입되어, 그 자리를 1945년 일본이 패망할 때까지 유지했다.[28]

비록 우신룽이 1937년 중일전쟁이 발발하던 날 일기에 "정의는 소멸되지 않고 양심은 세계에 두루 펼쳐져 있다"(正義如不滅, 良心遍世界)라고 짧게 썼을 뿐이지만,[29] 한 지방의 영도자로서 우신룽과 그의 가족은 자연스레 전쟁 동원 체제에 편입되었다. 1937년 10월부터 우신룽은 자리방위단(佳里防衛團), 군기헌납회(軍機獻納會),[30] 국민정신총동원(國民精神總動員) 자리 분회에 참가하면서 간부직을 맡았다. 부인인 마오쉐펀(毛雪芬)은 애국부인회와 자리부인회에 참가했다. 이 기간 동안 우신룽 역

---

25) 대체로 헤겔은 자신의 역사철학과 법철학에서, 시민사회를 기초로 하는 근대국가가 세계사의 합법적인 주체 행위자가 되도록 설정했다. 자유라는 정신이 세계사 속에서, 자아와 타자의 분리와 결합으로부터 투쟁적으로, 그리고 변증법적으로 앞을 향해 전개되어 주체의 궤적이 되는 것이다. 국가는 역사 발전의 최종적인 주체이며 민족은 전 국가적(pre-national)이며 동시에 전 정치적(pre-political)이다. 비국가적 사회의 존재는 헤겔의 세계사 관념하에서 전 정치적이고 전 국가적인 범주로 변해 버린다. 아마도 우신룽은 전쟁 중에 이러한 철학을 개입시킬 의도나 능력이 전혀 없었겠지만, 시인의 직관은 그를 반(反)헤겔주의적인 헤겔주의자로 만들어 버렸다. 이런 측면은, 왜 우신룽이 자신의 전전(戰前) 문학 활동과 작품을 '이상주의'로 귀속시켰는지를 고찰하는 데에 유력한 단서를 제공해 주기도 한다.
26) 陳翠蓮, 『台灣人的抵抗與認同: 1920~1950』, 台北: 遠流出版社, 2008, 249~264쪽.
27) 吳新榮, 『戰前日記』, 41쪽, 1936年 12月 31日字.
28) 近藤正己, 『總戰力と台湾: 日本植民地崩壊の研究』, 東京: 刀水書房, 1996, 195~254쪽.
29) 吳新榮, 앞의 책, 49쪽.
30) 여기서 군기(軍機)란 전쟁에 필요한 비행기를 가리킨다. ── 옮긴이

시 확실하게 역사에 말려들어 부득불 협력하는 태도를 보이게 되면서, 일기에 이렇게 썼다. "늘상 대중의 집회를 위해 봉사하면서, 후방 대중의 지도자가 되었다. 뭐라 말하지 않으면 또 어떤가? 이는 대세이자 흐름인 것을." 그리고 "사람들은 모두 대오를 이루었고 모두 대세에 따랐다"는 등의 감상을 써 두었다.

이 기간 우신룽 역시 곧잘 자신의 생활이 타락했음을 탄식했다. 이런 '대세' 속에서 비단 소극적으로 협력하는 입장을 취했을 뿐만 아니라, 이러한 마음가짐 역시 자기 자신의 생활 변화에 반응하는 것이기도 했다. 중일전쟁 발발 이전의 명랑하고 활력이 충만하며 입신양명과 사회에 대한 관심을 아울러 실천하던 우신룽과 대비시켜 볼 때, 중일전쟁 발발 이후 우신룽이 일기에서 드러내 보인 것은 오히려 계속해서 위축되고 '오락, 교제, 대세에 영합'한다는 목적하에 "매일 마작을 하고 소주를 마시면서" 이에 따라 계속해서 자신의 생활이 '완전히 타락'했음을 탄식하는 모습이었다. 우신룽의 심정을 가장 잘 대변해 주는 것은 아마도 그가 1938년 일기에 써 놓은 다음과 같은 감상일 것이다. "우리의 모순과 혼란은 갈수록 깊어지기에, 모든 것을 그저 역사의 세찬 흐름이 해결해 주기만을 기다릴 뿐이다. 우리의 정적인 행동은 외부의 역량이 있어야만 비로소 동적인 전진을 이룰 수 있다."[31]

일본 제국은 이때 총동원 체제를 강화하고 고도의 국방국가를 건설하고 있었다. 국가가 사회의 각 영역에 깊이 개입하면서 일본 내지든 식민지든 상관없이 총동원 체제하에서 물질과 인력 모두 고도의 관리화를 향

---

31) 吳新榮, 『戰前日記』, 62쪽.

해 나아가고 있었다. 지역의 지도자인 우신룽의 일상생활에는 그가 동원 체제의 지방 말단 간부인 사실이 깊이 아로새겨져 있었다.[32] 전시 사회에서 일찍이 '기형적인 생활'을 피동적인 '무형의 항의'로 간주한 우신룽은, 1940년이 되자 동원 체제와 전쟁에 대한 입장을 바꾸기 시작했다. 이때의 일기 속에서 그는 여러 차례 자신의 심경이 바뀌었음을 적고 있다. "이러한 전 지구적인 고뇌의 시기에 어찌 나 홀로 편안할 수 있겠는가? 세계에 대해 그 어떤 보잘것없는 것이라도 응당 공헌해야 하리라"(6월 11일). "방공 연습은…… 우직한 민중들조차 점차 조직화한다. 나는 동양의 힘찬 태동과 세계의 대전환을 느꼈다"(7월 6일). 심지어 우신룽은 미국과 일본 사이가 점차 악화되어 갈 때조차 "일본, 독일, 이탈리아의 동맹으로서 응당 이해하고 있어야 할 사항은, 오늘 이후로 적국은 미국과 영국이며, 이에 따라 우리 타이완은 가장 중요한 지역 중 한 곳이 되었다는 것을 각성해야만 한다는 것이다"(10월 3일)라고 썼다.[33]

1941년 8월 10일 우신룽은 일기에 다음과 같이 썼다. "혼자 서재에 앉아 빈둥거리며 남쪽 벽에 걸린 지도를 바라보고 있었다. 결국 생각을 정리해 『타이완 중심설 사고』(台灣中心說思考)를 완성했다."[34] 이 책은 동아시아에서의 타이완의 지리적 위치에 대해, 타이완이 위치한 동아시아와 태평양 지역의 지리환경 특징과 지연 정치의 특징 10가지를 나열하고 있다. 「결전에 바친다」 중 제1연에 드러나는 타이완의 동아시아와 태평양에서의 지리적 위치 구상은 대체로 1941년 이미 형성된 것이다. 같

---

32) 吳新榮, 『吳新榮回憶錄』, 台北: 前衛, 1989, 142쪽.
33) 吳新榮, 「吳新榮日記 1940」, 陳翠蓮, 『台灣人的抵抗與認同』, 255쪽에서 재인용.
34) 吳新榮, 『戰前日記』, 112쪽.

은 해 12월 8일 일본이 미국의 진주만을 공격하면서 태평양전쟁이 발발한 당일, 우신룽은 일기에 다음과 같이 적고 있다. "와야 할 일이 결국 왔다." "이는 전대미문의 결정적인 대사건이다. 이를 사람들도 통감하고 있기에 극도로 긴장하고 있다." "지역적인 전란이 결국 세계대전으로 확대되었다."[35] 비록 결코 의외의 일은 아니었지만 우신룽이 느낀 '긴장'은 이 결정적인 사건이 '전대미문'이며, 지금이야말로 세계사적인 전환점이라고 의식했기 때문이었다. 이런 '긴장'감은 마치 동시대의 일본 지식인들이 미국과 일본의 전쟁 개시에 대해 "지적인 전율"을 느꼈던 "특수한 시점이란 느낌"과 유사한 것이었다.[36] 1942년 12월 8일 '대동아전쟁' 1주년 기념 행사의 일환으로 지방에서 봉공장년단(奉公壯年團)이 주최한 '샤오톈(曉天) 동원' 도중 우신룽은 시국에 대해 연설했다.[37] 우신룽은 연설 중에 다음과 같이 언급했다. "남으로 오스트레일리아 시드니 지역에서는 백인들의 백호주의(白濠主義)라는 미몽(迷夢)이 이미 황인종들에 의해 타파되었고, 북으로 알류샨 열도에 대한 공격은 북아메리카로 하여금 유사 이래 처음으로 동아시아인의 족적을 보게끔 만들었다." 아울러 결론 부분에서는 "인류의 역사적인 전환기를 맞이하여서도 일어나 싸우지 않는 민족은 타락한 것이고, 일어나 싸우지 않는 국가는 장차 낙오될 것임"을 강조했다.[38] 「결전에 바친다」 제2연 중 서방의 제국주의가 태평양의 남북으로 활동했던 역사적 지리와 제3연 중 아시아의 오래된 문명 - 민족의 흥기라는

---

35) 吳新榮, 『戰前日記』, 118쪽.

36) 竹內好, 「近代の超克」, 『日本とアジア』, 東京: 築磨書房, 1966, 162~174쪽.

37) 吳新榮, 앞의 책, 136~137쪽.

38) 인용한 강연 내용은 우신룽이 발표한 「부치지 못한 편지」(未寄出的信) 중 아직 그의 두번째 처가 되기 전이었던 린잉량(林英良)이 우신룽의 강연을 다 들은 후 다시 기술한 것이다. 吳新榮, 「未寄出的信」, 『喪妻記』(亡妻記), 台北: 遠景, 1981, 105쪽.

범아시아주의는 아마도 작품 발표 1년 전에 했던 이 공개 연설까지 그 연원이 거슬러 올라가는 듯하다.

전쟁에 대한 우신룽의 태도는 중일전쟁 발발 이후의 소극적인 모습에서 태평양전쟁 발발 이후 점차 변해 간다. 타이완 중심론의 지정학에 대한 사유 속에서, 그는 반(反)서방 제국주의라는 세계사적인 역사의식의 자각 속에서 직접적으로 결전이 대동한 역사 가능성을 생각하고 있었다. 원래 외재적인 역량이라 간주되던 '역사'가 자신 역시 적극적으로 참여하고 창조해야 하는 '역사'로 바뀐 것이다.


## 6. 새로운 역사의 바람

만약 「결전에 바친다」를 우신룽 자신의 문학 활동 내지 사상 발전의 누적된 바가 결전 시기에 드러난 지표(地表)라고 간주한다면, 지표 아래의 지층은 반드시 더 큰 역사적 맥락에서 이해해야만 한다.

전쟁에 대한 우신룽의 이해는 표면상 당시 관방(官方)의 전쟁 선전에 호응하고, '총력전'의 일환인 '사상전'에 호응하는 듯하다. 이 사상전의 특징은, 일본이 이끄는 유색인종들이 서방의 식민 지배를 받는 아시아 각 민족을 단결시켜 서방 제국주의에 항거하는 동시에 일본 자신이 동아시아에서 세력을 확장하고 침략을 자행하는 것은 은폐하면서, 역설적이게도 반제국적 제국주의(anti-imperial imperialism)가 되어 버렸다는 점이다. 그러나 여기서 우리가 경시할 수 없는 것이 중일전쟁이 발발한 이후 제국 자체가 새로운 체제를 건설하는 개조 과정 중에 대내적으로는 동원 체제의 수립을 시작으로 사회 각 영역에 대한 국가의 개입과 통제를 통해 서방 자본주의의 병폐를 제거하는 동시에, 자본주의식 고도 발전을 유지하면서 자본주의가 없는 자본주의 국가를 수립하고자 했다는 점이다.

식민지에 대한 통치는 한 걸음 더 나아가 '비국가적 사회'의 '외지'(外地)[39]를 국가화하고, 국민국가 제국으로의 통합을 강화했다.[40] 대외적으로는 동아시아 공동체를 시작으로 다민족국가의 제국주의 없는 제국주의의 발전을 지향하면서, 도의(道義)로써 서방의 강성한 권력을 극복하고, 아울러 조화로운 아시아(동아시아의 영원한 평화)를 건립할 계획을 시도했다. 이런 계획들의 완성은 사상적으로는 반드시 당시까지의 세계사적 단계를 초월하고, 서방을 중심으로 하는 '근대'를 초월하고, '근대' 이후의 새로운 세계사적 단계에 진입해야만 했다.

우신룽이 「결전에 바친다」를 발표한 1943년에는 '근대의 초극'[41]과 '세계사적 입장과 일본'[42]이라는 사상사적으로 중요한 좌담회가 단행본으로 출판되었다. 당시 대표적인 일본 지식인을 망라한 이 두 좌담회는 더

---

39) 당시 일본 본토를 내지(內地)라 했기에 그에 상대되는 표현으로 외지라 한 것이다. 여기서는 타이완을 말한다. ── 옮긴이

40) 역사학자 야마무로 신이치(山室信一)는 근대 일본 제국의 역사 발전 과정이란 국민국가 제국을 향한 발전 과정이었다고 여겼다. 山室信一,「國民帝國日本的異法域統合與差別」,『臺灣史研究』16卷 2期, 2009, 1~22쪽을 참고하라. [글 제목에 등장하는 이법역(異法域)이란 원래 일본에서 사용되는 표현으로 '서로 다른 법이 적용되는 지역'이란 의미이다. 주로 일본 제국이 식민지를 명목상으로는 일본 제국에 속해 있다고 인정해 주면서도 실제로는 일본과 차별할 때, 이 개념을 사용해 일본 제국과 식민지를 구별했다. ── 옮긴이]

41) 이는 원래 1942년 2회에 걸쳐 『분가쿠카이』(文学界)가 주최한 좌담회이다. 가와카미 데쓰타로(河上徹太郎), 고바야시 히데오(小林秀雄) 등 일본 철학·역사·예술·문학 등 각 분야의 엘리트 13명이 참여했으며, 주로 일본의 '근대화'(즉 서구화)를 어떻게 반성할 것인가에 대해 논의했다. 이후 가와카미 데쓰타로 등이 지은 『근대의 초극』(近代の超克, 東京: 創元社, 1943)이란 책으로 출판되었다. ── 옮긴이

42) 이는 원래 1942년 3회에 걸쳐 『주코코론』(中央公論)이 주최한 좌담회이다. 교토학파의 사천왕이라 불리는 고사카 마사키(高坂正顯), 니시타니 게이지(西谷啓治), 고야마 이와오(高山岩男), 스즈키 시게타카(鈴木成高)가 참여했으며, 주로 대동아전쟁에 대한 세계사적 이해에 관한 토론이었다. 이후 후지타 지카마사(藤田親昌)가 엮은 『세계사적 입장과 일본』(世界史的立場と日本, 東京: 中央公論社, 1943)이란 책으로 출판되었다. ── 옮긴이

이른 시기에 소집되어 대담 기록 역시 1941년 말에서 1942년까지 『분가쿠카이』(文学界)와 『주코코론』(中央公論)에 나누어 발표되었다. 이 두 좌담회는 일본의 총동원 전쟁 중 사상전 부분을 대표하고 있었다. 그들은 한편으론 일본의 전쟁 이데올로기에 호응하는 듯했고, 다른 한편으론 심사숙고해 볼 만한 가치가 있는 많은 문제를 대두시켰다.[43] 이 글은 여기서 이 두 좌담회의 사상적인 측면을 깊이 다루려는 게 아니다. 다만 그 안에 노정되어 있는 시간성과 공간성의 핵심 의제를 빌려 온다면, 우신룽의 「결전에 바친다」를 좀더 명확하게 해독하는 데 도움을 줄 수 있을 것이다. 이 두 회의의 핵심 의제는 다음과 같다. '근대'(시간성)와 민족 신분(공간성) 사이의 충돌과 해결, 그리고 세계사적인 역사철학(시간성)과 지정학(공간성). 좌담회에 참여한 일본 지식인에게 '일본'은 거의 전제적(前提的)인 존재였다. 전쟁은 (서방) 자본주의의 병폐를 구제하고, 서방 제국주의의 '역사'에 저항하고, '도덕적 에너지'인 동방을 응집시켜 물욕이 횡행하는 서방을 극복할 역사적 계기를 제공한다고 간주되었다. 우신룽은 세계사적인 새로운 역사 가능성을 받아들였으며, 동시에 도덕을 중심으로 하는 범아시아주의의 동맹이나, 심지어 서방 제국주의에 대항하는 것에도 공감하고 있었다. 그러나 우신룽은 결코 '일본'을 새로운 역사의 전제로 간주하지는 않았다. 「결전에 바친다」에서 '나'(타이완), '황제(黃帝)의 자손'(중국), '덴진의 자손'(일본)은 병립되어 있다. 현실의 생활에서 우신룽은 식민지 전쟁의 동원 체제가 아로새겨진 지방의 말단 간부였으나, 사상적

---

43) 이 두 좌담회 및 역사적 맥락에 대한 사상사적인 분석은 Harry Harootunian, *Overcome by Modernity: History, Culture, and Community in Interwar Japan*, Princeton: Princeton University Press, 2000을 참고하라.

으로 보자면 우신룽은 동시대의 전쟁이 창출한 논술 공간 속에서, 마치 동시대의 일본 지식인 다케우치 요시미(竹內好)가 역경을 무릅쓰고 자신의 주장을 세웠듯이[44] 전시의 이데올로기라는 모닥불 속에서 남과 다른 사상을 뽑아내고, 시류의 내부로부터 새로운 역사 가능성을 찾아내었다.[45] 식민지 타이완이란 장소에서 역사(시간성)와 민족 신분(공간성) 간의 충돌에 대해 우신룽의 「결전에 바친다」는 당시 황국신민 문학의 작품처럼 타이완인과 일본인이란 두 민족 신분 사이에서 방황하지 않았다. 오히려 역사의 창조에 참여하고 세계사적 사건인 전쟁이 개창해 내는 공간으로부터 지금 이후의 새로운 문화를 창조해 낼 가능성이 자각적인 의식을 지닌 역사적인 행동으로 바뀌는 것을 간파했다.

「결전에 바친다」에서 우신룽은 범아시아주의 지정학에 있어서 타이완의 중심성 및 '문화'를 역사 실천의 목적으로 삼아 다음 단계에서 그 역사적인 존재 상태를 전개할 것임을 강조했다. 이 두 가지 요소는 사실상 1920년대 이래로 타이완의 반식민운동 사상사의 주제이기도 했다. 제1차 세계대전 중 성장한 타이완의 반식민운동은 타이완이 '세계의 타이완'임을 강조했고(황청총黃呈聰),[46] 혹자는 타이완이 동아시아 평화의 관건이며 동아시아 평화가 진일보하는 것이 세계 평화의 관건임을 강조했다(장웨이스이蔣渭水).[47] 혹자는 전후 아시아 부흥 운동에서 일본의 영도자

---

44) 여기서 "역경을 무릅쓰고 자신의 주장을 세웠듯이"는 중국어 '火中取栗'의 번역이다. '불 속의 뜨거운 밤을 꺼낸다'는 이 말은 사실 프랑스의 우화로 '남에게 이용만 당하다'라는 뜻으로 쓰이는데, 작자는 전혀 다른 뜻으로 '불 속에서 밤톨을 건져 내듯 학술적 성과를 거두었다'는 뜻으로 사용하고 있다. 이에 문맥에 맞게 의역했다. ─ 옮긴이

45) 다케우치 요시미에 관한 연구는 Richard Calichman, *Takeuchi Yoshimi: Displacing the West*, Ithaca: Cornell University Press, 2004를 참고하라.

46) 黃呈聰, 「文化運動」, 『台灣民報』 1923年 8月 1日字, 3쪽.

적 역할과 일본 제국의 개조에서 타이완이 차지하는 위치를 강조하기도
했다(천펑위안陳逢源). '문화'가 시간 의식을 지닌 존재로 간주된 것은, 제
1차 세계대전 이후 '문화'가 유행어가 되면서 타이완 지식인에 의해 개조
운동의 일환으로 채택된 것임을 주목할 필요가 있다. '문화'란 새 낱말은
이러한 역사 과정 속에서 등장하였는데, '새로운', '자주적인', '주체적인'
것을 의미했다. 이는 공간 비유의 기호이자 역사 발전 단계를 구분하는 시
간 개념이기도 했다.[48] 시간 개념에 있어서 거의 근대성과 동의어인 '현
재'는 이전 단계와 구분되어진 새로운 역사 단계임이 강조되었다. 당시 문
화를 전치사로 쓰던 몇몇 용어는 '문화'가 새로운 단계의 기호가 내포되
어 있는 시간 개념임을 구체적으로 보여 주고 있다.[49] 그리고 타이완인의
반식민운동 그룹은 '타이완문화협회'라고 명명되었다. 그들의 활동에 대
해 얘기하자면, 식민 지배자에 대한 비판이든 타이완인에 대한 비판이든

---

47) 장웨이스이의 「임상 강의」(臨床講義, 1921)와 「문화협회 창립 경과 보고」(文化協會創立經過
報告, 1921)를 보라. 1924년 치경사건(治警事件)에 대한 법정에서의 답변은 黃煌雄, 『蔣渭
水傳』, 台北: 時報出版, 2006, 56~62쪽에서 재인용.

48) 1920년대 초반 '문화'란 낱말은 갑자기 광범위하게 유통되는 신조어가 되어, 새로 등장한
모든 사물이나 제도, 현상의 전치사로 쓰였다. 예를 들어 새로운 식민정책은 '문화정치', 서
양식 주택은 '문화주택', 당시 자본주의 경제는 '문화경제'였다. 당시에는 신칸트주의를 원
용해 문화주의를 해석했는데, 천펑위안이 주요 이론가였다. 陳逢源, 「文化の普及と創造」,
『台湾』第4年 第7号, 1923, 34~38쪽; 陳逢源, 「人生批判原理としての文化主義」, 『台湾』
第4年 第3号, 1923, 40~46쪽. 일반적으로 유행하던 신조어든 철학적 해석이든지 간에, 대
체적으로 모두 계몽주의 이전과 상대되는 새로운 상태를 의미했고, '새로운', '현재', '주체
적인', '자주적인'의 뜻을 지니고 있었다. 시간상으론 새로운 현재였고 공간상으론 자주적
인 공간의 은유였다. 역사적으로 보자면, 제1차 세계대전 이후의 '문화' 붐은 결코 타이완
에만 있었던 독특한 현상이 아니라 세계적으로 보편적인 현상이었다. 전쟁의 파괴와 새로
운 역사의 가능성을 반성할 사상 개념의 하나로서, 당시 세계 각지에서 거의 모두가 '문화'
의 의미를 표상하는 본토의 새로운 낱말이 등장했다. Andrew Sartori, "The Resonance of
"Culture": Framing a Problem in Global Concept-History", *Comparative Studies in Society
and History*, Vol. 47, No. 4, 2005, pp. 676~699를 보라.

49) 陳逢源, 「人生批判原理としての文化主義」.

상관없이, 모두 지금의 상태(불평등한 차별 대우나 봉건적인 미신)를 개조하고 타이완 사회가 새로운 단계(평등하고 자치적인 현대적인 정치, 그리고 이성적이고 자주적이며 '인격'을 갖춘 자유의지의 주체)로 진입할 것을 요구했다고 말할 수 있다.[50]

1920년대 타이완인의 반식민운동은 점차 근대화된 '타이완인'의 민족 신분 요구를 형성했다. 정치적으로 비록 제국으로부터 독립하여 독립 국가를 수립하는 것을 목적으로 삼진 않았지만, 사상적으로는 시간 개념으로서의 '문화'(＝새로운 시대)가 개창한 새로운 역사 단계 속에서 공간 개념으로서의 '문화'(＝'타이완인', '타이완 문화')의 자주적인 확립으로 간주할 수 있다. 이런 새로운 시간의 공간화는 자주적이고 이성적인 타이완인의 민족 신분의 성립을 지표로 삼고 있었는데, 1930년대 발전을 거친 전쟁 초기에 이르러서 황국신민화 운동과 충돌하게 된다. 1940년대 초기에는 대정익찬(大政翼贊) 운동[51]에서 용인되던 지방문화 공간 속에서 발전하다, 곧바로 뒤이은 황국신민 문학 속에서 철저한 공간 개념, 즉 일본인이 되기 전에 식민 지배자조차 부득불 그 존재를 확인해 줄 수밖에 없는 민족 신분이 되었다. 바로 이런 상태에서 우신룽의 「결전에 바친다」는 제1차 세계대전 이후 새로운 시간의 공간화 이후의 '타이완인'('황제의 자손'이나 '덴진의 자손'과는 모두 다른 '이 섬, 우리 타이완'의 '나')을 인정했을 뿐만 아니라, 한 걸음 더 나아가 '시간'을 가지고 들어와 세계사적인 사건으로서의 결전이 개창한 새로운 시간 속에서 "새로운 문화를 창조했다".

---

50) 陳逢源, 「人生批判原理としての文化主義」.

51) 일제는 1940년 덴노의 성업(聖業)을 돕는다[翼贊]는 명목으로 대정익찬회를 결성하고 대대적으로 대정익찬 운동을 전개했다. ── 옮긴이

## 7. 결론

이 글은 우신룽의 「결전에 바친다」의 독해를 통해 표면적으로 존재하는, 전쟁을 칭송하는 시국 색채 외에 그 안에 함축된 풍부한 역사적 의의의 측면에 대한 설명을 시도했다. 우신룽이 전쟁이 초래할 파괴와 고통을 몰랐던 것은 결코 아니었다. 실제로 그의 고향 이웃과 친한 벗들도 전쟁 중에 피해를 입었다. 이 글은 전쟁에 대한 우신룽의 태도 변화에 대해, 그 자신 역시 의식하고 있었던 짧은 순간(미처 이름 붙이지 못했던 '제4기')의 작품 「결전에 바친다」를 통해 다각적인 독해를 시도하면서 이를 예증으로 삼아, 결전 시기 전쟁에 대한 타이완 지식인의 사유를 분석했다.

「결전에 바친다」는 우신룽이 태평양전쟁 전후에 전쟁 자체, 그리고 결전 시기라는 상황에서의 타이완의 위치 등의 문제에 대한 사유가 점진적으로 누적된 이후의 작품이다. 이 작품은 당시 결전의 논술 공간 속에서, 마치 일본을 영도자로 삼는 범아시아주의 맹방으로 간주하고, 서방의 제국주의에 저항하고 아울러 이전의 서방 제국주의로부터 누적되어 온 '근대'의 역사를 초월하여 새로운 단계로 진입함으로써 동아시아의 영원한 평화를 추구하던 일본 제국의 '대동아전쟁'을 위한 전쟁 선전에 부응하는 것처럼 보인다. 우신룽의 시 속에서는 이런 요소들이 모두 존재한다. 그러나 우신룽은 타이완을 세계사적 사건인 전쟁이 전개해 낸 새로운 역사지리의 중심에 두었다. 동시에 '니타카야마 산'의 의미를 차용하여 세계사적 사건이 전쟁을 촉발시킨 기호를 미래의 새로운 역사의 중심으로 전환했다.

제1차 세계대전은 '문화'의 시간성과 공간성에 대한 타이완 지식인의 사유를 촉발했다. 제1차 세계대전 이후 현재 상태를 개혁하고 새로운 역사로 진입하자는 요구 속에서 '문화'가 시간 개념으로 등장했다. 제2차 세계대전에 다다르자 제1차 세계대전 이후 출현한 새로운 시대의 존재를 드러내던 이 기호는 점차 공간화된 개념이 되었다. '문화'는 각기 다른 민족의 '문화'로 변하고 공간적 은유로 변해서 피차간의 서로 다른 민족 신분을 표상했다. 전쟁 시기의 대정익찬 운동 중 용인된 타이완의 지방문화, 혹은 황국신민화 운동과 황국신민 문학 속에서 상충적인 민족 요소를 만들어 냈다. 자원한, 혹은 타력에 의한 민족 정체성의 변천은 모두 제1차 세계대전 이후의 '새 시대' 속에서 '문화'가 점차 공간화된 영향으로 시간에서 공간으로 변하고 역사에서 민족으로 변한 것으로 볼 수 있다. 상대적으로 우신룽의 「결전에 바친다」는, 다시금 새로이 문화를 시간적인 의제로 변환시켜 새로운 세계사 속에서 새로운 문화를 창조해 내기를 요구했던 것이다.

옮긴이 _ 이영섭(연세대학교 중문학과 겸임강사)

# 2장 전쟁 스펙터클과 전장 실감의 동력학
## — 중일전쟁기 제국의 대륙 통치와 생명정치 혹은 조선·조선인의 배치

김예림*

## 1. 서론: 전쟁 스펙터클과 전장의 실감

중일전쟁을 계기로 일본 식민통치는 전면적 변화와 강화의 국면으로 접어든다. 이 과정에서 식민지 조선이 총동원 체제 내로 깊숙이 편입되었음은 주지의 사실이다. 특히 1938년 조선 육군특별지원병제의 실시와 총동원법의 발효는 이후 태평양전쟁으로 이어지는 장기 전시체제의 밀도와 강도를 선취하고 예고한 결정적인 사건이라 할 수 있다. 조선이 '내지'의 이법(異法) 지역으로 통치되어 오다가 동역권(同域圈)으로 재배치된 것은 태평양전쟁기인 1942년 무렵으로, 이는 '세계 최종 전쟁'을 치러야 할 일본의 정책 전환을 수행한 고이소(小磯國昭) 총독에 의해 실행되었다.[1] 시기적으로 볼 때 중일전쟁기는 바로 조선의 탈이법화와 이에 따르는 동역권화 양상이 본격화되기 '직전의 단계'에 해당한다. 하지만 내선일체

---

* 성공회대학교 동아시아연구소 HK 교수

1) 이에 대해서는 이승일, 『조선총독부 법제 정책』, 역사비평사, 2008, 3부, 특히 제3~4장 참조.

의 모토 아래 종족적·문화적 동일성론뿐만 아니라 군사적·정치적 의무를 둘러싼 법제적 장치들이 작동하기 시작했다는 점에서 이 시기는 제국의 동일화 전략의 실제적인 실행기라 할 수 있다.[2] 따라서 나는 앞에서 쓴 '직전의 단계'라는 용어를, 단지 시간적 선행을 의미하는 것이 아니라 '구조적 초연(初演)'을 의미하는 것으로 사용하고자 한다. 중일전쟁과 태평양전쟁, 이 두 전쟁의 구조적 연접의 한가운데에는 연장되는 앞선 전쟁과 새로 겹쳐 들어오는 두번째 전쟁을 동시에 수행해야 했던 제국의 시급한 요구가 놓여 있다. 그리고 더 중요하게는 이 요구를 관철 가능케 할 기술(technology), 즉 피식민 집단의 적절한 운용이라는, 지배하는 쪽이나 지배받는 쪽 양자 모두에게 복잡한 의미를 갖는 문제가 연관되어 있다. 피식민자를 활용하기 위해 안겨 주어야 할 의무와 그 의무를 부과하기 위해 부여해야 할 권리가 바로 그것이다. 이 사안은 1930년대 후반에 시작되어 1940년대 중반까지 지속된 두 개의 전쟁을 통해 '부상하는 것'으로부터 '지배적인 것'으로 전면화되고 본격화되었다.

　　이 글은 중일전쟁기와 태평양전쟁기가 맺고 있는 연접성의 구조를 염두에 두면서 특히 중일전쟁기라는 역사적 국면을 절단면으로 삼아 전시체제하 조선·조선인의 정체성 정치에 각인되어 있는 식민통치의 배후 그리고 피식민자의 욕망과 불안의 구조를 분석하고자 한다. 중일전쟁을 통해 조선·조선인은 '대륙적' 지평에서 재편성·재배치되었고, '일본인 되기'의 불/가능성이라는 모순적 구조에 폐색되기 시작했다. 이 모든 것을

---

2) 황민화 운동의 주요한 4개의 개혁 패러다임은 토착 종교 및 신앙을 신도로 전환하는 종교개혁, 정신의 일본화와 일본어 교육을 강조하는 교육개혁, 조선이나 타이완 이름으로부터 일본 이름으로의 변경, 식민지 신민의 군사력의 포섭이다. 이에 대해서는, タカシ フヅタニ, 「戦下の人種主義」, 『感情·記憶·戦争』, 東京: 岩波書店, 2002.

가능하게 했던 것은 '동원'의 논리였다. 죽음의 동원이 대규모로 이루어진 것은 태평양전쟁기라 할 수 있으나, 그 실험은 이미 중일전쟁을 계기로 준비, 수행되고 있었다. 이 대대적인 동원의 시작과 진행의 현장을 포착하기 위해 여기서는 특히 전쟁 경험과 전장 체험이라는 상관적인 두 지점을 분석의 중심에 놓게 될 것이다. 동아(東亞)라는 지정학적 지평에서 발발한 중일전쟁은 조선의 위상과 그 위상에 대한 자의식을 결정적으로 변화시켰다. 전쟁이 조선·조선인에게 하나의 중요한 '기회'로 인식되었고, 또 실제로 그렇게 작용했기 때문이다. 간략하게 말하자면 이 전쟁은 조선으로서는 내셔널리즘으로부터 탈각하여 동아라는 강력한 규정력 속에서 새로운 정체성 정치를 시도할 수 있는/시도해야 하는 기회였고, 전쟁 참여를 통해 그 실현 가능성을 확보할 수 있는/확보해야 하는 기회였다. 전쟁 참여는 여러 측면에서 유도되었지만 그 가운데서도 전장 체험은 가장 신성하고도 밀도 높은, 고도로 정제된 성격과 의미를 가진 것이었다.

이 시기에 벌어진 전쟁의 성격과 이 전쟁에 휘말려 들어간 조선·조선인의 내적 상황을 총괄적으로 규정하기 위해 나는 전쟁 스펙터클[3]이라는 용어를 사용한다. 기 디보르(Guy Debord)에 따르면 스펙터클은 "사회 전체로서, 사회의 부분으로서 그리고 통일의 도구로서 나타나며 특히 사회의 부분으로서 그것은 일체의 시선과 일체의 의식이 집중되는 영역"이다. 그리고 현실은 "스펙터클의 관조에 의해 물질적으로 침범당하는 동시에 스펙터클의 질서를 흡수하여 이 질서에 긍정적인 응집성을 부여"한다. 환언하자면, "현실은 스펙터클 내부에서 솟아나고, 그리하여 스펙터클은

---

3) 문맥에 따라 '전쟁 스펙터클 사회'라는 용어도 함께 쓴다.

현실적이 되는"[4] 순환적 실현의 관계에 있는 것이다. 스펙터클을 단순한 이미지의 집합이 아니라 일련의 사회관계로 파악하는 관점은 전쟁을 통해 철저하게 재구축되는 이 시기 조선의 현실을 파악하는 데 유효하다. 전쟁은 그 자체가 스펙터클이었고, 전장은 이 스펙터클의 붉게 빛나는 핵심이라 할 수 있을 것이다. 조선에서 본격적으로 펼쳐진 전쟁 스펙터클은 당대인의 의식·욕망과 습합하면서 이들에게 새로운 현실적·상징적 관계망을 제공했고, 또 그 망 내에서의 실천을 실제화했다. 전쟁은 조선 내부에서 또는 조선을 대상으로 도발되지 않았으나, 그 어느 때보다도 조선을 외적·내적으로 철저하게 재구축했다. 전쟁에 대한 다양한 소식과 정보들은 이 스펙터클의 거대한 움직임을 추동했고 전장을 중심으로 하는 동심원 형태로 사회, 삶, 감각의 분할과 재배치를 촉진했다.

이 글이 특히 관심을 두고 있는 문제는 크게 두 가지다. 첫째, 일본 및 만주와의 관계 속에 놓여 있던 조선이 국면의 변화 속에서 중국이라는 또 다른 타자와 맞대면하면서 형성하게 된 자기의식 및 자기 재구성의 문제이다. 이는 전쟁에 대한 인식과 의미 부여 양상을 분석할 때 그 답을 얻을 수 있을 것이다. 전쟁과 전장을 향한 관심은 제국이 계획하고 있는 동아시아 질서 내에서 조선이 어떠한 위치를 점하게 될 것인가, 조선이 보다 유리한 지위를 차지하기 위해서는 무엇을 해야 할 것인가라는 지극히 현실적이고 급박한 질문을 둘러싸고 비대 증식하고 있었다. 이 질문을 보다 구체적인 현실적 맥락으로 옮겨 오면 핵심은 일만지(日滿支) 블록 내에서 조선이 맡게 될 역할에 관한 것이라 할 수 있는바, 어떤 식으로든 블록 '참

---

4) 기 디보르, 『스펙타클의 사회』, 이경숙 옮김, 현실문화연구, 1996, 10~13쪽.

여권'을 확보하는 것이 최대의 관건이었다. 따라서 2절에서는 중일전쟁으로 실현된 대륙 체제의 확장 속에서 조선의 자기 정체화 전략이 어떻게 움직였는가를 분석하고자 한다. 조선의 자기 정체화 전략이란 기본적으로 점령지의 물리적 확장과 구조적 재편을 감행하는 식민통치권의 설계도 내에서 제한받고 있었다. 따라서 조선은 그 위치를 스스로 찾았다기보다는 지정받았다고 하는 편이 더 타당할 것이다. 어쨌든 대륙 내에서 조선의 위상이 잡히는 과정을 규명하기 위해서는 '지나'뿐만 아니라 만주라는 또 하나의 지역 역시 고려해야 하는바, 궁극적으로는 조선이 '지나'와 만주와의 관계를 어떤 식으로 설정하고 있었는지를 검토해야 한다. 이 설정 과정에 당시의 현실적 정황과 더불어 복잡한 상징적 조작이 관여했음은 당연하다.

일만지 사이에서 조선이 취한 것은 피식민주체가 행한 일종의 '인정 투쟁'으로서, 특히 조선의 지식인들은 긴박하게 펼쳐지는 전쟁 스펙터클에 적극적으로 호응하고 복무했다. 바로 이 지극히 능동적이었던 호응자들과 그 주변부에, 이 글이 규명하고자 하는 두번째 문제가 놓여 있다. 3절에서는 당시 여러 가지 의미에서 '압도적인' 장소였던 '전장'이 누구에 의해, 어떤 맥락에서 정향되고 있었는지를 살펴본다. 이 작업은 지식인 집단이 생산한 언설의 장 및 활동의 장을 검토하면서 진행될 것인데, 이에 대한 분석을 통해 간접적으로나마 시도하고 싶은 것은 지식인 집단의 의식 또는 실천의 '상대화'이다. 이들을 상대화하기 위해서는 바로 이들이 대상화했던 자들의 흔적을 어떤 식으로든 참조해야 할 것이다. 전쟁은 식민지 조선의 다중에게 서로 다른 방식으로 경험되었다. 따라서 그 양상은 하나가 아니었을 것이나, 당시 사회적 상상과 발언의 능력을 전유하고 있던 쪽은 늘 소수의 지식인 집단이었기 때문에, 우리는 말할 수 없었던 보통 사람들의 의식과 감각을 직접 채취하기 어렵다는 문제에 봉착하곤 한다. 예를 들어 전쟁 당시의 무수한 보통 사람들의 이야기가 국책에 적극적으로 봉사할 것을 결심한 지식인들에 의해 대부분 생략되거나 각색되어 결과적으로는 충성심으로 가득 찬 '제국신민'(帝國臣民)의 서사로 치환되었듯이 말이다.[5] 상황의 복잡성을 입체적으로 파악하려면, 식민지 언설 공간의 구조적 제한과 이에 따르는 단성화(單聲化) 현상이 민감하게 되물어져야 할 것이다. 이 '매끈해지는' 상황을 자연화하지 않기 위해서는, 당시 조선인의 내적 분할 구도나 전시의 인구 배치라는 문제틀을 유지할 필요가 있어 보인다. 앞서 언급했듯이 전쟁 스펙터클에 열렬히 공감하고 전장의 실감에 강박적으로 집착했던 것은 가장 상층의 지식인들이었다. 특히 전방과 후방의 연계적 배치가 이루어지고 전지(戰地)에 접근 가능한 소집단이 생겨나면서, 지식인들은 자신들의 사회적 존재성에 대해 꽤나 예민한 자각을 하게 된 것으로 보인다. 이런 점에서, 전쟁을 거치면서 생겨난 다양한 진단과 전망들은 결국 제국의 메시지와 식민지의 현실 '사이'에서 종종 후자를 지우면서 전자를 향했던 지식인 집단의 심경과 행동역학을 반영한다고 할 수 있다.

위와 같은 문제의식하에 나는 『조광』, 『삼천리』, 『인문평론』 등에 게재된 여러 형태의 기사(시사, 논설, 보고, 수필 등)와 소설들을 검토하였다. 그 외 『박문』, 『동아일보』, 『총동원』의 기사 및 당시 출간된 관련 단행본과

---

5) 지원병의 편지, 지원병 지원에 대한 기사 그리고 전몰영령위령제 등이 그러하다. 특히 북지(北支) 전선의 전사자들을 위한 중일전쟁기 최초의 합동위령제가 1940년 2월 24일에 이태원 용산 훈련장에서 열렸다. 그런데 전몰장병위령제는 군견과 군마 위령제도 겸한 것이었다. 관련 기사는 「전몰영령을 조(弔)함」, 『조광』 1940년 4월호, 그리고 지원병 편지와 지원 상황에 관한 기사는 「총후미담」(銃後美談), 『조광』 1940년 3월호와 4월호 참조.

영상물을 참조했다. 시기적으로는 1937년 전쟁 발발 초기부터 우한(武漢) 함락 이후의 '신질서 건설' 단계를 거쳐 사변이 일단락되는 시점, 즉 '지나 중앙정부'가 수립되고 신체제론이 거론되는 1940년 말까지의 상황에 주로 초점을 맞추었다. 이 시기의 현실적 정황과 이념적 상황에 접근함으로써, 식민지 조선에서 전쟁 스펙터클과 전장의 실감을 둘러싸고 펼쳐졌던 일련의 배치, 할당, 분할과 같은 '사건'들이 갖는 의미를 재고할 수 있을 것이다.

## 2. 만주, '지나' 그리고 조선인 월경자: '유맹'(流氓) 아닌 '개척민' 되기

쓰루미 슌스케(鶴見俊輔)가 지적했듯이 일본의 '15년 전쟁기'라는 점령 사슬의 연속선상에서 보자면 중일전쟁은 만주사변의 뒤를 잇는 두번째 전쟁에 해당한다. 장기 전쟁의 서막을 알린 만주사변이 중국 대륙을 향해 일본이 감행한 첫 침략 행위였다는 점에서 슌스케는 이 사건을 "1931년에 시작된 중일전쟁"으로 파악했다.[6] 그러나 일본의 식민지 경영 추이를 둘러싼 피식민주체의 현실 감각과 지정학적 인지의 틀을 고려하자면, 1937년 이래 조선 앞에 새롭게 열린 '지나'는 1930년대 초 이후 독자적인 정치체로 존재해 온 만주국과는 매우 다른 성격을 갖는 타자였다. 물론 "황국 일본이 메이지유신 이후 일청, 일러의 양 전역을 지나 오늘 만주사변과 지나사변을 겪는 동안 우리의 발길은 대륙에 힘차게 디뎌 서게 되었"다는 인식에서 나타나듯이 이 두 지역은 '대륙'이라는 상위 범주로 묶

---

6) 쓰루미 슌스케, 『전향』, 최영호 옮김, 논형, 2005, 1강 참조.

이는 뚜렷한 연계성과 연속성을 갖고 있었다. 그리고 보다 당위적이고 미래 지향적인 차원에서는 일만지 협동체를 구성할 중심 단위로 기대되고 있었다.

하지만 조선이 제국의 동아연합체 모델을 내면화하면 할수록 일본에 맞서고 있는 '지나'는 이질적이고 적대적인 세력으로 인식될 수밖에 없었고, 그래서 만주국과는 달리 동일시하기 어려운 존재로 여겨졌다. 이와 같은 조선의 인식 한가운데 놓여 있는 지극히 불편한 것이 바로 '지나'의 배일·항일 내셔널리즘이었다. 조선이 '지나'에 대해 강고하게 취한 거리는 장제스 정부의 대일 항전에 대한 입장을 통해 확인 가능하다. 루거우차오(蘆溝橋) 사건이 발발한 지 4개월이 채 못 되어 북지의 주요 도시를 잃고 난징(南京)마저 함락당한 '지나'가 앞으로도 항일 노선을 계속 취할 것인지 여부는 1938년으로 넘어가는 시점의 조선으로서는 중대한 관심사였다. 그것은 '지나'가 "일본에 대하여 타협하느냐? 장기(長期) 항일을 강행하야 만회할 수 없는 일개의 지방정권으로 전락하고 마느냐?"[7]의 문제였다. 혹자는 '지나 민족'은 "혈통 속에 간난과 신고에 대한 인내성과 저항력"[8]이 강력하게 흐르고 있다고 언급하기도 했으나, 물론 이와 같은 "지나 민족 특유"의 성격은 이미 일본의 대륙적 전망을 내면화하고 있던 조선으로서는 결코 상찬할 만한 것이 아니었다. 전쟁 발발 초기부터 이미 조선에서는 '지나'가 "감상적 국민주의"에 기반한 "배일의식"[9]에 빠져, 의미 없는 항일을 계속하고 있다는 비판이 보편화되고 있었다. 당시 조선은

---

7) 이백산, 「남경 함락과 장개석 정권」, 『조광』 1938년 2월호, 60쪽.
8) 같은 글, 57쪽.
9) 「북지사변과 우리의 태도」, 『조광』 1937년 9월호, 권두언, 28쪽.

편협한 민족의식으로부터 완전히 벗어난 것으로 스스로를 정체화하고 있었고, 또 그러한 탈민족적 태도로 제국의 조력자 역할을 수행하려 하고 있었다. 인정식은 이러한 방향 전환을 "민족 전체의 전향"이라 명명하면서 그 의의를 이렇게 압축했다.

> 사변 발발 이래 우리 조선인은 전 민족을 들어서 제국의 국책에 충실하게 협조하여 왔다. …… 금일의 조선인의 정치적 태세를 다이쇼(大正) 8년 당시의 그것과 비해 본다면 우리는 그의 천양(天壤)과 같은 차이에 놀라지 않을 수 없을 것이다. 개개의 주의자가 전향한 것이 아니라 한 개의 민족으로서의 조선인이 충실한 전향을 표시한 것이다. 오직 제국의 대륙 정책에 끝까지 협동하는 충실한 국민으로서만 개개의 조선인의 행복과 번영을 기대할 수가 있으며 따라서 금일의 조선인의 정치적 노선이란 이 길 외에 아무것도 없다는 것을 그들은 사실 이번 사변에 있어서 직관적으로 깨달은 것이다.[10]

내선일체론의 광범위한 수용과 함께 '민족주의'를 과거의 오류로 돌려 버리는 입장은 전향 이데올로그들 사이에서 공유된 것이었다. 앞서 인용한 인정식의 입장과도 중첩되지만, "과거 삼십 년간 한때는 일시적 울분을 참을 수 없다 하여 창천(蒼天)에 그 한을 호소도 하고 민족주의, 사회주의의 세계에서 그 향방을 잡으려 했으나 그러나 이것은 정도를 가려는 일시적인 암야(闇夜)의 행로"[11]였다는 자기비판은 전시 조선의 담론 지

---

10) 인정식, 「동아(東亞)의 재편성과 조선인」, 『삼천리』 1939년 1월호, 59~60쪽.
11) 일성생(一聲生), 「내선일체 정신의 강화」, 『조광』 1939년 8월호, 181쪽.

형에서 번성하고 있었다.[12] 후지타 쇼조(藤田省三)가 분석한 대로, 중일전쟁의 시작과 함께 일본에서는 전향의 형태에 큰 변화가 나타났다. 즉 "~에서의 전향"으로부터 "~로의 전향"으로 의식의 대전환이 일어났고, 이 과정에서 거의 모든 이데올로그가 동일한 주장을 반복하는 "의미적 익명성"의 익찬(翼贊) 시대가 열린 것이다.[13] 그는 이 시기가 "가짜 민주주의성"을 고스란히 드러내고 있다고 지적하면서 사실상 "표제와 저자명을 가지면서 의미상으로는 이름을 갖지 않는" 담론 행위가 대량으로 발생했음을 비판적으로 언급한 바 있다. 이와 유사한 현상이 내선일체론과 총동원 논리의 만개 시절을 사는 조선에서도 나타나고 있었다. "동아협동체의 이상은 민족주의 또는 맑스주의에 입각한 조선의 장래관을 철저히 거부"할 때 실현 가능하다는 전제하에 '탈민족적·탈민족주의적' 전환을 하고 있던 조선이, 민족적 지평에 머물러 있는 듯 보이는 '지나'를 적대시하면서 거리화한 것은 자연스러워 보인다. 조선은 '지나'의 편협한 시야가 "아시아에 침범되는 백인 세력에 대한 가장 강력한 방어자"[14]인 일본의 역사적인 시도를 지연시키고 있다고 여겼다.

이렇게 '탈민족적 자각'을 감행하면서 적극적인 '~로의 전향'을 취한 조선은 '지나'라는 길항하는 타자와 조우하는 한편으로 일만지 연쇄의 동아협동체 모델을 적극적으로 받아들인다. 조선의 자기 정체화는 결과적

---

12) 1938년, 민족주의 우파를 대표하는 동우회와 흥업구락부의 전향선언문 역시 같은 맥락에 있다. '민족자결주의'의 반동성과 무효성을 언급하면서, 동아의 발전을 위한 여러 민족의 '단합합작'이 시대의 대세임을 공표하였다. 두 조직의 전향선언문은 「대(大)아세아 건설에 매진」, 『재만조선인통신』 55/56호, 1938; 「흥업구락부 전향성명 발표」, 『재만조선인통신』 59호, 1938.
13) 후지타 쇼조, 『전향의 사상사적 연구』, 최종길 옮김, 논형, 2007, 152쪽. 인용된 내용과 용어는 특히 2장 참조.
14) 「북지사변과 우리의 태도」, 29쪽.

으로 일본과 만주국 그리고 중국이 구성하는 삼면체 내에서 이루어지게 되는바, 이 역학구도 내에서 자기의 존재 근거를 만들어 내고 존재 의미를 증명해야 하는 상황이 벌어진다. 동아라는 현실적·이념적 지평에서 조선은 새로운 욕망과 불안의 교차를 맛본다. 특히 조선의 불안과 관련하여 우가키 가즈시게(宇垣一成)는 1939년에 쓴 한 편의 글에서, "현재의 일반 국민이 조선을 망각하고 만주국 혹은 북지 방면만을 생각하는 것은 아닌가라는 걱정은 기우라고 생각한다. 만주국, 북지 방면에 대한 관심이 깊어지고 있는 것은 사실이며, 또한 당연하고 바람직한 일이다. 그러나 그렇다고 해서 조선에 대한 관심이 전혀 없어진 것은 아니"[15]라고 강조한다. 그러나 그의 언급은 이미 만주나 북지를 향한 일본의 열기를 전제로 한 것이었고 조선이 느낄 법한 일종의 염려나 불안감을 고려한 것이었다. 일만지 사이에 존재하는 조선의 애매한 처지에 대한 고민은 조선인의 임무와 권리에 관한 실제적인 논의 및 요구를 낳았다. 이와 관련하여 한 논자는 조선인이 박쥐와 같은 이중적이고 기회주의적인 태도에서 벗어날 때 동아협동체의 조력자이자 균형자로서 그 역할을 다할 수 있을 것이라고 역설했다.[16]

　　보다 심층적인 차원에서 보자면, 이 시기 조선인의 역할론은 "전시에 제(際)하야 국가 목적을 달성코저 일 국가의 전력을 가장 유효하게 발휘할 수 있도록 인적 급(及) 자원을 통제 운용"[17]한다는 국가총동원법에 의거하여 구상되고 있었다. 인적 자원의 운용이란 인구의 군사적·경제적 배치를 의미하는바, 이 배치에 응할 수 있는 일정 수준의 인구집단을 전제로

---

15) 우가키 가즈시게, 「조선을 어떻게 볼 것인가」, 『모던일본』 조선판, 1939년 11월호. 윤소영 외 옮김, 『일본잡지 모던일본과 조선 1939』, 어문학사, 2007, 229쪽.
16) 김명식, 「건설의식과 대륙 진출」, 『삼천리』 1939년 1월호, 48~49쪽.
17) 「국가총동원법 전문」, 『삼천리』 1938년 12월호, 111쪽.

한다. 따라서 인적 배치와 배치될 인간의 내적 개조는 서로 분리 불가능한 관계에 있는 것이다. 여기서 주목해야 할 점은 전쟁이 열어 놓은 탈경계적 지역 구도 속에서 식민지의 주민이 새로운 배치의 물리적 공간을 제공받았다는 것이고, 역시 마찬가지로 탈국경의 대륙적 층위에서 이들의 특정한 도덕적 갱신이 요구되었다는 것이다. 제국의 전체적인 지정학적 구도 내에서 볼 때, '지나'는 만주의 뒤를 이어 등장한 '정책적으로' 관리되어야 할 새로운 공간이었다. 그리고 조선에 있어서 '지나'는 제국의 지역 운용과 대륙 경영에 의해 새롭게 열린 두번째 진출지라는 의미를 가지고 있었다. 물론 당시 많은 논자들이 지적하고 있듯이 조선인의 '지나 대륙' 입성의 역사는 길다. 하지만 중요한 것은 제국의 '지나' 점령과 더불어 조선인의 본격적인 '지나행' 이동과 이주가 추동되었다는 점이며, 이러한 흐름 속에서 기존의 수준과는 질적·양적으로 다른 월경이 이루어지고 있었다는 점이다. 이와 같은 변화와 더불어 과거의 '유랑'과는 구별되는 '진출'을 실행하기 위해 갖춰야 할 여러 측면의 조건들이 설정, 요구되었다는 사실 역시 기억되어야 할 것이다. 동아협동체 안에서의 조선인의 자격은 경계를 넘어 나아가는 '대륙적 존재', 즉 이주자들의 도덕과 능력이라는 맥락에서 구체화되고 있었던 것이다.

이 시기에 진행된 '지나'로의 '진출'이 갖는 의미를 검토하기 위해, 우리는 같은 시기에 이루어진 만주로의 이주 양상을 비교의 관점에서 참조해야 할 것이다. '동아협동'은 말 그대로 제국의 동북아 대륙 정책이었고, 여기서 중요한 의미를 지녔던 것은 만주였다. 일본이 만주를 대상으로 집단 이주·이민 정책을 수행한 것은 만주사변 이후다. 그러나 1937년 일본인과 조선인의 대규모 집단 이민이 이루어지기 전까지, 만주국의 이주 정책은 선(先)이주민 집단과 만주사변을 전후하여 생겨난 피난민들을 주

대상으로 하는 내부 정주 체제를 정비하는 데 집중되어 있었다. 만주 이민 정책이 새 국면을 맞은 것은 중일전쟁의 시작과 맞물린다. 만주는 전쟁 수행을 위한 식량기지이자 노동력 제공처로서 중요한 의미를 갖게 된다. 1938년과 1939년을 경유하면서 만주의 조선인 이민자 수는 계속 증가했고 이에 따라 정책적 정비 역시 강화되었다.[18] '지나'의 점령과 만주 이주 정책은 깊숙이 연관되어 있었고 서로 비례 관계를 유지하면서 피식민지인의 대륙으로의 이동을 부추겼다. 지식인 집단의 만주 여행이나 시찰이 빈번해진 것도 이 시기로, 어쨌든 조선의 만주열은 그 어느 때보다 높아 가고 있었다.

만주 또는 만주로의 이민은 '희망찬 개척'의 땅을 향한 전진으로 상상되곤 했는데, 이러한 상상은 중국인, 일본인 등과 끊임없이 갈등하며 열악한 생존투쟁을 벌여야 했던 이주민의 실상을 지울 때 가능한 것이었다. 만주행에 대한 다음과 같은 이해는 당시 정책적 차원에서 만주행을 이상화하던 경향을 보여 주는 전형적인 사례다.

'만주로 간다', 이 말이 만주사변 전에는 조선서 쫓겨 가는 불쌍한 농민들의 바가지를 꿰차고 보따리를 들던 초라한 모양을 연상했지만 만주 건국 이래 6년의 세월이 흐른 금일에 있어서는 만주로 간다는 말이 '일을 하러 가고 희망을 갖고 간다'고 할 수 있게끔 되었다. 만주사변을 계기로 신흥 만주국이 건국되자 민족협화 왕도낙토의 정신 밑에 조선인의 만주

---

18) 만주사변과 중일전쟁을 전후한 만주 이민 정책과 조선인 이주에 대해서는 유원숙, 「1930년대 일제의 조선인 만주 이민정책 연구」, 『부대사학』 19집, 1995, 627~650쪽 참고. 그리고 이 시기 문인들의 만주 열풍에 대해서는 김재용, 「일제 말 한국인의 만주 인식」, 민족문학연구소 엮음, 『일제 말기 문인들의 만주 체험』, 역락, 2007 참고.

생활은 무엇으로나 다변해지고 따라 조선인 문제가 더욱 중대화하게 되어 이에 대한 관심은 식자 간에 더욱 끽긴(喫緊)하게 되었고 또 만주를 한번 본다는 것은 크게 의의 있는 일이 되었다.[19]

재만 조선인에 대한 자세한 통계와 이들의 생활에 대한 소개가 종종 기사화된 것도 조선인의 대륙 진출이라는 관심사 내에서였다. "일본 제국의 힘찬 후원 아래 만주국이 건설되었고 그의 일 구성 요소로 우리 겨레도 참획(參劃)을 허용 맡았으며 더욱이 제국 정부의 국책으로써 이주 개척을 장려하기까지 된 이상 그 무엇 때문에 대륙 진출을 주저할 것이랴"[20]라는 주장은 전시 만주가 가졌던 의미가 어떠했는지를 뚜렷하게 보여 준다. 정책화된 만주 이민은 주로 농업 이민이었기 때문에, 절차를 밟아 옮겨 간 이민자들은 동아의 대지를 경작하는 건강한 개척민으로 인식되었다. 또 이들의 고생 간난의 역사는 "일개의 위대한 세계의 엘레지"[21]로 편곡되곤 했다.

이와 같은 만주형 대륙 진출과 비교해 볼 때 '지나형' 진출은 매우 불안하고 불건전한 것으로 진단받고 있었다. 물론 문제의 핵심은 만주나 '지나' 그 자체가 아니라 그곳에 나가 있는(또는 나가고자 하는) 조선인에게서 찾아졌다. 북지·중지·남지의 상황이 '기획 국가'인 만주국과 같을 수 없는 것은 당연하지만, 그렇다 해도 '지나'의 조선인은 협동체의 현재와 미래를 책임지기 어려워 보이는 경우가 많았던 듯하다. '지나'의 조선인 문제가 대두

---

19) 함대훈, 「남북만주편답기」, 『조광』 1939년 7월호, 72쪽.
20) 이선근, 「만주와 조선」, 『조광』 1939년 7월호, 61쪽.
21) 홍양명, 「대륙 진출의 조선 민중, 만주국에서 활약하는 그 현상」, 『삼천리』 1939년 1월호, 90쪽.

된 것 또 이들의 환골탈태가 요구된 것은 이런 맥락에서였다. 앞서 김명식이 '박쥐'에 비유한 조선인들은 많은 부분 '지나형 이주'와 관련하여 우려의 대상이 되고 있었다. 물론 만주의 선계(鮮系)가 지닌 많은 문제점들 역시 종종 지적되고 비판받아 왔지만,[22] 그럼에도 불구하고 무엇보다도 재만주 조선인의 80퍼센트가 농업에 종사하고 있다는 사실[23]은 만주 이민과 재만 조선인의 건전한 '국책적' 성격을 증명하기에 충분했다. 대체로 "최근의 만주에서는 침체의 그림자는 발견할 수 없으며 신흥 기운과 건설의 활기는 역력"[24]하다는 것이 당시의 일반적인 평가였다. 그러나 지나로의 진출이나 진출자에 대해서는 그 상황이나 평가가 매우 달랐다. 조선인의 '지나' 입성은 '진출'이라 할 수 없을 성질의 것으로, '대륙인'으로서의 의식이나 준비 없이 국경을 넘어 떠도는 유랑 또는 "유리"(流離)에 가까운 것으로 인식되고 있었다. 특히 전쟁 발발과 더불어 급증한 월경자들의 경우 문제가 더 심각한 것으로 지적된다.

사변 전부터 북지에 들어와 착실한 직업으로 상당히 성공한 이도 있었습니다. 그러나 사변 직후 일확천금을 꿈꾸고 물밀듯 밀려든 그들은 남자나 여자나 차라리 만주로 집단 이민이 되어 가는, 그 생활은 어려우나, 끝까지 소박하고 순진하고 사랑스러운 농민들과는 유달리 오로지 세상을 꾀와 속임수로 살아가려는 사람들이었습니다. 중국인은 아무리 쿨리일

---

22) 이운곡, 「선계」, 『조광』 1939년 7월호, 64쪽.
23) 홍양명의 「대륙 진출의 조선 민중, 만주국에서 활약하는 그 현상」의 통계에 따르면 "재만 조선인의 생업의 절대 대부분을 점유한 것은 농업으로 쇼와 13년(1938년) 현재 154,100호로서 전 호수 192,897의 약 8할에 해당한다".
24) 이태우, 「만주 생활 단상」, 『조광』 1939년 7월호, 67쪽.

지라도 그 민족의 독특한 예의라든지는 철저히 지키지 않습니까. 왜 우리는 우리네 전체에게 욕되는 일을 눈앞의 적은 이 끝을 위하여 감히 한다는 말이요. 자본 없고 취직 못하고 먹을 것이 없어 그 길로 나서는 건 동정할 여지도 있기는 합니다. 그러나 그렇게 단순히 집어치우기에는 대륙 진출의 뜻을 둔 후진에게 아니 여러 가지 의미로 너무나 영향이 큰 문제입니다.[25]

'지나'를 방문하여 조선인들의 생활을 돌아본 자들은 한결같이 조선인이 부정업에 종사하며 살아가는 현실을 우려하고 유감스러워했다.

부정업에 종사하거나 사기 협잡을 일삼으면서 '지나'를 떠도는 조선인들에 대한 통제는 중일전쟁과 더불어 강화된다. 한 논자가 지적하듯이 "종래의 이주자의 대부분은 막연한 기대와 일확천금의 투기적 충동하에 북지로 이주하였기 때문에 그곳의 사회정세는 도저히 그들로 하여금 정업에 취할 길을 열어 주지 않았"고, 그 결과 "그들의 대부분은 밀수, 마약 판매, 도박 사기, 공갈 등의 부정 사업에 투신하게 되고 이 때문에 북지사변을 전후하야 소위 조선인의 부정 사업은 일대 사회문제뿐 아니라 외교문제로까지"[26] 커지고 있었다. 식민 정부의 월경 조선인 정화 작업은 만주에서 지속적으로 이루어져 온 것이기도 했지만 중일전쟁의 시작과 함께 급증한 '지나'의 재류 조선인에게도 확대되었다. 전쟁을 계기로 약 10만이 넘는 조선인이 화베이(華北) 지방으로 넘어왔을 정도로, 전시 조선인에게 북지-중지-남지를 포괄하는 '지나' 대륙은 어떤 모호한 가능성을

---

25) 임학수, 「북경의 조선인」, 『삼천리』 1940년 3월호, 277~278쪽.
26) 홍종인, 「북지 자원 개발의 제문제」, 『조광』 1938년 3월호, 40쪽.

지닌 무대로 열려 있었다. 1937년 12월 만주국의 치외법권이 철폐되면서 만주에서 활동하던 부정업자들이 통제가 느슨한 화베이 지역으로 넘어오는 현상도 벌어졌다.[27] '지나'로 몰려드는 조선인을 대상으로 한 식민 정부의 정리 작업은 부정업자를 정업자로 환원시키는 일련의 부정업자 숙청 공작[28]이나 정책 농장으로의 수용[29]과 같이 주로 '전업'의 방식으로 진행되었다. 사실상 이 모든 정비는 '불온한' 유휴 노동력의 식민주의적 관리이자 재편이라 할 수 있는 것들이었고 또 조선인이 그 직접적인 관리의 대상으로 초점화된 것이었지만, 식민지의 계몽주의자들은 한결같이 조선인이 대륙의 열등하고 저급한 존재로 전락하지 않도록 거듭나야 한다고 소리를 높이고 있었다. '지나'의 조선인 문제를 향하는 그들의 관심은 조선인이 북지·중지·남지로 어떻게 뻗어 나가 얼마만큼의 경제적 이윤을 창출할 것인가 하는 것 못지않게, 조선인이 대륙 진출을 위해 어떤 식으로 갱신되고 갱생할 수 있을 것인가를 따지는 데 집중되어 있었다. "일본 측 관헌은 물론이고 중국 측 관헌이 엄중히 금제"하여 "이제는 동절(冬節)에 외투 없고 모자 없는 거리의 부랑인"[30] 신세가 된 대륙의 비루한 조선인 무리를 "개척자"로 상승 이동시키는 일은 급박한 시대적 요구이기도 했던 것이다.

이와 관련하여 여러 가지 기대와 전망이 나오긴 했으나 대체적으로

---

27) 전시특수와 화베이 지방의 조선인 급증 현상에 대해서는 김광재, 「중일전쟁기 중국 화북 지방의 한인 이주와 노대농장」, 『한국근현대사연구』 제11집, 1999, 280~309쪽 참고.

28) 「북지의 재류한 조선인 부정업자에 숙청공작을 단행」, 『동아일보』 1937년 11월 6일자.

29) 대표적으로 노대농장(蘆臺農場)을 들 수 있다. 노대농장은 화베이 지역에 와서 떠도는 조선인들을 집단 수용한 농장으로, 지역의 통제 강화와 일본군 및 일본 교민을 위한 식량기지로 이용되었다. 이에 대해서는 김광재, 앞의 글 참고. 노대농장에 대한 자세한 기사는 많지 않고 단편적인 소개나 언급에 그친다. 관련하여 한상룡, 「사변 후의 현지 조선 민중, 청도(靑島) 제남(濟南)의 활기, 북지 일대에 조선인 증가율 격심」, 『삼천리』 1940년 9월호 참고.

30) 김경재, 「북중 여행 잡감」(北中旅行雜感), 『삼천리』 1937년 5월호, 21쪽.

계획성과 목적의식을 갖는 태도, 자본을 갖춘 사업가적 능력과 신중성이 강조되고 있었다. 이는 "북지의 명랑화를 도모하려면 조선인을 구축해야 한다"는, "일중 쌍방의 기관의 사람이 여출일구(如出一口)로"[31] 부르짖는 요구에 부응하는 길이기도 했다. 당시 '지나'를 여행하거나 시찰하고 돌아온 논자들이 공통되게 지적하는 것은 이곳에 흩뿌려져 있는 조선인이 정당하지 못한 생존술에 기대고 있으며, 그래서 사회에 물의를 일으키고 대륙에서의 지위도 낮다는 점이다. 이들은 이러한 상황을 만주 개척지나 만주 개척민의 풍경과 비교하면서 '지나'의 재류 조선인 사회의 "명랑성 상실"을 비판했다. 즉 "소수의 대규모 실업가 이외에는 정착된 또는 안정된 생업이라고는 볼 수 없고 당당히 뚜렷한 간판을 걸고 착실한 직업인으로 활약을 하더라도 어디고 명랑성을 잃고 있는 특징"[32]을 갖는다는 것이다. 이 점은 "만주라든지 도쿄, 오사카에서 보는 조선 동포들과 같이 비록 생활은 전체로 안정되지 못했다 하더라도 심기는 안정이 되어 어디고 꿋꿋한 신념을 가지고 활동하는"[33] 것과는 크게 대비되는 현상으로 받아들여졌다.

전쟁을 통해 보다 확장된 그러나 안정되지 못한 낯선 생존 공간으로 방출된 피식민 집단을 대륙인 또는 개척민으로 '양성화'하는 작업은, 경계를 넘어 이산하는 식민지 출신의 '음성적' 존재들을 제국의 법역권으로 유도하는 일이기도 했다. 법역권 내에 '정상적'으로 등록될 때 조선인은 제국의 대륙 정책에 충실하게 복무하는 자로 거듭날 수 있다. '대륙인'으로서의 조선인의 역할과 지위 확보는 이 등록 가능성에 달려 있었고 더불

---

31) 김경재, 「북중 여행 잡감」, 21쪽.
32) 이상호, 「북지와 조선인」, 『조광』 1939년 9월호, 211쪽.
33) 같은 글, 214쪽.

어 등록되고자 하는 의지와 노력에도 달려 있었던 셈이다. 이러한 인식은 조선인이 진정한 '대륙인'으로 스스로를 실천할 때 거대한 협동체 내에서 조선의 지위가 확고해질 것이라는 신념 혹은 환상에 기반하고 있다. '지나'는 그런 점에서 조선에게는 하나의 중요한 시험대이자 무대였던 것이다.

## 3. 전장 동원과 생사 할당의 지형: 전쟁의 인구학적 공유 혹은 분유

전쟁 스펙터클 사회에서 그 사회를 구조화하는 현실적·상징적 핵심에 존재하는 것은 바로 전장(=전선)이다. 일반적으로 전쟁을 벌이는 사회는 전투가 벌어지는 전장과 후방으로 분할되고 각각의 영역에 맞는 역할이 할당되어 일종의 상보적 연속체처럼 연계 조직되지만, 이 분할과 역할 할당 자체를 유지·작동시키는 실제적인 의미론적 효력은 전장으로부터 나와 번져 나간다. 전장의 정보·소식·장면을 후방을 향해 끊임없이 송신하고 분배하고 전시하는 사회, 이 기술을 총체적으로 활용하여 궁극적으로 전시 도덕과 규율 체계를 구축하는 사회, 그리고 이 체계 내로 모든 구성원을 복속시키고 배치시키는 사회. 우리는 이와 같은 사회를 그 작동 메커니즘에 주목하여 단지 '전쟁 사회'가 아니라 '전쟁 스펙터클 사회'라 부를 수 있을 것이다. 식민지 조선이 전쟁 스펙터클 구조로 화하기 시작한 것은 중일전쟁을 통해서이다. 전장은 전쟁에 대한 대중적 계몽과 각성 그리고 선전이라는 서로 중첩된 목적을 위해 지속적으로 후방으로 넘쳐흘렀고, 식민통치 권력이나 식민지의 지식인들은 이 호소력 강하고 밀도 높은 '현장'의 집단적 공유를 위해 고심했다. 중일전쟁기는 이와 같은 여러 측면, 여러 강도의 전시 동원이 본격화된 시기다. 조선에도 사진, 영상, 문자 기록 등 다양한 방법으로 전장에 대한 소식이 전달되었고 특히 중요하게는, 전장을 향한 실제적인 인적 이동과 배치가 이루어졌다. 이 절에서는 먼 '지나'에서 일어난 전쟁이 소문처럼 되물어지던 과정을 거쳐 점차 전장의 실감을 향해 예각화되는 현상을 살펴보고 이 시기 전장에의 강박적 정향을 생산한 사회구조를 분석하고자 한다.

'북지사변'의 충돌이 '일지사변'(日支事變)으로 확대되면서 그 동향과 전망에 대한 다종다양한 기사들이 매체를 장악하기 시작한다. 특히 루거우차오 사건이 터진 후 주요 격전지가 된 북지는 조선에서도 정치·경제적 측면에서 줄곧 중요한 관심의 대상이 된다. 전쟁을 계기로 '지나'에 대한 관심은 크게 증폭하고 '지나'의 지리적 구획(북지, 중지, 남지에 대한 정보)이나 군사력, 경제적 가치 및 역사, 문화, 문학에 대한 기사들 그리고 주요 도시에 대한 설명이나 답사기 등이 꾸준히 소개된다. 전쟁은 상대국에 대한 잡다한 정보와 구체적인 지식의 망을 구성하는 직접적인 계기가 되고 있었다.[34] 그러나 이러한 정보들은 전쟁을 향한 당대인의 절실한 관심을 충분히 수용하기에는 다소 건조하고 중성적인 것이었다. '전쟁을 알고 싶다', '전쟁을 알아야 한다' 혹은 '전쟁을 알려야 한다'는 의식은 전쟁의 중심에 다가서지 못하는 조선을 줄곧 부여잡고 있었다. 전쟁 발발 초기에서부터 전쟁을 둘러싼 질문이 던져지고 있었다. 하나의 상징적인 사례를 들어 보자. 1937년 10월 '사변'이 급격한 점령으로 확대되던 시점에, 상하이에서 피난해 나온 조선인 댄서들을 모아 놓고 좌담회가 열린다. 이 좌담

---

34) 1938년 6월 『조광』은 「지나어 강좌」 첫 회를 실으면서 편집후기에 "시대에 순응하려고 지나어 강좌를 이번 호부터 싣기로 했"다고 밝히고 "6개월간 속수(速修)로 넉넉히 활용할 수 있는 것"이라고 덧붙인다. 『동아일보』 1938년 4월 14일자 기사에 따르면 1938년부터 각 관립 전문학교 등에 지나어 강좌를 개설하게 되었다. 전쟁과 더불어 국책적 층위에서 '속성' 지나어 강좌가 대중화된 것으로 보인다.

회에서 하나의 촌극이 벌어지는바, "전쟁을 구경하신 일"이 있느냐, "지나 병정을 보신 일이 있"느냐, "사변이 난 것을 어떻게 알았"느냐는 식의 궁색한 질문이 계속되었던 것이다. 그녀들은 이 질문에 대해 전쟁을 구경한 일도 없고 지나 병정을 본 일도 없다고 답한다. 단 상하이에서의 농성 체험, 상하이에서 나가사키까지의 피난 과정에 대해서는 짧지만 비교적 생생한 이야기를 들려준다.[35]

당시 조선인은 '우리는 전쟁을 진짜로 알고 있지는 못하다'는 인식을 어느 정도 공유하고 있었던 것으로 보인다. 사실상 문제는 쏟아지고 넘쳐나는 각종 전쟁 관련 보도에도 불구하고 왜 자꾸만 '우리는 전쟁을 모른다'는 강박관념이 반복적으로 출현하고 있는가 하는 점일 것이다. 당시 조선이 처해 있던 구조적 상황을 고려해 볼 때, 이런 종류의 결락감이 단순한 호기심에서 비롯된 것이 아님은 분명하다. 1938년, 1939년의 시간을 거치면서 조선의 언설의 장에서 들려오는 일종의 환호 그리고 거기에 섞인 일말의 유감과 기대의 발언들을 역추적해 보면, 이러한 자괴감 혹은 결여감이 근본적으로 '전쟁에 직접 참여할 수 없음'에 기인하고 있다는 사실을 확인할 수 있다. 전쟁에 직접 참여할 수 없다는 것은 전장에 개입해 들어갈 수 없다는 것을 의미하고 이는 전쟁 스펙터클 구조에서 결정적인 취약점을 갖게 된다는 것을 의미한다. 적어도 당시 공중(公衆)을 향해 발언하고 있던 대부분의 지식인들은 그렇게 믿었다. 황군위문 조선문단사절단을 대표하여 김동인, 임학수와 함께 북지 전선을 돌아보고 온 박영희의 발언은 당시의 전쟁 실감 강박을 여실히 드러내고 있다.

---

35) 「상해서 피난 온 낭자군(娘子群) 좌담회」, 『조광』 1937년 10월호, 60~61쪽.

우리는 전쟁을 본 일도 없고 또 볼 수도 없는 것이다. …… 조선 사람은 전쟁을 모른다. 전쟁을 이야기로 듣는다고 하더라도 전쟁을 해본 일이 없는 까닭에 전쟁에 대한 심각한 실감을 못 가진다. 방공 연습하는 때도 긴장이 더한 것 같은 것도 전쟁의 실감을 상상할 수 없기 때문이라 생각한다. 사변 이래 총후(銃後)의 조선 민중은 애국적 적성(赤誠)을 표하고 있으나 그 국민의 의무감을 일층 더하여 우리들도 황국의 일 병사로서의 마음이 아니면 안 되리라 생각한다. 총후의 수호를 굳게 지키는 데도 전쟁의 실감을 모르면 그 목적을 완성하기가 어렵다. …… 이번 전지(戰地) 관찰을 기(機)로 하여 먼저 내 자신을 이 실감 가운데 교육시키고 그리고 그 실감을 민중에 전하리라 생각한다.[36]

'총후'인 조선이 전쟁을 알지 못하며 실감도 갖지 못한다는 인식은 많은 부분 체험 중심주의와 이어져 있는데, 특히 문인 집단이 염려했던 이와 같은 체험 부재 혹은 체험 불가능성의 문제는 첨단적 동시대성의 문학을 수행할 수 없다는 조급함이나 열등감과도 만나고 있었다. 전쟁을 체험할 수 없기 때문에 전쟁에 관한 그 어떤 실감 있는 상상도 할 수 없다는 탄식은 전쟁문학이 논해지는 상황에서 일반적으로 공감되고 있었던 것으로 보인다. 최재서는 1939년 무렵을 회고하면서, 그 당시 한 작가가 자기에게 했던 말을 이렇게 옮긴 바 있다.

그런 시절, 한 사람의 젊은 작가가 필자에게 진지하게 말한 적이 있

---

36) 박영희, 「전쟁과 문학자의 임무」, 『삼천리』 1939년 6월호, 233~234쪽.

다——전시하의 작가로서 내지 작가의 화려한 활약상과 비교해 보면 이 래서는 실로 보람이 없다고 생각한다. 그러나 어떻게 할 방법이 없다. 자 기는 물론이고 가족 중에서도 전장에 나간 경험이 있는 사람은 한 사람 도 없다. 이래서는 정열을 발산할 수가 없지 않은가라고.[37]

징병제 실시를 맞아 지식인의 임무에 대해서 논하고 있는 이 글에서 최재서는 후방의 의무를 다한다 해도 그것과 "몸으로 조국을 지키고 나아 가 대동아의 건설에 직접 참여하는 것은 다르다"고 주장하면서 반도 지식 인의 확고한 정신무장을 강조한다. 그가 전하고 있는 중일전쟁 초기의 문 인의 심경은 박영희의 그것과도 그대로 중첩된다. 참전 경험에 기반한 전 쟁문학과 보고문학이 새로운 장르로 그 의미를 부여받기 시작하고, 전장 체험자들의 육성을 담은 기록소설이 문단 내부뿐만 아니라 대중적으로도 큰 영향을 발휘하고 있던 일본과는 달리, 조선의 문단에서는 질문과 고민 이 표출되고 있었던 것이다.

물론 당시 조선 문단에는 세계와 일본의 전쟁문학이나 종군기에 대 한 소개 및 번역이 이루어지고 있었고[38] 일본 병사의 전쟁 체험 기록물도 소개되고 있었다.[39] 그러나 이러한 것들은 조선인의 눈에 비친, 조선인이 기록한 직접적이고 본격적인 수준의 것이 아니었다. 그런데 1939년으로

---

37) 최재서, 『전환기의 조선문학』, 노상래 옮김, 영남대학교 출판부, 2006, 148쪽.
38) 문학비평 기사로는 우몽인(又夢人), 「싸-베트의 국방문학」, 『조광』 1937년 10월호; 요동학 인(遼東學人), 「전쟁과 문예작품」, 『삼천리』 1938년 12월호; 정인섭, 「평론계의 측면관」, 『조 광』 1939년 12월호; 백철, 「일본문학상의 전쟁」, 『조광』 1939년 2월호. 번역소설로는 「아버 지의 소집」(하이츠 리-프만), 『조광』 1937년 10월호; 「극동의 전운」(파브렌코), 『조광』 1937 년 10월호; 「소지종군기」(蘇支從軍記), 『조광』 1938년 12월호.
39) 「전선병사의 수기」, 『조광』 1939년 6월호; 「해남도기」(海南島記), 『조광』 1939년 8월호.

들어서면서 상황은 다소 변화한다. 우선 『보리와 병정』의 번역에 주목할 수 있을 것이다. 새로운 전쟁문학이라는 찬사를 받은 히노 아시헤이(火野葦平)의 『보리와 병정』[40]이 니시무라 신타로(西村眞太郎)에 의해 번역 출간된다. 이 번역된 전쟁 기록물은 무료 배포와 실비 반포를 통해 일종의 전쟁 교본이자 전쟁소설 교본으로 대거 유통된다.[41] 더불어 조선인들이 쓴 전선 르포르타주나 보고들도 잡지에 실리기 시작한다.[42] 그리고 역시 같은 해, 문단을 대표하여 약 한 달에 걸쳐 북지 전선을 돌아보고 온 박영희와 임학수가 각각 『전선기행』과 『전선시집』을 출간한다.[43]

이러한 일련의 시도들이 증명하듯이 조선의 지식인들은 전쟁이나 '지나'에 대한 단순한 정보나 지식을 넘어선, 생생한 체험과 실감의 필요를 절박하게 요구했다. 이들은 끊임없이 전쟁을 감각화하기를 욕망했고 이 감각적 공유가 자신들 내부로 그치지 않고 조선 사회 전체로 분유될 것을 도모했다. 그래서 이들의 시도는 전장을 향한 직접적인 기행으로 이어졌고 전선을 따라 이동하면서 전장의 흔적과 병사의 노고를 눈으로, 귀로, 몸으로 기록하고자 했다. 물론 노력의 실제는 위문사절단 대표들이 불태운 열의나 성의에 비하면 다소 허망한 것이었다. 사절단이 돌아온 뒤 열린 좌담회에서 쏟아진 질문들 즉 제일선에 갔는데 대포 소리나 폭탄 소리는 들어 보았는가, 일지 양군의 싸움은 보았는가, 정규군은 보았는가, 이삼

---

40) 『보리와 병정』에 대해서는 장영순, 「전쟁과 종군 작가의 '진실'」, 김재용 외, 『재일본 및 재만주 친일문학의 논리』, 역락, 2004.

41) 『보리와 병정』의 번역 및 번역 과정에서의 변화, 삭제 등에 대해서는 강여훈, 「일본인에 의한 조선어 번역」, 『일본어문학』 제35집, 2007 참고.

42) 최익수, 「장성(長城) 전선의 극적 순간」, 『조광』 1939년 2월호; 임학수, 「운성(運城)의 4일간」, 『조광』 1939년 7월호; 김석원, 「실전담과 비상시국의 각오」, 『조광』 1939년 9월호.

43) 돌아온 후에 열린 좌담회는 박영희·김동인·임학수, 「문단사절 귀환보고, 황군위문차 북지에 단여와서」, 『삼천리』 1939년 6월호.

일이라도 참호 생활을 해봤는가와 같은 꽤나 노골적인 질문에, 위문단 대표들은 못 봤고 못 해봤다는 대답으로 일관할 수밖에 없는 처지였다. 그러나 기록자로서 이들이 갖고 있던 어떤 책임의식 같은 것이 약화된 것은 결코 아니었다. 박영희가 언급했듯이 이들은 "현지에서 국가를 위하여 충성을 바치는 우리 황군에게 감사를 하"고 "그 전장의 광경을 문장으로 옮겨서 조선 민중에게 전하는 것이 가장 우리들의 중대한 임무"[44]라고 여겼다. 또 다른 문인은 과격하게도 "우리 문단서도 몇 사람 소집을 받아 총을 둘러메고 죽으러 나가고 남은 문인 가운데서 몇 사람이 같은 관념하에서 종군한다는 그런 경우가 아니면 나는 참말로 만족할 수가 없다"[45]라고까지 했다. 물론 당시 지식인들은 객관적으로 '종군의 만족감'을 얻을 위치에 있지 않았으므로, 이런 발언은 사실 꽤나 과장된 것이었다.

중일전쟁 당시의 전체적인 인구 배치도 내에서 검토해 볼 때, 지식인 집단은 위에서 박영희가 잘 파악하고 있듯이 식민통치권과 민중 사이를 매개하는 메신저로, 전장의 실감을 총후로 옮기는 위치에 있었다. 일종의 매개자로서 양쪽 모두에 대해 적절한 거리를 유지하고 있던 지식인 집단은——비록 그 자신들은 매우 안타깝게 여겼을 수도 있겠지만——조선인에게는 그토록 '배제적'이었던 전장에 접근하면서도 죽음으로부터는 안전할 수 있는, 지극히 예외적인 위치에 있었다고 하겠다. 이 시기 전장의 문화정치학과 피식민 집단의 내적 분할 양상을 서로 연관지어 파악하고자 할 때 특히 주목해야 할 점은 식민지라는 특수한 위치로 인해 조선에서는 전장이 매우 '특권적인' 의미를 갖고 있었다는 사실이다. 전장은 조선

---

44) 박영희,「전쟁과 문학자의 임무」, 234쪽.
45) 김문집,「육탄적 계기」,『삼천리』1939년 6월호, 239쪽.

인에게는 접근을 허용하지 않는 일종의 '배타적인' 장소였다. 일반적으로 전쟁 스펙터클 사회에서 통치 권력은 인구의 생사여탈권을 완전히 장악할 뿐만 아니라, 더 중요하게는 누구에게 생명을 부여하고 누구에게 죽음을 부여할 것인지를 조율하고 결정한다.[46] 우선 제국의 지형도 내에서 거시적으로 보자면, 조선은 타이완보다 몇 년 앞서 전장 투입이 결정된다.[47] 조선이라는 피식민 단위는 1938년 지원병제를 통해 '죽을 권리'를 부여받고 이어 1942년 징병제를 통해 '죽을 의무'를 부여받은 셈이다. 대륙을 가로지르는 일만지 협동체의 역장에서 욕망과 불안의 교차를 경험하고 있던 조선은 병사 공급의 기회를 그 미약한 존재성의 휘발을 막아 줄 결정적인 안전판으로 받아들였다. "호적법의 적용을 받지 않는 이는 현재 조선인과 대만인이지만 …… 사실상 취급과 수속의 면에서 대만에 호적을 둔 사람은 육군특별지원병이 될 수 없으므로 이 제도는 조선인에게 특별히 마련된 제도"[48]라는 설명은 그래서 일종의 '복음'과도 같은 것이었다. '지나'나 만주와 달리 "정치적 훈련", "군사적 조직"과 같은 중차대한 "현대인의 생활"에서 줄곧 제외되어 온 조선인이 그 열등성으로 인해 대륙 진출에서 발언권을 잃고 낙오자가 되고 말 것이라는 염려[49]가 높았던 시기 그래서 징병-참정권-의무교육에 대한 요구가 뚜렷하게 표명되고 있던 시기에, 지원병제의 실시는 미약하나마 조선의 미래를 보증받을 요긴한 기회였던 것이다.

---

46) 이에 대해서는 조르조 아감벤, 『호모 사케르』, 박진우 옮김, 새물결, 2008 참고.

47) 조선의 지원병 및 징병에 대해서는 홍종필, 「'황군'이라는 이름으로 끌려간 조선인」, 『실학사상연구』 제12집, 1999; 김영희, 「국민정신총동원운동의 전개 형태와 그 침투」, 『한국근현대사연구』 제22집, 2002 참고.

48) 시오바라 도키사부로(鹽原時三郎), 「지원병이 본 조선인」, 『모던일본』 조선판, 1939년 11월호. 윤소영 외 옮김, 『일본잡지 모던일본과 조선 1939』, 120쪽.

그런데 생명정치와 생사여탈권 문제를 조선 내부로 옮겨 보다 미시적으로 따져 보면, 피식민 집단 내부의 위계성이 뚜렷하게 드러나며 그 안에서의 지식인의 위치도 선명해진다. 특히 '죽음'을 부여받은 집단인 지원병들의 연령 및 계층적 분할선을 고려할 때, 이들과 당시 적극적으로 활동하고 있던 전시 이데올로그들이 서로 꽤나 먼 거리를 유지하고 있음을 알 수 있다. 1938~1942년까지의 통계에 따르면 조선인 지원병은 주로 20세 전후의 청년들로 구성되었다. 그리고 지원율을 보자면 1938년 현재 지원병 채용인 수는 400명, 지원자는 2,946명이었다. 이후 채용인 수와 지원자 수는 해마다 늘어 1941년에는 3,000명 선발에 14만 명이 넘는 지원자가 몰렸고 1942년에는 4,500명 선발에 지원자 수가 25만 명을 넘어선다. 어떤 이유로 지원자 수가 증가했는가 하는 문제는 여러 측면에서 설명되고 있지만 가장 결정적이고 심층적인 원인은 당시 조선의 구조적 모순에 따른 농촌 유휴 노동력의 폭증과 취업난의 증가에서 찾을 수 있다.[50] 갈 곳 없는 식민지 청년들은 그들의 노동력을 수용하지 못하는 현실을 뒤로하고 병사가 되기를 선택할 수밖에 없었다. 그러나 원한다고 해서 누구나 병사가 될 수 있는 것은 아니었다. 지원병 선발의 가장 중요한 요건 가운데 하나가 일본어 이해도였다는 점이 알려 주듯이, 훈련을 수행할 수 있을 정도의 일정한 수준의 교육을 받은 자만이 선발되었다. 선발된 지원병 가운데 약 90퍼센트 이상이 공립 보통학교 취학자였다는 사실이 이

---


49) 김명식, 「대륙 진출과 조선인」, 『조광』 1939년 4월호 참고.

50) 통계자료 및 조선인 지원병에 관한 논의는 樋口雄一, 『戰時下朝鮮の民衆と徵兵』, 東京: 總和社, 2001 참고. 지원자 수 증가의 또 다른 이유는 총독부하 도·군·면 등의 강력한 지원 장려 정책 실시와 지원자 수 경쟁에 있다. 그리고 보다 장기적인 이유로 조선의 인구 증가와 교육 보급을 들 수 있다.

를 증명해 준다.[51] 이와 같이 주로 20세를 전후한 중하층 청년들로 구성된 지원병들은 훈련 과정을 마친 후 군속 부대의 전출로 주로 중국 전선에 배속되었고 이후에는 중국 전선에서 다시 남방으로 보내지곤 했다. 정규 병사 외에도 통역사, 운전수, 선원 등 군속으로 많은 조선인이 전장에 투입, 배치되었다.

이처럼 전시 식민통치는 조선인의 내부 계층 분할선을 따라 생사여탈권을 분배하고 특정 인구를 전장으로 유도하는 기술을 운용하고 있었다. 이러한 사회적 관계망 내에서, 이미 20대를 훌쩍 넘긴 식민지의 '고급 지식인'들은 삶을 부여받는 대신 신성한 전장에는 직접 참여하지 '못하는' 다소 애매한 위치를 점하게 된다. 그리고 그들이 일반적으로 '조선 민중'이라 일컫는 대상 가운데 보통학교 출신 정도의 중하층이 죽음을 부여받는 대신 '명예로운' 전장에 배속받게 된 것이다. 이 시기 지식인 집단은 자신들의 중간자적 위치와 그로부터 오는 체험의 제한에 대해 인식하고 있었다. 결국 그들은 병사가 아니라 마치 "병사인 것처럼 마음의 준비와 각오를 하"[52]는 존재들이고, 전투하는 군인이 아니라 전투의 흔적을 좇는 위문단일 뿐이다. 이러한 거리 혹은 거리에 대한 의식은 박영희의 북지 전선 기행문에서 다음과 같이 다소 궁색하게 드러난다.

'유언들이나 없소.' 나는 비장한 목소리로 입을 열었다. '유언이 있은들 누가 전한단 말요? 허, 기매킨 소리도 하우.' '또 전하면 무엇하나' 하고

---

51) 조선인 지원병과 징병의 계층적 성격에 대해서는 樋口雄一, 『戰時下朝鮮の民衆と徵兵』을 참고.
52) 박영희, 『전선기행』, 박문서관, 1939, 34쪽.

나는 속으로 뇌었다. '연 사십에 황군위문의 여로에서 전사하다'라는 말뿐일까. '전사는 싸우다 죽어야 전사지, 역시 객사지.' …… 웬일인지 북경을 떠날 때부터 자꾸만 불길한 예감이 있었다. 세 사람이 자고만 나면, 입맛을 다시고 불길한 몽사(夢死)를 이야기하였다. 다시 북경에 돌아올 것 같지 아니하였다. 더욱이 조선에 돌아갈 것 같지는 않았다.[53]

황군에 대한 감사와 감동, 전지의 병사와 군속에 대한 감격과 같은, 당시 대량으로 출현했던 전형적인 정서적 클리셰로 가득 차 있는 이 전시 시찰단의 텍스트에서 오히려 흥미로운 것은, 군부대와 전지의 아우라에 압도되어 위축되는 비병사적 위상, 그들이 느끼는 다소 과장되어 보이는 죽음의 공포, 죽어 봤자 "전사"가 아닌 "객사"에 머물 존재론적 왜소함을 둘러싼 전시 지식인의 정동(情動)이라 하겠다.

피식민자이자 매개자라는 존재론적 한계를 지닌 채, 충족될 수 없는 열망과 욕망을 안고 지식인 집단은 끊임없이 북지로, 중지로, 남지로 또 만주로 시찰을 나가 자신들보다 훨씬 더 '실제적'이고 '직접적인' 방식으로 대륙을 지키고 개척하고 건설하는 민중들의 풍경을 기록으로 남겼다. 전시에 그들이 직면하게 된 특별한 불완전성 혹은 불안정성을, 현장 근접과 실감에의 집착으로 해소·치환하면서 공공의 자본으로 사회화했던 것이다. 이동하고 보고 기록하는 임무를 맡은 조선 문사의 책임감과 명예는 성실하고 열정적인 전달자가 될 때 증명 가능하다. 이와 같은 시선의 역학 속에서, 생존과 생활을 위해 국경을 넘는 무수한 피식민 민중의 삶의 서사

---

53) 같은 책, 33쪽.

는 거의 대부분 황국신민의 충성과 도덕의 서사로 변환되고 있었다. 앞서 살펴보았듯이 개척민 이주자들의 경우가 그러했고 지원병들 역시 그러했다. 지원병 훈련소를 견학하고 느낀 감탄, 그곳에서 이루어지는 정신 훈련과 신체 단련을 향한 경탄이 개척민을 향해 쏟아졌던 감격의 발언들과 동일한 맥락에 있음은 새삼 강조할 필요가 없을 듯하다. 특히 전체 조선인을 놓고 볼 때 극히 소수에 해당하는 지원병들은 조선인이 규율과 훈련을 통해 황국신민으로 개조될 수 있음을 증명하는 정예의 존재로 여겨졌다. 전투가 벌어지는 전장 그리고 전장 투입자들을 위한 군사훈련은 조선인에게 주어진 가장 강렬한 전시 교본이자 권리장전이었다. 이를 둘러싼 식민통치 권력과 식민지 지식인 집단의 공통 인가가 낳은 기록 보고물들의 심층, 그 시선의 역학과 감각주의는 전쟁 스펙터클 사회에서 피어난 전장 실감에의 강박과 식민통치의 생명정치가 만나는 지점에서 재고되어야 한다.


## 4. 결론: 전시 차이의 장소들을 위하여

중일전쟁의 발발이 당대인의 삶의 실천(practice)을 어떻게 변화시켰는지를 압축적으로 보여 주는 정비석의 단편 「삼대」를 잠시 떠올려 보자.[54] 이 작품은 북지를 중요한 의미 코드로 삼고 있다. 1930년대 후반부터 만주를 배경으로 한 소설들이 많이 쓰였음은 주지의 사실이다. 한편 북지(혹은 '지나')는 그것이 당시 점유하고 발휘했던 현실적·이념적 의미에 비해

---

54) 이 작품을 세대론과 연관 지어 해석하면서 중일전쟁기 조선의 내면을 논하고 있는 글로는 김철, 「우울한 형/명랑한 동생」, 『상허학보』, 제25집, 2009, 153~191쪽.

볼 때 문학적 재료로서는 상대적으로 드물게 차용된 듯하다. 이러한 현상이 나타나게 된 이유는 좀더 따져 봐야 하겠지만, 우선은 만주-'지나'를 잇는 대륙적 연쇄체의 광활하고도 '숭고한' 관계망에서, 그 태생에서부터 당위성과 선진성을 인정받은 만주가 압도적인 상징성을 선취했기 때문이라고 추론할 수 있을 듯하다. 그러나 어쨌든 지금의 우리에게는 조선인의 첫 경험 즉 전쟁에 깊이 개입함으로써 운명을 변화시킨다는 새로운 가능성을 계시받은 시점에 펼쳐져 있던 '지나'라는 장(場)에 주목하지 않을 수 없다.

　　아마도 정비석만큼 그 '가능성'의 진원에 관심을 두었던 작가도 없을 것이다. 그는 이미 1939년 초에 단편 「이 분위기」를 통해 '지나'의 문제, 북지의 조선인 문제, 그리고 중일전쟁 발발의 역사적 의의를 명쾌하게 다룬 바 있다. 전시 고현학(考現學)이라 할 수 있을 이 소설의 배경은 베이징으로, 부정업에 종사하는 조선인들의 타락상과 "아편에 취해 있는 대륙"의 암울함이 인상적으로 묘사되고 있다. '지나' 대륙의 현실에 참담함을 느끼면서 거리를 배회하던 주인공은 호외로 전해지는 '일지 충돌' 소식을 접하게 된다. "이 타성의 분위기가 언제야 소멸될 것인가? 이 땅은 마땅히 심판을 받아야 할 것만 같"[55]다는 생각을 하고 있던 그에게 사변의 발발은 '지나'의 "새로운 운명"의 시작을 알리는, 환희에 찬 구원의 징조였다. 그리고 약 1년이 지난 후 그는 전쟁이 열어 준 새로운 관계, 주체, 욕망, 도덕의 동력학에 대한 또 한 번의 분석을 시도한다. 『인문평론』 1940년 2월호에 발표한 「삼대」가 그것으로, 이는 전쟁 스펙터클 사회의 작동과 그에 사

---

55) 정비석, 「이 분위기」, 『조광』 1939년 1월호, 378쪽.

로잡힌 조선 지식인의 내면을 고스란히 노출하고 있는 흥미로운 작품이다. 이 소설에서는 제일선의 전황 뉴스가 전하는 도시 폭격의 장면 즉 전장의 장면이 두 번에 걸쳐 생생하게 묘사된다. 그리고 주인공 남성은 화면을 통해 전해지는 섬광과도 같은 전장의 이미지에 자신의 삶을 완벽하게 동화시킨다. 뉴스 영화를 관람한 후 깨닫게 된 정복의 쾌감을 그는 한 여성과의 동침으로 이행하고 이후 그녀와 함께 북지를 향해 "광막한 처녀지로 개척의 첫걸음"을 내딛는다.

정비석의 소설들이 암시하듯이, 1930년대 후반에 이르러 전쟁은 그 자체가 피식민주체의 삶과 의식 전반을 규정하는 통치의 방식이자 구조가 되었고 따라서 어느 누구도 이로부터 자유로울 수 없게 된다. 주체의 자기 결정권과 사회적 관계는 전쟁과 전장 혹은 전쟁과 전장에의 경도를 통해 실행된 것이다. 이 글에서는 주로 광대한 대륙에 걸쳐 빛나던 건설, (신)질서, 개척, 진출이라는 일련의 전시(戰時) 환영이 조선이라는 집합적 정체성의 재구성 및 조선인의 내적 분할 양상에 어떠한 영향을 미쳤는지를 살펴보았다. 그러나 우리는 이 전시 환영이 사실 조선을 구성하고 있던 서로 다른 주체들에게 결코 동일하게 공감되거나 공유된 것이 아니었음을 상기해야 할 듯하다. 더불어 환영을 향해 있던 환시(幻視)의 각도나 강도에 대해서도 역시 '차이'와 '균열'이라는 견지에서 접근을 시도해야 할 것이다. 이러한 관점에 설 때 우리는 전쟁을 통해 공고해진 제국의 거시적인 대륙 통치와 미시적인 생명정치가 운용한 배치와 할당의 기술, 그 기술이 가 닿은 문제적 장소들의 복잡한 실제를 좀더 섬세하게 파악할 수 있다. 나아가 그 장소에서 공연된 협화음뿐만 아니라 잡음처럼 잘 들리지 않는 불협화음 또한 포착할 수 있을 것이다. 이런 맥락에서, 몰락한 누이 부부의 행방을 찾아 북지(베이징)로 향하는 인물을 통해 조선인 월경자들

의 아픈 역사를 묘사한 김사량의 「향수」(1941)는 주목할 만하다. 이 작품
은 당시 유포되었던 정책적·공적 이념에 공명하는 언어와 조선인 다중의
"쓸쓸하고 약한" 삶을 전하는 언어가 복잡하게 얽혀 있는 기록이다. 이 두
언어의 혼종 현상 자체를 가늠하고 해석하는 작업은, 당시 주된 담론 생산
자들에 의해 평평하게 획일화되고 균질화되어 버린 하위주체들의 흔적을
복원할 때 혹은 적어도 양자 사이의 길항의 구도를 드러낼 때 완성될 수
있을 것이다.

# 3장 식민 도시, 문예 창작, 그리고 지방의 반응
— 총력전 이전 타이베이와 하얼빈의 도시적 글쓰기 비교

류수친(柳書琴)[*]

## 1. 머리말

타이베이와 하얼빈은 일찍이 각각 일본 제국의 남진과 북진의 전초기지였다. 정치적 제국주의 영역 혹은 경제적 제국주의 영역 중 어디에 닻을 내리든, 이 두 영역은 모두가 20세기 전기의 중요한 결절점들(nodes)이었다. 하얼빈이나 타이베이는 1894년 갑오전쟁(즉 청일전쟁) 이후 제국주의의 점령 아래, 도시화 과정이 진행되기 시작해서 급격히 가속화되었는데, 이는 1937년 중국과 일본의 전면전이 발발하기 직전에 최고조를 이루었다. 도시화 및 제국주의의 팽창이 초래한 정치경제의 재편, 지정학(geopolitics) 작업, 국방과 교화 등의 요인으로 인해 1930년대 초엽 두 곳의 문단에서 강조했던 토착적이고 좌익적인 '향토 문학/문화' 개념은, 1938년 5월 국가총동원법 실시 이후 점차 일본 제국의 동아시아 식민/준

* 타이완 칭화대학 타이완문학연구소 부교수

식민체제하의 '지방 문학/문화' 개념에 흡수·재편되어 버리거나, 심각한 도전에 직면하게 되었다.[1] 두 곳의 소설은 '총력전' 체제가 가동되기 전에 일찌감치, 식민지가 이미 아시아에 대한 제국의 구도와 정치경제 형태 전환이라는 소용돌이 속에 처해 있었음을 드러내 주었다. 필자가 생각건대, 식민지/준식민지의 '결절점 도시'적 특성 및 세계화되는 그곳들의 처지에 대한 날카로운 관찰은 작가가 '제국-식민지/준식민지'의 대립적인 향토적 사유를 '지역 체계-특수한 지방'으로 전환하는 타협형(negotiation) 지방 사유의 유력한 도구였다. 도시적 글쓰기(writing) 중 세계화 현상에 대한 체감은 점차 핍박받던 향토주의가 상대적으로 능동적인 지방주의로 전환되는 과정에서 결코 무시할 수 없는 추진 역할을 담당했다.

후진 제국(帝國)인 일본의 조숙하고 취약한 경제구조와 수요 공급에 대한 제국 본위주의적인 제재를 받아 쉽게 병목현상에 빠져 버리는 식민지 경제 체계하에서 1937년 이후 군사행동에서 누적되어 온——불난집에 부채질하는 듯한——동기와 에너지로 인해 갖가지 문제가 발생했다. 총력전 시기 경제통제, 국민정신총동원, 황국신민화 운동 등은 그저 곧 붕괴될 제국의 밑바닥에서 응급으로나마 임시 버팀목이 되어 줄 뿐이었다. 도시적 글쓰기는 화산 폭발 전에 끊임없이 연기 기둥이 솟는 것처럼 제국 내부의 다층적인 모순과 날로 높아 가는 위기를 확연하게 드러내고 있었다. 그러나 문학에 반영된 식민지 도시 현상에 대한 기존의 연구에서, 식민통치와 식민주의 비판을 주요 관점으로 하는 민족주의 분석틀은 종종 이를 보고도 못 본 척했다. 이원 대립의 관점이나 이데올로기화

---

1) 石婉舜·柳書琴·許佩賢 編, 『帝國裏的'地方文化': 皇民化時期的台灣文化狀況』, 台北: 播種者, 2008, 1~48쪽 참조.

한 해석을 극복하기 위해 제기된 근대적(modern) 분석틀은 도시의 근대성(modernity)에 대해 높은 평가를 내린 적이 있다. 이 때문에 이 글에서는 1931년에서 1937년까지 타이베이와 하얼빈의 도시적 글쓰기를 택하여 이러한 글쓰기들이 출현하게 된 배경과 그 의의에 대해 분석할 것이다. 한편으로는 제국/식민지 경제구조와 문예 생산, 지방의 반응이라는 삼자의 관련성에 대한 민족주의 분석틀의 인식 부족을 설명하고, 또 다른 한편으로는 도시적 글쓰기와 농촌적 글쓰기의 상호 텍스트성(intertextuality)으로부터 '근대성 긍정론'의 탈맥락화(de-contextualization)와 천근(淺近)함에 대해 지적할 것이다.

## 2. 권력의 재편과 공간의 재구축: 1935년의 하얼빈과 타이베이

1935년은 타이베이와 하얼빈에게 변동의 시기였다. 시모노세키 조약과 중·러 밀약의 영향을 받아 각기 일본의 첫번째 식민지 수도와 러시아 중동철도(中東鐵道) 부속 지역의 중추가 된 두 곳은 이미 40여 년이나 되는 식민/반식민 – 준식민 도시의 역사를 지니고 있었다. 3월이 되자 일본 정부는 하얼빈에서 수십 년간의 노력 끝에 결국 '만주국' 정부를 매개로 하여 소비에트 연방의 손아귀에서 북철(北鐵)[2]을 빼앗아 꿈에도 그리던 중동철로[3] 전 구간의 통제권을 획득했다. 10월이 되자 타이완 유사 이래 가장 성대한 '시정(始政) 40주년 기념 타이완 박람회'가 타이베이에서 열렸

---

2) 1905년 '포츠머스 조약'에 따라 중동철로 중 창춘(長春)에서 뤼순(旅順)까지의 구간은 일본에 귀속되면서 이름이 '남만철로'(南滿鐵路)로 바뀌었다. 나머지 구간은 '북철'이라 불렸다. [포츠머스 조약은 1905년 미국에서 체결된 러일전쟁의 강화조약이다. ― 옮긴이]

고, 참가 기구와 단체, 선전 활동의 범위가 타이완과 제국 전역에까지 두루 미쳤는데 화난(華南)[4]과 남양(南洋)[5] 등지까지도 포함하고 있었다. 50일간 타이완 민중의 3분의 1이나 되는 인원이 참여한 이 성대한 박람회[6]는 타이완에 일찍이 없었던 단기간 인구 이동의 기록을 수립했다. 공교롭게도 이해를 전후하여 두 곳 도시의 글쓰기는 최고조에 달했는데, 이는 무엇을 의미하는 것일까?

타이완과 중국 동북부의 식민 경험과 통치 체제에는 차이가 있었기 때문에, 두 곳의 최대 도시였던 타이베이와 하얼빈 역시 1935년에 맞닥뜨린 사회 상황과 역사적 과제에서 상당히 차이가 있을 수밖에 없었다. 반식민-준식민이라는 두 단계를 경험한 하얼빈은 현대사에 등장한 순간부터 제국주의 주도하에 개발된 도시였다. 1896년 러시아는 중동철로 건설 특권을 획득했다. '중동철로 부속 지역'은 일반적인 조계(租界)의 규모를 초월하는 것이었다. 하얼빈이 건설될 당초부터 부속 지역이 선정되어 개발이 진행되었다. 모스크바에서 진행되던 유럽식 전원도시 설계를 모방해서, 여섯 갈래의 방사선 모양의 대로가 설치되었다. 이에 따라 난강(南岡), 다오리(道里), 다오와이(道外), 샹팡(香坊) 등 생활수준이 엄청나게 차이 나는 도시 지역들이 형성되었다. 19세기 말엽 이후로 유대인의 자본이 러시아의 자본을 따라 들어왔고, 1907년 미국이 제창한 '문호개방정책'의 실시로 각국의 영사관 및 상무 센터가 연달아 들어와 주재하게 되었다. 제

---

3) 당초 러시아가 중국 침략을 위해 건설했던 중동철로의 원래 명칭은 '중국동청철로'(中國東淸鐵路)였다. 이후 민국(民國) 시기에 들어서 '중국동성철로'(中國東省鐵路)라고 개칭되었다. ── 옮긴이
4) 중국의 영남 이남 지역, 즉 광둥(廣東), 광시(廣西), 홍콩, 마카오 등을 지칭한다. ── 옮긴이
5) 싱가포르, 말레이시아, 태국 등 동남아시아 일대를 통칭하는 말이다. ── 옮긴이
6) 呂紹理, 『展示臺灣: 權力, 空間與殖民統治的形象表述』, 台北: 麥田, 2005, 269~270쪽.

1차 세계대전 이전에 하얼빈은 이미 여러 기의 대형 발전소를 지니고 있었고, 농림물산, 농축가공, 초보적 공업을 위주로 하는 농업·공업·상업을 겸비한 국제적인 통상도시가 되어 있었다.[7] 1918~1920년 러시아 내전이 하얼빈으로 '백군파 러시아 인사'[8]들의 이주를 유발하면서 하얼빈에서의 러시아의 영향력은 정점에 달하게 되었다. 중국 정부가 1920년 부속 지역의 주권을 회복했을 때 하얼빈은 이미 러시아의 통치 아래 쑹화(松花) 강가의 작은 어촌에서 동북아시아의 대도시로 탈바꿈해 있었다. 중동철로에 대한 백군파 러시아 인사들의 통제는 1924년에 마침표를 찍게 되었다. 중국 정부의 개입으로 인해 소비에트 연방 정부의 손에 들어간 철도 운영 및 무역경제의 세력이 비록 약화되긴 했지만, 여전히 일정한 규모의 우세를 유지하고 있었다. 러시아 세력은 만주국 성립 이후에야 비로소 심각한 도전을 받게 된다. 일본인들은 적극적으로 '대(大)하얼빈 도시계획'(1932~1934)을 추진하여 하얼빈의 일본화를 기도했다. 그러나 이는 전쟁의 영향 때문에 전면적으로 실시될 수 없었고, 결국 기초 설비 및 교통망의 획득·확충·강화 이외에 도시 공간의 변화는 크지 않았다.

중동철도 남북선 교차 지점에 위치한 하얼빈은 1920~1931년 사이에 펑톈(奉天)계 군벌[9]의 통치를 받은 것 외에도 24년 동안 러시아의 조차(租借)와 14년여의 '만주국' 통치를 경험했다. 조계 도시든 '독립국'으로서의 준식민 도시든 상관없이, 이러한 발전 경로는 제국주의 및 외국

---

7) 蘇崇民, 『滿鐵史』, 北京: 中華書局, 1990, 31~43쪽.
8) 여기서 '백군파 러시아 인사'는 '白俄'의 의역이다. 원래 '白俄'란 일종의 전쟁난민으로, 러시아 혁명 당시 홍군(紅軍, 혹은 적군赤軍)에 대항했던 백군(白軍)과 그들 편에 섰던 인사들을 통칭하는 말이다. 이들은 백군의 패배 후 세계 각지로 흩어졌는데, 그 중 하얼빈으로 온 이들도 있었다. 여기서는 그들을 가리킨다. — 옮긴이
9) 펑톈은 지금의 선양(瀋陽)이며, 펑톈계 군벌이란 장쭤린(張作霖)을 가리킨다. — 옮긴이

자본의 세례와 추동을 받은 것이기에, 도시 경관과 인구 조성 각 방면에서 모두 복수의 제국과 결합한 다국적 자본의 상호 경쟁적인 반식민지/준식민지 도시의 특징을 보이고 있었다. 이와는 다르게 타이베이는 연속성을 지닌 단일한 제국의 통치하에서 점차 황국신민화 정치 방침에 동화되어 갔고, 쌀/설탕 생산 위주의 경제에서 농업가공의 단계로 점차 바뀌고 있었다. 섬인 타이완은 땅이 넓고 사람이 적은 중국 동북부와는 사정이 전혀 달랐다. 더욱이 나라를 할양할 때 타이베이는 이미 청 말부터 개발된 멍샤(艋舺), 다다오청(大稻埕), 청네이(城內)의 시가지를 가지고 있었고, 차(茶), 설탕, 장뇌(樟腦) 등 경제성이 높은 상업 작물의 수출로 최고의 도시를 향해 도약하고 있었다. 청네이는 과거 청나라 대만부(台灣府)가 있던 곳으로 관청 및 관아와 재구축 공간을 사용할 수 있는 이점을 지니고 있었다. 이 때문에 타이베이는 일본이 타이완을 점령한 후에도 계속해서 식민 군정과 상업 무역 및 문화 교육의 중심이 되었다. 인구가 밀집되어 있고 역사가 유구한 타이베이는 갑자기 등장하여 근대적인 도시계획을 따라 건설된 하얼빈과 달랐다. 1936년 근대적 의의를 갖춘 '타이완 도시계획령'이 맨 먼저 제정되기 전에, 타이베이는 1900년의 '청네이 시구(市區) 계획', 1905년의 '타이베이 전 시구 계획', 1932년의 '타이베이 시구 확장 계획'까지 세 번에 걸친 부분적인 시구 개정을 경험하고 나서야, 점차 '섬의 수도'[島都][10]로서 근대적 윤곽이 잡히기 시작했다.[11] 1910년

---

10) 타이완의 수도 타이베이를 지칭하는 표현이다. ― 옮긴이
11) 黃蘭翔, 「台灣·日本·朝鮮·關東州都市計畫法令之比較研究: 1936年 '台灣都市計畫令'的 特徵」, 『國立臺灣大學建築與城鄉研究學報』 第8期, 1996, 87~97쪽. [글 제목의 관동주(關東州)는 중국 북동부 랴오둥(遼東) 반도 남서단에 위치한 지역으로, 1905년 러·일 강화조약에 따라 일본에 귀속되었다. ― 옮긴이]

청대의 성벽을 제거하고 전형적인 식민 도시의 방사선식 도로를 내어 세 시가지의 연합을 촉진하게 되면서, 타이완 도시 정비의 한 획을 그었다. 1920~1930년대에 걸쳐 점진적으로 확충된 하수도, 수돗물, 전력 시스템, 도시 내부 및 주변 마을과의 도로망, 공영/민영 버스 및 대(大)타이베이 지선 철도 등 염가의 대중 운송수단 역시 상업 발전과 공공 레저를 위한 무대를 만들어 주었다. 1930년대 이후 타이베이 인구는 급격히 증가했는 데, 이들은 주로 타이완 사람들이었고 그 다음이 일본인이었으며 외국인 은 극히 적었다. 이는 여러 민족공동체가 공존하면서 민족 간에 팽팽한 긴 장감이 조성되었던 하얼빈과는 경우가 달랐다.

1930년 초엽 '섬의 수도'란 말이 유행어가 되었을 때, 국제도시 하얼 빈은 도시화와 국제화 방면에서 모두 식민지 수도인 타이베이보다 한 수 위였다. 그러나 이 조숙한 도시가 1930년대에 직면했던 사회적 모순 역시 타이베이보다 훨씬 심각했다. 하얼빈에 만연했던 각종 형태와 규모의 긴 장 관계 중에서도 제국주의적 경쟁과 민족적 모순, 외국자본의 침투가 가 장 심각했다. 만주 각지에 공통된 중·일 간의 모순 외에도, 하얼빈 특유의 러/일 철도 경쟁 및 다국적 자본의 확장은 더더욱 도시권력 구조의 전환 과 재편을 초래했다. 하얼빈 거주 러시아인의 흥망성쇠는 손익표처럼 직 접적으로 동북 러시아인의 총체적인 세력 증감을 그대로 반영하고 있었 다. 그들의 세력은 당초 러일전쟁, 그 다음엔 러시아 혁명과 소비에트 연 방의 집정(執政), 마지막으로 만주국의 건국을 거치면서 일본 세력의 흥 기와 함께 점차 쇠퇴해 갔다. 북철 운영의 심장으로 발돋움한 하얼빈은 러 시아 사람들이 일으켜 세운 도시였고, 러시아 세력이 남쪽으로 뤼순(旅 順)과 다롄(大連)에까지 다다랐던[12] 정점의 시기부터 일찌감치 제국 러시 아 남침의 후방 근거지였다. 1905년에는 승승장구하며 전진해 오는 일본에 러시아 세력이 패퇴한 이후 최전방이 되었고, 1924년 '펑·러협정'[13] 후 북철 사업은 더욱이 상업 범위에만 국한되었다. 1932년 일본이 남북 철도를 병합하자고 제의했고 수년간의 담판을 거쳐 결국 1935년 3월 양도 매각 협정을 맺게 되었다. 오래도록 러시아의 동북아시아 대륙의 세력으로서 그 광영이 남방에까지 미침을 상징했던 하얼빈은, 부침을 거듭한 끝에 결국 일본의 북방 확장을 위한 보물이 되었던 것이다.

하얼빈은 1932년부터 두 차례 수해를 당했고, 1935년엔 치열했던 중일 간의 창청(長城) 전투[14]와 동북부 중국인들의 항일배만(抗日排滿) 운동의 활약이라는 환경하에서, 또다시 러·일 세력이 뒤바뀌는 새로운 파란에 맞닥뜨리게 되었다. 권력 재구성 속에서의 충돌과 외국자본의 착취는 만주국 중국인 사회의 무거운 짐이었으며, 하얼빈 서사(敍事) 중 가장 첨예한 부분이기도 했다. 타이완에서 '찬란한 통치'를 과시한 타이완 박람회는 단일 정권 통치에 아무런 염려가 없음을 드러낸 이후, 계속해서 제국의 (영토) 확대 방침에서 진일보한 남진 의도와도 결합되었다. 타이완총독부는 과학주의와 가시적인 박람회의 전시 기술을 드러내 보임으로써, 타이완의 정치경제, 산업, 그리고 교육의 통치 경험을 화난과 동남아시아로 수출할 모범으로 삼았다. 이를 빌려 일본 및 국외 자본이 타이완에 투자하도록 유도하여, 남방 자원을 이용해 타이완 산업을 가공업형으로 전환시키

---

12) 러시아는 1897년 뤼순과 다롄을 강점하고는 '뤼·다 조지 협약'(旅·大租地條約)을 통해 조차지로 삼았다. ― 옮긴이
13) 1924년 9월 러시아가 중동철로와 관련하여 펑톈 군벌 장쭤린과 맺은 협정을 가리킨다. ― 옮긴이
14) 1933년 초 동북 3성 ― 랴오둥성(遼東省), 지린성(吉林省), 헤이룽장성(黑龍江省) ― 을 잠식한 일본이 산하이관(山海關)을 넘어 러허(熱河)를 공격해 들어오면서 발발한 전투로 그해 5월 말 중국 측에게 치욕적인 '탕구(塘沽) 협정'을 통해 무마되었다. ― 옮긴이

는 작업을 촉진하게 하면서, 더 나아가 타이완의 자본이 외부로 나가도록 자극하여 화난과 동남아시아 수출의 순환 고리를 형성케 하고자 했다.[15] 블록 경제 및 군사 확장에 대해 총체적인 고려를 거친 이러한 사유는, 바로 총력전 및 아시아 공영권의 사전 준비 개념이기도 했다. 이러한 시도는 박람회의 지리적 공간을 근거로 하는 진열과 분류, 그리고 제국 내의 서로 다른 지역성과 서로 다른 식민지 역할의 '표지화'(標誌化)를 통해 더더욱 실현되어 갔다.

　박람회장의 지역적 선택, 내·외부의 배치, 그리고 전시한 내용은 40년간의 타이베이 '식민 도시 건설'이란 성과의 총체적인 전시라고 말할 수 있으며, 제국이 온 힘을 쏟은 식민지에서의 건설과 여러 서방국가들에 비해 조금도 뒤처지지 않는 일본의 근대적 통치 능력을 드러내 보여 주는 것이었다. 1895년 이후 타이베이 도시 공간의 재정비는 공공위생, 정치경제의 발전, 문명의 전시, 종족/빈부의 분리, 식민의 신성성 표장(表彰)을 고려 대상으로 삼고 있었다. 박람회 기간 동안 도시 공간에 대한 활용, 기획, 장식 및 현시(顯示)는 동일한 국가라는 관점의 연속이었지 현지 주민들의 관점이 아니었다. 또한 더 나아가 제국의 경제 네트워크 중 지역분업의 관점으로 보자면, 새로이 도시의 미래 위치를 아로새기는 것이며, 동시에 예시하는 것이었다. 이는 타이베이라는 도시의 위상 전환을 이해시켜 주는 정보이면서, 또한 제국의 총체적인 경제 포석에 있어서 타이완 경제의 역할 업그레이드에 대한 기대를 드러내고 있었다. 박람회장은 이미 도심에 위치한 최적의 땅을 이용하면서, 도로 정비, 식목 미화, 거리 장식, 쇼

---

15) 呂紹理, 『展示臺灣: 權力, 空間與殖民統治的形象表述』, 244쪽.

윈도의 진열 경쟁, 그리고 네온사인 등의 장식을 진행했다. 유한한 식민지 전시 공간을 이용해 문명이 진보한 타이완 통치의 공적과 제국의 웅대한 계획을 드러내 보일 의도였던 것이다.

일본 상품을 적극 수입하고 제국의 지역 상품 유통을 추진하는 것 이외에, 남방 사회의 지역 정서를 다시금 구축하고 타이완의 기능에 대한 위상을 조정하는 것 역시 1935년 타이완 박람회가 타이베이를 포장하고 타이완의 형상을 빚어내며 제국을 전시했던 중요한 목표였다. 타이완과 남양적(南洋的)인 특색을 전시하는 다다오청의 '남방관'(南方館)은 단지 총면적의 3%만을 차지했다. 이 때문에 지역 정서의 재구축과 식민지 기능 계획은, 결코 도시 공간의 개발 혹은 재구획을 통해 구축된 것이 아니라, 전시관 속의 전시에 대한 설계와 관람 동선의 인도, 즉 제국의 '정치경제지리' 속 타이완의 '지역적 역할로의 현현(顯現)'을 통해 더더욱 촉발된 것이다. 타이완 박람회는 주위의 구심점 노릇을 하는 방식으로 타이완에 초점을 맞추거나 타이완을 표방하지는 않았고, 타이완과 제국 여러 지역의 상대적인 위치와 특색의 네트워크 관계를 중시했다. 공업기술국인 일본, 가공업 담당 지역인 타이완/조선, 원료 생산지인 만주/남지나해[16]와 남양이라는 전체적인 구조를 통해, 제국 내 여러 지역의 산업과 무역, 국방의 연속성 및 남진하는 추세하에서 타이완의 산업이 업그레이드될 필연성과 잠재력을 드러내 보였다. 박람회 전시를 관람하는 동선이 형성시킨 '타이완/제국의 여러 영지'라는 유비적(類比的)인 효과를 통해, 관람자들이 제국 각 영지의 근대화 과정과 그 공적을 비교하고 정합(整合)하도

---

16) 원래는 중국 동남쪽에 있는 태평양으로 통하는 내해(內海)를 가리키지만, 타이완을 필두로 필리핀, 보르네오 등을 포함하는 지역의 통칭으로도 쓰인다. ─옮긴이

록 유도했고, 아울러 '기술과 자원을 제휴하는 경제권을 동아시아의 평화 기초로 삼는' 개념을 내재화했다.

과학적 신지식이 충만하고 직접적인 체험을 중시하며 지역 기능을 표시했던 박람회의 전시 패턴은 제국 본위의 표준화된 '전지적 시야'를 통해 식민지 대중이 제국을 조감하고 덴노(天皇)의 의도를 찬탄할 수 있는 보기 드문 기회를 제공했다. 흥미와 놀라움이 가득한 모의 근대 체험 속에서, 타이완의 대중에겐 편협한 제국주의적 세계관까지 이식이 되었다. 꿈인지 생시인지 모를 제국 순례와 타이완 근대화에 대한 회고와 전망을 통해, 공간정치의 조작이 충만한 지역 교화 정보와 상업무역 확장 전략은 끊임없이 식민지의 동화, 공영권, 산업의 전환, 남진하는 타이완 등의 국책 개념에 대해 내수용 전파를 시도했다. 미처 다 살펴볼 수조차 없는 박람회와 경탄해 마지않는 도시에 대한 신기함의 배후에 감춰진 것은, 군사적 행동이 일촉즉발의 상태에 놓여 있고 정치적 혁신이 초미의 일로 다가오면서 긴박한 단계에 도달하게 된 전쟁 준비 시기(1931년 9월 ~1937년 7월) 식민지 기능의 조정이었다. 이는 바로 '남진 기지화'의 사전 예비 문제이기도 했다. 제국이 아시아를 재편하려는 계획은 확연히 드러 났지만, 이것이 대중에게 경계할 대상으로 인식되기는 쉽지 않았다. 타이완 사람 한 무리 한 무리를 꾀어서 섬의 수도(즉 타이베이)에서 제국 순례에 참여하게 만든 배후에는 식민지 기능을 개조하는 엄청난 힘이 암암리에 존재했는데, 이는 마치 '소리 없는 변혁'과도 같았다. 그러나 타이완이 제국주의적 계획에 의해 세계화 행동에 말려든 것을 의식하게 된 타이완 작가들은 결국 '섬의 수도'라는 글쓰기 속에 이에 대한 흔적을 남기게 되었다.

## 3. 철도도시의 풍운과 다국적 자본: 하얼빈

하얼빈은 철로 시대가 도래함에 따라 탄생한, 여러 모로 충족된 '근대도
시'였다. 동북의 심장 지대에 굽이진 근대적 시설은, 불행히도 띠 모양의
조계지이자 전 세계 자본이 수송되는 지대이자 대륙 패권 다툼의 도화선
이기도 했다. 1935년 러일, 중일 등 동북의 일촉즉발의 긴장이 심각했던
사회적 관계는, 만약 철도가 전쟁의 단초를 야기한 것이 아니었다면 바로
이 철도 주변에서 벌어졌을 것이다. 1937년 이전의 '만주국' 통치 초기에
하얼빈을 주 무대로 하는 '북만주 작가 그룹'은 누차에 걸쳐 이 '동방의 작
은 파리'를 '근대의 병든 몸'으로 비유했다. 동북의 근대 서사 안에서 도시
는 식민주의 비판 혹은 식민주의의 근대적 반성에 필요한 장치였다. 도시
문제로 병증식(病症式) 서사를 진행하는 것은 도시 서사의 주류가 되었
고, 각 도시의 풍속도[17]는 약속이나 한 듯이 사회문제의 집합체(complex)
로 '식민 철도도시' 특유의 모순적인 체질을 가리키고 있었다.

    1930년대 초엽 하얼빈은 마치 쉼 없이 밀물과 썰물이 들락날락하는
해안가처럼 다양한 세력의 진퇴와 조정을 견디고 있었다. 만약 북철이 세
월 따라 모든 것이 변해 가는 제국주의의 희비극을 공연하는 무대라면, 하
얼빈은 '만주라는 타자'의 가장 훌륭한 진열장이었다. 북만주 작가 그룹은
시시각각 부침을 거듭하는 강대국들의 패권 다툼 속에 처해 있었고, 그들
의 펜으로 쓰여진 각양각색의 하얼빈 이야기 속에는 혹은 암암리에, 혹은
공공연히, 혹은 자각적으로, 혹은 비자각적으로 각기 다른 '만주라는 타

---

17) 원문에서는 원래 일본 에도시대에 성행한 풍속화를 가리키는 '우키요에'(浮世繪)로 표현했
    으나 여기서는 '풍속도'로 의역했다. ― 옮긴이

자'가 야기한, 비바람이 몰아칠 듯하고 모순이 팽팽하게 대립한 현실과 복수의 타자 사이에서 일어나는 미세한 상호작용이 아로새겨져 있었다. 수췬(舒群)의 「조국이 없는 아이」(沒有祖國的孩子)는 주권 교체기에, '비상상태의 국가'를 강점하고, 이주해 오고, 떠돌아다니는 이민족에 대해 살펴보면서 이전과는 다른 만주 작가의 국제성이나 근대정치의 시각을 가장 잘 표현해 내고 있다.

「조국이 없는 아이」는 북철이 양도되기 전 하얼빈 부근의 마을을 상상의 무대로 삼고 있다. 이 소설은 소비에트 연방의 '동철학교'(東鐵學校) 안팎의 인간관계와 시국 변화를 통해 대하얼빈 지구에 존재하는 서로 다른 민족들의 각기 다른 운명을 투영하고 있다. 소설의 스토리는 만주사변 이후의 정세 변화 및 사회불안과 맞물려 전개되는데, 여러 차례 등장하는 동철학교의 교기(校旗)는 러시아 학교의 우월한 지위와 동철학교가 소속된 기구인 '중동철로관리국'(中東鐵路管理局)의 소유권 변화를 가리킨다. 교기는 반은 중국, 반은 러시아이거나, 혹은 반은 일본, 반은 러시아인 상황에서 곧 완전히 새롭게 바뀌는 상황에 이르게 된다. 북철의 경영권에 대한 단계적인 변화는 여기서 비단 잠재되어 있는 배경일 뿐만 아니라 '스토리 시간'의 가늠자인 동시에 스토리를 극한 대립의 클라이맥스로 밀어 올리는 주요 동력이 된다. 운명이 전혀 다른 중국, 러시아, 조선 세 나라 소년들이 함께 축조해 낸 소설 속 '조국'의 은유나, 각 소년이 대표하는 이미지는 모두가 집단적 성향에다 민족국가적이었다. 그들의 처지와 연령, 빈부귀천 모두는 민족국가가 맞닥뜨린 현 상황의 축소판이었고, 그들 상호 간의 관계는 동북아시아의 현실 혹은 미래의 국제적 관계에 대한 은유였다. 이야기 안에서 일본, 러시아, 중국, 조선이라는 국가/민족관계가 처음엔 강했다가 점점 약화되는 과정이 드러나는데, 일본은 그 중 가장 강한 '주요 타자'였다. 중국 동북부의 영토 주권을 장악하고 있는 일본은 나머지 세 나라(러시아, 중국, 조선)라는 '공동 타자'를 위협하고 있었다. '주요 타자의 잠재적 성향의 글쓰기'와 '중국 자아에 대한 가볍고 담백한 묘사'는 상부상조하면서, '다음으로 중요한 타자'를 통해 '주요 타자'를 비판하는 특수한 주장 방식을 형성한다. '대체식 글쓰기'에서 소비에트 연방인, 조선인 등 '다음으로 중요한 타자'의 운명 묘사와 이미지 구축은 주제의식을 전달하는 운반책이 된다. 다사다난한 가을은 대부분 한족과 소수의 만주족을 포함하는 중국인 작가(당시엔 '만주 문단'의 '만주계 작가'라고 불렸다)로 하여금 국제사회의 거시적 각도에서 복수의 타자들이 동북 사회에 함께 거처하고 있는 현실을 새로이 재평가하면서, '만주라는 타자'의 우언(寓言)을 통해 새로운 식민지 정권에 대한 배척과 비판을 전달하게 하고 있다. 아울러 대국 간의 경쟁이라는 틈새에 끼어 버린 동북 사람들에게, 민족국가에 대한 갈망이 더더욱 강화되었을 뿐만 아니라, 이들이 국가라는 틀을 넘어서서 사회주의를 통한 국제적 연대 가능성 찾기를 시도하기 시작했음을 보여 주기도 한다.[18]

전 세계의 정치경제 경쟁에 대해 민감한 시각은, 물론 하얼빈이란 국제도시의 특수한 도시 조건과 상관이 있다. 만약 하얼빈이 없다면 이런 서사 방식이 탄생할 무대가 없게 된다. 정치 방면 이외에, 경제 방면의 분석 역시 이 시기 하얼빈에 대한 도시적 글쓰기의 중요 측면이었다. 식민주의와 세계화는 민족, 권력, 그리고 자본의 다국적 공간 배치이다. 동북에 있어서 이런 배치 과정을 거친 철도를 개설하는 것은, 곧잘 소설 속의 대표

---

18) 柳書琴, 「'滿洲他者'中的新朝鮮人形象」, 『韓中言語文化研究』 第21輯, 2009, 185~214쪽.

적인 경계표(境界標)이거나 도시의 상징이 되기에, 이로써 식민 도시의 이국적 정취를 자아내거나 사회모순 또는 국제적 거주민들의 빈번한 왕래나 다국적 자본 간 경쟁의 복잡한 사회 풍경을 표현하게 된다. 이렇게 장면, 배경, 디테일로 보이는 철도 묘사는 곧잘 부유한 외국인 구역, 가혹한 공장 노동, 피곤에 지친 하층민, 감옥 속 식민 반대론자의 묘사와 서로 연계되어 있어서, 식민주의에 대한 비판과 민족주의에 대한 깊이 있는 은유를 지니고 있다. 수천 외에도 탕징양(唐景陽), 뤄펑(羅烽), 바이랑(白朗), 샤오쥔(蕭軍), 샤오훙(蕭紅), 천디(陳隄) 등 북만주 작가 그룹 중 대부분의 작가 역시 일찍이 하얼빈을 묘사한 적이 있다. 깊은 지연 관계로 인해 그들의 관찰은 지극히 날카로웠고 애증이 교차하고 있었다.

'만주국' 건립 초기에는 북방에 위치해 있고 소비에트 연방을 비롯하여 여러 나라가 각축을 벌이고 있는 하얼빈에 대한 장악력에 한계가 있었다. 이 때문에 하얼빈의 좌익문화 세력이 활개를 펼 수 있었다. 1935년 이전 북만주 작가들은 거의가 '만주 문학' 중에서 비판의 목소리가 가장 높았던 그룹이었다고 말할 수 있다. 1933~1934년 사이, 샤오쥔은 이렇게 거듭해 잘려 나간 도시 속에서 권력화된 도시 공간과 계급화된 민족관계를 가장 먼저 묘사했다. 자전적인 색채를 띠고 있는 「심지」(燭心)는 철도, 공장, 실업 청년을 소재로 제국주의와 외래 자본이 동북 사회에 조성한 분열과 착취, 지식계층 사회의 발전 공간에 대한 압박을 묘사했다. '다오와이'에서 '난강'에 오르기까지 주인공은 울분에 차서 자신의 이상을 내맡긴 하얼빈이란 도시를 내려다본다. "언덕 위는 하얼빈으로부터 만주, 모스크바, 블라디보스토크 방향의 철길이 펼쳐져 있지만, 이 쑹화 강을 가로지르는 철교를 거쳐야만 한다. 그 다리가 과거에 얼마나 많은 사람들의 생명, 그리고 피와 땀을 앗아 갔는지는 아무도 모른다!" "네가 만약 기꺼이 언덕 위에서 잠시 멈춰 서 있고자 한다면, 하얼빈에는 두 갈래의 서로 다른 세계가 존재한다는 것을 발견할 수 있을 거야!" 그의 몸 아래 놓인 철로와 공장들은 마치 '날카로운 검 두 자루'가 뉘어져 있는 곁에 '작은 검들'이 빼곡이 깔려 있는 듯했는데, 그 모두가 사람을 베어 내고 잡아챌 것처럼 보였다. 은빛 번뜩이는 중동철도에는 중국인의 피와 땀이 흐르고 있었다. 철도는 부촌과 빈촌을 갈라놓고 있으며, '부유하고 우아한 외국인'과 '과도한 노동과 실업을 전전하는 중국인'의 민족적인 위계질서를 만들어 내고 있었다. 외국자본의 공장은 저가의 노동자들을 집어삼키고 있었고 기계의 굉음은 마치 '비장한 장송곡' 같았으며, 식민의 소음은 식민 도시를 맴도는 주된 곡조를 이루고 있었다.[19] 근대 시설과 산업생산이 필연적으로 발전할 이 도시를 만들었다지만, 작가의 눈에 비친 것은 도리어 '타인은 칼과 도마가 되고 자신은 물고기가 되어 버린',[20] 그리고 '부자는 늘 부유하고 가난한 자는 늘 가난한' 계층화된 사회의 한 폭의 풍경이었다.

남북 만주를 관통하는 중동철도는 중국, 러시아, 유럽, 조선의 철도와 체계적으로 연계되어 있었다. 이것은 제국주의 공간과 권력이 확장되는 통로였다. 반식민/준식민 도시는 다국적 자본, 기술과 인원이 주입되는 결절점이 되었고, 외국자본의 공장은 자원을 집산하고 생산하며 가공하는 공간이 되었다. 제국주의 경제는 현지 사회의 빈곤화를 야기했고 다국적 자본과 식민 정치는 서로 결합하여 민족/계급/공간의 지배 네트워크

---

19) 蕭軍, 「燭心」(1932. 12), 三郎·悄吟, 『跋涉』, 哈爾濱: 五日印畫社, 1933, 13~46쪽.
20) 남에게 모든 주도권을 빼앗겨 자신은 그저 당하기만을 기다리게 된 신세를 표현하는 말로, 『사기』(史記), 「항우본기」(項羽本紀)에 나오는 말이다. ─ 옮긴이

를 더더욱 공고하게 만들었다. 이런 의제들은 샤오쥔의 또 다른 소설 「열등한 인간」(下等人)에서 보다 세밀하게 고찰되었다. 이 소설은 난강의 중심 대로 옆 미국 자본가가 경영하는 난방온수관 제조 공장에 초점을 맞추고 있다. 철강 노동자들은 매일 빈민가에서 쏟아져 나와서 "그들의 '힘'을 공장에 쏟아 붓는다". "큰 톱니바퀴가 작은 톱니바퀴를 맞물고, 넓게 빛나는 가죽 컨베이어 벨트는 쉬지 않고 밤낮으로 사람들의 피와 땀을 들볶아 대면서, 처량하게 돌아간다." '같은 기름과 피'로 단련해 낸 제품들은 상등인의 세계로 보내진다. 철강 노동자 '위쓰'(于四)는 "이런 철관(鐵管)의 이익을 누릴 수 있는 사람들은 어떤 사람들인지" 잘 알고 있다. 그러나 공장 안에서 초과 근무, 미성년 노동자 문제, 죽거나 사지가 기계에 끼거나 철가루를 흡입하는 등의 의외의 사고와 노동 상해, 정치적인 노동자 박해는 "난방 기구가 있는 집에 사는 사람들"이 전혀 유념한 적이 없는 일들이다. 그 누구도 "평범한 철관 하나에도 이런 선혈이 낭자한 일화가 담겨 있었는지" 주의를 기울일 리 없었다.[21]

「열등한 인간」은 계층화(hierarchies)된 사회 안에서 자본과 권력의 관계를 통찰했다. 이 소설은 중국 노동력 →외국자본 공장→상류층의 소비→미국 자본의 순환을 묘사했으며, 외국자본의 침입과 착취적인 경제체계가 어떻게 식민 정치체제와의 결합(경찰정치, 노동운동 탄압, 사상 검증)을 통해 더더욱 견고해지는지를 밝혔다. 상품은 상류층을 향해 집중되고 자본은 외국으로 유출되는 과정 속에서, 전통사회의 영역은 파괴되고 현지 주민들의 계급은 추락했다. 외국자본과 일본 식민체제의 공생,

---

21) 蕭軍, 「下等人」(1933.8), 三郎·悄吟, 『跋涉』, 117~140쪽.

'만주국'에서 중국 경관의 동포 멸시, 중국과 러시아 노동자들이 연합한 국제주의적 동향은 중층적인 식민체제와 전 세계 자본의 합종연횡이 어떻게 민족국가의 주권, 강역, 윤리의 붕괴를 조장하는지를 거듭해서 보여 주었다. 「심지」에서 그물망을 이룬 자본의 배치와 「열등한 인간」에서 선형(線型)으로 이루어지는 자본 진출 현상은 모두 철도, 공장, 도시 공간으로 체현되는 다국적 세력이 어떻게 인간의 일상생활과 사회조직, 제도, 윤리를 '지역-식민/외국자본/전 세계'라는 축선(軸線)을 따라 새로이 자리매김시키는지를 통찰한 것이다.

국가 판도의 분열, 국제 세력의 등급 구분, 도시 공간의 구획, 국가 민족 윤리의 파괴는 하얼빈 서사 속에서 거의 동의어가 되었다. 난강 강철공장의 기계 돌아가는 소리, 굴뚝의 검은 연기, 머리에 수건을 두른 노동자들은 하얼빈의 암울한 상징이 되었다. 수잉(殊瑩, 천디의 필명) 역시 일찍이 난강에 위치한 한 공장을 무대 삼아 계급투쟁 색채의 복수를 내용으로 하는 소설을 쓴 적이 있다. 그의 펜 아래서 자산계급과 노동대중은 유동적/폐쇄적, 그리고 억압된/빈곤한 노동이라는 현격히 다른 세계로 구성된다.[22] 난강을 중심으로 하는 대로 끝의 추린양행(秋林洋行) 부근을 경계로 삼아 노동력을 파는 이들은 서로 다른 구역에서 쏟아져 들어갔다가 쏟아져 나오면서 매번 '지옥-천당'의 여행을 하지만 도리어 한 걸음 한 걸음 "노동할수록 빈곤해져 버리고", "노동할수록 불행해지는" '현실의 지옥'에 빠져들게 된다.

'다오와이-난강'이란 지역적인 공간은 '지옥-천당'의 계급적인 은

---

22) 殊瑩, 「棉袍」, 『北師校刊』 1935年 1月號. 梁山丁 編, 『燭心集』, 瀋陽: 春風文藝, 1989, 74~97쪽.

유가 되었다. 뤄펑 역시 「장애인」(殘廢人)에서 이렇게 쓰고 있다. "난 이 거리를 사랑한다. 마치 치정 어린 가난한 녀석이 고귀하고 아름다운 아가씨에게 맘을 빼앗긴 것처럼 말이다. 난 아무것도 상관하지 않으며, 결코 내 자신이 이럴 자격이 있는지 없는지에 대해서도 생각하지 않는다. …… 그대로 끝 동쪽에 한 칸의 작은 방을 세냈다. 눈 깜짝할 새에 생활이 변해 버렸다. …… 그저 눈앞에 고요하고 맑은 하늘로 확 바뀐 느낌이다. 또한 세상이 확 바뀐 듯하다. 바람마저 향기로웠다." 그러나 점차 그는 이 공간을 뚫고 나간다 해도 민족/자본/계급이라는 신분의 장벽은 뚫지 못한다는 것을 발견하게 된다. "나는 완전히 길 잃은 아이가 되어 버려서 도처에서 차별과 냉대를 당했다. 넓디넓은 거리는 내가 매우 작다는 것을 드러내 보였고, 양쪽의 잘 정리된 무성한 백양나무들은 내가 매우 더럽다는 것을 드러내 보였다." 결국에 그는 "아무래도 '지옥'으로 돌아가는 게 좋겠다! 천당은 나에게 과분하여 어울리지 않는다!"라고 선언한다.[23] 식민 차별 담론은 빈부 격차가 심각한 도시 공간을 통해 물질주의, 서방 중심주의, 식민 지배자 본위의 '편협한 근대 의식'을 피식민자의 몸, 의식, 골수에까지 침투시켜, 현지 거주민에게 착오나 혼동, 자기비하 같은 근대 욕망의 상실과 인지적 혼란이 발생하게 만들었다. 바이랑의 소설 「바퀴 아래」(輪下)[24] 역시 하얼빈시의 관공서가 '만주국 대하얼빈시 계획'에 의거하여 쑹화 강의 홍수 피해를 입은 난강 샤칸(下坎) 지구의 난민촌을 강제 철거함으로써 야기된 경찰 대 시민의 대규모 유혈 충돌 사태를 중심으로 외래 중

---


23) 羅烽, 「殘廢人」, 『現實文學』第1輯, 1936. 『橫渡』, 長沙: 商務印書館, 1940, 97~98쪽.
24) 白朗, 「輪下」, 『文學界』1936年 9月號. 張毓茂 主編, 『東北現代文學大系·短篇小說卷(上)』, 瀋陽: 瀋陽出版社, 1996, 516~543쪽.

심주의 및 부조화를 이루고 있는 유리된(dis-place) 도시에 대해 비판을 가하고 있다.

식민주의의 세계화에 대한 북만주 작가들의 관찰은 국가주권의 퇴화, 다국적 자본의 포진, 자원/노동력의 착취, 공간 재구축에 대한 표현을 가한 것 외에도, 파시즘의 핍박 및 외래 지식의 패권주의 등의 문제도 지적했다. 뤄펑의 「만주의 죄수」(滿洲的囚徒)에서는 난강의 주요 도로인 다즈(大直) 가에서 하얼빈 대일본 영사관 감옥이 각국의 좌익분자에게 가한 박해를 언급하고 있다. 탕징양의 「구류범: 하얼빈에서」(寄押犯: 在哈爾濱)를 보면, 하얼빈 특구 법원의 구치소에서 일본 경찰서, 헌병대, 경찰청 특무과에서 압송해 온 정치범, 사상범에 대해 재판을 거치지 않고 바로 판결을 내려 버리는 현상에 대해 묘사하고 있다. 샤오훙의 「손」(手)에서는 염색공장의 소녀가 도시의 중학교에서 교장과 자산계급의 여학생들에게 냉대와 배척을 받는 모습을 통해 여성, 지식, 계급, 그리고 식민체제, 이 네 가지의 관계를 따져 보고 있다.[25]

식민 도시는 전 세계 생산 네트워크 중에서 각종 권력, 자본, 종족, 종교, 생활형태 확산(diffusion)의 결절점이다. 철도, 국책회사, 다국적 은행, 공장 등은 자본, 기술, 그리고 인력 이동(movement)의 주요 경로(chan-nels)이다. 하얼빈 도시의 몇몇 이야기들은 모두 국제도시가 민족국가 체계에서 떨어져 나와 전 세계 경제 네트워크에 의해 하나로 연계되고 엮이게 되는 것과 더불어 설상가상 복수의 식민체제가 침투하면서 유발되는

---

25) 羅烽, 「滿洲的囚徒」(1934.6), 『羅烽文集(5): 短篇小說集選』, 瀋陽: 春風文藝, 1994, 21~161쪽; 唐景陽, 「寄押犯: 在哈爾濱」(1937.1), 『唐景陽小說選』, 瀋陽: 春風文藝, 1998, 86~91쪽; 蕭紅, 「手」, 『作家』 1卷 1號, 1936. 張毓茂 主編, 『東北現代文學大系·短篇小說卷(中)』, 994~1010쪽.

각종 곤경에 대해 관심을 기울이고 있었다. 그 원인을 따져 보면, 다수의 북만주 작가들이 제3세계 운동이나 중국공산당에 참여하고 있어서 그 사회주의적 관점이 자본주의 문제에 대해 예리한 인식을 갖게 했다기보다는, 그들 자신이 바로 그 식민 도시의 세계화를 체험했다는 것에 기인한다. 도시적 글쓰기 중에서 '결절점이 되는 도시의 현지 반응'은 늘상 항일 민족주의나 계급투쟁의 범주에 국한되어 독해되었을 뿐, 그들의 세계화에 대한 비판은 소홀히 여겨졌다. 사실 북만주 작가들의 비판적 관점은 세계체계에서의 제국/식민지의 차별 현상과 주권의 파괴 및 국가 기능의 퇴화에 집중되어 있었으며, 식민지의 민족적 모순(식민자 대 피식민자) 혹은 현지 사회 내부의 모순(자산계급 대 무산계급)에만 국한된 것이 아니었다.

## 4. 쌀과 설탕 창고에서 남진 기지로: 타이완

제1차 세계대전 이후, 일본은 독일령 남양군도의 통치위임권을 획득하게 되면서 남진의 발전 시기에 진입하게 된다. 그러나 남방 공략은 장기적으로 경제 침투를 원칙으로 하고 있었기에, 1936년 8월이 되어서야 비로소 '남방 문제'가 국책사업에 편입되고, 무력을 뒷받침 삼아 적극적으로 추진하게 되었다. 이는 1931년 극단적인 방법으로 중국 동북부를 침략한 것과는 다른 점이 있었다. 남진과 북진 간의 시간적 차이와 상이한 패턴은, 타이베이와 하얼빈에 가해지는 사회적 충격에 차이를 만들었고, 이에 작가들의 관찰과 사명감에도 차이가 생기게 되었다.

'남진 기지화'가 타이완에 끼친 영향이란, 정치적 측면에서는 황국 신민화였고, 경제적 측면에서는 지역 경제의 분업, 다국적 식민자본의 포진, 제국 경제의 통제 유형, 그리고 타이완 중점 산업의 조정 등이었다. 이들의 궁극적인 목표는 바로 타이완을 중심으로 '남방 공영권'을 건설하는 것이었다. 남방 공영권과 동아시아 공영권은 모두 식민 계획경제의 시행과 철저한 통제를 원칙으로 하고 있었는데, 이는 바로 제국의 무력을 앞세운 아시아 국제경제의 분업 체계를 뜻했다. 무력 침략은 블록 경제화와 결합하여, 정치 및 군사적 수단인 전쟁을 통해 자국의 자본을 조속히 축적하도록 만들면서 일본의 경제체제를 개조했다. 이것이 바로 일본이 1930년대의 경제위기를 해결한 주요 방책이었다.[26] 1937년 중일전쟁이 발발한 이후, 타이완의 산업은 변화되기 시작했다. 1931~1937년 사이에 공업 생산지수가 비약적으로 상승한 '북진 기지' 조선을 본받아, 강제로 농업경제와 원료가공업을 기초로 하는 공업화가 시행되었다. 1940년 7월 '기본 국책 요강'에 포함된 '대동아공영권'이라는 구상이 발표되었는데, 타이완은 남방 작전기지로 계획되어 있었다. 타이완총독부는 군수산업을 확대시키면서, 남방의 원료를 가져다 초보적인 가공을 한 뒤 일본으로 운송했다.

일본의 새로운 전략 구도 속에서 타이완에게 설정된 위치와 기능은, 수십 년간 '쌀과 설탕 창고' 역할을 했던 타이완의 사회경제 체제가 구조적인 조정에 직면하게끔 만들었다. 이러한 전환 현상은 1930년대 초엽 어렴풋이 드러나기 시작하여 후반으로 가면서 날로 확연해졌다. 타이완과 남양의 관문인 가오슝(高雄) 항구를 건설하게 되면서, 가오슝의 알루미늄 산업, 화학, 강철, 기계 등 군수산업 역시 발전하기 시작했다.[27] 1930년대 중엽 이후 군부, 총독부, 국책공사는 연대하여 타이완, 남중국, 남양의 산

---

26) 林繼文,『日本據台末期(1930~1945)戰爭動員體系之研究』, 台北: 稻鄉, 1996, 41~43쪽.
27) 蕭采芳,『1930年代後期的高雄港與軍需工業』, 中正大學 歷史研究所 碩士論文, 2008.

업 분업과 생산의 순환을 추진했다. 1936년 남진 정책을 위해 창설된, 그리고 중일전쟁과 태평양전쟁으로 인해 사업 역량이 중국의 남부, 동남아시아 및 남양 등지까지 깊숙이 미치게 된 '타이완척식주식회사'의 방대한 군수산업과 항해 운수 등의 사업은 바로 일본이 타이완을 중심으로 화난, 남양 세력권을 구축하려는 노력의 일환이었다.[28] 제국의 해외 확장은 "북방을 우선시하고, 남방을 뒤로 미루는" 방식으로 추진되었기에, 1930년대 이전까지 타이완을 북방 지역의 수요를 만족시키는 것을 위주로 하는 쌀·설탕 경제로 조성했던 '제국－식민지'라는 남북 체계는, 한 걸음 더 나아가 타이완과 남방 주변 지역들이 복잡하게 영향을 주고받는 지역 패권 다툼에 귀속되었다.

지역적 전략으로 식민지 산업의 업그레이드를 강제하는 단절형 전환이 완전히 정책화되기 이전에, 일본은 1930년대 초엽 이래로 계속해서 전쟁 준비를 위한 산업의 조정과 안배를 진행해 왔고, 이미 1930년대 중엽에 타이완인의 지역 정서와 지연(地緣) 네트워크를, 할양되기 이전의 타이완/중국이란 연계와 1935년 이전의 타이완/일본이라는 연계로부터, 점차 타이완/남방권이라는 네트워크로 이동하게 만들었다. 타이완 박람회의 홍보와 교화를 통해, 타이완 지식인들은 민족경제 모순과 블록 경제 압력의 배후에 숨겨져 있던 더더욱 깊고도 넓은 제국주의 세계화의 위협에 대해서도 보다 많은 체감을 하게 되었다.

이때 타이베이의 도시적 글쓰기에서는 '공간의 경이로움'(space sur-

---

28) 張靜宜, 『台灣拓殖株式會社與日本軍國主義』, 成功大學 歷史學系 博士論文, 2003; 蕭明禮, 『戰爭與海運: 戰時南進政策下台灣拓殖株式會社的海運事業』, 暨南國際大學 歷史學系 碩士論文, 2004.

prise)이 가장 큰 기호(記號)가 되었다. 이는 결코 일반적인 도시화 현상의 결과가 아니었고, 근대성에 대한 예찬은 더더욱 아니었다. 앞서 기술한 바 대로, 이것은 반드시 제2차 세계대전 발발 이전 열강들의 전략적 조치가 야기한 공간정치 및 경제 포석과 연계하여 생각해야 한다. 총력전 이전의 정치경제 조정이 초래한 남방 지정학적인 변화와 공간 재구축은 정체성의 재구성과도 함께 연계되어 발생했다. 타이완 박람회는 초대형 공공행사로 민중들이 타이베이로 이동하게끔 자극했고, '섬의 수도 성지순례'라는 전국적인 도시 관광 풍조를 형성하여 타이완 대중이 보편적으로 신체 감각을 통해 식민 도시의 정서와 표준적인 제국 지리를 체득하는 경험을 갖게 했다. 섬의 수도에서는 설령 보잘것없는 공간 체험이라 할지라도 종종 무한한 확장이 가능하기도 했다. 이는 당시 사람들의 사회의식 속에 충만한 상상력과 도시에 대한 허구적 동경, 제국의 원대한 계획과 세계에 대한 조감을 갖게 할 수 있었다. 이러한 풍경은 식민지적이면서도 제국적이었고, 지역적이면서도 세계적인 것이었다. 이는 타이완 사람들이 세계를 인식하는 특정 입장이나 평가와 바람을 담고 있었으며, 제국의 지역 확장 상상(想像) 및 제국적인 계층식 세계관이라는 숙명적인 인식과 복제를 벗어나기 어려웠다. 이 외에도 이것이 초래한 두드러진 변화는, 바로 사람들로 하여금 점차 향토의식이나 민족국가 등 고유의 공동체 인식을 넘어서서, 국경이 유동적인 '남방 공동체'나 '동아시아 사회'라는 모호한 상상을 촉진했다는 것이다.

　　타이베이의 근대적 공공 공간의 등장과 도시생활 형태의 변화는, 1930년대 초엽에 진작 소설 속에 반영이 되었지만, 타이베이적인 글쓰기에서의 정점은 1934~1936년 사이에 출현했다. 이런 환경적 특성과 인문적 배경은, 거듭해서 근대라는 독특한 공간의 경이로움을 전해 주었고, 도시 묘사에 있어서 거의 공통적인 배경과 요소가 되었다.[29] 이런 도시의 집단적인 인상(혹은 경이로운 느낌)과 박람회 기간 섬의 수도라는 수식과 미화, 그리고 공간정치의 조작은 매우 큰 관계가 있었다. 1933년 10월 타이베이 문예 청년들을 중심으로 리얼리즘적인 비판 노선을 강조하는 '타이완문예협회' 작가들은 타이베이의 도시적 글쓰기의 중요한 그룹이 되었다. 이 그룹은 이전 단계의 문학운동이 봉건성 비판에 치중했던 한계를 넘어서서, 외부를 향해 시대의 다원적 동향을 파악하고 '타이완의 새로운 문학적 출로'를 모색해야 한다고 주장했다. 핵심 구성원인 주뎬런(朱點人), 왕스랑(王詩琅, 필명 왕진장王錦江), 쉬충얼(徐瓊二), 궈추성(郭秋生, 필명 제저우芥舟) 등은 의식적으로 이전 문단에서 주류를 이루었던 향촌이란 제재를 넘어서서, 도시 현상의 분석과 묘사를 '건설적이고 창조적인 문학'의 실천 노선 중 하나로 삼았다.

주뎬런의 소설 「가을 편지」(秋信)는 박람회 관람 체험을 이야기의 배경으로 하여 타이완 사회, 산업, 교육, 그리고 국민의식의 전환 현상을 꿰뚫어 보았다. 그는 피식민자들이 식민지 공간의 재구성이 '역사화'되는 그 찰나에 겪었던 식민의 근대성에 대한 놀람 및 이에 수반되는 민족 정체성, 역사 기억, 신체 감각기관의 다중적인 상실감을 묘사했다. 늙은 수재(秀才)[30]가 15년간 가지 못했던 섬의 수도로 가 타이완 박람회를 관람했을 때, 그의 눈에 들어온 것은 이전 청조(清朝)의 순무(巡撫) 관아(官衙)에서

---

29) 예를 들어 도시의 건축물과 거리, 공공버스, 각종 차량, 네온등, 도시의 불빛, 모던한 여성, 야간의 활동, 백화점, 상품이 진열된 쇼윈도, 나이트클럽, 카페, 유성기, 영화, 유행가, 문학청년, 야간버스, 월급 격차, 직업여성, 도시의 하층민 등등이 있다.

30) 생원시(生員試)에 합격한 생원(生員)의 별칭으로, 이들에게는 향시(鄉試)에 응시할 자격이 주어졌다. ― 옮긴이

지은 타이베이 공회당이었다. 목청껏 외치는 "산업화된 타이완의 약진"
이란 구호 아래, 섬의 수도의 모든 도시 경관, 인문적 풍조, 사회기능에서
집단기억까지, 모두가 일본 제국의 시공간과 기능 속에 편입되어 버렸다.
기억 중 사사로이 품고 있던 문화의 잔해들은 새로 생긴 공공 공간과 이를
바탕으로 펼쳐진 신세계의 풍경을 맞닥뜨리고 난 후, 삽시간에 기억의 파
편으로 흩어지고 만다.[31] 학자 천팡밍(陳芳明)이 '근대화의 가면'이라 지
칭했던,[32] 그리고 극도의 정치적 상징성을 가졌던 식민 공간의 재구성이
라는 충격은 사실 강제적인 '식민주의 다문화'하에서 지방 역사의 상전벽
해와도 같은 격변을 뜻하는 것이기도 했다.

　　쉬충얼의 산문 「섬의 수도의 근대 풍경」(島都的近代風景)[33]은 박람
회 홍보를 위한 특파원 보도 중 관방(官方)의 것이 아닌 관점을 전해 준다.
기자인 '나'는 버스를 타고 도시 순례 중인데, 먼저 '하이힐-립스틱-It-
추파-주마등-네온등-찻집(카페)에서 차(커피) 마시는 사람-유성기-
남자-여자-두 사람, 세 사람, 한 무리-완만한 걸음걸이, 날아갈 듯 빠른
발걸음-변화무쌍한 사물의 소음'처럼 상하이의 신감각파와 유사한 섬의
수도의 윤곽을 묘사했다. 뒤이어 나이트클럽, 카페, 거리의 인파, 문학 살
롱에서 도시 노동자의 아련한 모습에 이르기까지, 근대 도시는 결코 근대
적이지 않다는 사실을 지적했다. 상류층은 퇴폐적인 향락에 빠져 있고 노
동계급은 밑바닥에서 온갖 고생을 감내하고 있었다. "섬의 수도의 근대
풍경은 중정 역(中正驛)에 거대한 비장함을 조성했다. 비장함! 비장함! 이

---

31) 원래 1936년 3월 『타이완신문학』(台灣新文學)에 실렸었는데 당국에 의해 삭제당했다. 朱點
　　人, 「秋信」, 『朱點人·王詩琅合集』, 台北: 前衛, 1991, 225~237쪽.
32) 陳芳明, 『殖民地摩登: 現代性與台灣史觀』, 台北: 麥田, 2004, 53~56쪽.
33) 徐瓊二, 「島都的近代風景」, 『第一線』 1935年 1月號, 112~118쪽.

거대한 비장함! 그 비장함이 역사(驛舍)에 거대하게 조성되어 있다." 그의
눈에 스쳐 흐르는 불빛과 소리, 상품들은 도시의 경직되고 침체된 실체와
곤경에 처한 시민생활의 계속되는 악화, 계급모순과 자본주의의 퇴행적
인 성격이 사방에 드러나는 것을 감출 수 없었다.

　　왕스랑은 한 걸음 더 나아가 섬의 수도 속의 각종 암울함을 묘사했
다. 「밤비」(夜雨)는 시끌벅적한 타이핑 정(太平町)을 무대로 하고 있는
데, 독자의 눈에 가장 먼저 들어오는 것은 등불이 휘황찬란한 도시의 야경
이다. "휘황찬란한 전등빛이 점점 위용을 드러내면서, 태양을 대신해 세
계를 지배하려 했다." 타이베이는 1930년대부터 도시 조명을 개선했고,
1934년 완공한 르웨탄(日月潭)의 수력발전소를 공업화와 남진의 후방 요
새로 삼아, 도시를 위해 풍부한 전력을 제공하면서 새로운 전력 시대의 도
래를 알렸다. 타이완 박람회를 거행하기 위해 최대한으로 늘려 놓은 거리
의 전등과 전등 장식은 모던하고 화려한 도시 공간을 부각시켰고, 1935년
을 타이베이의 역사상 가장 밝은 한 해로 만들었다. 휘황찬란한 거리는 도
시의 대표적인 상징이 되었고, 또한 민중의 집단 경험을 형상화해 주었다.
그러나 작가들은 도리어 밝은 빛 밑에 놓인 노동착취, 파업, 파업 가담자
에 대한 제재, 윤락업에 빠져들 수밖에 없는 공장 노동자의 딸 등 사회의
어두운 면에 주의를 기울였다. "양복 입은 청년, 긴 두루마기를 입은 여사
(女士), 노동자, 신사, 자전거, 자동차, 인력거, 트럭…… 근대 도시를 구성
하는 이런 세포들과 모던(modern)한 풍경이란 그의 잿빛 마음속에서 모
두 스쳐 지나가는 것들일 뿐이었다." 파업 가담자의 참담한 패배는, 업주
가 이런 기회를 틈타 일본에서 대량으로 들여온 '이주 외국인 공장 노동
자들' 탓도 있었겠지만, "그는 거대하지만 드러나지 않은 책임자가 따로
있는 것처럼 느꼈다".[34] 외국인 공장 노동자들에 대한 관리와 대체, 노동

시장에서의 민족 경쟁에 대한 조작은, 재단(財團)[35]이 현지의 노동쟁의를 억압하는 주요 수단이 되어 탈경계화한 노동시장에 임금보수의 악화와 노동운동의 분열을 초래했다.

노동운동의 와해는 결코 단순한 현상이 아니었다. 민족운동과 사회주의 운동은 1930년대 초엽 몇 차례 대대적인 검거를 거치면서 점차 쇠락했으며, 1935년 11월 타이완 최초의 지방선거는 한 걸음 더 나아가 지방 엘리트들을 재편함으로써 타이완 섬 내 정치운동의 숨통을 막았다.

「몰락」(沒落)은 그해 타이베이 사범학교에서 학생운동으로 퇴학당한 뒤 샤먼(廈門)에 가서 중학[36]을 다니고 졸업 후에 상하이대학에 입학하고 타이완공산당에 참여하여, 상하이의 '타이완학생사회과학연구회'를 중심으로 모이게 된 사람들의 전향에 대해 기술하고 있다. "만주사변을 전후로, 이 작은 섬의 사회운동은 마치 태풍 앞의 등불처럼 일제히 꺼져 버렸다." 상하이에서 국제 사회주의 운동과 연계하며, 타이완과 상하이를 오가던 의기양양했던 운동 참여자들은, 이때에 체포되었거나 침울한 사회라는 굴레에 갇히고 말았다. "좌익의 정통이라는 상하이대학파(派)의 대표적인 투사들을 우연히 이 홍등 밑에서 재회하게 되었는데", 그들은 감옥에 들어갈 때의 옷을 그대로 입고 있었고, 카페, 베이터우(北投) 온천,[37] 순환 버스, 따사로운 시골 등지에서 묵묵히 투옥되어 심문받던 동

---

34) 王詩琅, 「夜雨」, 『第一線』1935年 1月號, 152~158쪽.

35) 당시 타이완 경제를 장악했던 대표적인 재단으로는 미쓰이(三井) 물산주식회사가 있다. ─ 옮긴이

36) 중국이나 타이완의 중학은 한국의 중학교와 고등학교가 합쳐져 있는 것과 같다. 이를 구분하기 위해 중학교를 '初中', 고등학교를 '高中'으로 부르기도 한다. ─ 옮긴이

37) 타이완 일제 강점기 당시, 다이쇼(大正) 2년(1913년/민국 2년)에 일본 시즈오카 현의 유명 온천인 이즈산 온천(伊豆山溫泉)을 본떠 지은 온천으로 성 접대부까지 있었다고 한다. 현재 타이베이시 베이터우구에 있다. ─ 옮긴이

지를 떠올리고는 죄책감을 마음에 품은 채 노닐며 진탕 취하고 있었다.[38]
「교차로」(十字路)는 총력전 이전 최후의 번화함을 포착해 내고 있다. 국방의 분위기가 날로 농후해지던 시기 "근대화를 향한 이 새로운 여정에 갑자기 끼어든 타이완인들이 붐비던 시가인 다다오청에는 몇 년간 눈에 띄는 것이라곤 높은 빌딩 숲뿐이었고 번쩍이는 불빛은 대낮인 양 비추이고 있었다. …… 그들은 군중 속에 뒤섞여 마치 빛과 전기의 바다 속에 출렁이는 듯했다." '신정'(新正, 양력 1월 1일)이 다가온 거리는 온갖 화려한 상품들이 산처럼 쌓여 있었고 징위안(井原)[39] 백화점 쇼윈도 불빛 아래의 '제국제(帝國製) 중절모'는 "마치 아름다운 미인이 손을 펼쳐 그를 부르는 듯했다".[40] 상류층이 소비하도록 공급되는 제국의 상품은, 현지의 월급쟁이들을 부러움으로 인해 고민하게 만들었다. 색정과 물욕은 좌익이 가져온 정신적인 신념을 시험에 들게 했다. 1931년 '금 수출 재차 금지'가 실시된 후, 일본 내지의 상인들은 엔화가 평가절하되었다는 이점을 이용해 대규모로 상품을 수출했다. 게다가 여기에 '(경제)블록 집단 경제정책'까지 맞물리면서, 1930년대에는 타이완에 대한 수출 상품이 대대적으로 증가했다.[41] 1933년 이후 일본 자본이 대량으로 유입되면서 군부와 혁신 관료 및 신흥 재벌들은 복합적인 경제집단을 결성하여 타이완 현지의 산업에 대해 강력한 경쟁과 합병을 전개해 나갔다. 남진 정책이 유발한 다국적 경제활동이 점차 강화되는 가운데, '전향자'건 일반 시민이건 간에 상관없이, 분분히 날뛰며 무역 풍조와 자본 가치라는 열차를 타기 위해 매진

---


38) 王詩琅, 「沒落」, 『文藝台灣』 2卷 8·9合倂號, 1935, 92~100쪽.
39) 당시엔 일본어로 '이하라'라고 읽혔다. ── 옮긴이
40) 王詩琅, 「十字路」, 『台灣新文學』 1卷 10號, 1936, 78~87쪽.
41) 林繼文, 『日本據台末期(1930~1945)戰爭動員體系之硏究』, 42쪽.

했다. 자본주의라는 욕망으로 인해 도시는, 전설적인 사회운동 경력을 지니고 있는 고급 접대부나, 범람하는 현란한 제국의 상품 앞에서 어지러워하는 평범한 월급쟁이들이 점차 늘어나게 되었다. 타이완 경제가 방향을 틀던 교차로는 타이완의 사회적 가치와 지식인들이 전향하는 분기점이도 했다.

라이밍홍(賴明弘)의 「마력」(魔の力)에서는 타이완문화협회 인사에 빗대어서, 타이완에서 학생운동 중 퇴학당하고 일본으로 가서 입학한 뒤 다시 학업을 그만두고 전심전력으로 타이완 민족운동에 투신했던 전형적인 사회운동 청년을 통해, 대략 1924~1932년 사이 타이완의 식민지 반대 운동이 분연히 일어났다가 분열을 겪으며 결국 궤멸되는 과정을 회고하고 있다. "당시 타이완의 사회운동가는 그래도 합법적인 경로를 통해 적극적으로 활동하여 참신한 두각을 나타냈다. 노동조직이나 농민조직은 떳떳하게 활동하고 있었고, 문화운동을 하는 합법단체는 비록 정치적 색채를 가지고는 있었지만 자못 활약하고 있었다. 일본 내지나 중국의 상황에 비춰 보더라도, 시대의 정기를 들이마신 타이완의 청년들은 벌떼처럼 일어나 각 단체에 참여했다."[42] 전심전력으로 운동에 참여한 엘리트 '린신싼'(林信三)은 계속해서 급진적인 최전선에서 활약했다. 1931년 타이완 전역에 내려진 체포령으로 사회운동이 치명타를 입으면서 "타이완의 사회운동이 마치 태풍이 휩쓸고 지나간 듯한 정적에 빠져들" 때까지 린신싼과 많은 동지들이 체포되었다. '황웨메이'(黃月美)는 3개월간 감옥 생활을

---

42) 賴明弘, 「魔の力: 或ひは一時期」, 『台灣新文學』 1卷 7號, 1936, 6~18쪽. 류구이즈(劉貴枝)의 번역이 張雅惠, 「賴明弘及其作品研究」, 台灣師範大學 台灣文化及語言文學研究所 碩士論文, 2007, 241~249쪽에 부록되어 있다.

한 뒤, 비교적 일찍 석방되었다. 이때 동지들은 뿔뿔이 흩어졌고 일거리도 찾지 못했다. "그녀는 모든 걸 포기한 심정으로 샹주관(饗酒館)의 문을 두드렸다. 일찍이 경험하지 못한 생활에 익숙해진 채 재즈, 술, 파운데이션, 립스틱, 상스러운 남자들의 체취가 어린 공기 속에서 지내던 그녀의 머릿속에서는, 이전의 일들과 자신이 걸어왔던 과거가 이미 점점 흐릿해져 가고 있었다." 린신쌴은 투옥된 이듬해 석방되었는데, 건강이 안 좋아졌음에도 새로운 동지를 경제적으로 도왔다. "그는 자신의 믿음을 버릴 수는 없다고 생각했지만, 세계는 이미 완전히 일신되어 이전의 모습이 아니었다." 황웨메이와 다시 만난 뒤엔 복잡한 불륜에 빠져든다. 두 사람에게 계급적 이념이 남아 있긴 했지만 이들은 인도주의, 물질적 향락, 남녀의 애욕에 흔들리고 있었다. 그들은 자신의 방황을 청산하고 다시금 사회운동에 투신하는 것에 대해 우물쭈물 결단을 내리지 못하고 있었다. 결국 마지막에 그들을 무너뜨린 것은 정치적 압박이 아니라, 전시 준비 사회에 가득 찬 말세적 분위기였다. 자본주의의 소비와 물질적 타성이 가득한 총체적인 환경 변화가 이상과 믿음과 의지를 질식시키고 부패시킨 것이다.

좌익이든 우익이든 상관없이, 식민지 반대 운동의 와해에는 보다 구조적인 경제 요인이 존재했다. 1931~1936년 타이완총독부는 경제공황 이후의 불경기를 이용해 쌀과 설탕 중심이던 경제에 대해 점차 조정과 통제를 진행했다. 미곡 통제의 원칙은 일본 쌀에 대해 경쟁력을 갖고 있으면서 동시에 군수용 농작의 확대를 방해하는 타이완의 쌀 경작을 억압하는 데에 있었다. 설탕 화학공업의 잠재력을 지닌 사탕수수를 경작케 하면서, 그 기회를 빌려 공업화로의 전환을 추구했고, 또 다른 한편으론 상품화된 소농 경제 속에서 성장 중이던 타이완 지주 세력에게 타격을 가하면서 정치사회 운동 진영의 기반을 약화시켰다. 타이완 미곡 통제 정책은 1930년대 초엽의 금융 제재로부터 말엽의 법령 제재에 이르는 과정을 통해 점차 타이완 미곡에 대한 독점력을 획득했다. 수출 총량이 날로 감소하고 일본에 수출하는 미곡 값이 크게 떨어지자, 타이완 지주와 농민들이 점차 금전적인 곤경에 빠지는 사태가 초래되었다.[43] 이 때문에 농민 문제 역시 1930년대 타이완 문학의 최대 현안이 되었다. 랑스성(琅石生)의 소설 「어둠」(闇)은 왕스랑의 작품으로 의심된다.[44] 섬의 수도에서 뜨내기 노릇을 하게 된 타이완 남부 공장 파업 실업자의 눈을 통해 다다오청의 실업자, 무직의 노숙자를 관찰하면서, 타이베이에 인구가 유입되며 발생한 참상과 도시 빈부 격차를 드러냈다. 타이베이 작가들 말고도 기타 타이완 중부와 남부의 작가들 역시 앞다투어 이 주제를 다루었다. 천추이잉(陳垂映)의 『난류한류』(暖流寒流)는 도쿄 유학생의 시각으로, 1931년에서 1932년 사이 타이완의 장화(彰化) 지구 '투룽젠'(土壟間)이 일본 재벌 '미곡산업조합'에 의해 대체되고 쇠락하게 되는 과정을 묘사하고 있다.[45] "섬의 농촌은 현재 붕괴와 쇠망을 정면으로 맞닥뜨리고 있다"는 이 소설의 외침은, 양화(楊華)의 소설 「한 노동자의 죽음」(一個勞働者的死)에서도 메아리치며 호응하고 있었다. 여기서는 어느 한 영세농이 경제공황으로 인해 몇 번의 곡절을 겪은 끝에 도시의 철강 공장에서 막일을 얻었지만, 결국 이전과 마찬가지로 자본주의 체제라는 착취의 그물을 벗어날 수 없었던 일이 그려져 있다. 빈농들이 도시로 가서 삶을 연명하게 된 비참한 이야기들은 이루 다

---

43) 林繼文, 『日本據台末期(1930~1945)戰爭動員體系之硏究』, 49~58, 117쪽.

44) 琅石生, 「闇」, 『台灣文藝』 2卷 2號, 1935, 56~63쪽. 이는 필자가 소설의 주제와 작풍에 근거해 추측한 것이다.

45) 원 책은 1936년 타이완문예연맹이 출판하고 중앙서국(中央書局)이 발행했다. 1999년 타이중현립 문화중심출판사(台中縣立文化中心)에서 새롭게 출판했다. 인용문은 49쪽에 보인다.

헤아릴 수 없을 정도로 많다. 양서우위(楊守愚) 역시 일찍이 "불경기는 날로 심각해지고, 실업 군인들은 홍수마냥 점점 늘어만 가고, 기아와 추위에 울부짖는 사람들은 전 타이완 사람 중 최소한 30~50만 명일 것이다!"라고 적었다.[46]

식민/준식민 도시는 일본 제국이 전쟁 준비 시기에서 총력전 시기로 나아가며(1937년 7월~1945년 5월) 동아시아 식민체제를 구축하던 과정 중에, 다시금 새로이 기능화, 결절점화되었다. '만주국'의 수도인 신징(新京, 원래 지명은 창춘長春)은, 북만주 도시들에 대해 하얼빈이 가지고 있던 영수적(領袖的) 위상을 뒤흔들었다. 타이베이 역시 남방 확장이라는 계획 속에 놓이게 되면서 강제로 그 역할과 위상이 전환되었다. 식민지 작가들이 도시의 '빛'을 묘사한 것은, 도시의 '그림자'를 드러내기 위함이었다. 이는 도시 서사 속에서 지연 정치의 변동과 사회경제 구조 전환의 불안을 드러내고 있었다. 작가들은 넓게 확 트인 듯한 겉모습의 식민 계획 공간 안에 은폐된 정치와 문화적 패권주의에 대해서 경각심을 가지고 있었고, 도시 안의 월급쟁이, 뜨내기 지식인, 하층계급과 외국에서 온 농민 및 공장 노동자들을 통해 식민지의 근대적 문명의 창백함, 그리고 현지의 도시와 농촌에 대한 다국적 식민자본의 전면적인 충격에 대해 지적했다. 남방 공영권 체계의 결절점이자 기지로서의 타이완은 더더욱 드넓은 지역 네트워크에 들어간 듯 보였지만, 사실은 또 다른 황국신민화 정치와 통제경제라는 폐쇄 공간에 놓이게 된 것이다. 일본국책공사와 다국적 재단의 침입은, 식민지 통치 수요에 따른 설정이라는 법정(法政) 체계에 근거하고

---

46) 楊華, 「一個勞働者的死」, 『台灣文藝』 2卷 2號, 1935, 136~142쪽; 楊守愚, 「瑞生」, 『台灣新民報』 1930年 3月 29日字; 4月 5日字.

있었다. 그리고 자본주의 상품의 향락적 가치는 현지 사회가 원래 가지고 있던 생산 유형, 취락 생활 형태, 문화 윤리 및 저항운동에 헤아릴 수 없는 충격과 파괴를 가져다주었다.

## 5. 결절점 도시와 지방의 반응

식민주의와 다국적 자본은 공간화라는 형식을 빌려 이행된다. 서로 다른 층위에 놓여 있는 결절점 도시들에겐, 식민주의와 세계화에 대한 체험과 인식 역시 서로 다를 수밖에 없었다. 북만주 작가들은 다국적 경제가 발달한 하얼빈에 몸담고 있으면서, 식민체제와 세계자본의 공모, 그리고 공간 구조와 정치경제 세력의 상호 공고화에 대해 보편적으로 통찰할 수 있었지만, 타이완 작가들은 그렇지 못했다. 타이베이의 국제화 규모는 하얼빈에 미치지 못했고, 단일한 제국주의 치하에 놓여 있었기에, 다른 식민 세력들과 외국자본에 대한 민감성이 결여되어 있었고 다중적인 제국주의의 경쟁으로 초래되는, 자유로이 운신할 만한 틈과 비판할 자원도 결여되어 있었다. 총체적으로 말하자면, 1930년대 결절점 도시 의식이 성행한 시기, 타이베이의 도시적 글쓰기에 보이는 국토의 분열, 민족 간에 계급이 나뉘는 구조, 도시 밖에서 들어온 자기와 다른 계층, 다국적 식민자본에 대한 비판은, 하얼빈 작가들에 비해 보잘것없었다. 그러나 정치운동의 공간 축소, 전략적 목적에 의한 경제유형 전환 압력, 노동조건의 악화, 제국상품의 덤핑 공세, 식민 반대 운동의 몰락, 향촌 실업인구의 도시 유입 등의 방면에 대해서는 깊고 세심하게 그려 내고 있었다.

식민 점령하의 농업 변방 사회에서, 중국 동북부든 타이완이든 간에 도시적 글쓰기는 두 곳 모두에서 근대문학의 주류는 아니었다. 그런데 어떻게, 더욱 관심을 받던 전통제도와 농촌의 곤경 등의 의제를 제치고, 하얼빈과 타이베이의 도시적 글쓰기가 1930년대 초엽에서 중엽에 이르기까지 질과 양 두 가지 측면에서 모두 최고조에 달하게 되었을까? 1935년 '시정(始政) 40주년 기념'으로 타이완 출신 '만주국' 외교부 장관 셰제스(謝介石)가 대표 자격으로 타이완에 돌아와 치사(致辭)했다. 같은 해 '만주국' 황제 푸이(溥儀)[47]는 처음으로 일본을 방문한 뒤 귀국해 "일본과 만주는 한마음 한뜻으로 함께한다"라고 조칙을 내렸다. 도시문학이 우후죽순 격으로 쏟아져 나오던 시기는 공교롭게도 만주사변, 만주국 건국, 북철 양도, 일본과 만주의 연대 같은 중대한 사건들로 인해 제1차 세계대전 이후 아시아에 대한 열강들의 세력 범위가 새롭게 변화할 때였다.

만주사변에서 중일전쟁 발발까지의 전환기는, 하얼빈과 타이베이 두 도시가 고도로 발전했던 시기이기도 했지만, 동시에 전쟁 준비 시기의 다양한 경쟁으로부터 총력전 시기의 통제경제로 향하게 되는 전환점이기도 했다. 제국 체제 속에서의 결절점 도시는 전환기의 충격에 가장 먼저 반응하는 최전방 지역이 되었다. 전환기에 맞닥뜨린 두 곳에서, 도시란 단지 이야기의 배경, 혹은 문예 그룹이나 인쇄매체가 발달한 곳에 그치는 것이 아니라, 외래 권력과 자본, 사상이 주입되고 전파되는 통로이기도 했다. 도시는 문예 창작에 영향을 끼치는 일종의 동력(dynamics)이었다. 그것은 무대이면서, 표현된 대상이기도 했으며, 제재(題材)이면서, 주제에 대한 표현과 형식 표현에 영향을 끼치는 중요한 요인이기도 했다. 순문학

---

47) 성(姓)은 아이신줴뤄(愛新覺羅). 만주족으로 청나라 마지막 황제, 즉 선통제(宣統帝)이기도 하다. 중화민국의 수립으로 폐위된 후, 일본이 만주에 만주국이란 괴뢰국을 세우면서, 그를 다시 황제로 옹립했다. ― 옮긴이

영역의 도시적 글쓰기, 도시적 글쓰기와 관련된 농촌적 글쓰기는, 이 시기에 드물게 보이면서 문자 체계로 드러나는 비판적인 지방주의 담론이 착종되었고, 이에 따라 봉건적인 농촌에 대한 비판과 통속적인 도시적 글쓰기, 그리고 따라잡기 힘든 민족 은유와 식민 비평의 역학적인 틀(구조)이 구축되었다.

하얼빈의 몰락 농촌에 대한 글쓰기 속에는 종종 도시와 자본이라는 거대한 그림자가 감춰져 있다. 산딩(山丁)의 「산바람」(山風)에서는, 외국 자본이 대두(大豆) 판매가격을 조작해 현지 양곡 도매상들에게 엄청난 손실을 보게 하면서 도매상점 주인은 타향으로 떠나 버리게 하고 종업원은 직장을 잃게 만든 일과, 하층 농민들은 토지를 잃고 소작인은 정처 없이 떠돌아다니게 된 풍경을 그리면서, 이를 통해 외국자본에 대해 비판을 가하고 있다. 소설 속에서 '외국의 손님(매판자본)–서양 회사(바오룽양행寶隆洋行)'라는 외국 상인 그룹과 '소작인–관리자(농가)–주인집(지주)–사장과 직원(사설 은행)–주인과 종업원(양곡 도매상)'이라는 지방의 생산·판매 고리는 고위층이 하층을 제재하는 생산 판매 구조를 구축하고 있다. 양곡 도매상에서 검수를 하고, 사설 은행에서는 대출을 해주고, 주인집에서는 땅을 대여해 주고, 농가는 콩을 제공해 주고, 소작인은 농작물을 재배했다. 외국자본은 보이지 않는 검은 마수처럼 뒤에 몸을 숨기고 있으면서 자금의 예금과 대출을 통해 원료와 시장가격을 조종했다. 지주는 땅문서를 담보로 삼고, 농가는 연대보증을 서서 사설 은행에서 돈을 빌렸는데, 만약 기한에 맞춰 콩을 바치지 않으면 콩의 시세에 맞춰 배상금을 계산하고 위약금을 내게 된다. 외국 회사는 수확 시기 큰비가 내려 시세가 점점 오르는 것을 계기로, 먼저 양곡 도매상을 통해 젖은 콩아 기준에 적합하지 않다는 이유로 수매를 거부하여 시장 심리를 혼란스럽게 만들고, 뒤이어 벌금과 땅문서 압류로 압력을 가하여 헐값으로 내놓게 만들었다. 마지막에는 다시 한번 잔인하게 가격을 깎아서 형편없이 낮은 가격으로 사들였다. 이렇게 사기와 완력으로 탈취하는 행위는 양곡 도매상과 그 아래 놓인 각층 업자들을 거의 파산지경에 다다르게 만들었고, 현지 경제 체계와 이 일로 타격을 받은 촌락과 가정 공동체 역시 매우 위태로워졌다.[48] 소설은 비록 서양 상회인 바오룽양행을 대상으로 하고 있지만 사실은 일본 자본에 대한 은유와 비판이 없지 않았다. 일찌감치 '만주국' 성립 이전에 일본 자본은 이미 하얼빈의 콩 관련 산업을 조종해서 바오룽양행 등 외자(外資) 회사에 대한 항의에 맞닥뜨렸을 뿐만 아니라 중국 상인의 기름집과 노동자들로 하여금 엄청난 손해를 보도록 만들었기 때문에 한바탕 난리가 벌어졌었다.[49]

타이완에서 쌀과 설탕 경제를 목표로 하는 식민지 사회가 남방 공영권 건설 및 전쟁 동원의 수요에 보조를 맞추기 위해서 얼마나 많은 경제 전환의 진통을 겪어야만 했을까? 1930년대 초·중엽 타이베이의 도시 서사와 같은 시기의 몇몇 농촌 서사는 상호 텍스트성을 지니고 있었다. 그것은 바로 이 모두가 식민주의적인 지역 포석이 초래한 압박을 반영하고 있다는 점이었다. 학자들은 당시 일련의 작품들이 이미 타이베이 이외의 향촌 지역을 다루고 있었으며, 경제와 사회가 점차 해체되는 현상이 출현하고 있었다고 지적했다.[50] 앞 절에서 언급했던 '타이완문예협회' 작가들은

---

48) 산딩의 이 소설은 원래 『대동보』(大同報) 1937년 문예판에 실렸었다. 山丁, 「山風」, 張毓茂 主編, 『東北現代文學大系·短篇小說卷(上)』, 247~254쪽.

49) 1926년 일본 상회인 스즈키 상점(鈴木商店)은 남만철도의 막후 지시를 받게 되자 1,000만 엔 이상의 자본으로 시장을 조종했고, 하부(哈埠) 중국 상인들의 기름집을 사들여서, 기름집 30여 곳이 폐업하게 만들었는데, 실업자가 3,000~4,000명에 달했다. 「日人壟斷哈埠豆業」, 『經濟界』 1926年 5月 24日字, 第7版 참고.

도시에 주목하고 있었고, 동시에 도시 현상과 향촌 문제를 분리할 수 없다는 점에도 주목하고 있었다. 지주의 몰락, 농촌의 황폐화, 무산계급화된 농민의 외부 유출, 도시 윤락녀로 전락한 향촌 여성, 다방/유흥업소의 발달은 일본 자본 상품들의 범람, 식민지 반대 운동의 쇠락, 비판적인 지식인들의 정신적 좌절, 봉급쟁이들의 권태 및 퇴폐와 모두 긴밀하게 연관되어 있었다. 주뎬런의 「안식일」(安息之日)에서는 바닷속 모래알같이 많은 섬의 수도 안의 실업자를 다루고 있다. 귀추성의 「왕도향」(王都鄕)은 식민 근대화가 도시 하층계급을 굶주림과 추위 속에 떠돌게 만들어 버리자, 노동의 기회와 최소한의 생활 보장을 상실한 그들이 "현대사회는 인간의 사회가 아닌가?"라고 물으며, "침해당한 우리의 생존권을 회복시켜 달라"고 요구하는 과정을 묘사했다.[51] 린웨펑(林越峰)의 「도시로 가자」(到城市去)에도 상하이를 타이베이에 비유하면서 도시로 와서 생계를 유지하는 농민들이 겪는 도시의 모진 풍파와 배고픔이 그려져 있다. 행진곡을 소리 높여 부르는 군대처럼 도시에 대한 동경을 품고 대박의 꿈을 가졌던 파산 농민은 결국 더 엄청난 근대적 기근을 체감하게 되고, 이 때문에 자신도 모르게 "도시란 얼마나 신비로운 대형 성읍인가!"라고 탄식하게 된다.[52]

　　제국의 웅대한 계획은 날로 요원해져 갔지만, 순문학 작가의 도시적 글쓰기와 이와 관련된 농촌적 글쓰기 속에서, 공간의 확장은 도리어 식민지 혹은 준식민지에게 별다른 희망을 가져다주지 못했다. 하얼빈이 단일

---


50) 星名宏修, 莫素微 譯, 「從一九三〇年代之貧困描寫閱讀複數的現代性」, 『台灣文學學報』第10期, 2007, 111~129쪽.

51) 郭秋生, 「王都鄕」, 『第一線』 1934年 10月號, 128~140쪽; 朱點人, 「安息之日」, 『台灣文藝』 2卷 7號, 1935, 145~154쪽.

52) 林越峰, 「到城市去」, 『台灣文藝』 創刊號, 1934, 37~43쪽.

한 제국주의에 의해 조성된 '만주국'에 편입되고, 타이완이 공업화, 남진 기지화를 지향하도록 체제가 전환되고 있을 때, 두 곳의 작품들은 너도나도 잇달아 사회체제가 점차 단일화되어 가며 폐쇄되고 빡빡해진다는 사실에 대한 은근한 근심을 드러냈다. 하얼빈의 측면에서 보자면, '만주국'은 동북 3성에 대한 전면적인 '준식민체제'의 시작이었다. 「조국이 없는 아이」, 「바퀴 아래」는 의심, 두려움, 원한의 눈빛으로 새로운 통치 계층을 주시하고 있었다. 천디의 「새해 첫날 밤」(元旦之夜)은 하얼빈의 새로운 주인을 경축하는 신년 풍경을 통해, 식민을 반대하는 이들에 대한 배척과 질시를 표현했다. "오늘은 1935년 새해 첫날 저녁이지, 이 얼마나 사람을 취하게 만드는 저녁인가! 어느 술집에선가 흘러나오는 악기 소리의 여운이 은은히 몇몇 일본인 집 앞에 심어진 푸른 소나무 위에 그득했다. 불빛은 다정다감하게 들쑥날쑥한 소나무 그림자를 온 바닥에 뿌려 주고 있었다. 팔짱을 낀 여염집 여자들은 소란스레 시끌벅적한 거리를 지나갔다. …… 수레 끄는 말은 평소 때보단 곱절이나 빠르게 치달리고 있었고, 그 위엔 무도장으로 환락을 찾아가는 어르신네들과 도련님들을 싣고 있었다." 일본 세력이 욱일승천의 기세를 보였던 1935년, 그들은 의기양양하게 '정양 가'(正陽街)를 달리면서, 착취자의 낯빛과 미소로 환락을 즐겼고, 오며 가며 물건을 사들이며 하얼빈에 자극적인 식민 색채를 더했다. 이러한 분위기와 대비되는 것이, 거기서 멀지 않은 어느 구석진 작은 골목의 몰락한 주민들은 이상하리만치 적막해서, 새해가 눈앞에 다가왔음을 모르는 듯했다.[53]

타이완의 측면에서 보자면, 작가들은 식민 도시가 의지하고 있는 네트워크가 세월에 따라 뒤바뀌었다는 것을 느꼈다. 타이베이가 제국 체제 군정 경제 결절점으로서의 특징이 날로 두드러지고 있을 즈음, 사회주의 운동, 약소민족의 연계, 외래 진보 사조의 결절점이 형성한 다국적 연대 네트워크는 점차 고사되어 갔다. 「몰락」, 「교차로」에서 상하이 국제운동의 전선에서 패퇴해 돌아온 뒤, 물질 만능 사회 속에서 부침하고 빌붙는 전향자와, 「마력」에서 자신의 미래·재산·청춘을 아낌없이 바쳤으나 결국엔 불황에 빠진 정치경제 환경 속에서 운동의 도망자가 되어 버린 '타이완 전역에서 최고였던 이론가'는 모두 타이베이가 일찍이 타이완/중국/일본의 좌익운동, 민족운동 결절점이 되었던 사실을 보여 주고 있다. "정부가 그다지 간섭하지 않고", 심지어 여성이 주방을 박차고 나와 운동에 참가하던 희망 가득하던 시기에 동아시아 국제도시 속에서 이리저리 옮겨 다니던 지식인과 유학생들을 통해서 외래 진보 사상은 도시로 주입되어 식민지 반항 운동의 중요한 자원이 되었다. 린신싼은 일본과 중국의 정세를 평론하면서 "다른 사람들이 그다지 보지 않던 『주코코론』(中央公論)과 『가이조』(改造)까지 보았다. 그리고 굶주린 듯 오야마 이쿠오(大山郁夫), 야마카와 히토시(山川均), 사카이 도시히코(堺利彦) 등의 저작을 읽었다".[54] 그는 동지들에게 "우리는 오로지 이 길을 향해 전진할 수 있을 뿐"이라고 호소했다. 이런 사회주의 국제 연대의 길 역시 「밤비」에서 타이완 노동력을 착취하던 제국 재벌의 독점이나 「가을 편지」에서 소리 높여 외치는 '산업체제 전환'이라는 관방의 남진 교화와는 상치되는 길이었다. 그러나 이 길은 결국 갈수록 암담해져 갔다.

두 곳의 작가들은 모두 결절점 도시의 개방적 특성을 인식하고 동시

---

53) 陳隄, 「元旦之夜」, 『未名集』, 哈爾濱: 哈爾濱文學院, 1999, 41~51쪽. 글 말미에 1935년 설 다음날에 탈고했다고 부기되어 있다.
54) 류구이즈(劉貴枝)의 번역문. 張雅惠, 「賴明弘及其作品研究」, 242쪽. [오야마 이쿠오, 야마카와 히토시, 사카이 도시히코는 모두 일본의 대표적인 사회주의자이다. ― 옮긴이]

에 문화적·민족적·계급적 결절점 기능이 신속하게 유실되고 있음을 체
감하던 짧은 시기에, 그들의 도시적 글쓰기를 시작했다. 결절점 도시라는,
식민체제 속에서 상대적으로 개방적인 위치와 비판적인 시각을 막 발견
했을 때에, 그 계기는 이미 점차 소실되어 가고 있었다. 1937년 이후 아마
도 국방국가 체제 및 통제경제가 식민경제의 자유경제 기능을 좀더 상실
케 했기 때문에, 순문학 영역 중 도시적 글쓰기 역시 퇴화 현상이 나타나
기 시작했을 것이다. 하얼빈에서 나타난 것은 비판 역량의 감소였고, 타이
베이에서 나타난 것은 글쓰기 수량의 급감이었다.

　　　1934년부터 1936년 사이 북만주 작가군의 중요 구성원들은 계속해
서 관내(關內)[55]로 망명했다. 1936년 8월 하얼빈의 유명한 좌익 작가 진
젠샤오(金劍嘯)가 일본 괴뢰 당국에 의해 살해당하자, 하얼빈 문단은 황
폐해졌다. 친일 작가의 주도하에 괴뢰국인 만주국 이데올로기에 호응하
는 '독립 색채'와 '은혜에 감사하는 정서'의 풍조가 일어났다.[56] 중일전쟁
이후로는 만주의 도시적 글쓰기 대상이 '나라의 수도'[國都]인 신징으로
대체되었지만, 과거 하얼빈 도시적 글쓰기의 국제적 시각과 식민 비판의
성격은 결여되어 있었다. 그리고 이후 하얼빈의 도시적 글쓰기 역시 다른
일련의 작가들에 의해서 타향 사람, 방랑자, 주변인들을 통한 도시 난맥
상과 근대성 반성에 대해 난삽하고 내적인 비판을 중시하는 글쓰기로 전
환되었다. 이후 문학 속의 하얼빈은 곧잘 '만주국'의 주변 도시로 묘사되
었고, 이 때문에 반체제적이고 우언적(寓言的)인 주변 담론이 만들어졌

---

55) 여기서 '관내'(關內)란 '산하이관(山海關)의 안쪽', 즉 중원(中原)을 가리킨다. 동북 3성을 지
　　칭하는 '관외'(關外)와 대비되어 사용된다. —— 옮긴이
56) 史之子(古丁), 「閑話文壇」, 『明明』 1卷 3期, 1937, 116~117쪽; 史之子, 「大作家隨話」, 『明明』
　　1卷 5期, 1937, 202~204쪽.

다. 1937년 이후 타이완은 신문이나 잡지의 중국어 사용을 금지했기 때문에, 순문학 영역의 중국어 사용 작가는 글을 발표할 무대를 잃고 말았다. 앞서 언급했던, 현지 도시 의제를 다루는 데 능했던 타이베이 작가들은 이 때문에 몰락해 버렸다. 그들의 뒤를 이어 타이베이에서 활약한 이들은 향촌 태생으로 여러 차례 도쿄에 유학하거나 여행 경험이 있는, 타이완의 또 다른 일본어 사용 작가들이었다. 타이완 향촌의 제재(題材)에 대한 그들의 흥미와 표현력은 확실히 도시에 대한 것보다 컸다. 이 때문에 섬의 수도는 결코 그들의 눈길을 끌 수 없었다. 설령 이렇다 하더라도, 1930년대 초·중엽의 지연 정치 및 서로 다른 체계에 근거한 의제화에 대한 '섬의 수도'적 글쓰기의 반응을 경험하면서, 식민지 정치 경제의 피동성과 공간의 능동성은 이미 점차 타이완 작가의 현실에 대한 시각의 일부분이 되었다. 타이베이의 도시적 글쓰기 중에서 동아시아 식민체제 및 자본주의의 세계화에 대한 인식을 빌려, 급진성을 상실한 농촌 의제가 총력전 시기 다시금 새로이 부활되었다. 1940년대 최고조에 달한 타이완의 농촌적 글쓰기는 이미 타이완을 일본 제국의 한 지역으로 여기는 정치 현실하에서 대정익찬회(大政翼贊會)의 지방문화 담론을 활용해, 새로운 탈식민주의(postcolonialism) 담론과 현지 역사에 대한 해석을 제기했다.


## 6. 결론

세계화는 결코 일반적인 지역의 변화가 아니며, 반드시 그 안에 담긴 제국주의와 식민주의의 깊은 개입에 주의를 기울여야 한다. 제국주의와 식민주의에 대한 해독약으로 삼으려던 근대적 분석틀은, 식민 근대화에 대한 무시에서 긍정으로의 전환 과정을 거치면서, 식민 행위 중의 세계화적인 측면을 미처 보아 내지 못하여 이론적인 해석에서의 '실수'를 유발하고 말았다. 20세기 초엽 타이완과 동북이 경험한 식민 과정과 세계화는 분리될 수 없는 것으로, 식민주의에 의해 규정된 일종의 '식민주의 세계화' 과정이었다. 근대화와 근대성을 특징으로 삼는 식민/준식민 도시의 서사는 세계화된 동아시아라는 맥락에서 볼 때, 무엇을 의미하는가? 하얼빈과 타이베이를 두고 말하자면, 우리는 식민주의와 다국적 자본이 지역에 뿌리를 내리고자 한 절실한 필요가, 도시 역사의 변천해 가는 궤도에 강력하게 충돌하고 있음을 보게 된다. 도시화와 도시의 의제화는 도시가 문제시되는 것을 촉진했다. 다국적인 유동과 도시의 온갖 양태들, 그리고 대중의 정보 분별에 대한 요구는 작가들의 국제적 시각을 열어 주었고, 살고 있는 땅에 대한 책임감을 일깨워 주었다. 도시를 소재로 하는 구조의 이야기를 선택하고, 식민의 도읍적 형태를 묘사하며, 식민 도시의 근대성을 살필 적에 '도시'는 작가가 응시하고 기술하는 대상이자 현지 문학의 생산을 격발하는 동력이기도 했다. 전쟁을 준비하고 정비하는 식민지는 점차 제국이란 유기체의 한 '지방'으로 흡수되었다. 그러나 식민/준식민 도시적 글쓰기가 오히려 '특수한 지방'의 모습으로 규격화되고, 급진적인 성향이나 비평 능력을 상실했던 농촌적 글쓰기의 밖에서 새로운 문화 비판의 길을 열었다. 하얼빈 작가들의 글쓰기에서는 하얼빈이 조계 도시, 동북 3성 정부의 북방 최대 국제도시에서 '독립국'의 중급 도시로 바뀌어 가는 모습 속에 식민 정권 및 다국적기업과 관계된 비판을 읽을 수 있다. 그리고 민족국가의 기능 퇴화에 대한 우려 및 사회주의의 국제적 연대에 대한 그들의 고민에서도 도시를 병든 몸으로 비유한 식민주의의 근대성 비판을 발견할 수 있다. 타이완의 남과 북이 잇달아 모두 광대한 남방 지역에 휩쓸리듯 편입되면서, 식민 공간의 재구성이 초래한 역사 문화에 대한 허탈감,

지역 분업주의하에서의 농업 체제 전환이라는 곤경, 식민자본이라는 괴물의 난입과 진퇴양난에 처한 파업자들, 유리된(dis-place) 농업이 야기한 떠돌이 생활, 그리고 가치와 윤리의 변화라는 상황 아래에서 혼란스러워하는 도시인의 느낌을, 타이베이 작가들은 꿰뚫고 있었다.

옮긴이 _ 이영섭(연세대학교 중문학과 겸임강사)

2부 타자 경험과 자기 구성의 역학

# 4장 흔들리는 제국, 탈식민의 문화정치학
— 황민화의 테크놀로지와 그 역설

차승기[*]

## 1. 포획되는 생명

1937년 7월 중일전쟁을 일으킨 일본은 식민지/제국을 전쟁 효율성에 입각한 국가 총동원 체제로 개편해 갔고, 특히 1938년 5월의 쉬저우(徐州), 10월의 우한(武漢) 점령을 분기점으로 일본이 중국 민중의 거센 저항을 제압하지 못하고 전쟁이 장기전으로 접어든 이후, 병참기지로서의 식민지에 대한 인적·물적·정신적인 동원은 더 한층 철저해졌다. 나아가 1941년 12월 하와이 침공을 시작으로 아시아에서의 전쟁이 태평양전쟁으로까지 확대됨으로써 식민지에 대한 동원과 통제는 극에 달했다.

그러나 전쟁과 더불어 확대되어 간 식민지 동원은 단순히 기존 식민지/제국 권력의 억압과 폭력이 양적으로 증대되거나 정도가 심화되는 것으로 그치지 않았다. 또한 그 현저한 폭력성에도 불구하고 권력의 작용은 무자비한 '야만성'으로 환원될 만한 성질의 것이 아니었다. 중일전쟁 개전 이후 식민지/제국 체제의 변화를 살펴볼 때 주목해야 할 점은, 그것이 어떤 '질적 전환'의 성격을 갖고 있다는 것이다. 이른바 식민지/제국 체제라는 것이 근본적으로 식민지와 제국 사이의 거리, 차별, 불평등한 간극을 구조화함으로써 성립되는 것이라면, 이 시기 전환의 특징은 식민지/제국의 구조에 어떤 질적 변화의 징후들이 발견된다는 데 있다. 그리고 이 질적 변화의 징후는 '황민화'라는 슬로건[1]에서 그 표현을 얻는다.

역사적 상식에 의하면, 일본 제국주의는 식민지 동화정책을 통해 조선 민족의 민족성을 말살하고자 해왔고, 전시 총동원 체제 성립을 전후해서는 지원병제 실시, 창씨개명과 일본어 사용 강요 등의 이른바 내선일체와 황민화 정책을 채택하며 식민지 동화를 더욱 강화해 간 것으로 되어 있다. 하지만 동화정책은 각 역사적 국면 및 사안에 따라 차별화정책에 자리를 내주기도 했으며, 특히 '대동아'의 이념을 전면에 내세운 태평양전쟁 시기에는 '부분의 상대적 자립성' 또는 '지배 내적 차이화' 전략 등과 복잡하게 뒤얽힌 형태를 취하기도 했다.[2] 나아가 식민지/제국 체제를 구성하는 다양한 영역들, 그리고 식민지 인민들에게 있었던 다양한 '탈식민

---

1) 식민지 조선에서 '신조어'로서 '황국신민', '황민화' 등의 표현을 만들어 낸 인물은 미나미 지로(南次郎) 총독부의 학무국장을 역임한 시오바라 도키사부로(塩原時三郎)인 것으로 알려져 있다. 미야다 세쓰코, 『조선민중과 '황민화' 정책』, 이형랑 옮김, 일조각, 1997, 104쪽 참조.
2) 예컨대 식민지 초기 일본은 조선인이 일본식 이름으로 개명하는 행위를 법적으로 금지함으로써 식민지/제국의 차별성을 유지하고자 했다. 미즈노 나오키(水野直樹), 「조선 식민지 지배와 이름의 '차이화'」, 『사회와 역사』 제59권, 2001 참조. 그런가 하면, 식민지 민족성의 말살이 극에 달했다는 전시 총동원 체제 시기에 문화적인 '조선적 지방색'을 초국가적인 '대동아' 속에 자리매김하려는 흐름들도 존재했다. 이화진, 『조선 영화: 소리의 도입에서 친일 영화까지』, 책세상, 2005; 황호덕, 「변비와 설사, 전향의 생정치」, 『상허학보』 제16집, 2006; 오태영, 「'조선' 로컬리티와 (탈)식민 상상력」, 『사이間SAI』 제4권, 2008; 김려실, 「기록영화 〈Tyosen〉 연구」, 『상허학보』 제24집, 2008 등 참조.

지'적 욕망의 지향성들에 대한 최근의 폭넓은 연구에 의해 '민족 말살'이
라는 상식적인 레토릭으로 설명될 수 없는 복잡한 국면들이 드러나고 있
다.[3] 이 복잡성들을 단순화하지 않으면서 중일전쟁 개전 이후의 식민지/
제국 체제의 질적 전환을 고려한다면, 무엇보다도 식민지와 식민지 모국
사이의 거리가 좁혀지는 방식에 주목해야 할 것이다. 미리 말해 두자면, 이
시기 식민지/제국 체제의 전환은 식민지의 **실질적 포섭**을 위한 전략 속에
서 이루어진 것이었으며, 여기서 포섭은 무엇보다도 **생명으로서의 인간의**
포섭을 뜻했다. 지원병제 실시, 창씨개명과 일본어 사용 강요 등의 구체적
인 황민화 정책들은 모두 이 과정에서 파생된 것으로 보아도 좋을 것이다.

총독부가 편찬한 『시정 30년사』는 중일전쟁 개전 후 총독부의 인구
정책에 나타난 근본적인 변화를 명시적으로 기록하고 있다.

······최근의 정세에 있어서는 종래 과잉을 운운해 왔던 인구도 부족하게
되고 장래 또한 거의 무한의 증식을 희구하는 추세를 보이게 되었다. 이
리하여 오늘날 인구문제의 중점은 **종래의 인구과잉 문제와는 완전히 대척
적인 인구부족론**에로 이행하고, 나아가 이른바 인구문제의 성질은 종래와
**그 면모를 매우 달리하는 데 이르렀음**에 주의해야 하는 것과 더불어 대륙
발전에의 병참기지로서 극히 중요한 위치를 점하는 조선의 인구 상태가
현재 어떠한 상태를 보이고 있는가를 아는 것은 현하 긴급을 요하는 중
요한 임무여야만 한다.[4]

---

3) 윤해동, 『식민지의 회색지대』, 역사비평사, 2003; 윤대석, 「1940년을 전후한 조선의 언어상황
   과 문학자」, 『한국근대문학연구』 제4권 1호, 2003; 장용경, 「'조선인'과 '국민'의 간극」, 『역사
   문제연구』 제15호, 2006; 차승기, 「추상과 과잉」, 『상허학보』 제21집, 2007 등 참조.
4) 朝鮮總督府, 『施政三十年史』, 1940, 448~449쪽. 강조는 인용자.

전쟁 발발과 더불어 기존의 인구과잉론은 인구부족론으로 역전되었다. 1929년 세계대공황 이후 식량 부족 및 실업 사태로 인해 상대적 인구과잉 문제가 대두되면서 산아제한을 기본으로 하는 인구 조절 및 통제의 분위기가 지배하고 있던 상황[5]에 극명하게 대비된다. 하지만 여기서 문제는 중일전쟁 개전 후 실제로 식민지 인구가 부족했는지 여부가 아니라 '인구가 부족하다'고 간주하는 총독부의 태도와 정책의 변화이다. 인구부족론은 노동력·군사력 동원의 필요성에 대한 표현으로 봐야 할 것이다. 그리고 이러한 필요에 따라 총독부는 1930년대 전반기까지 비체계적으로 행하고 있던 식민지 인구조사를 보다 치밀하게 실시했다.[6]

중일전쟁 개전을 전후하여 식민지/제국 체제는 식민지 인구를 실질적으로 체제 내부로 불러들여 그 속에서 재생산되도록 하려는 지향성을 보다 분명히 했다. 식민지의 주민들은 포괄적인 식민지/제국의 생명-정치(bio-politics)의 장 속에 포섭되고 그 속에서 관리·재생산되면서 새로운 주체로 갱생할 것을 요청받았다. 식민지 초기 '무단통치'로 특징지어지는 지배 양식, 즉 억압·금지·수탈·죽음의 영역에서 권력이 작용되던 방식은 이른바 '문화정치'기를 거치면서 점차 헤게모니 권력의 형태를 지향해 갔고, 중일전쟁기에 들어선 이후 지배의 고유한 영토는 관리·(재)생산·삶의 영역으로 옮겨지게 되었다. 비유적으로 표현하자면, "죽게 하든가 살게

---

5) 정석태, 「산아제한의 절규!! 의학상 4대 방법」, 『삼천리』 1930년 4월호; 오평숙, 「무산자식 산아제한법」, 『신계단』 제9호, 1933; 조빈, 「산아제한과 무산자」, 『대중』 1933년 6월호 등 참조.
6) 총독부는 1920년부터 인구조사를 행한 바 있지만, 총독부 스스로 그 통계의 정확성과 치밀성을 크게 신뢰하지 않았다. 그러나 중일전쟁 개전 직후인 1937년 10월 27일 조선총독부령 제161호 '조선인구동태조사규칙'을 마련하고 1938년에 서둘러 '조선인구동태조사'를, 그리고 1939년에는 '임시 국세조사'를 실시했다. 박명규·서호철, 『식민권력과 통계』, 서울대학교 출판부, 2003, 67, 119쪽 등 참조.

내버려 둔다는 낡은 권리 대신에 살게 하든가 죽음 속으로 내쫓는 권력이 들어섰다"고 하겠다.[7]

식민지/제국의 생명-정치는 전체 식민지 인민을 '공적'인 영역으로 끌어들여 궁극적으로 그들을 '제국의 주체'로 갱생시킬 것을 목표로 했다. 이를 위해 그동안 식민지/제국에 내적으로 가로놓여 있던 차이의 지표들을 급진적으로, 그러나 전술적으로 삭제해야 했다. '내선'(內鮮)은 융화라는 미지근한 관계를 일소하고 '한몸뚱이'[一體]가 되어야 했다. 정보의 생성·교통·가공의 수단일 뿐만 아니라 공동체(community)의 존립 근거가 되는 소통행위(communication)는 국어＝일본어의 동일성 내부로 모조리 환원되어야 했다. 제국의 주체로 호명하고자 해도 언제나 이미 이질성을 환기시키는 조선식 이름 위에 내지(內地)의 이름을 겹쳐 쓰거나, 나아가 아예 야마토(大和)의 계보 속에 새로운 이름을 기입해야 했다.[8] 그러

---

7) 미셸 푸코, 『성의 역사(1): 앎의 의지』, 이규현 옮김, 나남, 1990, 148쪽. 강조는 원문. 한편 이러한 관점에서 중일전쟁 개전 이후 "조선인이 일본 인구의 외부자에서 내부자로 전환되는 순간"을 주목하고 식민지 주민들이 "생명 관리 권력과 통치성의 체제 속에 편입"되는 과정을 고찰한 タカシ フジタニ, 「殺す權利, 生かす權利: アジア·太平洋戰爭下の日本人としての朝鮮人とアメリカ人としての日本人」, 倉澤愛子·杉原達·成田龍一 外編, 『アジア·太平洋戰爭(3): 動員·抵抗·翼贊』, 東京: 岩波書店, 2006, 그리고 이 논문의 수정판인 「죽일 권리와 살릴 권리: 2차 대전 동안 미국인으로 살았던 일본인과 일본인으로 살았던 조선인들」, 『아세아연구』 통권 132호, 2008 참조.
오해를 덜기 위해 덧붙이자면, 이곳에 푸코의 개념을 도입한다고 해서 그것이 중일전쟁 이후에야 비로소 생명-정치가 출현했다고 말하기 위한 것은 아니다. 생명-정치는 근대적 국가 시스템이 형성·작동하는 곳이면 어디에서나 찾아볼 수 있다. 따라서 비록 식민지라는 조건에 제약되어 있었음에도 불구하고, 근대적 생명-정치는 식민지 초기부터 이미 존재했다고 하겠다. 이 글에서는 다만 중일전쟁 개전 이후 식민지/제국 체제가 변동하면서 식민지의 영토보다 식민지의 인간, 그것도 생명으로서의 인간이 식민지/제국 체제 유지에 불가결한 기초로 (재)인식된 측면을 포착하기 위해 생명-정치 개념을 사용할 뿐이다.
8) 이를테면, 과거의 식민지 국세조사에서는 일본의 '씨명'(氏名)과 조선의 '성명'(姓名) 항목을 구분하여 조선인에 관한 정보를 '내지인'과 엄격히 구별된 위치에 기입했으나, '창씨개명' 이후인 1940년과 1944년의 국세조사에서는 조사사항을 '씨명'으로만 규정함으로써 이질성과 차별성이 표면에 드러나지 않도록 했다. 박명규·서호철, 『식민권력과 통계』, 107쪽 참조.

나 이렇게 식민지 인민들을 '제국의 주체'로 호명하는 일련의 과정을 통해, 식민지/제국 체제의 구조적 본질과 관련되어 있던 내적인 내/외의 위계질서가 흔들리게 되었다. 더욱이 식민지 인민의 '생명'의 관리와 재생산의 영역이 정치와 권력의 장소가 됨으로써 동시에 그 영역은 갈등과 투쟁의 장소가 되었다. 식민지 인민을 '황국의 신민'으로 호명함으로써 비로소 제국의 지배가 완수되는 것처럼 보이지만, 그 지배는 확대된 '황민'(皇民)들의 욕구와 욕망을 견뎌 낼 때에만 유지될 수 있는 것이었다.


## 2. '황민이냐 자살이냐'

'현대의 풍속'을 포착하고자 한 김남천의 소설 『사랑의 수족관』(1940)에서 대흥콘체른 사장 이신국의 딸 이경희는 아버지 소유의 토지에 탁아소를 세우고 사회사업에 매진하고자 한다. 또한 이태준의 『청춘무성』(1940)에서 가족의 생계를 위해 매춘을 강요당하고 '빠-여급'으로 나설 수밖에 없었던 전문학교 학생 최득주는 과거 스승이었던 원치원의 후원을 받아 사회적 약자들을 위한 재활시설 '재락원'(再樂園)을 설립·운영하며 '진정한 삶'을 산다. 나아가 정비석의 『청춘의 윤리』(1943)의 장현주는 '성애원'이라는 산원(産院) 및 탁아소의 총무일을 수행하면서 정신적·육체적 쇄신과 더불어 '소국민'(小國民) 양성의 총후보국(銃後輔國)을 실천한다.[9] 그런가 하면, 최인규 감독의 영화 『집 없는 천사』(家なき天使, 1941)에서 목사 방성빈은 '향린원'(香隣園)이라는 부랑아 합숙소를 설치하여

---

9) 정비석의 『청춘의 윤리』에 나타나는 파시즘적 젠더 정치학에 대해서는 정종현, 「미국 헤게모니하 한국문화 재편의 젠더 정치학」, 『한국문학연구』 제35집, 2008, 176~180쪽 참조.

거리를 떠도는 아이들에게는 노동과 근면의 규율을 내면화시키고, 가엾은 아이들을 착취하거나 사회사업에 냉소적이었던 어른들에게는 감화와 깨달음을 경험하게 한다. 전쟁의 시대에 사회복지와 공익사업의 관념 및 실천이 문화적 표상 속에 눈에 띄게 진입하고 있는 것은 왜일까.

부랑자, 걸인, 불구자, 행려병자, 한센병 환자, 정신병자 등 이른바 '비정상인'들을 관리하는 사회사업은 식민지 초기부터 총독부에 의해 수행되어 왔다. 초기에는 '사회질서 확립' 차원에서 이들 '비정상인'들을 다루었다. 말하자면 '정상인'들을 오염시키거나 그들을 불안하게 하는 위험요소로서 수용소에 격리·배제하는 방식으로 관리했던 것이다. 그러나 1930년대 후반으로 오면서 사회사업은 일종의 '국민 후생사업'으로 전환되었는데, 이 전환의 핵심은 "인구의 특정 부분, 즉 부랑자, 불구자 등 사회적 부적합자를 배제함으로써 인구 전체를 보호하고 사회 안정을 추구"하고자 했던 이전의 사회사업과는 달리 "인구 전체를 대상으로 하는 사업"이라는 데 있다.[10] 이러한 맥락에서, 예컨대 경성부는 '사회사업조사위원회'를 설치하고 "아동보호시설, 의료시설, 경제보호시설, 노동보호시설, 기타 일반 구호사업의 광범위에 걸쳐 정회(町會), 방면위원(方面委員)의 협력을 얻어 2개년에 걸쳐 면밀한 조사"[11]를 실시하게 된다. 그리고 1938년 '내지'의 후생성 설립에 이어서 1941년 11월 총독부에도 후생국이 설치되어 사회복지와 국민 체력 향상을 위한 업무를 관장하게 된다.

이렇듯 중일전쟁 개전을 전후하여 총독부는 생명-권력으로서의 성

---

10) 한귀영, 「'근대적 사회사업'과 권력의 시선」, 김진균·정근식 엮음, 『근대주체와 식민지 규율 권력』, 문화과학사, 1997, 341쪽.
11) 「대(大)경성 발전의 '암', 도시의 암흑면을 조사」, 『조선일보』 1939년 5월 6일자.

격을 현저하게 드러내면서 식민지 인구 전체의 효율적인 관리·조절·재생
산에 주력하는 모습을 보여 준다. 식민지 권력의 성격 변화를 촉발한 구체
적인 동인이 식민지 인민을 효율적으로 전쟁에 동원하고자 하는 식민지/
제국의 현실적 목적에 있었음은 두말할 필요도 없을 것이다. 그러나 차별
과 배제와 금지를 통해 작용되던 권력이 '관리자'의 얼굴을 하고 나타날
때 그 변화가 식민지/제국의 불균등한 정치적 장(場)에 가져올 효과는 결
코 기계적인 인과론으로 설명할 수 없다. 권력이 그 지역에 주거하고 있는
인구(population) 전체의 삶을 지배와 정치의 고유한 영토로 삼음으로써,
원하든 원하지 않든 주민(population)은 권력의 시선에 노출되는 공적인
장에 몸을 두게 되기 때문이다. 문제는 식민지 권력이 식민지 주민 전체의
후생 복지 관리에 성공하여 권력에의 지지와 동의를 실제로 이끌어 낼 수
있었느냐 없었느냐에 있지 않다. 오히려 핵심은 식민지 주민의 생명이 정
치적인 고려의 대상 속에 들어왔다는 점에 있으며, 그럼으로써 식민지 인
민들의 욕망이 식민지/제국 통합의 방향성 속에서 조절될 수 있는 가능성
의 조건을 만들었다는 데 있다.

이와 관련하여 『사랑의 수족관』의 '현대 청년' 김광호의 흥미로운 진
술을 잠깐 살펴보자. 이경희의 자선사업을 위선이나 자기도취에 근거한
듯이 여기며 못마땅해하던 김광호는 그녀의 열의의 '진정성'을 확인한 후
자신이 자선사업에 냉담했던 이유를 다음과 같이 털어놓는다.

그것이 무엇인지는 모르나 여하튼 자선사업이나 그런 것에 대한 냉담한
태도는 형에게서 받은 유산같이 생각됩니다. 그러나 나는 경희 씨가 생각
하는 것처럼 악질의 허무주의자는 아닙니다. 나는 첫째 직업엔 충실할 수
있습니다. 나의 직업에 대해선 무슨 까닭인지 모르나 그렇게 깊은 회의를

품어 본 적이 없는 것 같아요. 무엇 때문에 철도를 부설하는가? 나의 지식과 기술은 무엇에 쓰여지고 있는가? 그런 걸 생각한 적은 있습니다. 그러나 단순하게 나는 그런 생각을 털어 버릴 수가 있었어요. '에디슨'이 전기를 발명할 때 그것이 살인 기술에 이용될 걸 생각하지는 않았을 테고, 설사 그것을 알았다고 해도 전기의 발명을 중지하지는 않았을 거다, ——이렇게 생각한 것입니다. 그러나 기술에서 일단 눈을 사회로 돌리면 나는 일종의 페시미즘[悲觀主義]에 사로잡힙니다. 나의 주위에도 많은 인부가 들끓고 있고, 그 중에는 부인네나 어린 소년들도 많이 끼어 있습니다. 직접 나와 관계를 가질 때도 있습니다. 그들의 생활문제, 아이들의 교육문제…… 나는 어찌할 바를 모릅니다. 그러나 자선사업을 가치로서 인정할 만한 정신적인 원리는 그 가운데서 찾아내지 못했던 것입니다.[12]

경희는 광호의 입장이 "페시미즘"까지는 아니더라도 "스켑티시즘"[懷疑主義]에 해당된다고 규정하거니와(252쪽), 이 고백을 통해 도구적 합리성의 세계를 '자신의 세계'로 받아들이고 있는 기술자 광호에게 언뜻언뜻 나타났던 허무주의적 태도는 다름 아닌 좌절한 사회주의자 형(광준)의 흔적, 그 유령적 존재에 기원한 것이었음을 알게 된다. 세계와의 기술적 관계 속에서 그는 결코 회의하지 않는다. 그러나 '사회적 관계'를 떠올리면 광준의 유령이 출현한다. 광호에게 사회사업 또는 자선사업이 갖는 한계와 위선적 성격이 역력히 보일 수 있었던 것은, 그의 시선에 사회 '전체'의 변화를 헤아리는 광준의 시야가 겹쳐져 있기 때문이다. 광호의 진

---

12) 김남천, 『사랑의 수족관』, 인문사, 1940, 251~252쪽.

술은,'목적을 철저하게 괄호 치고 주어진 제작 현장에 충실하고자 하는 기술자의 목소리와 관계의 전체성을 염려하며 행위의 근거가 되는 '원리'를 모색하려는 혁명가의 목소리로 분열되어 있다.

그러나 결국 광호는 경희의 '사업'을 긍정하기에 이른다. 자신의 냉담한 태도에도 개의치 않고 착실히 사업을 실천에 옮겨 가고 있는 경희를 보며 애정이 뒤섞인 판단에 따라 "가능한 한도 내에서 최선을 다하는 것!"(272쪽)의 소중함을 새삼 느끼게 되는 것이다. 혁명가의 목소리는 기술자의 목소리에 의해 완전히 압도당한다. 달리 표현하자면, 광호에게 들러붙어 있던 광준이라는 유령의 자리에 경희가 들어앉게 되었다. 이른바 '사회사업'이 '사회변혁'을 대체한 것이다.[13] 광호는 더 이상 사회적 실천에서 어떤 "정신적 원리"를 구할 필요가 없으며, 기술적 관계와 사회적 관계 사이의 균열로 번민하지 않아도 된다. 사람들의 삶이 생명-정치의 장 내부로 포섭되는 곳에서 사회적 관계는 기술적 관계로 번역될 수 있기 때문이다.

식민지 권력이 인구에 대한 통계적 파악과 사회보장 정책 등을 통해 전체 주민의 삶을 관리하고 조절하는 생명-권력으로서의 성격을 강화해 가면서 식민지 인민들의 욕망은 그 권력이 개시해 놓은 정치적 장에 의해 크게 규정받게 되었다. 생명이 정치의 장소가 됨으로써 식민지 인민 전

---

13) 자선사업과 관련된 에피소드를 고려할 때, 『사랑의 수족관』은 '계급 초월적 연대'의 이상에 대한 총동원 시대의 패러디처럼 읽힐 수도 있을 것이다. 계급 초월적 연대라는 테마가 자기 계급의 한계를 뛰어넘어 피지배계급과 결합되는 방식으로 사회변혁을 꿈꾸는 '운동'으로부터 피지배계급의 관리를 통해 저항은 무력화하고 에너지는 체제 내부로 포섭시키는 '사업'으로 변형되었기 때문이다. 이렇게 볼 때, 앞서 예로 든 이태준, 정비석의 소설을 포함해 사회사업의 주된 실천 인물들이 여성이라는 점도 의미심장하다. 사회적 '대의'와 (관습화된) '모성'의 결합이 종종 내적인 차별과 반목을 효과적으로 봉합하는 기능을 수행함은 물론이거니와, 특히 이들 소설에서 특징적으로 나타나는 계층 간 사회적 연대의 고리로서의 여성 인물의 역할은 생명-정치의 작동에 따라 사회 분업적 배치에 변동이 발생하는 하나의 징후로도 보인다.

체가 식민지/제국의 확대된 정치적 장에 의해 포획되었으며, 그 장 바깥으로 나간다는 것은 단지 정치로부터 배제됨을 뜻할 뿐만 아니라 생명으로부터 배제됨, 즉 죽음을 의미하는 것이 되었다. 따라서 불평등·차별·억압·금지가 구조화되어 있는 사회적 관계의 근본적 변혁을 위한 궁극적인 과제, 즉 식민지 권력의 전복 또는 제국주의로부터의 해방에 대한 비전은, 식민지/제국의 정치적 장 내부에서의 불평등·차별·억압·금지의 해소를 위한 기술적 해결책, 즉 식민지의 표지(標識)를 지우는 방식으로 탈식민의 욕망을 조절하는 비전에 그 자리를 내주게 되었다. 식민지/제국 권력에 의해 주어진 이 비전의 이름은 황민화였다.

만일 민족주의, 공산주의, 무정부주의의 이상을 추구하는 이외에 살길을 알지 못한다면 일본 국토 내지 동양에 살아서는 안 된다. 자살하든가 아니면 반항하여 형무소에 살든가, 외국으로 도망가지 않으면 안 된다. 결국 자살이다. 참으로 일본 국가를 사랑하지 않고서, 가면을 쓰고 살고 있는 약간의 위선자가 되기보다는 자살해 주었으면 하고 생각한다. **자살을 원하지 않는다면, 일본 국가를 사랑하도록 노력하지 않으면 안 된다.**[14]

내선일체에 몸을 바치기로 결의한 조선인 지식인이 말하듯이 황민화의 현실 앞에서 선택은 두 가지뿐이다——일본 국가 안에서 살든가 자살하든가. 과장된 정직함으로 표현되고 있지만, 현영섭의 진술은 "살게 만들고(faire) 죽게 내버려 두는(laisser)"[15] 생명-권력으로서의 식민지 권

---

14) 玄永燮, 『朝鮮人の進むべき道』, 京城: 緑旗連盟, 1938, 117~118쪽. 강조는 인용자.
15) 미셸 푸코, 『성의 역사(1): 앎의 의지』, 279쪽.

력이 식민지 인민들을 전체로서 포섭한다는 것이 어떤 의미인지를 분명하게 드러내 주고 있다. 삶의 영역 전체를 지배·관리·조절하고자 하는 생명-권력의 정치적 장에서 권력의 바깥은 곧 삶의 바깥과 일치하게 된다.[16] 이렇듯 황민화의 비전 속에서 식민지 인민들의 생명은 식민지/제국의 권력이 개시한 생명-정치의 울타리 안으로 **내재화**(interiorization)된다. 내재화란 식민지 인민들의 욕망이 식민지/제국 권력이 파 놓은 고랑을 따라서 흘러가게 된다는 것을 의미하며, 따라서 "객관적인 식민지적 적대가 식민지적 정체성들 사이의 투쟁이 아닌 그 정체성들을 둘러싼 투쟁으로"[17] 전환된다는 것을 뜻한다.

　"금일의 조선인 문제는 곧 내선일체 문제 이외에 아무것도 아니라는 것", 즉 "내선일체 이외의 일체의 노선이 한낱 미망에 불과"하고 "이 [내선일체의 — 인용자] 노선 이외에 아무 길도 남겨진 길이 없"다고 단언[18]하고 조선의 농업 재편성과 실업인구 문제 해결, 중소 공업 발전과 의무교육 실시 등의 미래를 기대하며 내선일체의 담론장에 참여한 인정식, 마찬가지로 같은 장에 참여하여 "의무교육, 의무병역, 산업조합령의 전면적 실시, 헌법 정치의 준비 시설" 확충 등을 요구한 김명식[19] 등 전향 지식인

---

16) 그러나 과연 식민지 생명-권력의 안=삶, 바깥=죽음이라는 등식이 성립할 수 있는가? 역사가 증명해 주듯이 이 등식은 허구적인 것이다. '동화'와 '황민화'의 질적 차이를 설명하면서 레오 칭이 말하듯이 황민화는 "일본인으로 살기에서 기꺼이 죽을 준비가 된 일본인 되기"로의 전환으로 특징지어지기 때문이다. Leo T. S. Ching, *Becoming "Japanese": Colonial Taiwan and the Politics of Identity Formation*, Berkeley: University of California Press, 2001, p.94. 이 문제에 대해서는 뒤에서 좀더 상세히 살펴보겠다.

17) Leo T. S. Ching, Ibid., p.96. 이와 관련해서, 정체성 획득을 둘러싼 투쟁이라는 레오 칭의 '황민화' 개념을 받아들이면서도 '좋은 일본인 되기'가 필연적으로 '나쁜 일본인'(스파이)에 대한 공포를 수반하는 과정이었음을 논증한 권명아, 「여자 스파이단의 신화와 "좋은 일본인" 되기」, 『동방학지』 제130집, 2005 참조.

18) 인정식, 「동아의 재편성과 조선인」, 『삼천리』 1939년 1월호, 56쪽.

들의 실천은 이 내재화가 진행되는 구체적인 장면을 특징적으로 보여 준다.[20] 아울러 1940년 1월 '조선영화령'이 공포되고 '영화인 등록제'가 신설되어 영화인의 역량과 자질이 "국가에 등록될 (국민의) 자격 문제로 전환"된 이후 식민지 영화인들이 자부심을 갖고 총독부의 요구에 적극 부응하게 되는 모습에서도 동일한 내재화의 정치학을 발견할 수 있다.[21] 그러나 황민화를 수행하는 방식으로 이루어지는 사회적 보장 요구와 권리 주장들이 단적으로 말해 주듯이, 식민지의 욕망은 식민지/제국 권력이 파놓은 고랑의 턱을 넘쳐흐를 수 있는 위험한 것이기도 하다.


## 3. 식민지/제국의 무도술(舞蹈術)

황민화의 기술은 처음부터 생물학적 비유를 얻고 있었다. "형체도 마음도 피도 살도 모두 일체가 되지 않으면 안 된다"[22]는 미나미 총독의 내선일체론은, 비록 일부 '협화적 내선일체론자'들의 상대적 자율성론과 권리 요구

---

19) 김명식, 「대륙진출과 조선인」, 『조광』 1939년 4월호, 49쪽.

20) 이들 내선일체론자들의 욕망과 그 정치적 효과에 대해서는 황호덕, 「국어와 조선어 사이, 내선어의 존재론」, 『대동문화연구』 58권, 2007; 차승기, 「추상과 과잉」 참조.

21) 이화진, 「'국민'처럼 연기하기: 프로파간다의 여배우들」, 『여성문학연구』 통권17호, 2007, 394쪽. 특히 "과거에 간혹 영화인 개중에 불미한 행동이 전 영화인에게 미쳐 일반 사회의 비난을 받은 일이 있으나 영화령은 이러한 **개인의 생활까지**를 지도하게 되었는 고로 앞으로는 인격이 없는 자는 등록이 취소되어 이것이 취소되는 날은 **영원히 이 즐거운 문화인권내(文化人圈內)를 떠나게 되는 것**"(안석영, 「영화배우와 감독이 되는 법」, 『삼천리』 1941년 6월호, 247쪽. 이화진, 같은 글, 394쪽에서 재인용. 강조는 재인용자)이라는 안석영의 말은 생명-권력이 규율-권력과 결합되는 방식과 관련해 중요한 암시를 준다. '인격'이라는 모호한 도덕적 기준의 내면화를 통해 생명-권력은 자체 내에 규율-권력을 이식하고 통합함으로써 내재화의 정치학을 효과적으로 작동시키고 있는 것이다. 즉 '일시동인'(一視同仁) 안에 전체 식민지 인구를 포획하는 한편, 다양한 '충성'의 위계를 통해 내재화를 더욱 가속시킨다.

22) 南次郎, 「連盟本來の使命議論より実行へ: 窮極の目標は內鮮一体総和親·総努力にあり」, 『総動員』 1939年 7月号, 57~58쪽. 강조는 원문.

를 부정하고자 하는 의도에서 발화된 것이지만, 조선인과 일본인의 실제
적인 결합을 지시하고 있다는 점에서 문제적이다. 식민지/제국의 생명-
권력은 단순히 식민지 인민을 '황국신민'으로 호명함으로써 전쟁에의 협
력을 이끌어 내는 데 그치지 않고 '내선'의 생명의 결합과 재생산을 통한
인종 혼합의 가능성을 국책적으로 열어 놓고 있었던 것이다. 이로써 이른
바 '내선결혼'이라는 문제 영역이 출현하게 되는데,[23] 내선일체론자들은
이곳에서 식민지와 식민지 모국 사이의 간극을 건너뛸 수 있는 발판을 찾
고자 했다.

　　국책적인 '내선결혼'은 1920년 4월 왕세자 이은(李垠)과 일본 왕족
나시모토노미야(梨本宮) 가의 장녀 마사코(方子)의 정략결혼으로부터 출
발한다. 그 이듬해인 1921년 6월에는 '내선인통혼법안'이 총독부령 99호
로 마련되어 조선인-일본인 결혼 시의 복잡한 행정절차가 간소화되었
다.[24] 법안이 마련된 후 '내선결혼'이 증대했음은 틀림없지만, 중일전쟁 개
전을 전후하여 황민화 정책이 본격적으로 추진되면서 특히 조선인 남성-
일본인 여성 사이의 '내선결혼'은 더욱 확대되어 갔다. 조선인 남성-일본
인 여성의 결합이 적극적으로 유도된 것은 무엇보다도 식민지/제국이 젊
은 조선인 남성의 육체를 원했기 때문이라고 하겠다.[25] 식민지 인민들의
생명은 일차적으로 잠재적인 군사력과 노동력으로서 고려되었다. 그러나

---

23) '내선결혼' 정책에 대한 총독부의 명시적 제시는 1938년 9월 '조선총독부 시국대책조사회'
　　의 자문 사항에 "내선인의 통혼을 장려할 적절한 조치를 강구할 것"이 내선일체 강화의 방
　　책으로 거론된 데에서 확인할 수 있다. 장용경, 「일제 말기 내선결혼론과 조선인 육체」, 『역
　　사문제연구』 제18호, 2007, 196~197쪽 참조.
24) 鈴木裕子, 『從軍慰安婦・內鮮結婚』, 東京: 未來社, 1992, 75쪽 참조.
25) 오오야 치히로(大屋千尋), 「잡지 『내선일체』에 나타난 내선결혼의 양상 연구」, 『사이間SAI』
　　창간호, 2006, 290쪽 참조.

비록 전쟁을 수행하고 있는 식민지/제국의 직접적인 이해관계가 지배하고 있었다 할지라도, 생활과 감정의 영역에서의 '내선'의 결합은 그 직접적인 목적으로 환원될 수 없는 효과들을 낳았다.

결혼이란 공동체 자체의 재생산과 직결된 제도로서 언제나 사적 영역에 기입된 공적 영역으로 존재해 왔지만, 정책적으로 장려된 '내선결혼'의 경우에는 그 위에 식민지/제국의 재생산과 생명의 동원이라는 정치적 목적, 인종 혼합에 대한 우생학적 우려, 인구 조절과 관리에 대한 생명-권력의 배려가 덧씌워졌을 뿐만 아니라, 구조화된 차별의 세계로부터 이탈하고자 하는 식민지 인민들의 탈식민지적 욕망이 침투함으로써 그 자체로 매우 논쟁적이고 갈등적인 장이 되었다. 이 장에서 식민지/제국, 사적인 것/공적인 것, 감정/관습 등 상관적 대립항들은 상호 침투하게 되고, 한편으로는 황민화의 이념이 신체에 각인되는 과정이, 다른 한편으로는 식민지를 초월하고자 하는 강렬한 지향이 더 인상적으로 드러난다.

이광수의 소설 『진정 마음이 만나서야말로』(心相觸れてこそ)[26]는 북한산에서 실족하여 부상당한 일본인 남매 히가시 다케오(東武雄)와 후미에(文江)를 조선인 남매 김충식과 석란이 구조하게 함으로써 사적인 관계 속에서 '내선'이 맺어지는 특정한 장을 만들어 내고 있다. 마치 『혈의 누』(1906)의 옥련-이노우에(井上)의 관계를 역전시키기라도 하듯이 일본인의 구원자로 등장하는 충식은 경성제국대학에서 의학을 전공한 후 대학병원 외과에 재직하고 있는 의사-기술자이다. 진정으로 만난 적이 없기 때문에 서로 오해와 편견을 갖고 있는 '내지인'과 '조선인' 사이의 벽을 무

---

26) 李光洙, 「心相觸れてこそ」, 『緑旗』 1940年 3月号~7月号. 이경훈 편역, 『진정 마음이 만나서야말로』, 평민사, 1995, 9~99쪽.

너뜨리는 계기가 조선인의 '기술적 기여'에서 비롯된다는 점은 의미심장하다.[27]

그러나 '내선'이 진정 마음으로 만나는 일은 어떻게 가능한가. 직접적인 기술적 기여는 마음을 열 최초의 계기를 마련해 주었지만, '내선'의 남매들 사이에 사랑과 우정이 깊어 가고, 나아가 그들이 '하나의 조국' 아래 있다는 공동성을 실감하도록 하는 데까지 그 기여가 결정적인 기능을 하는 것은 아니다. 서로의 동질성을 확인하도록 하는 것, 정확히 말해서 '내선'의 남매들을 하나의 공동성 속에 들어가도록 하는 것은, 이른바 '조국'에 대한 상투화된 애국주의적 사명감도 내선일체를 강조하는 패턴화된 동일성 담론도 아니다. 오히려 '내선'은 몸가짐과 예절이라는 감각적 형식에 참여함으로써 어떤 공동성에 진입하는 것으로 보인다.

…… 석란은 다케오의 이마에 있는 타월을 갈았다. 석란은 상체를 앞으로 내밀어 자기 옷이 다케오의 몸에 닿지 않도록 신경을 쓰면서, 양손으로 살짝 다케오의 이마 위에서 미지근해진 타월을 들어 그것을 대야물에 담그고, 되도록 물소리가 나지 않게 미리 물에 담가 두었던 타월을 짜서, 또 상체를 앞으로 굽히고 양손으로 다케오 이마 위에 얹고 조금씩 이곳 저곳 눌러 타월이 잘 놓여질 수 있는 곳에 놓인 것을 확인한 뒤, 원래처럼

---

27) 의사-기술자 충식은 전쟁에 자원 출정하여 군의관으로 복무하게 되는데, 그곳에서 심각하게 부상을 입은 다케오 — 참고로 다케오는 같은 경성제대에서 법률을 전공했다 — 를 다시 한번 치료한다. 나아가 간호병으로 지원해 충식과 함께 다케오를 치료하던 석란은, 시력을 잃었음에도 불구하고 선무관(宣撫官)으로서 전쟁에 복무하고자 하는 다케오의 '눈'과 '입'(중국어 통역) 역할을 자임한다. "반도인의 독특한 기술이 우리들의 개성"이라고 주장하며 일본 중심의 '대동아'에서의 조선인의 지위를 그 독자적인 '기술적' 역할에서 찾고자 한 현영섭의 말을 떠올릴 수 있는 대목이다. 현영섭, 「'내선일체'와 조선인의 개성 문제」, 『삼천리』 1940년 3월호, 38쪽 참조.

단정하게 앉은 자세로 돌아가는 것이었다(「진정 마음이 만나서야말로」, 14쪽).

환자를 배려하는 마음과 극도로 절제된 몸가짐이 두드러지게 나타나고 있다. 이토록 단정한 몸가짐을 취하는 석란에게는 당연하게도 "순수하고 아름다운 눈"(15쪽)과 유창한 일본어가 수반된다. 이런 석란을 보며 다케오는 "그 말투건, 예의건 무엇 하나 다른 점이 없지 않은가"(16쪽)라며 감탄 속에서 '내선'의 동질성을 느낀다. 이곳에서 특정한 형식 속에 절제된 몸짓과 아름다움과 '일본인다움'은 하나의 연속체를 형성하고 있다.

이 소설에서 '내선'은 세대와 성(性)에 따라 교차할 수 있는 모든 경우에서 만나고 있다. 즉 다케오 남매와 충식 남매의 만남에 이어 양측의 아버지들 —— 히가시 육군 대좌와 김영준 —— 간의 만남, 다케오 남매와 김영준 사이의 만남, 그리고 다케오의 부모와 충식 남매의 만남이 이어진다. 그리고 이 교차하는 만남 속에 다케오 남매와 충식 남매의 이성 간의 만남이 포함되어 있음은 물론이다. 이 모든 만남들 속에서 개개의 인물들의 변화, 즉 일본인이 조선인을, 조선인이 일본인을 마음으로부터 이해하게 되는 변화를 촉발하는 결정적인 계기에는 언제나 '예의작법'이 놓여 있다. 지극히 삼가는 태도와 절제된 몸짓을 통해 '내선'은 어떤 공동성 속에 자발적으로 참여하게 되는데, 그 공동성이란 다름 아닌 "싸울 수 있는 조국"(61쪽)이다.

이광수의 미완의 장편인 『그들의 사랑』[28]에서도 몸가짐과 예절은 '내

---

28) 이광수, 『그들의 사랑』, 『신시대』 1941년 1월호~3월호. 이경훈 편역, 『진정 마음이 만나서야 말로』, 100~152쪽.

선'의 오해와 편견을 허무는 결정적인 순간과 결합되어 있다. 경성제대 의학부 예과에 재학 중이던 조선인 이원구는 2학년으로 진급하던 해 부친을 여의고 경제적으로도 곤궁에 처하게 됐는데, 동급생이었던 니시모토 다다시(西本忠一)는 "한 조선 사람 이원구의 마음을 돌려서 참된 천황의 신민을"(112쪽) 만들고자 하는 사명감에서 자신의 부친인 니시모토 의학박사에게 이원구를 동생의 가정교사로 들일 것을 청한다. 이에 대해 니시모토 박사는 조선인의 마음을 돌리는 것은 "애초에 희망 없는 일"(113쪽)이라며 강하게 거절한다. "박사는 식모로도 조선 사람을 쓰기를 원치 아니하였고 또 박사의 부인인 기미코도"(113쪽) 그러했던 것이다. 그러나 온 가족을 설득하고자 노력하는 다다시의 모습을 보고 니시모토 박사는 마지못해 허락한다.

그러나 문제는 이원구에게도 있었다. 그때까지만 해도 그에게 '일본 가정'은 너무도 낯설고 먼 세계였기 때문이다. 하지만 원구는 "식전에 일어나는 길로 제 방을 치우고 대문 안과 제 방에서 바라보이는 뜰도 소제를 하였다. 그리고 세수 같은 것은 주인집 사람들이 언제 하는지 알지 못하는 사이에 하여 버렸다. 이것은 원구가 그 아버지한테서 받은 훈련이어서 조금도 힘들지 아니 하였다"(119쪽). 원구는 훈련받은 생활습관을 몸에 익히고 있는데, 그것은 무엇보다 '위생'과 관련된 것이었다. 원구는 '내지인'들에게 '불결'의 흔적이 드러나지 않도록 하는 데 있어 병적인 성실함을 보인다. "양말이나 내복 같은 것을 학교에 갈 때에 싸 가지고 갔다가 청량리 솔밭 속 개천에서"(119쪽) 빨기까지 하는데, 바로 이러한 청결의식과 성실한 몸가짐을 확인한 이후에야 니시모토 박사는 원구에게 마음을 열게 된다. 원구는 원구대로 '내지인' 가정의 '질서'와 예절에 깊은 감명을 받는다. 니시모토의 가정은 "온 가족이 언제나 위의(威儀)를" 갖추고 있으며, "옷매무새나 앉음앉이나 문 여닫는 것이나 모두 예절을 잃는 일이 없었다"(122쪽). 이처럼 청결한 몸가짐과 예절을 통해 '내선'은 하나의 공동성에 진입하게 되고, 그 속에서 다다시의 동생인 미치코(道子)와 원구 사이에 애정 관계가 성립될 듯한 암시가 나타난다.

이른바 '내선결혼'(또는 '내선연애')의 주제를 다룬 이광수의 소설에서 이토록 몸가짐과 예절이 전경화(前景化)되고 있는 데에는 그 나름의 직접적인 이유가 있기도 하다. 그것은 무엇보다도 '내선결혼'을 가로막는 주요한 장애로서 흔히 "풍속 습관의 서로 다름"[29]이 지적되던 사정과 관련되어 있을 것이고,[30] 따라서 이질적인 풍속과 습관이 서로 조정되는 과정을 제시하고자 하는 의도도 있었을 것이다. 그러나 이광수 소설에서 몸가짐과 예절은 더 근본적인 차원에서 황민화의 정치적 과정과 관련된 것으로 보인다. 반복된 수행(performance)을 통해 신체를 훈련시키는 사회적 형식으로서의 몸가짐과 예절은 이런저런 역사적 근거나 현실적 이해관계에 기대어 내선일체의 정당성을 내세우는 설득의 수사학보다, 식민지/제국 권력의 정책에 따라 창안된 다양한 황민화 제도들의 강제력보다 훨씬 더 정치적으로 작용하는 황민화 **실천**의 장과 관련되어 있기 때문이다.[31] 몸가짐과 예절이라는 감각적 형식은 감정을 특정한 방식으로 통어(統御)할 뿐만 아니라 사회적 위치를 차이화함으로써 위계화된 공동성을

---

29) 平野進, 「內鮮一體調査機関確立の急務」, 『內鮮一體』 1940年 12月号, 60쪽.
30) 현영섭 역시 "조선인의 얼굴 씻는 법, 끈 묶는 법, 보자기 싸는 법의 차이, 앉는 법의 차이조차 내선결혼자의 생활을 불행하게 하는 실례를 나는 잘 알고 있다"라고 말하고 있다. 玄永燮, 「內鮮結婚論」, 『新生朝鮮の出発』, 大阪: 大阪屋號書店, 1939, 102쪽.
31) 레오 칭은 중일전쟁 개전 이전의 일본의 식민지 동화정책과 그 이후의 황민화 정책을 질적으로 구분하며, '동화'가 기획(project)이었던 반면 '황민화'는 실천(practice)이었다고 규정한다. Leo T. S. Ching, *Becoming "Japanese"*, p.96, 104 참조.

유지시키고, 나아가 신체의 테크놀로지를 통해 주체가 생산되도록 하는
실천의 형식이다. 신체의 운동을 통해 사회적 관계가 생산·재생산되는 이
형식의 메커니즘을 **무도술의 정치**[32]라 이름 붙여도 좋을 것이다.

　　황민화의 이데올로기를 내용적으로 구현하는 언행 ── 내선일체의
역설, 애국심의 토로, 조선어 폐지 주장, '황국신민의 서사(誓詞)' 봉독, 신
사참배, 궁성요배(宮城遙拜) 등 ── 에 비해 개인과 개인이 만나는 때와 장
소에서 지켜야 할 매너, 몸가짐, 옷차림 등의 예법은 황민화의 의미 작용
속으로 모조리 수렴될 수 없으며, 직접적인 정치적 맥락에 대해 상대적으
로 자율적이라는 점에서 '간접적 행위'라고 할 수 있다. 간접적 행위는 주
어진 상황과 명시적인 의미 연관을 맺고 있다기보다는 차라리 지시작용
기능을 결여하고 있다. 예컨대 삼가는 몸짓과 상대에 대한 배려의 예법이
모조리 '황국신민'의 도덕으로 환원될 수는 없는 것이다. 그러나 이러한
몸가짐과 예절은 주어진 상황 속에 귀속되지 않기 때문에 오히려 "주체가
현실과의 상상적 관계를 살아가는 **이데올로기로서의 실천계의 움직임**"[33]을
보여 준다. 말하자면 사랑과 우정이 발생할 수 있는 인격적 만남과 배려의
세계 자체를 상상하게 한다. 또한 형식화·의례화된 간접적 행위는 ── 특
정 상황에 의미론적으로 긴박되어 있지 않다는 점에서 ── 행위자의 외부

---

32) '무도술의 정치'라는 개념은, 18세기 일본의 특정한 담론 공간에서 정치와 고전 읽기의 관계
　　를 분석하면서 사카이 나오키(酒井直樹)가 사용한 것이다. 그는 예(禮)와 악(樂)을 통치성의
　　차원에서 사유했던 오규 소라이(荻生徂來) 등을 다루면서, 사회적 현실과 공동성의 이데올
　　로기적 구성이라는 문제가 "신체의 운동에 관계된 제도"로 수렴되는 차원을 지시하기 위해
　　'무도술'이라는 개념을 사용한 바 있다. 酒井直樹, 『過去の声』, 川田潤ほか 譯, 東京: 以文
　　社, 2002, 401~458쪽 참조. 이 글에서는, 황민화의 이데올로기적 지시 작용이 명시적으로
　　드러나는 언표·행위에 앞서 오히려 특정한 방식으로 의례화된 행위가 그 명시적 의미 작용
　　의 가능성의 조건으로서의 상상적 관계를 생산한다는 점을 말하기 위해 '무도술의 정치학'
　　이라는 개념을 차용하고자 한다.
33) 酒井直樹, 『過去の声』, 430쪽. 강조는 원문.

에 존재하는 규칙에 따라 연기(演技)하는 주체를 산출하기 때문에, 필요한 기량만 갖추고 있다면 연기 훈련을 통해 누구라도 주체의 위치를 점할수 있다. 요컨대 규칙을 수행적으로 내면화하는 주체들 사이의 호환이 가능해지며, 이를 통해 '공동성'이 획득된다.[34] 따라서 기호와 지시 대상이긴밀하게 결합된 상황에 직접적으로 귀속되지 않는 몸가짐, 예절 등의 간접적 행위가 오히려 제한된 정치적 맥락을 넘어 현실에 대한 특정한 상상적 관계와 그 관계 속에서 위치를 점할 특정한 주체를 생산하는 보다 근본적인 정치의 장소가 된다. 훈련을 통해 사회적 규율을 신체에 각인하고감각적으로 내면화하는 무도술이야말로 황민화의 메시지를 이해 가능한것, 살아 있는 것으로 만드는 기술이 아닐까. '제국의 신민'이란 바로 이 무도술에 의해 획득되는 감각-심미적(aesthetic) 질서 속에서 몸가짐과 예법의 실천을 통해 제작될 수 있는 주체였다고 할 수 있지 않을까.

## 4. 공민(公民)의 연금술

식민지/제국의 생명-권력이 전체로서의 식민지 인민을 포섭하고자 한직접적인 목적은 전쟁과 생산에의 동원에 있었지만, 그 과정에서 작동된생명-정치의 궁극적인 목적은 식민지 인민의 욕망을 내재화하는 데 있었다. 그렇다면 무도술이란 '내선'의 사적이고 친밀한 만남을 가능한 것으로만드는 공동성을 구성하고 그 감각-심미적 질서를 다시 신체에 각인하는 실천을 반복하게 함으로써 새로운 주체를 생성시키는, 내재화의 기술

---

34) 酒井直樹,『過去の声』, 430~431쪽 참조.

적 형식이라고 할 수 있을 것이다. 황민화란 바로 이 '내재화의 무도술'을 몸에 익혀 자연화하는 과정에 다름 아닐 것이다.

이광수는 황민화에 있어 무도술 및 그로써 획득되는 감각-심미적 질서가 갖는 중요성에 대해 지극히 자각적(自覺的)이었다. 참회록의 스타일로 황민화에의 의지와 비전을 피력한 「동포에게 부침」(同胞に寄す)이라는 글의 결론인 '궁극적으로 도달할 곳'(窮極するところ)은 창씨개명도 징병제 실시도 아닌 '내선'의 사적인 만남이 가능한 공동성의 세계였다.

군이여. 내 집에 와 주게. 누추하고 윤택하지 않은 가정이네. 차 한 잔 드리지 못하는 일이 많을 것이네. 음식 역시 군의 입에는 맞지 않을지도 몰라. 하지만 군이여. 내 집에서 식구들과 같이 저녁밥을 먹세.

그리고 때 낀 내 이불을 덮고 내 좁은 온돌방에서 나와 베개를 나란히 하고 누워서 조용히 이야기하지 않으련가. 그리고 나도 군의 집 아름다운 안방에 청해 불러 주게. 그리고 서툰 내 예절작법을 친절하게 고쳐 주게. 군 집의 순수, 온화, 친절하고 부드러운 분위기에 나를 담가 주게.

그것뿐이네. 결국 그것뿐이라네. 군과 내가 지금부터 약 사반세기 동안 성심성의 노력해야 할 것은 필경 그것뿐이라네.[35]

이곳에서도 '내선' 사이에는 분명한 위계가 존재하고 있다. 그러나 그 위계에도 불구하고 '내선'은 동일한 공간을 함께 나누며 소통할 수 있는 가능성을 내포하고 있다. 함께 먹고 자고 이야기를 나누는 장면을 상상

---

35) 李光洙, 「同胞に寄す」, 『京城日報』 1940年 10月 1日字~9日字. 이경훈 편역, 『춘원 이광수 친일문학 전집 II』, 평민사, 1995, 137쪽.

하기 위해 전제되어야 할 공동성 속에서 민족적 차별은 가시화될 수 없다. 더욱이 창씨개명, 일본어 사용 등을 통해 조선인의 민족적 표지마저 지워져 가고 있다면, 존재하는 것은 오직 "예절작법"의 차이뿐이다. 이광수는 조선인에게 주어져 있는 본질주의적 차별의 지표를 지우고 그것을 예절작법의 '숙련성의 위계'로 전환하고자 한 것으로 보인다.

이렇게 차별이 차이로 대체됨으로써 내지인과 조선인 사이에는 어떤 본질주의적인 구별도 성립할 수 없으며, 또 성립해서도 안 된다. 이 전제 위에서 비로소 '내선결혼'의 가능성이 출현할 수 있었고, 역으로 '내선결혼'은 차별 없는 관계의 현실성을 입증하는 근거가 됐다. 김용제가 '내선결혼'을 "내선일체의 완전체"[36]라고 표현하고, 현영섭이 "내선일체는 내선결혼이 가능하지 않다면 완성될 수 있는 것이 아니"[37]라고 단언한 데에는 바로 이 같은 무차별적 황민화에의 욕망이 작용하고 있었다고 하겠다.[38]

하지만 도대체 '내선'이 하나가 된다는 것, 정확히 말해서 "조선인이 일본인으로" 된다는 것은 무엇을 뜻하는가.

이 시기 '일본(인)'이라는 말은 의사소통 상황에 따라 중의적으로 사용되었는데, 이런 사용법에는 '제국 일본' 내에서 식민지(인)가 차지하는 법적·정치적 지위가 반영되어 있었다. 우선 지리적 경계인 동시에 법적·정치적 경계로서 '일본'은 이중적인 의미를 가진다. '내지'와 동일시될 때 일본은 일본 열도, 그 중에서도 주로 본토를 지칭하지만, '제국'과 동일시

---

36) 金龍濟,「內鮮結婚我觀」,『內鮮一体』1940年 1月号, 60쪽.

37) 玄永燮,「內鮮結婚論」, 96쪽.

38) 특히 이 시기 대중적 매체들을 통해 활발히 이루어졌던 '내선결혼' 논의들에서도 이러한 욕망을 읽어 낼 수 있다. '내선일체실천사'(사장 박남규, 일본명 오토모 사네오미 大朝實臣)의 '내선결혼'론과 '내선결혼' 후원사업 등에 대해서는 오오야 치히로,「잡지『내선일체』에 나타난 내선결혼의 양상 연구」참조.

될 때 일본은 조선, 타이완 등의 식민지에까지 확장된다. 예컨대 중일전쟁기 일본이 이른바 '동아 신질서' 구상을 제시하면서 '일만지'(日滿支) 통일을 외쳤을 때, 식민지는 '일'(日)이라는 기표 밑에 완전히 종속되어 있었다. 이렇게 볼 때 '일본'은 제국 내부에서는 분화를, 제국 바깥에서는 통합을 나타내는 기표였다고 하겠다.

또한 인종적·민족적 경계인 동시에 법적·정치적 경계로서의 '일본인' 역시 이에 상응한 중의적 의미를 갖는다. '내지인'과 동일시될 때 일본인은 오랫동안 일본 본토에 거주하며 일본어를 사용해 왔다고 가정되는 특정한 민족을 지칭하며, 종종 야마토(大和) 민족이라는 이름으로 불리기도 했다. 그러나 문제는 '일본 제국'의 신민과 동일시될 때의 일본인인데, 한편으로 '일본 제국'의 영토에 주거하고 있는 모든 인민들은 '일본인'으로 취급되어야 함과 동시에 다른 한편으로 '일본인인 일본인'과 '조선인인 일본인'(또는 '타이완인인 일본인')은 내적으로 구별되어야 했다. 초대 조선총독이었던 데라우치 마사타케(寺內正毅)는 조선인의 국적을 어떻게 처리해야 할 것인지에 대해 도쿄제대 교수이자 후에 경성제대 총장을 역임하게 되는 법학자 야마다 사부로(山田三良)에게 자문을 구했는데, 그는 이렇게 회답했다.

> …… 종래 한국 신민인 자는 병합에 의해 당연히 일본 국적을 취득하기는 하지만, 이 때문에 한국인이 완전히 일본인과 동일하게 되지는 않으며, 오직 외국에 대해 일본 국적을 취득함에 지나지 않는다는 것을 주의하지 않으면 안 됩니다. 어쨌든 내국에 있어서의 일본인과 한국에 있어서의 일본인(한국인인 일본인과 일본인인 일본인) 사이에 공법상 어떠한 차별을 두어야 할 것인가는 국법상의 문제가 됩니다.[39]

'일본'과 마찬가지로 '일본인'의 경계 역시 제국 내부에서는 분화를, 제국 바깥에서는 통합을 나타내는 지표였다. 합방을 전후한 시기 조선인이 "오직 외국에 대해" 일본인일 수 있었던 것은, 무엇보다도 간도 지방의 조선인들을 빌미로 중국의 이권에 개입하고자 하는 정치적·경제적 목적과 일본의 조선 지배에 저항하는 '불령선인'(不逞鮮人)으로서의 조선인을 취체(取締)하려는 의도가 있었기 때문이다.[40] 제국 내부에서는 호적법과 전적(轉籍) 금지 등을 통해 조선인에 대한 구별과 차별의 지표들을 지속적으로 남겨 두면서, 제국을 외부로 팽창하고자 할 때는 언제나 조선인을 일본인으로 간주하였다. 말하자면 국적으로는 일본인에 포섭하면서 호적으로는 일본인으로부터 배제했던 것이다. 이렇게 볼 때 '일본인이 된다'는 것은 국적상의 일본인에 머물지 않고 호적상의 일본인으로까지 나아간다는 것을 뜻한다. 즉 제국의 변두리에서 이해(利害) 문제가 발생할 때만 일본 내부로 회수되는 존재, 역설적이게도 제국의 안전을 위해 처벌·금지·배제할 필요가 있을 때에만 권력 내부로 장악되는 존재로서의 '외지인'으로부터, 공적인 영역에 당당하게 이름을 기입하고 긍정적인(positive) 방식으로 정치의 장에 몸을 둘 수 있는 '공민'(公民)이 된다는 것을 뜻한다.

'내선결혼'이 상징적으로 표상하듯이 일본인인 일본인과 조선인인

39) 山田三良,「併合後ニ於ケル韓國人ノ國籍問題」(1909. 7. 15), 小熊英二,『日本人の境界』, 東京: 新曜社, 1998, 155쪽에서 재인용. 강조는 재인용자. 물론 야마다의 견해가 이후 총독부의 정책으로 모조리 수용되지는 않았지만, 기본적인 틀에 있어서는 동일한 것이었다.

40) 예컨대 러일전쟁에 승리하고 조신과 '을사보호조약'을 체결한 직후 이미 일본은 조선인을 보호한다는 명목하에 간토(間島) 지역에 군사를 파견한 바 있는데, '외국에 대해' 조선인을 일본인으로 간주한다는 것은 이렇듯 일본의 국가적 이해와 결부될 때뿐이었다. 1909년 청과 '간토협약'을 맺어 청의 영토 내에서의 철도부설권을 얻는 대신 간토 지역에서의 조선의 (즉 일본의) 영토권과 치외법권을 포기한 데에서도 잘 드러나듯, 일정한 이익을 얻으면 조선인은 언제든 일본인 바깥으로 내던져질 수 있었다. 小熊英二,『日本人の境界』, 156~158쪽 참조.

일본인이 결합함으로써, 즉 **민족**으로서의 조선인-일본인이 결합함으로써 **공민**으로서의 일본인이 산출될 수 있으리라 기대되었다. 서로 다른 인종·종족·민족을 섞음으로써 공민을 산출하는 기술, 즉 자연적 제약에 묶여 있는 존재들을 서로 용해시켜 인공적 질서 내부의 새로운 주체로 빚어내는 기술을 **공민의 연금술**이라고 이름 붙일 수 있을 것이다. 공민의 연금술이 연금술인 이유는 자연적 존재들의 융합과 공민적 주체의 탄생 사이에 어떤 비약이 존재하기 때문이다. 따라서 이 연금술의 성패를 좌우하는 것은 자연적·종족적 본래성이 아니라 환경이다.

> …… 조선인 가운데, 대학을 나온 자 가운데, 특히 공부한 자의 얼굴은 일본인을 닮아 가고 있는 것이다. 일찍이 상해를 떠돌고 있을 때 서양인의 은행 회사에 근무하고 있는 지나인(支那人) 청년들의 용모가 서양인과 닮은 것을 보고 놀라움을 맛본 적이 있지만, 환경에 의해 사람의 모습은 바뀌는 것이다. 특히 지리적 영향은 큰 것이다. 조선인은 영원한 조선인, 내지인은 영원한 내지인이라고 생각하는 것은 우스꽝스런 관념론이다.[41]

현영섭은 스스로도 급진주의자라고 말하고 있듯이[42] 그 나름의 '합리적' 사고를 극단에까지 끌고 가는데, 이 시선 아래에서 일체의 것은 그 어떤 신비한 고유성의 의장(意匠)도 걸칠 수 없다. 그의 눈 아래에서는 조선인은 물론 중국인도, 나아가서는 일본인까지도 자신의 존재론적 위치

---

41) 玄永燮, 「內鮮結婚論」, 98쪽.
42) "나의 본질은 래디컬리즘이라는 것을 자각하고 있다." 玄永燮, 「日本民族の優秀性」, 108쪽.

를 배타적으로 점유하지 못한다. 그것들은 언제나 뒤섞일 수 있고 또 자기 자신이길 그칠 수 있다. 문명의 진화론에 의해 인종은 언제든 탈자연화될 수 있는 것이다. "인종에는 불변의 유전 소질이 있다는 듯이 설명하지만 그것도 거짓"[43]에 불과하다고 보는 현영섭에게는 내선일체 역시 문명의 진화론이 전개해 가는 한 과정에 다름 아니다. 진화론의 위계에 의해 '조선인이 일본인으로' 되는 것은 당연하지만, 되고자 하는 일본인 역시 일본인인 동시에 일본인 그 이상의 것이다.[44]

공민의 연금술을 통해 식민지 민족으로부터 제국의 공민으로 비약하고자 한 현영섭류(流)의 '철저일체론'(徹底一體論)은 역사적인 관점에서 볼 때 하나의 난센스에 불과하지만, 중일전쟁 개전 이후 총독부 권력이 생명-권력으로서의 성격을 띠게 되고 내선일체·황민화 정책이 식민지/제국의 지정학에 급격한 변동을 초래함에 따라 생성되었던 독특한 정치적 공간이 어느 지점에서 임계에 도달하는지를 드러나게 해준다. 즉 식민지/제국 권력은 식민지 인민들의 에너지를 동원하기 위해 그들의 욕망에 출구를 마련하고 그것을 충성의 길로 이끌어 가고자 했지만, 이를 통해 개시된 '충성의 정치'는 또한 철저히 제약되어야 했던 것이다.

총독부는 전시 동원을 위해 식민지 인민들을 공적인 영역으로 끌어들이고 '내선' 통합의 메시지를 퍼뜨렸지만, 식민지 인민들이 공적인 영역에 얼굴을 드러내는 것도, '내선'이 통합되는 것도 실은 두려워했다.[45] 흔히 이 시기 식민지/제국 권력의 지배 정책이 '민족 말살'에 있었다고 역사

---

43) 玄永燮, 「內鮮結婚論」, 97쪽.
44) 따라서 현영섭에게 내선일체는 "세계 일체의 서곡"(「內鮮結婚論」, 101쪽)에 해당된다.
45) 국책적으로 장려되었던 '내선결혼'에 대해 정작 총독부조차 모호한 태도로 일관하며 그다지 열의를 보이지 않았다. 장용경, 「일제 말기 내선결혼론과 조선인의 육체」 참조.

적으로 평가하곤 하지만, 과감하게 말해서, '민족 말살'은 제국의 지배층의 입장에서도 바람직하지 못한 것이었다.[46] 식민지/제국 권력은 전쟁 상황에 식민지/제국 체제 바깥으로 이탈하여 체제를 위태롭게 할 수 있는 탈식민지적 욕망들을 내재화의 길로 이끎으로써 생명의 동원과 체제의 재생산을 함께 도모하고자 했지만, 내재화의 방식은 식민지/제국 체제가 감당할 수 없을 만큼의 과도한 친밀성을 파생시킬 수 있었다. 그리고 이 과도한 친밀성은 바깥으로 이탈하려는 지향성 못지않게 식민지/제국 체제를 뒤흔드는 요인이 되었다.

## 5. 생명-정치와 죽음-정치의 동일성: 맺음말에 대신하여

식민지/제국 체제는 식민지와 제국 사이의 존재론적 거리를 일정하게 유지할 때에만 성립할 수 있다. 그러나 중일전쟁 개전 후 대두된 식민지 인구 장악과 동원의 필요성은 식민지/제국 체제의 구조적 본질과 관련되어 있던 차별의 지표들을 전술적으로 삭제하게 만들었고, 그것이 역설적

---

46) 식민지/제국의 빗금은 총독부/제국 정부에서 재연되기도 했다. 미나미 총독의 내선일체 정책에 대해 내지의 정부와 지배 이데올로그 내에서 강한 비판과 회의가 제기되면서, 총독부와 제국 정부 사이에 미묘한 갈등 관계가 존재했던 것이다. 예컨대 창씨개명 실시에 대해서는 조선인으로부터뿐만 아니라 내지의 일본 지도층으로부터도 강한 비판이 있었다. 미즈노 나오키, 『창씨개명』, 정선태 옮김, 산처럼, 2008 참조. 자유주의적 입장의 평론가로서 아시아-태평양전쟁 시기의 전시체제에 대해 비판적이었던 기요사와 기요시(淸澤洌)도 창씨개명에 대해서는 "조선인을 일본 이름으로 바꾸게 하고, 일본인의 신용(?)을 참용(僭用)시키니 ──총독부의 악, 차마 말로 할 수 없는 지경"이라며 강하게 비판했다. 淸澤洌, 『暗黑日記』, 1944年 5月 29日字. 小熊英二, 『民主と愛國』, 東京: 新曜社, 2002, 854쪽에서 재인용. 또한 경성제대 교수를 역임했던 아베 요시시게(安倍能成)는 와쓰지 데쓰로(和辻哲郎) 등과 함께 참석한 해군 주최의 사상 간담회에서 일본인과 조선인의 혼혈을 방지할 것을 역설했다. 土井章 監修, 『昭和社会経済史料集成』第16卷, 東京: 嚴南堂, 1991. 小熊英二, 『民主と愛國』, 197쪽에서 재인용.

이게도 식민지와 제국 사이의 거리 조절을 위태롭게 만들었다. 더욱이 인구(주민)를 장악하는 과정에서 총독부 권력은 생명-권력으로서의 성격을 분명히 하게 되었고 식민지 인민들의 욕망은 식민지/제국의 생명-정치의 장 속으로 내재화되어 갔는데, 이 같은 내재화가 진행되면서 황민화의 실천과 탈식민지의 기획이 구별하기 어렵게 뒤섞이며 연속되는 특수한 정치적 장이 형성되었다. 그 정치적 장에서 직접적인 정치적 언행보다 더욱 근원적인 차원에서 황민화를 현실화하는 기술로서의 무도술이 식민지/제국의 공동성 또는 공동 운명을 수행적(遂行的)으로 내면화해 갈 수 있었다. 또한 바로 이 장에서 '가능한 것'으로 간주된 '내선'의 만남을 식민지의 존재론적 비약의 계기로 삼으려는 몽상이 출현할 수도 있었다.

이렇듯 식민지의 생명과 욕망의 내재화는 제국에의 자발적 충성을 이끌어 내는 효과도 가져왔지만, 그것은 또한 위험한 것이기도 했다. 역설적이게도 황민화의 완성은 식민지의 소멸을, 따라서 제국의 붕괴를 불안 속에 암시하는 것이기도 했기 때문이다.[47] 결국 식민지/제국 체제 내부로부터 모순이 격화되기 전에 일본이 연합군에게 패함으로써 제국은 해체되었고 내선일체 및 황민화 실험의 성패는 영원히 미지수로 남게 되었지만, 사실상 그 실험 자체에 이미 불가능성이 내포되어 있었다고 하겠다. 이 불가능성을 구성하는 동일화/차이화, 포섭/배제의 갈등과 역설은

---

47) 보다 엄밀한 입증이 이루어져아 하겠시만, 대체로 식민지/제국에서 생명-정치가 작동되기 시작하면서부터 '식민지화/탈식민지화', '전체화/개별화' 등의 운동이 규범적인 의미론적 장을 이탈해 역설 및 이율배반의 영역과 뒤섞이게 된 것으로 보인다. 조선인의 민족적 정체성을 삭제하려는 정치적 행위가 특정한 방향으로——예컨대 '내선'의 구별이 불가능한 방향으로——유도될 때 식민지/제국 체제의 존재가 위태로워질 수 있었던 반면, 조선인의 민족적 정체성을 분명히 하려는 정치적 행위는 특정한 방식으로——예컨대 지방성(locality)으로——제한될 때 오히려 식민지/제국 체제의 안정성을 뒷받침해 줄 수 있었다.

패전 후 일본 사회 내부에 남겨진 수많은 '재일'(在日)들의 운명에서 다시 점화되고 있는 듯하다.

'살게 만들고 죽게 내버려 두는' 생명-권력은 식민지 인민의 생명을 생명-정치의 장 속으로 내재화함으로써 권력의 시선이 머무는 곳을 유일한 삶의 영역으로 간주하게 만들었다. 그리고 이렇듯 권력이 작용하는 영역과 삶의 영역이 겹쳐짐으로써 생명-정치는 필연적으로 예외 상태의 상태화(常態化)를 초래한다. 전시=비상사태를 조건으로 하는 생명-정치의 장에 생명으로서의 인간을 포섭함으로써 "원래 법질서의 주변부에 위치해 있던 벌거벗은 생명의 공간이 서서히 정치 공간과 일치"[48]하게 되고, '법'과 '사실'이 구별 불가능하게 됨으로써 주권 권력에 의해 모든 것이 가능해지고 모든 것이 금지된다.

'생명-권력의 안=삶'이라는 이 가상을 현실로서 받아들인 현영섭이 말했듯이, "조선인은 일본을 떠나서는 하루도 생활할 수 없다. **일본에 살고 일본인으로 죽을 뿐이다**".[49] 그러나 이 말에서도 드러나듯이 삶의 장악은 동시에 죽음의 장악이기도 하다. 생명-정치는 죽음-정치(necropolitics)[50]이기도 한 것이다.[51] 그러나 이 죽음-정치가 포섭하는 죽음은 '생명-권력의 바깥=죽음', 즉 내던져진 죽음과는 구별되는 것으로서 오히려 '삶을

---

48) 조르조 아감벤, 『호모 사케르』, 박진우 옮김, 새물결, 2008, 46쪽.

49) 玄永燮, 「內鮮一體完成への道」, 92쪽. 강조는 인용자.

50) Achille Mbembe, "Necropolitics", *Public Culture* Vol.15, No.1, 2003 참조. 므벰베는 푸코의 생명-정치라는 개념이 현대 세계, 특히 9·11 이후의 세계에서 삶이 죽음의 정치에 종속되는 양상을 설명하는 데 불충분하다고 주장하며, 대량 인명 살상과 죽음의 세계를 만들어 내는 정치, 수많은 인구를 산 죽음(living dead)으로 만드는 정치를 지시하기 위해 죽음-정치라는 개념을 사용하고 있다. 아시아-태평양전쟁 시기의 동아시아 상황과 현대 세계의 정치적 상황 사이에 환원 불가능한 지점들이 존재하므로 므벰베의 개념을 직접 대입할 수는 없을 것이다. 이곳에서는 다만 생명-정치의 '뒷면'을 지시하기 위해 사용한다.

완수하는 죽음', '조직화된 죽음'이라고 해야 할 것이다. 따라서 생명-정치/죽음-정치는 죽음으로부터 공포를 비워 내고 그 자리에 어떤 충만성을 채움으로써, 또는 충만성을 통해 공포를 삭제함으로써 죽음을 관리한다고 해야 할 것이다. 단적으로 말해 공포는 '영광'에 의해 대체되었다. 내지의 젊은이에게는 "신성(神性)의 실현"[52]이, 조선의 젊은이에게는 "삼천만 조선동포의 명예"[53]가 부여되었다.

현영섭의 진술을 굳이 과잉 해석하자면, 삶은 '일본'에 죽음은 '일본인'에 할당되어 있다. 황민으로서의 삶은 일본 제국의 광대한 영토에 편재하지만, 그 삶이 완수되는 것은 일본인이라는 자격을 얻을 때뿐이다. 그리고 식민지/제국의 생명-권력은 그 자격과 죽음의 교환을 제안한다. 이곳에서 생명-정치와 탈식민지의 욕망이 서로 만나는 궁극적인 지점이 드러나는데, 그것은 다름 아닌 '일본인으로 죽기'이다.

---

51) 권명아, 「음란함과 죽음의 정치」, 『현대소설연구』39호, 2008 참조. 이 글에서 권명아는 사회적 적대를 부단히 재생산하고 그 적대의 한 측면을 절멸시킴으로써 공포에 기반한 주체화가 수행되는 과정과 관련해 '죽음의 정치'라는 개념을 사용하고 있다. 이에 반해 이 글에서는 '죽음-정치'라는 말로 '생명-권력의 바깥=죽음'과 구별되는, 오히려 생명-권력과 겹쳐지는 영역에서 작동하는 정치를 지칭하고자 한다. 죽음-정치에 의해 '관리되는 죽음'은 공포를 환기하기보다 오히려 공포를 '영광'으로 대체하는 데에서 그 힘을 발휘한다.
52) 田辺元, 「死生」(1943), 『田辺元全集』第8卷, 東京: 筑摩書房, 1964, 260쪽.
53) 이광수, 「학병에게 감사」, 『매일신보』1943년 12월 11일자. 이경훈 편역, 『춘원 이광수 친일문학 전집 II』, 416쪽.

# 5장 타이완 지식인의 개인 독서사(1920~1945)
## ─ 타이완의 일본어 작가를 중심으로[*]

왕후이전(王惠珍)[**]

## 1. 들어가는 말

일제 시기 타이완 문화 영역의 지식체계는 주로 중문(中文, 고문/백화문)과 일문(日文) 두 부분으로 나눌 수 있다. 제국 통치 기간이 길어지고 황민화 운동이 추진되면서, 특히 1931년 '국어 보급 10년 계획'이 제정된 후 일본어 사용 인구가 나날이 급증했고, 1942년에는 타이완 전 지역의 일본어 보급률이 60%에 달했다.[1] 이는 제국의 식민지 교육정책이 점차 구체화되면서, 새로운 일본어 독서 소비집단이 양성되었음을 의미한다. 반면, 중문 도서시장은 총독부의 도서 검열 제도, 독자 감소, 도서 수입의 어려움 등 부정적 요소로 인해 갈수록 위축되어 갔다.[2] 또한 타이완 내의 일본어 출판물이 신흥 일본어 독자들의 독서 수요를 만족시키지 못하자, 그들


* 이 글은 국가과학위원회에서 지원하는 연구 프로젝트 '일본 통치 시대 타이완 작가의 문화 교양 문제'(NSC95-2411-H-126-010)의 일부 성과물이다. 이 자리를 빌려 연구 지원에 감사를 표한다.
** 타이완 칭화대학 타이완문학연구소 전임조교수

은 일본 내지의 서적과 신문을 직접 구입해서 읽거나 기타 다른 방식으로 독서 자원을 확보해 나갔다.

독서 습관의 형성은 개별 가정의 사회·경제적 지위와 매우 밀접한 관련이 있다. 당시 타이완 엘리트 계층의 회고록[3]을 살펴보면, 그들은 어려서부터 가정 경제 조건이 비교적 양호하여, 아무 걱정 없이 독서할 수 있는 환경 속에서 자신의 독서 취미를 키워 나갔고, 문화자본(le capital culturel)을 축적하고, 문화를 '재생산'(reproduction)[4]하면서 자신에게 유용하게 이용한 사회계층임을 알 수 있다. 이런 엘리트 계층에 비해, 일반 청소년들이 도서관에 가서 교과 이외의 독서를 할 수 있는 상황은 이상적이지 못했다. 초등학교 1~4학년의 경우 교과 이외의 책을 읽는 비중이 매년 증가했지만, 5-6학년의 경우 대부분 진학 준비 때문에 참고서 위주의 독서를 했고, 취업을 준비하는 학생들은 독서가 훗날 자신의 바쁜 생활에 무익하다는 생각에 독서에서 더욱 멀어졌다.[5] 타이완에서 독서에 열심인 독자들은 대부분 교육을 받은 부유계층에 속하지만 언어·경제적 문제의 한계로 일본 내지와 같은 이른바 일반 독서 '대중'은 존재하지 않았다.[6]

---

1) 台湾総督府 官房情報課 編, 『大東亞戦争と台湾』, 台北: 台湾総督府, 1943.
2) 일제 시기 중문 도서의 출판·판매 상황은 春丞(黃邨成), 「日據時期之中文書局」(上)·(下), 『台北文物』 3卷2期~3卷3期, 台北: 台北市文獻會, 1954; 蔡盛琦, 「日治時期台灣的中文圖書出版業」, 『國家圖書館館刊』民國91年 2期, 2002, 65~92쪽을 참조 바란다.
3) 예를 들어 范昭明, 「少年俱樂部的誘惑」, 『少年李登輝』, 台北: 商周文化, 1995, 154~160쪽; 楊基銓, 「我的課外讀物」, 『楊基銓回憶錄』, 台北: 前衛出版社, 1996, 40쪽; 張文義, 『回首來時路: 陳五福醫師回憶錄』, 台北: 吳三連基金會, 1996, 77~78쪽 등이 있다.
4) 문화 '재생산' 정의에 대한 논의는 邱天助, 『布爾迪厄文化再製理論』, 台北: 桂冠出版, 1998, 13~15쪽을 참조 바란다. '재생산'이란 용어는 한 사회계급이 각종 경제·문화 자원을 이용하여 계속해서 그 지위를 유지하려는 현상과 과정을 가리킨다.
5) 加藤春成, 「青少年と読書」, 『台湾時報』 231号, 1939.
6) 中島利郎, 「第五章 日本統治時期台湾文学(一): 台湾の'大衆文学'について」, 『日本統治期台湾文学研究序説』, 東京: 緑蔭書房, 2004, 127~146쪽.

일본·내지의 경우, 도시의 독서계층과 농촌의 독서 청년은 그 독서 양상에서 큰 차이를 보인다.[7] 농촌 청년은 농한기 때만 강의록을 읽으며 힘들게 독학하거나 청년단체에 참가하여 일반 잡지와 농업 관련 정보자료를 빌려다 돌아가면서 읽는 게 다였다. 식민지 타이완의 경우도 마찬가지로, 농촌과 도시, 그리고 계급 등에서 비롯된 신분 차이 문제가 존재했다. 따라서 이 글은 일본어 작가 위주의 지식인을 연구 대상으로 설정하고, 그들의 독서 경험을 분석하여, 물질문화적 측면에서 그들의 독서 자료와 당시 일본 내지의 출판문화 산업과의 관계를 탐구하고자 한다. 즉 서적의 과잉 출판이라는 부담을 해소하기 위해, 일본 국내 출판업자는 어떤 도서 판매 통로를 이용하여 제국 지식체계를 식민지에 덤핑으로 넘겼는지, 그리고 식민지 지식청년은 또 어떻게 그 힘을 빌려 사용했는지, 즉 대량 독서를 통해 자신의 문화자본을 축적하여 식민지 지식체계를 구성하고 토착화 담론을 전개해 나갔는지를 연구할 것이다.

우선 이 글은 식민지 종주국의 출판 형태에 대해 살펴볼 것이다. 예를 들어, 쇼와(昭和) 초기에 '엔본'(圓本)과 문고본의 번역본이 대량 출판되면서, 이 시기 지식인들은 메이지(明治) 시기 지식인들처럼 굳이 원서를 통해서 새로운 지식을 획득하지 않아도, 번역본을 통해 직접적이면서도 신속하고 광범위하면서도 이해하기 쉽게 구미 문화를 섭렵할 수 있었다.[8] 이러한 물질자원은 식민지 지식인에게 도대체 어떤 독서 가능성을 제공했는가? 제국의 영역이 확장되고 일본어가 보급됨에 따라, 타이완 독

---

7) 高田知和,「農村青年の読書経験に関する個人生活史的考察」,『出版研究』第33号, 2002, 147~170쪽.
8) 丸山眞男·加藤周一,『翻訳と日本の近代』, 東京: 岩波書店, 2009, 53~60쪽.

서 시장은 일본 내지의 도서 출판업자들이 해묵은 잡지와 중고도서를 판매 처리하는 주요 시장이 되었는데, 이런 물질적 문화자원의 유통은 식민지 지식인에게 어떠한 독서 텍스트를 제공했는가? 그들은 또 어떻게 이 자원들을 획득해서, 그것을 개인 문화자본으로 효과적으로 전환하고 축적하여 식민지 근대화의 지식 기반으로 만들었는가? 다음으로, 필자는 일제 시기 타이완 작가들의 소장도서와 개인 일기를 연구자료로 삼아서, 전전(戰前) 시기 타이완 지식인들에게 가능했던 독서 내용을 설명하고 그들이 어떻게 일본어 번역본 독서를 통해 개인의 지식체계를 구성했는지를 밝힐 것이다. 마지막으로, 전쟁 시기 '지나'(支那)[9] 관련 서적 출판 붐 속에서 그들은 또 어떠한 독서로 '지나' 관련 지식을 구성해 나갔는지에 대한 분석을 통해 전쟁 이전 시기 식민지 지식인의 개인 독서사를 그려 내고자 한다.

## 2. 도서 자원의 획득

간토(関東)대지진 후, 일본 내지 출판업자들은 사업 재기 자금을 얻기 위해 '엔본'(한 권에 1엔짜리 균일가 도서)과 문고본(포켓형 도서)을 저렴한 가격으로 대량 발매함으로써 민중들의 도서 구매욕을 자극했다. 출판량이 급증하면서, 독서 행위는 더 이상 귀족들의 특권이 아니게 되었고, 일반 대중들 사이에 널리 보급되었다. 특히 도시의 일반 샐러리맨들이 언제든 쉽게 구독할 수 있게 되면서, 독서 대중화 효과가 실현되고, 소위 '독서

---

9) 이 글에서 '지나'라는 용어는 전쟁 이전 시기 일본인의 '중국'에 대한 차별적 의미를 내포하지 않은 칭호를 인용한 것이다. 그래서 일부러 따옴표를 사용했다.

계급'[10]이 형성되었다. 동시에 이런 '신중간층'[11] 독서 계급의 출현은 일본 독서 소비시장을 또한 더욱 활성화시켰다.

'엔본' 전집 중 가장 대표적인 것은 가이조샤(改造社)의 『현대일본문학전집』[12]으로, 이에 대한 광고 및 정보 유통은 일본 내지와 식민지 타이완 사이에 며칠 정도의 차이밖에 나지 않았다. 이 전집이 발행된 후, 다른 '엔본' 전집에 대한 광고도 『타이완일일신보』(台湾日日新報)에 연이어 실렸다. 물론 타이완 내의 구독 능력과 총소비량을 일본 내지의 독자 집단에 비교할 순 없지만, 도서 정보 전달의 시효성에서는 큰 차이가 없었다. 일본 내지 출판사들은 판매시장을 쟁탈하기 위해 서로 앞다투어 전집류 총서를 발행했고, 결국에는 수요와 공급의 불균형으로 생산 과잉 현상이 나타났다. 재고도서 부담을 해소하기 위해 도서 출판업자들은 재고서적, 중고서적, 지난 호 잡지를 해외 식민지로 운송하여 판매했다.[13]

식민지 작가의 소장도서를 통해 식민지 지식인의 독서 경험을 관찰해 보면, 예를 들어 룽잉쭝(龍瑛宗), 라이허(賴和), 양윈핑(楊雲萍)의 소장도서, 그리고 『루허뤄 일기』(呂赫若日記)[14] 속의 구매 도서 기록을 보면,

---

10) 永嶺重敏, 「第六章サラリーマン読者の誕生」, 『モダン都市の読書空間』, 東京: 日本エディタースクール出版部, 2001, 203~243쪽.

11) '신중간층'은 일반적으로 다이쇼(大正) 말년과 쇼와 초기 중·고등 교육을 받았고 공통된 독자적 생활형태, 가치관, 취미, 기호 등을 공유하는 계급성을 지닌 문화집단의 문화 엘리트를 가리킨다. 竹內洋, 『学歴貴族の栄光と挫折』, 東京: 中央公論新社, 1999, 312쪽.

12) 가이조샤의 『현대일본문학전집』 국판은 각 권 평균 500쪽이며, 가나(假名) 6호 소활자로 주를 달아, 세 단락을 책 한 권으로 엮어 1엔에 책정한 것으로, 다이쇼 15년(1926년)에서 쇼와 6년(1931년)까지 62권과 별책까지 총 63권을 발행했다. 『타이완일일신보』(台湾日日新報) 1926년 11월 4일자 첫 면에서 이 전집에 대한 광고를 찾아볼 수 있다.

13) 王惠珍, 「殖民地作家的文化素養問題: 以龍瑛宗為例」, 『後殖民的東亞在地化思考: 台灣文學場域』, 台南: 國立台灣文學館, 2006, 47~71쪽을 참조 바란다.

14) 呂赫若, 『呂赫若日記』, 台南: 國立台灣文學館, 2004.

그들 모두 가이조샤와 슌주샤(春秋社) 등의 출판사에서 발행한 '엔본' 전집 총간을 소장하고 있음을 발견할 수 있다. 저렴한 가격으로 타이완에 덤핑된 '엔본'이 식민지 독서 시장에 미친 공과(功過) 문제를 우선 접어 두더라도, 일본어 번역본의 대량 유통은 타이완 문화계가 본토 언어로 서구 지식을 번역함으로써 문체나 본토 지식의 근대화를 진행시킬 수 있었던 동기를 약화시켰다. 하지만 식민지 문화 영역에서의 '엔본' 유통은 식민지 청년들의 독서에 대한 욕구를 자극했는데, 이런 구독 행위는 또한 동시대 작가들의 공통된 독서 경험이 되었다. 즉, 쇼와 초기의 '엔본' 붐은 제국 세력이 식민지를 확장해 나감에 따라 그 영향력을 더 발휘하면서, 중요한 독서 자료가 되어 식민지 지식인에게 체계적인 지식을 제공했다.

구독이라는 소비 행위는 당시 '신중간층'이 문화자본을 축적하여 '입신출세'할 수 있는 중요한 수단이었다. 도서 구매, 독서, 도서 소장은 계급적 상징을 띠었으며, 이러한 행위는 지식인 엘리트의 고상한 신분 특성으로 인식되었고, '서적'은 독서계층으로서의 그들의 사회적 위신을 상징했다.[15] 따라서 「파파야가 심겨 있는 작은 마을」(植有木瓜樹的小鎭)에서 작가는 천유싼(陳有三)의 도서비용이 월급의 8분의 1을 차지한다는 사실과 또 다른 주요 인물인 사회주의 청년 린싱난(林杏南)의 아들이 자신의 구독 내용을 밝히는 부분도 의도적으로 강조했는데, 이는 구독 행위를 식민지 신흥 지식인 신분의 징표로 강조하려는 작가의 의도이다. 그러나 근대 '지식' 독서는 그들의 진정한 행복 추구를 대신해 주지 못했을 뿐 아니라 오히려 고통의 근원이 되었고, 궁극에는 피식민지인의 숙명에서 벗어나

---

15) 永嶺重敏, 『モダン都市の読書空間』.

지 못해서 우울에 지쳐 쓰러지게 만들거나 암흑의 식민 공간에서 삶의 좌절을 느끼게 했다.

롱잉쫑(1911~1999),[16] 왕스랑(王詩琅, 1908~1984),[17] 양쿠이(楊逵, 1906~1985)[18] 세대의 회고에 의하면, 식민지 타이완 지식청년들이 도서를 구하는 방법은, 일본에 체류하면서 직접 구매, 우편 구매, 도서관 대출하는 것을 제외하고는, 타이완에서 헌책, 염가 덤핑 판매용 중고서적, 해묵은 잡지와 신문 구매가 주요 통로였음을 알 수 있다. 예를 들어 왕스랑은 자신의 학력 부족을 보완하기 위해, 내지 농촌 청년들처럼, 직접 내지 서점에서 중학교 강의록을 우편 구매하여 독학했다. 『타이완일일신보』에서도 와세다(早稻田) 출판부의 강의록 광고를 자주 볼 수 있는데, 그 내용이 결코 만만치 않아서 아마 중도에 그만둘 가능성은 있지만, 그들의 독학에 대한 욕망을 자극한 것은 분명하다. 가정 경제 조건으로 유학 갈 수 없는 타이완 청년들에게, 저렴한 '엔본' 세트는 그들의 지식 탐구 욕망을 만족시키고 문화자본을 축적하는 주요 소재가 되었다. 그들은 체계적인 전집 단위로 대량 독서를 통해 지식의 질을 높여서 일본 내지의 일반 지식계층 수준에 가까워지기를 기대했다. 식민지 청년들은 식민지 사회제도 안에서 많은 억압과 차별대우를 받았지만, 지식 영역 안에서는 근대 신지식 습득을 통한 지식 무장으로 식민지 문화에 대한 제국의 제재를 벗어나기를 기대했으며, 동시에 타이완 사회 내부의 문화적 낙후성 문제도 성찰하고자 했다.

---

16) 龍瑛宗, 「讀書遍歷記」, 『民眾日報』1981年 1月 28日字.
17) 王詩琅, 「我的苦讀」, 『民眾日報』1980年 12月 20日字.
18) 戴國煇, 「楊逵憶述不凡的歲月: 陪內村剛介訪楊逵於東京」, 『台灣史研究的回顧與探索』, 台北: 南天, 2002.

타이완에서 유통된 도서는 모두 타이완총독부의 엄격한 검열을 받아야 했다.[19] 그 중 좌익사상 도서는 단행본으로는 유통이 금지되었지만, 『세계대사상전집』(슌주샤) 등 엔본 전집에는 사회주의 사항 이론서가 포함되어 있었고, 룽잉쭝과 같은 개인의 소장도서 속에서도 일부 발견된다. 허위안궁(河原功)은 우신룽(吳新榮)의 스크랩북을 통해, 그가 어떻게 총독부의 엄격한 검열제도하에서 종합 잡지와 좌익 잡지로부터 좌익사상의 영향을 받았는지 밝히고 있다.[20] 사회주의 사상이 전 세계를 휩쓸고 있을 때, 타이완 지식인들은 여전히 각종 가능한 독서 루트를 통해 문화 교양을 쌓으면서, 동시에 저항사상으로 무장했음을 알 수 있다.

## 3. 식민지 작가의 소장도서 기억

전후 제국 정권이 물러가고 국민당 정권이 타이완에 들어선 이후, 전쟁 이전 시기 지식인들이 소장했던 좌익 독서자료와 '엔본' 전집 대부분은, 백색테러 연루 공포로 그 가족들이 불태우면서 한 줌의 재로 되고 말았다.[21] 그래서 지금은 겨우 남아 있는 몇몇 작가들의 소장도서나 일기를 통해, 그 곡절 많은 역사 시기 그들에게 속했던 제국 소장도서 기억을 찾아볼 수밖에 없다.

　영상매체가 아직 출현하지 않았던 일제 시기에 독서는 일반인이 근

---

19) 河原功, 「日本統治期台湾での'檢閱'の実態」, 『東洋文化』第86号, '〈特集〉日本の植民地支配と檢閱體制: 韓国の事例を中心に', 2006.

20) 河原功, 「吳新栄の左翼意識「吳新栄旧蔵雜誌抜粋集(合本)」からの考察」, 『2007年日台學術交流國際會議論文集』, 亞東關係協會 國史館, 2007年 9月 8~9日, 108~113쪽.

21) 劉捷, 『我的懺悔錄』, 台北: 農牧旬刊社, 1993, 130쪽; 呂芳雄, 「追記我的父親呂赫若」, 『呂赫若日記』, 492쪽.

대 신지식을 얻는 주요 통로였다. 서적의 유통은 독자들의 독서 내용에 직접적인 영향을 미치기 때문에, 식민지 작가의 소장도서라는 비밀을 파헤치는 것은 일제 시기 타이완 지식인의 독서 경험을 이해하는 데 도움이 된다. 왜냐하면 이런 독서 경험은 식민지 청년의 미래 구상에 영향을 미쳤기 때문이다. 황더스(黃得時)의 독서경력에 의하면, 그는 도쿄의 헌책 노점에서 다카스 요시지로(高須芳次郞)의 「동양 문예 16강」, 반리카쿠(萬里閣)에서 발행한 『대지나대계』의 「지나희극편」과 이와나미쇼텐(岩波書店)의 『소세키 전집』을 구매해 읽었는데, 이것은 그의 학문 방향 결정에 영향을 미쳤다.[22] 바로 이러한 인연으로 그는 당시 타이완에서 몇 안 되는 중국 문학 연구자가 되었으며, 전쟁 중에는 『수호전』(水滸傳)을 번역한 것으로 유명하다. 다음으로 라이허, 룽잉쭝의 소장도서에 대한 분석을 통해, 식민지 작가들의 독서활동을 탐구하고 그 시대의 도서 기억을 열어젖힘으로써, 그들의 독서 경험과 만나기를 기대해 본다.

『라이허 기념관 소장도서 목록』 속의 도서는 라이허의 소장도서가 주를 이루지만, 그 중에는 라이셴잉(賴賢穎) 등 가족들의 소장도서도 섞여 있다. 중문 소장도서는 '공정'(工程), '중국문학', '중국철학 총론'[23] 등으로 분류되는데, 그 중 중국 현대작가의 작품(소설월보 총간)과 서구 문학의 중국어 번역본이 가장 많다. 잡지 정기간행물에는 중국 현대문학의 주요 정기간행물이었던 『소설월보』(小說月報), 『현대평론』(現代評論), 『갑인』(甲寅), 『어사』(語絲), 『망원』(莽原), 『낙타초』(駱駝草) 등이 있다. 이

---

22) 黃得時, 「晴園讀書雜記」, 『台灣文學』 2卷 1號, 1942, 200~204쪽.
23) 이 목록의 분류방식은 일반 도서 분류방식을 따르지 않았다. 분류사항이 너무 세밀하여 번잡해 보이므로 이후 새로운 분류 정리를 할 필요가 있다.

런 중국 현대문학 출판물은 주로 베이징대학교에서 유학했던 라이셴잉이 라이허에게 부친 것이고, 그는 또 이 잡지들을 거실에 두어 양쿠이, 우칭탕(吳慶堂), 양서우위(楊守愚) 등 친구들이 읽도록 했다. 이로써, 중국 현대문학 지식은 중국에 유학 간 유학생들에 의해 타이완으로 전해졌고, 그것이 타이완 지식인의 소장도서에 놓여 그들 문화 장치의 일부가 되었음을 알 수 있다. 이런 문학잡지의 작품들은 심지어 라이허의 창작 활동에 중요한 참고자료가 되었는데, 예를 들어 루쉰(魯迅)의 「나그네」(過客)에서 '걸어가다'[走]의 이미지는 라이허의 「전진」(前進)이라는 작품에 표출되었고,[24] 『소설월보』와 『신보부간』(晨報副刊)에 등재된 쉬위눠(徐玉諾)의 삶과 죽음을 테마로 한 작품 역시 라이허의 창작 활동에 직접적인 영향을 주었다.[25] 이는 출판물이라는 물질문명의 유동이 작가의 창작 활동에 깊은 의의를 지닌다는 것을 보여 준다.

라이허의 일본어 소장도서에는 일반 도서 외에, (물론 모두 구비하지는 못했지만) 엔본 전집도 여러 세트 있는데, 간다 도요호(神田豐穗)의 『세계대사상전집』(슌주샤, 1927)과 『대사상백과사전』(슌주샤, 1930), 사토 요시스케(佐藤義亮)의 『세계문학전집』(신초샤新潮社, 1930), 긴다이샤(近代社)에서 펴낸 『세계희곡전집』(1927), 그리고 『현대일본문학전집』(가이조샤, 1926~1929), 『세계미술전집』(헤이본샤平凡社) 등이 그것이다. 이 외에도 작가 전집으로 『샤를-루이 필립 전집』(신초샤, 1929), 『톨스토이 전집』(가이조샤, 1939) 등이 있으며, 이와나미쇼텐에서 출판한 문고본도 적

---

24) 陳建忠, 『書寫台灣/台灣書寫: 賴和的文學思想研究』, 高雄: 春暉出版, 2004, 304쪽.
25) 秋吉收, 「賴和與徐玉諾: '台灣的魯迅'與大陸新文學的關係」, 『彰化文學大論述』, 台北: 五南圖書出版, 2007, 120~142쪽.

지 않게 소장하고 있었다. 여기서 우리는 쇼와 초기의 제국 출판물인 '엔본'과 '문고본'이 식민지 지식인들의 삶에서 없어서는 안 될 문화적 장치였다는 것을 알 수 있다. 도서 내용을 자세히 들여다보면, 그 중 적지 않은 사회주의 사상 관련 도서를 발견할 수 있다. 라이허와 라이셴잉의 소장도서 내용에서, 식민지 시기 구한문(舊漢文) 소양이 있는 신문학운동가들이 중문 도서잡지 독서를 통해, 중국 신문학운동을 이해하고 이를 타이완 신문학운동 발전에 참고했다는 점과 일본어 번역본 독서를 통해 서구 신지식을 획득하여 세계를 보는 시야를 넓혔다는 점을 알 수 있다.

룽잉쭝은 일제 시기 몇 안 되는 도서소장가 중 한 명이다. 전쟁 이전 시기 일본어는 그가 지식을 습득하는 주요 언어였기에, 당시 소장한 도서 대부분은 일본어 서적으로, 그의 일기와 작품 모두에서 소장도서와 관련된 흔적을 찾아볼 수 있다.[26] 그는 한 좌담회의 '사숙(私淑)하는 작가 및 그 이유'[27]라는 화제에서, "소년 시절에는 투르게네프, 그 이후에는 고골, 최근에는 졸라에 관심이 있다"라고 말한 적이 있다. 그가 주로 외국 작품을 익히고 모방하며, 거기서 깊은 영향을 받았음을 알 수 있다. 「독서편력기」(讀書遍歷記)라는 글에도 그의 독서 경력이 자세하게 나와 있으니, 여기서는 더 이상 부가 설명을 하지 않겠다. 하지만 주목할 만한 것은, 전쟁 이전 시기 룽잉쭝은 루쉰 문학 외에는 중국 현대문학을 거의 논하지 않았으며, 전후 초기에도 『중화일보』(中華日報) '일본어' 문예란에 당시 타이완 문화 재건 필요로 마지못해 중국 문학·정치·역사에 대한 견해를 밝혔다

---

26) 王惠珍, 「殖民地作家的文化素養問題」, 47~68쪽; 「浴火鳳凰: 關於龍瑛宗的台南時期兼論 『女性素描』」, 靜宜大學中文學系主辦, 張文環及其同時代作家學術研討會, 2003年 10月 18日, 183~207쪽.
27) 「台湾代表的作家の文芸を語る座談会」, 『台湾芸術』 3卷 11号, 1942.

는 점이다. 게다가 그러한 지식 내용도 전후에 형성된 것이 아니라, 전쟁 기간에 '지나' 관련 서적과 중국 현대문학 작품의 일본어 번역본을 읽으면서 쌓인 것으로, 중국 현대문학에 대해 그는 세계문학이 정한 평가기준으로 평론할 뿐이었다.[28] 중국 사회의 발전에 대해 그는 "현재의 중국문화는 세계에 딱히 내세울 것이 없는 낙오 국가이지만, 과거에는 훌륭한 문화가 있었다. 그러나 중국의 역사 발전은 '아시아식 생산 패턴의 답보'와 세계 제국주의의 경제적 침략으로 인해 심각한 파멸적 경제 낙후 과정을 밟고 있는데, 상부구조의 정치부패가 더해지면서, 중국문화는 이로써 정체되어 후퇴할 것이다"[29]라고 여겼다. 전쟁 이전 시기 그가 헤겔의 '아시아식 생산 패턴의 답보' 논조의 영향을 깊이 받았음을 알 수 있다. 이 논조는 메이지 이래 아시아를 벗어나 서구를 지향[脫亞入歐]하려는 일본 국가전략을 지탱시켜 주던 중국 인식, 즉 소위 '동양식의 정체(停滯)', '동양식의 독단'이라는 개념이다. 중국에 대한 이런 인식은 쇼와 지식인들에게 군사적인 침략으로 중국의 구(舊)사회를 해체하고 갱신한다는 역사적 실천의 정당화 이론을 제공해 준 셈이다.[30] 또한 이를 통해, 예룽중(葉榮鐘)이 "조국의 실정에 대해 타이완인들이 얻을 수 있는 자료는 모두 일본인에 의해 재단되고 염색된 가공품뿐이었다"[31]라고 말한 것처럼, 전후 타이완인들의 중국관은 전쟁 시기 일본 '지나학' 내용의 전파와 제국적 시각의 영향으로 편파적 경향을 띠고 있음을 알 수 있다.

---

28) 王惠珍,「龍瑛宗の読んだ中国文学: 日本語の翻訳による受容」,『中國文學會紀要』第27集, 2006, 131~150쪽.
29) 龍瑛宗,「中國古代の科学書: 宋應星の『天工開物』」,『中華日報』1946年 9月 16日字.
30) 子安邦宣,『'アジア'はどう語られてきたか』, 東京: 藤原書店, 2003, 141~142쪽.
31) 葉榮鐘,「台灣省光復前後的回憶」,『葉榮鐘全集 2: 台灣人物群像』, 台中: 晨星出版, 2000, 447쪽.

자신의 학력이 부족하다고 여겼던 룽잉쭝은 앞서 언급한 좌익 관련 독서 외에 교양 관련 서적도 많이 소장했다. 타이베이 고등학교 학생 동아리 '뉴스부'에서 발행한『타이가오』(台高) 제18호 '독서 경향 조사'[32]에 나열된 교양도서 목록을 그가 소장한 교양도서와 비교 대조해 보면, 대부분을 찾아낼 수 있다. 예를 들어, 독서 경향 조사항목에도 있었던 가와이 에이지로(河合榮治郎)의『학생과 과학』,『학생과 교양』,『학생과 생활』,『학생과 역사』등이다. 이 설문조사를 통해서, 쇼와 시기 교양주의 영향하에, 당시 타이베이 고등학교 학생들의 지식 수준과 독서 내용이 내지 고등학교 학생들과 별 차이가 없었다는 것을 알 수 있다. 열심히 독학하던 그도 이 서적들을 통해 개인 문화소양을 쌓아 갔던 것이다. 쇼와 10년대부터 시작된 교양주의는 중일전쟁과 태평양전쟁을 겪으면서도 고등학생들 사이에 여전히 매우 성행했다. 그 중 가와이 에이지로의 '학생과 ○○'이라는 학생 총서 시리즈는 5년간 지속적으로 출판된 베스트셀러로, 쇼와 10년대 일본 구제도의 고등학생과 대학생들의 교양주의에 큰 영향을 끼쳤다. 어떤 의미에서 이런 학생들의 교양 간행물과 제국주의 선전물은 서로 대항적 효과를 지녔으며, 학생들 스스로 인성에 대해 비교적 깊은 통찰을 할 수 있게 만들었다.[33] 동시에 룽잉쭝과 같은 일본어 세대가 어떻게 독학을 통해 개인 문화 교양을 쌓았는지도 엿볼 수 있다. 라이허와 룽잉쭝은 식민 시기 각기 다른 세대의 지식인으로, 소장도서 내용을 통해 그들이 세대 및 언어 관계의 제약을 받으면서 각기 다른 성향을 보였음을 알 수 있

---

32) 蔡錦堂,「日本治台後半期的'奢侈品': 台北高等學校與近代台灣菁英的誕生」,『2007年日台學術交流國際會議論文集』에서 재인용.

33) 筒井淸忠,「近·現代日本における教養主義成立と展開」,『社会科学研究』20卷 1号, 中京大学 社会科学研究所, 2000, 1~20쪽.

다. 하지만 동시에 타이완의 중·일문 도서 유통 성행은 그들의 도서 소장, 독서, 창작 활동과 불가분의 관계를 갖고 있다는 사실과 그것이 그들의 지식 취사선택 성향에도 큰 영향을 미쳤음을 알 수 있다.

## 4. 총력전 시기의 '지나' 독서

일본 출판계는 제국의 '아시아 부흥'[興亞]과 '대동아공영권' 건설이라는 시국 선전 필요성에 부응하여, 이른바 '지나학' 총서를 대량 번역 출판했는데, 소겐샤(創元社)의 『지나총서』, 진분카쿠(人文閣)의 『지나문화총서』, 이와나미쇼텐과 도세이샤(東成社)의 『현대지나문학총서』 등이 그것이다. 비록 도서와 역자의 수준이 천차만별이었지만,[34] 총력전 시기에 '지나'와 관련된 사상·풍습·문학 등 개론서가 대량 번역되면서 '지나' 붐이 일어난 건 확실하다. 하지만 요시카와 고지로(吉川幸次郎)는 이런 지나학 붐을 '외열내랭'(外熱內冷) 현상이라고 여겼는데, 이는 대량의 지나 관련 서적이 번역되었지만, 도처에서 오역이 발견되었기 때문이다. 심지어는 왕징웨이(汪精衛)의 성명서에 심각한 오역이 있었는데도 불구하고 신문에 그대로 등재되었다. 사실 지나 문제에 대한 관심은 외적인 객관 환경 수요에 부응했을 뿐이었다.[35] 번역본 수준 문제를 제쳐 두더라도, 총력전 시기 '지나' 번역 붐 영향은 일본 내지뿐 아니라 루허뤄, 우신룽 등과 같은 식민지 지식인들의 '지나' 연구에 대한 홍미를 자극시켰고, 그들의 중국 관련 독서 욕망을 만족시켰다. 비록 그 내용이 제국적 관점에서 벗어나기

---

34) 竹內好, 「翻譯時評」, 『中國文學』 第68號, 1940, 314~319쪽.
35) 吉川幸次郎, 「翻譯時評」, 『中國文學』 第76號, 1941, 256~261쪽.

는 힘들었지만, 전쟁 시기 타이완 지식인의 중국에 대한 상상과 전후 초기 중국 정권 수립에 대한 태도에 직접적으로 영향을 끼쳤다.

일기는 한 개인의 생활 경험을 이해하는 중요한 자료이기에, 작가의 일기를 통해 작가 개인의 독서사와 창작 과정을 엿볼 수 있다. 이에 『루허뤄 일기』[36]와 『우신룽 일기』[37]의 전쟁 시기 내용을 주제로, 그들의 '지나' 독서에 대해 밝혀 보고자 한다.

『루허뤄 일기』(1942~1944)는 태평양전쟁 발발 후 전쟁 동원이 대대적으로 진행되던 시기에 쓰여졌다. 일기 내용을 통해 전쟁 시기 그의 창작 상황과 구독 경향을 알 수 있다. 지리적 이점으로 그도 중앙서국(中央書局)에서 『주코코론』(中央公論), 『가이조』(改造), 『분게이슌주』(文芸春秋) 등 종합 잡지와 『신초』(新潮), 『지세』(知性) 등 문예잡지를 대출해 읽었다. 희극이론과 문학작품 중심의 전문 저서를 읽었고, 일본문학과 일역본 세계문학 외에도 중국 전통 희극과 통속소설에도 높은 관심을 보였다. 예를 들어 『환혼기』(還魂記), 『호구전』(好逑傳), 『도화선』(桃花扇), 『청궁 2년기』(淸宮二年記), 『금고기관』(今古奇觀),[38] 『삼국지』(三國志) 등과 린위탕 (林語堂)의 『경화연운』(京華煙雲), 라오서(老舍)의 『낙타샹쯔』(駱駝祥子) 등 중국 현대문학 작품의 일본어 번역본 등이 있다. 당시 마쓰에다 시게오

---

36) 呂赫若, 『呂赫若日記』. 이 글은 번역문을 참고한 것이니, 이후 개역한 부분에 대해 필자는 책임지지 않는다.

37) 吳新榮, 『吳新榮日記全集』, 台南: 國立台灣文學館, 2007. 이 글은 번역문을 참고한 것이니, 이후 개역한 부분에 대해 필자는 책임지지 않는다.

38) 『타이완문학』 3권 2호와 3권 3호에서 시미즈쇼텐(淸水書店)에서 출판한 『금고기관』의 광고를 볼 수 있는데, 광고문 '저자의 말'에는 특히 "지금은 새로운 동아시아 건설을 부르짖어야 할 시대다. 이 목표를 달성하기 위해, 우리는 가장 큰 이웃인 중국을 더욱 이해해야 한다"라고 언급되어 있다. 이로써 이 책이 '대동아건설'의 기치를 내걸고 시류에 따라 출판한 번역판임을 알 수 있다.

(松枝茂夫)가 번역한 『홍루몽』(이와나미쇼텐, 1940)[39]이 있었지만, 루허뤄 자신도 『홍루몽』을 번역할 계획을 세웠는데, 이는 아마 타이완인의 가족 생활을 그리는 그의 창작 주제와 관련이 있을 것이다.

전쟁 시기 루허뤄는 일기에서, "중국 관련 서적을 읽음으로써, 타이완 생활을 들여다보고 싶다"(1943년 2월 10일)라고 밝히고 있지만, 언어와 번역본의 한계로 고전 통속소설과 희곡에 제한된 독서를 했고, 현대 중국 소설에 대한 섭렵은 비교적 적었다. 동시에 그는 동서양 소설과 일본 소설 간의 차이를 비교하면서 "단편소설은 일본을 본보기로 해야 하고, 장편소설은 서양과 지나를 배워야 한다"(1943년 5월 22일)라고 했고, "중국 연구는 학문을 위해서가 아닌, 나의 의무로, 이는 나 자신을 알아야 하기 때문이다. 동양으로 회귀하여 동양이라는 자각적 의식에 입각한 작품을 쓰고 싶다"(1943년 6월 7일)라고 밝혔다. 그는 전쟁 시기 동양 회귀 사상에 기초해, 비판적인 '지나' 독서를 했다. 이 외에 전쟁 시기 '지나' 관련 지식에 대해, 칼 크로(Carl Crow)의 『지나인 기질』(1943년 3월 13일), 이오카 소호(井岡咀芳)의 『만주와 지나의 풍속 고찰』(1943년 5월 21일), 다카타 신지(高田眞治)의 『지나 사상 연구』(1943년 6월 5일), 히라하라 호쿠도(平原北堂)의 『지나사상사』(동아사상전집, 1943년 6월 7일) 등도 읽었다.

『우신룽 일기』(1933~1967)의 기간은 총력전 전후(前後)에 걸쳐 있다. 1938년 1월부터 1945년 8월까지는 주로 일본어로 썼고, 그 외에는 중국어로 쓰면서 간혹 타이완어를 섞어 썼다. 여기서는 그의 전쟁 이전 일기

---

39) 예스타오(葉石濤)는 장선체(張深切)와 루허뤄가 『홍루몽』을 읽은 경험을 언급했고, 자신과 부인도 이와나미쇼텐의 『홍루몽』 일본어 번역본을 읽었다고 밝혔다. 葉石濤, 「日治時代『紅樓夢』在台灣」, 『追憶文學歲月』, 台北: 九歌, 1999.

를 통해, 그의 '지나' 독서를 들여다보고자 한다. 중일전쟁 발발 후 타이완에서 중문 도서 출판은 거의 불가능했고 일본어 도서만 출판할 수 있었기 때문에, 당시 타이완 작가들은 일부 중국 고전명작을 일본어로 번역해 출판했는데, 황더스가 개역한 『수호전』, 양쿠이가 번역한 『삼국연의』(三國演義), 류완춘(劉頑椿)의 『악비』(岳飛), 황쭝쿠이(黃宗葵)가 번역한 『목란종군』(木蘭從軍) 등이 있다.[40] 타이완 신문학 작가들은 중문 사용 금지 정책의 틈 속에서, 중국 통속 백화소설을 일본어로 번역했는데, 이런 일본어 번역 활동이 가능했던 이유는 전쟁 시기 '지나' 출판 환경의 영향 때문이었다. 독자들의 관심을 끌려고 실은, 황더스가 개역한 『수호전』 광고 문구 "지나를 이해하기 위해서는 지나의 대표 문학작품을 통해 그들의 생활과 사상을 이해하는 것이 가장 실상에 가깝다"로부터 출판사의 출판 동기를 엿볼 수 있다(『台灣文學』 3卷 2號). 또한 시미즈쇼텐에서도 타이완 작가 위주의 『타이완문학』에 사토 하루오(佐藤春夫)의 『평요전』(平妖傳) 역주를 실었고(『台灣文學』 4卷 1號, 47쪽), 나카시마 고토(中島孤島)가 번역 편집한 『개정 서유기』에 대한 광고를 실었다(94쪽). 『우신룽 일기』 속에, "타이완예술사(台灣藝術社)는 『서유기』를 출판함으로써 큰돈을 벌었기 때문에, 문화 측면에서 조금의 희생을 감수해도 괜찮다"(1942년 8월 16일)와 "쉬칭지(徐淸吉), 황경선(黃庚申), 아버지 그리고 나는 거실에서 태연자약하게 『삼국지』, 『수호전』에 대해 토론했다"(1942년 4월 15일) 등의 대목에서, 전쟁 시기에 중국 고전 백화소설 독자층의 수요 만족을 위해 타이완 독서 시장에 일본어 번역본이 널리 유통되었음을 알 수 있다.

---

40) 辛廣偉, 『台灣出版史』, 石家庄: 河北教育出版社, 2001, 16쪽.

일본어로 번역된 타이완 내의 중국 통속소설은 '지나' 독서 욕망을 다소나마 만족시켜 줬지만, 우신룽은 여전히 직접 일본 내지 출판사에서 우편 구매하거나 일본에 거주하는 친지, 친구들에게 부탁해 '지나' 관련 서적을 구매했다. 예를 들어『유물사관 지나사』,『지나고대사회사론』,『우리 나라와 우리 국민』,『적색지나』,『동양고대문화사담』,『지나의학사』,『장제스』,『지나와 지나인』,『현대 지나 비평』등이 있다. 동시에 일기 내용을 통해 전쟁 시기 우신룽의 낙담한 심정을 읽을 수 있는데, 독서는 그가 울적함을 달래고 전쟁 상황을 이해하는 방식이었음을 알 수 있다. 그의 '지나' 독서 활동은 전쟁 중 일본 출판업자들이 체계적으로 '지나' 관련 연구서를 출판한 것과 밀접한 관계가 있다.

1937년 이후 중문 독서 인구가 위축되면서, 타이완 사람들이 중문을 통해 중국 지식을 획득하는 길이 가로막혔다. 일기 속 그의 독서 경력으로부터 식민지 지식인들은 단지 제국이 선택적으로 번역해서 소개한 출판물에 의존해서만 중국 문화, 역사 등 관련 정보를 획득할 수 있었다는 것을 알 수 있다. 우신룽은 중일전쟁 발발 이후 일기에 "나는 독서할 때마다 스스로의 정신 타락에 자책하고, 이 시대의 번민과 무력함에 한탄한다. 며칠 안에『유물사관 지나사』를 다 읽어야겠다"(1938년 1월 15일)라는 글과 "우리는 역사의 파동성을 믿는다. 지금은 수저(水底)에 있지만, 꼭 다시 해상(海上)으로 올라설 것이다. 그렇기 때문에 우리는 다음 시대에 기쁨과 평화를 맞게 될 것이라는 낙관을 할 수 있다"(1938년 1월 20일)라는 글을 썼다. 이를 통해 중일전쟁 시기 타이완 지식인들은 식민 종주국과 조국 사이에 끼어 난처함과 무력감을 느끼며, 그저 곧 평화가 올 거라고 믿는 것 외에, 독서를 통한 '지나'에 대한 이해로 전체 국면을 조망하여 자신을 안착시키는 방법밖에 없었음을 알 수 있다. 그는 일기에 직접 독후감과

서평을 적었다. "린위탕의 『우리 나라와 우리 국민』을 다 읽었다. 이 책은 내가 기대했던 것만큼 좋은 교훈을 주지는 못했다. 유일하게 탄복한 점은, 저자의 해박한 지식과 중국 민족의 결점에 대해 여지없이 공격한 부분이다. 물론, 중국 고유 문화를 거듭 강조하고 있지만, 마지막에는 법치만이 중국을 구원할 수 있다고 주장하고 있다. 그의 이 설은 감복할 만하다. 이 책에 대한 나의 감상을 말하자면 '중국 민족은 멸망하지 않을 것이다'라는 한마디다"(1939년 4월 20일)라고 적었다. 1939년 8월 15일 일기에는, "웰스(H. G. Wells)의 『세계문화사대계』, 귀모뤄(郭沫若)의 『중국고대사회연구』, 이시카와 산시로(石川三四郎)의 『동양고대문화사담』은 내 역사 연구의 근원이자 문화 인식의 대표 서적이다"라고 적혀 있다. 또 1940년 6월 10일 일기에는 "오늘 이시마루 도다(石丸藤太)의 『장제스』를 다 읽었다. 어제 읽은 『왕자오밍』(汪兆銘)이 중일전쟁[日支事變] 이후에 치중해 있다면, 이 책은 그 이전에 대해 서술하고 있다. 두 권 다 일본인의 객관적이고 공평한 입장에서 평전했다. 『왕자오밍』의 저자는 왕자오밍을 성인이라 부르고, 『장제스』의 저자는 장제스를 위인이라고 부르니, 좋은 대칭을 이룬다. 이 성인과 위인은 오늘 각자 다른 길을 걸어 중국의 운명을 좌지우지하고 있으니, 또한 매우 풍자적이라고 할 수 있다. 내 생각엔 그들을 성인이나 위인이라고 부르기보다는, 제 각각의 특기로 중국의 미래를 다루고 있는 정치적 영웅이라고 부르는 것이 더욱 적절할 것 같다"라고 적혀 있다. 1940년 7월 12일 일기에는 "오늘도 주코코론에서 부쳐 온 오자키 호쓰미(尾崎秀實)의 『현대 지나 비평』과 무라카미 도모유키(村上知行)의 『지나와 지나인』 두 권의 책을 받았다. 인쇄 제본의 정교함에 놀랐다. 전자는 정치와 경제 방면에, 후자는 사회와 문화 방면에 치중을 두었는데, 모두 지나 문제를 다룬 내가 좋아하는 책들이다. 현대 일본 지나통

(通)의 쌍벽을 이룬다고 할 만하다"라고 적혀 있다. 1943년 9월 12일 일
기에는 "오늘 사토 하루오의 『지나잡기』를 다 읽었다. 이 사람은 지나의
글을 이해하고 지나의 시를 좋아하지만, 지나라는 나라를 이해하지 못하
며 지나인 또한 좋아하지 않는다. 이는 어찌 된 일인가? 나도 시를 읊조리
는 정취를 갖고 있으나, 이런 글깨나 한다고 과시하는 수필류는 딱 질색이
다"라고 적혀 있다. 상술한 인용을 통해서, 식민지 타이완 지식인으로서
우신룽이 당시 중국 정세와 정국 변화에 대해 상당한 관심을 갖고 있었고,
중국의 정치·경제·사회·역사·문화에 대해 전면적이고 깊이 있는 인식
과 이해를 위해 노력했으며, 심지어 중국공산당사를 기술한 『적색지나』[41]
도 섭렵했다는 것을 알 수 있다. 그리고 그는 당시 유명인사 장제스와 왕
자오밍에 대해 개인적인 평가도 내렸다. "중국 역사 속에서, 나는 황제(黃
帝), 주문왕(周文王), 공자(孔子), 노자(老子), 이세민(李世民), 이백(李白),
악비(嶽飛), 그리고 쑨원(孫文) 등의 팔성(八聖)을 꼽을 수 있다. 타이완의
성인을 꼽자면 정청궁(鄭成功)을 들 수 있고, 거기에 지금의 누구를 더 추
가하면, ○○○는 열번째 성인이라고 하겠다"(1939년 6월 23일)라는 글에
서, 전쟁 시기 그가 중국 문화에 대한 동일시 정도가 깊어서, 중국 문화 명
맥을 그릴 때 타이완의 성인도 포함시켰으며, 동시에 시선(詩仙) 이백도
포함시켜 시인을 중시하는 정도를 짐작할 수 있게 했다. 요컨대, 그는 '지
나'를 읽는 동시에 타이완의 미래에 대해서도 깊은 사고를 했던 것이다.

왕스랑은 자신의 회고문[42]에서 타이완 지식인이 어떻게 중·일문 서

---

41) 大久保弘一, 『赤色支那』, 東京: 高山書院, 1938.
42) 蔡易達 編, 下村作次郎 譯, 「王詩琅先生口述回憶錄: 以文學為中心」, 張炎憲·翁佳音 編,
　　『陋巷清士: 王詩琅選集』, 台北: 弘文館, 1986.

적을 통해 다국어를 관통하는 지식 경로로 자신의 지식체계를 구성했는
지를 분명하게 그려 내고 있다. 그는 외국문학을 접할 때 중국어 번역본이
아닌 일본어 번역본을 읽었다. 중국 현대문학에서 그에게 가장 익숙한 학
자는 역시 루쉰이었는데, 서당에서 익힌 한문 기초가 있었기 때문에, 루쉰
의 잡문과 위다푸(鬱達夫)의 『침륜』(沉淪) 등을 그대로 읽었다. 그는 마오
둔(茅盾)의 『한밤중』(子夜)을 번역하려 했으나, 중국으로 가는 바람에 몇
페이지만 번역하고 끝내지 못했다. 장둥팡(張冬芳)도 『타이완문학』에 라
오서(老舍)의 『이혼』(離婚) 1장과 2장을 일본어로 번역해 넣었는데,[43] 정
간되는 바람에 중도에서 끝나고 말았다. 이를 통해, 중국 현대문학에서 루
쉰의 작품을 제외하고는, 전쟁 시기 타이완의 일본어 번역본 전파는 고전
통속소설 문학만큼 흥행하지는 않았음을 알 수 있다. 타이완의 고전 통속
소설 번역 붐과 타이완 대중문학 간의 관계에 대해서는 한 단계 더 나아간
정리가 필요하다.

　　앞서 『루허뤄 일기』와 『우신룽 일기』에서 언급했던 '지나' 서적들의
출판년도는 대부분 1937년 중일전쟁 이후인 1940년대 초반이다. 이로부
터 그들의 독서 취향이 전쟁의 영향으로 발전된 '지나' 관련 지식 출판과
밀접한 관계를 갖고 있음을 알 수 있다. 1937년 타이완에서 중문 게재란
이 폐지되면서, 중문으로 중국 고전과 현대문학 정보를 전달할 길은 막혔
지만, 그들은 오히려 일본어를 매개로 중국 지식을 타이완 문학 영역에 유
통시켰다. 비록 모든 '근대' 지식이 일본어의 통제를 받았지만, 식민지 지
식인은 오히려 일본의 활발한 출판 유통과 전쟁 시기 '지나' 관련 서적 출

---

43) 老舍, 張冬芳 譯, 『離婚』, 第一章, 第二章, 『台灣文學』 3卷 3號, 1943.

판의 유리한 조건을 통해, '중국' 지식을 획득할 수 있는 경로를 찾아 그들만의 정신적 계보를 구성했다.

## 5. 나오는 말

'엔본' 전집과 문고본은 세계문학과 사조의 흐름을 읽고자 하는 식민지 작가들의 독서 욕망을 만족시켜 주었으며, 그들이 문화자본을 축적할 수 있는 물질적 조건을 제공해 주었다. 작가들의 소장도서·탐방·일기를 통해, 그들의 독서행위와 경력을 부분적으로나마 엿볼 수 있었다. 현재 식민지 작가 서재의 소장도서는 단순한 서적이 아니라, 제국 지식체계가 식민지에 퍼지고 변천되고 재연된 의미를 담고 있다.

전쟁 이전 시기 번역 작업에 몰두했던 타이완 작가는 중국 현대문학 작가 루쉰, 저우쬐런(周作人), 마오둔 등과 비교해 볼 때 별로 많지 않은데, 그 이유는 타이완 독서 소비시장의 규모가 작기도 했지만, 무엇보다도 타이완 독자들의 중국어와 일본어 실력과 관련이 있다. 그들은 직접적으로 중국어 번역본이나 일본어 번역본을 통해 세계문학을 대량으로 접할 수 있었기 때문에, 번역의 필요성이 적었던 것이다. 번역본 유통은 전쟁의 영향으로 수량상 어느 정도의 증감을 보였다. 또한 독자들의 교육 배경과 세대 차이에 따라서, 예를 들어 서당의 한문 교육은 받았지만 백화문 교육은 전혀 받지 않은 세대(라이허 등), 완전히 일본어로 창작을 하는 일본어 세대(장원환, 루허뤄, 룽잉쭝 등), 언어를 넘나드는 세대(예스타오, 린헝타이林亨泰, 천첸우陳千武 등)에 따라서, 그리고 중국어와 일본어 숙련도에 따라서 번역본 선택에 차이를 보이는데, 그 중 전쟁 후기의 언어를 넘나드는 세대는 대부분 중국어 번역본으로 중국어를 익혔다. 전후 초기에 심지어『신신』(新新), 『중화』(中華) 등 잡지는 중·일어를 대조 배열했고, 동화서국(東華書局)에서 출판한『중일문대조문예총서』(中日文對照文藝叢書) 같은 중·일어 대조 번역본은 선충원(沈從文)의 작품을 제외한 1930년대 중국 작가의 작품들을 양쿠이 혼자서 일본어로 번역하면서, 중국과 일본의 문화를 소개했다. 타이완 지식인의 지식체계 구성이나 언어를 넘나드는 활동은 번역본의 선독과 밀접한 관련이 있음을 알 수 있다.

타이완 신문학운동 중에 대부분의 작가들은 중·일역본을 통해 세계 문학의 양분을 대량 흡수했지만, 라이허, 양쿠이, 장워쥔(張我軍) 등은 오히려 적극적으로 외국 문학사조를 번역 소개하는 데 가담했다.[44] 여기서 주목할 만한 것은, 타이완 문학은 문화의 근대화 과정에서, 중심으로서의 일본/주변으로서의 타이완이라는 식민 관계를 해소하기 위해, '일본어'의 편리를 이용하여 세계문학 진영으로 진입했다는 점이다. 전쟁 시기 대동아공영권의 외침 속에서, 장싱젠(張星建) 역시 타이완 문학 영역 내에서의 번역문학의 중요성을 인식했다. 그는 "이 섬이 남방 공영권 기지의 틀을 보존하기 위해서는, 지금부터 독자적 문화 창조에 힘써야 하며, 반드시 타이완 주민의 생활수준을 세계 수준으로 끌어올려야 한다. 뿐만 아니라 타이완의 특수성에 기반하여 반드시 번역문화를 진흥시켜야만 한다"라고 주장했다.[45] 동시에 그는 장선체와 루허뤄 등도 모두 번역작업을 했다고 언급했다. 여기에서, 총력전 시기의 번역 소개 활동, 작가의 창작, 그리고 타이완 문학의 문화 주체 형성은 서로 불가분의 관계를 갖고 있음을 알

---

44) 鄧慧恩,「日據時期外來思潮的譯介研究: 以賴和, 楊逵, 張我軍為中心」, 國立清華大學 台灣文學研究所 碩士論文, 2006.
45) 張星建,「翻訳文学について」,『台灣文學』2卷 1號, 1942.

수 있다. 한편 전쟁 말기 번역 언어로는 제국의 국어인 일본어를 선택해야 했기에, 본토 타이완 말로 '대중'에게 그 번역의 혜택을 돌릴 수 없었다. 이로 인해 타이완어는 서술어 단계에 머물렀고,[46] 번역작은 단지 일본어 독서계층의 수요를 만족시키는 데 그쳤다. 물질문화가 제국주의와 함께 타이완 독서문화 시장에 진입한 이후, 타이완의 번역 소개 활동은 점차 제국의 언어문화 체계 속에 편입되었고, 상대적으로 식민지 본토 언어(중문/타이완어)로의 번역 소개는 더욱 위축되었으니, 어떻게 번역 활동을 통해 식민 근대화의 주체성을 획득했다고 논할 수 있겠는가? 일본어 독서활동은 타이완 문화가 근대화로 향하는 중요한 통로가 되었다. 전후 천이(陳儀) 정부의 일본어 사용 금지가 타이완 지식인들의 강렬한 반대에 부딪힌 것은, 세계문화와 연결되던 이 통로가 단절되었기 때문이다.

제국 출판산업계는 이기주의적인 물질 유통에 기반을 두었지만, 의도치 않게 식민지 지식청년의 독서 시야를 넓히고 세계로 넓혀진 상상을 제공해 주었다. 그러나 동시에 부분적 식민지 지식체계도 형성했다. 이 형성 과정에서 타이완 지식인이 수동적으로 받아들이기만 한 것은 아니었다. 근대화 진행의 과정 속에서 독서를 통해 문화자본을 축적하여, 식민사회 체제를 반성하고 제국 비판을 전개해 나갔다. 타이완 토착문화가 완전히 일본 문화 속에 편입되지 않게 하기 위해 타이완의 '특수성'과 미래를 전망하는 '세계성'을 강조하는 패턴을 상용했다. 이로써, 식민 시기 동화 정책에서 오는 압력, 그리고 전후 초기에 동일한 유형으로 이어지는 당국의 중국화(中國化)에서 오는 압력을 해소하고자 했다. 변경에 머물러 온

---

46) 陳培豐,「由敍事, 對話的文體分裂現象來觀察鄕土文學: 翻譯, 文體與近代文學的自主性」,
『台灣文學的東亞思考』, 台北: INK印刻出版, 1996, 190~237쪽.

타이완 지식인들은 자기 문화의 위치 정립으로 늘 가슴을 태워 왔지만, 바로 이런 역량이 타이완의 토착 담론 전개와 사회 발전의 주요 동력이 되었다. 그리고 타이완 지식인들의 독서 경력 정리를 통해, 일제 시기 그들이 문화 교양을 축적하는 과정을 들여다볼 수 있었고, 또한 그들이 현대 타이완 문화의 발자취를 심화시키기 위해 다 함께 노력했음을 분명하게 알 수 있었다.

옮긴이 _ 이해응(이화여자대학교 여성학과 박사연구생)

# 6장 삶의 위기, 사유의 해방
— 하이데거를 읽는 박종홍

김항[*]

## 1. 전쟁, 방법의 쾌락

총력전 체제란 국가 안의 모든 삶이 전쟁으로 소환되어야만 의미를 부여받을 수 있는 체제를 말한다. 병영에 징집된 젊은이들의 발걸음으로부터 가족들을 위해 아침 밥상을 준비하는 아낙네의 손길까지, 전쟁이라는 최종심급에 소환되어 판단되지 않으면 삶이 허용과 금지의 문턱에도 다다르지 못하는 체제가 총력전인 셈이다. 여기서는 평상시에 통용되던 실정법(positive law)도 관습(customs)도 그 효력을 상실한다(suspended). 따라서 젊은이의 발걸음과 아낙네의 손길은 어떤 준칙을 따라 작동할 수 없다. 그래서 그들/그녀들의 발걸음과 손길은 모든 준칙이 사라진 공간에서 반복되는 '결단'이어야만 하기에 무한대로 자유롭지만, '전쟁'이라는 총체적 카타스트로프 속으로 영원히 빨려 들어간다는 점에서 더할 나위 없이

---

[*] 고려대학교 민족문화연구소 HK 연구교수

종속적이다. 그런 의미에서 총력전이란 전쟁이라는 거대한 블랙홀로 삶의 모든 부문이 흡수되어 자유를 박탈하는 전체주의이기도 하지만, 삶과 행위와 사유의 모든 국면에서 따라야 할 준칙 없이 절대적 결단만이 연속되는 무질서 자체이기도 하다. 전쟁이 카타스트로프인 한에서, 그곳으로 빨려 들어가면 갈수록 삶은 실이 끊긴 연처럼 부유하게 마련이기 때문이다. 따라서 영원한 '중간 상태', 아무것도 결정된 것이 없는 잠정적인 상황, 그렇지만 동시에 인간이 제어할 수 없는 운명적 파국의 인력에 붙들려 있는 상태, 즉 자유가 완전히 박탈당함과 동시에 무한한 자유가 펼쳐지는 공간이야말로 총력전 체제인 셈이다.

이것이 바로 '전쟁'이 '국가/법'과 더불어 열어젖히는 역설적 공간이다. 소위 말하는 15년 전쟁 동안, 제국 일본은 평시에 법적으로 통용되던 조항들을 하나씩 제거해 갔다. 물론 모든 조항이 일거에 멈춘 것은 아니지만, '계엄'(martial law)에 상응하는 조치들을 부지불식간에 중첩해 나간 결과로 태평양전쟁 개전 시기에 이르면 헌법에 보장된 개인의 기본권은 대부분이 효력 정지되기에 이른다. 사상 통제는 물론이며 '중요 산업 통제'를 전면으로 내세워 생산 활동에서의 자율성 등이 온데간데없이 자취를 감추고 만 것이다. 그러나 아무리 역설적으로 들릴지라도 이 끔찍한 전체주의적 통제 체제하에서 인간의 삶, 특히 '사유'(Denken)는 무한한 자유를 누릴 수 있었다. 열병에 걸린 듯 제국 일본이 주도할 새로운 세계질서를 놓고 수다를 늘어놓은 '근대의 초극' 좌담회에서, 유럽 보편주의에 기초한 철학과 역사학를 넘어설 계기를 전쟁에서 추출하여 흥분을 감추지 못한 교토학파의 철학자들에 이르기까지, '전쟁'은 유럽이 만들어 놓은 '법칙'을 효력 정지시켜 새로운 질서를 만들어 내는 계기였기 때문이다. 이 안에서 '사유'는 무한한 자유를 누릴 수 있었다. 그도 그럴 것이 '세계'를 분류하

고 질서 짓는 준칙(그것이 어떤 것이더라도)이 효력을 상실했을 때, '사유'
는 붕괴와 위기의 과정 속에서 새로운 무언가를 만들어 낼 무한한 자유를
획득할 수 있기 때문이다. 근대 일본이 낳은 최대의 문학평론가 고바야시
히데오(小林秀雄, 1902~1983)는 이를 다음과 같은 말로 표현했다.

비상시라는 말이 있다. 일본 국가가 오늘날 조우한 위기는 그야말로 비
상시라 불릴 만한 것이다. 그런데 비상시의 사상 따위는 없다. 우리는 평
상시에 신중하게 쌓아 올린 사상이 있을 뿐이라는 사실을 명심해야만 한
다. 다시 한번 말하지만 비상시의 사상이란 없다. 비상시의 정책만이 존
재할 뿐이다.[1]

의심하려고 들면 오늘날만큼 의심할 것이 널려 있는 때는 없다. 모든 것이
의심스럽다. 그런데 그런 때에도 의심하려면 의심할 수 있는 관념의 한 자
락이나 이데올로기의 부스러기를 믿을까 말까 고민하는 표정을 짓고 있
는가? 의심스러우면 모든 것을 의심해 봐라. 인간의 정신을 비웃는 듯 적
나라한 사물의 움직임이 보일 것이다. 그리고 성욕과 같이 의심할 수 없는
너의 에고이즘, 즉 애국심이라는 것이 보일 것이다. 그 두 개만이 남을 것
이다. 그곳으로부터 다시 일어서야 할 때, 그것을 비상시라고 한다.[2]

마루야마 마사오(丸山眞男, 1914~1996)가 지적했듯이 고바야시 히
데오는 일본의 문학평론가 중 드물게 사유의 추상성을 이해했던 인물이

---

1) 小林秀雄, 「事變と文學」(1939), 『小林秀雄全集 6』, 東京: 新潮社, 2001, 57~58쪽.
2) 小林秀雄, 「神風という言葉について」(1939), 『小林秀雄全集 6』, 75~76쪽.

다.[3] 이렇게 말할 때 마루야마가 말하는 사상의 추상성이란, 사유가 주체의 인식에도 대상의 물질성에도 환원될 수 없는 고유한 존재론적 지위를 갖게 되는 것을 의미한다. 마루야마는 이런 원칙을 바탕으로 주체의 의지에도 계급의 사회성에도 환원될 수 없는 정치행위론을 설파했으며, 고바야시는 작가의 경험이나 삶에도 사회/경제/정치라는 외부세계의 정세로도 환원될 수 없는 문학론을 주창했다. 고바야시는 발레리(Paul Valéry)의 「무슈 테스트」를 통한 데카르트 주해에서 이러한 그의 방법적 원리를 설명한다. "데카르트는 '스스로의 주의력을 남김 없이 쏟아부어 자기 안에 틀어박히는 일'이라고 테스트 씨가 설명하는 내면의 섬을 만들어 낸 셈이다. 즉 섬을 한 바퀴 돌아 '형태와 운동으로 환원된' 인성(人性)이라는 대해(大海)에 다다른 것이다(형태와 운동이란 물론 이해의 추상적 형식을 의미하지 않는다. 이것은 발레리가 자주 입에 담았던 '진정한 무질서'를 말한다). 전통이나 인습이나 약속이나 가정 위에 선 이해라는 것을 의심하고 진정한 무질서에 다다르는 일, 이 일을 가능한 한 스스로의 내면에 틀어박힘으로써 실행하는 일, 이런 정신이 성취하는 고독은 낭만주의 문학이 발명한 고독과는 전혀 다른 무엇이다."[4]

제일 마지막 문장, 즉 낭만주의 문학의 고독과는 전혀 다르다는 지적은 동시에 사실주의 문학의 사회성과도 전혀 다르다는 의미를 내포하고 있다. 테스트 씨를 따라 이해된 코기토(cogito)는 단순히 자아 안에 틀어박힌 자폐적 존재도 아니며, 기존의 '이해/의미'를 넘어서서 '외부세계'와 '만나려는 나'이기 때문이다. 이때의 '나', 즉 모든 인식의 출발점이자 종착

---

3) 丸山眞男, 「近代日本の思想と文學」(1958), 『日本の思想』, 東京: 岩波書店, 1961 참조.
4) 小林秀雄, 「『テスト氏』の方法」(1932), 『小林秀雄全集6』, 321쪽.

점인 코기토는 결코 고정된 세계 안에서 살아가는 안정적인 존재가 될 수 없다. 이 '나'가 '나'가 되기 위해서는 끊임없이 외부세계를 이해하고 의미화하는 준칙들(전통/인습/약속/가정)을 효력 정지시켜야 하기 때문이다. 따라서 고바야시의 방법적 원칙이란 세계를 이해하고 의미화하는 틀을 끊임없이 멈추어, '진정한 무질서'로서의 세계와 마주하는 것이었다. 그에게 비평이란 이 '나'의 '코기토'를 획득하는 일에 다름 아니었고 말이다.

이런 고바야시에게 '전쟁'이란 바로 세계 자체가 진정한 무질서로 나아가는 사건이었다. '비상시'란 기댈 수 있는 확실한 법칙이나 원리가 없는 상태였기에, 인간들은 적나라한 사물의 움직임과 스스로의 성욕과 마주할 수밖에 없는 것이다. 이때 고바야시의 방법은 사라지고 만다. 왜냐하면 세계 자체가 이미 적나라한 사물의 움직임을 드러내고 있기에, 비평적 방법을 통한 사물과의 조우는 사유의 힘을 필요로 하지 않기 때문이다. 따라서 고바야시는 '비상시의 사상'이 아니라 '비상시의 정책', 즉 '실천'만이 필요함을 설파한 것이다. 그러나 이것은 동시에 방법의 쾌락이기도 하다. 이 시기에 이르러 사유는 스스로를 작동시키지 않고도 눈에 들어오는 세계 자체가 스스로 적나라한 사물의 움직임이 되는 방법의 영도에 다다르기 때문이다. 즉 사유는 아무것도 하지 않아도 모든 것을 성취할 수 있는 극한의 쾌락을 경험하게 되는 것이다. 이것이 고바야시 히데오라는 희대의 비평가가 보여 준 총력전 체제하의 사유의 자유(말할 필요도 없이 매우 역설적인 것이기에 이 자유는 마비이기도 하다)라고 할 수 있다.

아마도 총력전 체제하의 문학 혹은 철학의 사유는 고바야시 히데오가 전개한 이 방법의 쾌락을 소실점으로 하여 가늠되어야 할 것이다. 근대 초극론이나 세계사의 철학에서 감지할 수 있는, 저 이상한 열기는 바로 이 쾌락에 근원을 두고 있기 때문이다. 사태는 식민지 조선에서도 마찬가지였다. 흔히들 어둡고 열악하고 답답하고 위태로운 공간으로 생각하는 총력전 체제하의 경성에서, 지금부터 주목하고자 하는 철학자 박종홍(朴鍾鴻, 1903~1976)은 '우리-내-존재'라고 명명할 수 있는 철학적 전회를 통해 스스로의 사유 방법에 흠뻑 취할 수 있었다. 그것은 민족주의와 맑스주의라는 세계/삶에 대한 '근대적 이해/의미화'의 틀을 효력 정지시키고, 더불어 살아온/살아갈 이들의 실존적인 공동존재성을 개시할 수 있는 가능성을 탐구하는 일이었다. 그는 근대적 민족과 계급으로는 명명될 수 없는 '국가 없는 민족'인 조선의 삶을 '우리'라는 '적나라한 공동존재의 이름'을 통해 사유코자 했던 것이다. 총력전 체제하 박종홍의 키워드 '위기' 혹은 '전환기'란 말은 이런 맥락에서 이해되어야 하며, 그것은 '제국'에도 '계급'에도 '민족'에도 복무할 수 없었던 한 철학자가 스스로의 사유에 충실하고자 했던 여정이었다. 아래에서는 박종홍이 처했던 철학적 자장과 하이데거 독해에 대한 검토를 통해, '총력전/위기/전환기' 속에서 사유의 해방을 맛보고자 했던 금단의 사유를 살펴보고자 한다.


## 2. 하이데거로 가는 길목

박종홍은 만 19세이던 1922년부터 1923년까지 1년 남짓 『개벽』에 「조선 미술의 사적 고찰」을 연재했다. 이 글은 "吾人은 스스로 審美的 天性을 稟傳하며 美術的 技巧를 本有하야 創造에 特長한 民族이라 自稱하도다. 스스로 美術國이라고 世界에 自誇함을 마지아니 하도다. …… 天職이 在此한 吾人으로서 今日에 至하기까지 上且一部의 美術史를 不有함은 吾人의 無上한 羞恥가 아닐가, 果然痛嘆을 不堪하는 바ㅣ로다"(1922, 『전집B I』, 3쪽)[5]라고 시작한다. 박종홍은 이 글을 쓸 당시를 회상하며 다음과 같이 말하고 있다. "철학 관계 서적으로 내가 제일 먼저 읽은 것은 다카야마 조규라는 사람이 쓴 『美學及美術史』라는 책이다. …… 표지 오른쪽 위에 우리는 모름지기 현대를 초월하지 않으면 안 된다는 어마어마한 글이 씌어 있었다. …… 이 미술사라는 것은 일본의 미술사였다. 그것을 읽으며 일본 미술의 조종이 한국의 미술이었음을 여기저기서 알게 되어 혼자서 억제하기 힘든 흥분을 느끼곤 하였다"(1962, 『전집 VII』, 250~251쪽).

여기서 언급된 다카야마 조규(高山樗牛, 1872~1902)는 요절한 일본의 사상가이며, 『미학 및 미술사』(美学及美術史)는 그의 사후 출판된 전집 1권으로, 미학과 미술사 관련 논문을 모은 것이다. 그 중 「일본 미술사 편찬을 촉구한다」(敢て日本美術史の編纂を促す, 1895)라는 글은 다음과 같이 시작한다. "세계의 미술국이라 자랑하는 우리 나라가 오늘날 하나의 자국 미술사를 가지지 못함을 나는 항상 한탄하지 않을 수 없다."[6] 여기서 알 수 있듯이 박종홍의 「조선 미술의 사적 고찰」은 다카야마의 일본 미술사 서술에서 많은 영향을 받았고, 총론의 대부분을 일본 미술사 서술에서 차용했다. 가령 미술품을 개인 소장하여 공개하지 않는 폐단이라든지(『전집B I』, 4쪽), 조선화의 필법이 사실 묘사가 아니라 인상을 중시했다는 사실이 서구에서 유행하고 있는 인상파를 연상케 한다든지(『전집B I』, 13쪽) 하는 지적은 모두 다카야마의 글에서 지적된 일본 미술의 상황 및 특징과 동일한 것이었다. 물론 박종홍의 조선 미술사 서술이 모두 다카야마에 의존하고 있는 것은 아니다. 실제 서술은 모두 다카야마로부터 비롯된 미술사의

---

5) 이 글에서 형설출판사판 『박종홍 전집 I~VII』(1982)로부터의 인용은 "발표년도, 『전집 권수』, 쪽수"로, 민음사판 『박종홍 전집 I~VII』(1998)로부터의 인용은 "발표년도, 『전집B 권수』, 쪽수"로 본문 안에 표시한다.
6) 高山樗牛, 『美学及び美術史』(增補5版), 東京: 博文館, 1914, 408쪽.

지식을 활용하여 실지 조사와 당대의 문헌을 나름대로 정리한 것이기 때문이다. 다만 여기서 다소 길게 다카야마의 영향을 소개한 것은 조선 미술사 서술에서의 영향만이 아니라, 다카야마로 대변되는 19세기 말 일본 사상계의 자장에 박종홍이 크게 영향받았다는 사실을 지적하기 위해서이다.

다카야마 조규는 1880년대까지는 서구의 문물을 배격하는 이른바 '일본주의'에 심취해 있었으나, 1890년대 들어서는 니체를 소개하며 본능의 해방을 설파한 사상가이다. 이런 그의 미학사상은 독일 이상주의(Ideal-ismus)에 대한 비판을 특색으로 하는데, 당대 최고의 문인 모리 오가이(森鷗外)가 번역하여 큰 영향력을 행사하던 하르트만(Edward von Hartmann)의 『심미강령』(審美綱領)이 그 구체적인 대상이었다. 오가이는 1891년 중반 일본 근대문학의 효시 쓰보우치 쇼요(坪內逍遙)와 '몰이상(沒理想) 논쟁'을 벌이는데, 이상을 도외시하고 사실 묘사를 예술의 근본으로 주장한 쓰보우치에 대해, 오가이는 예술이란 이상을 추구하는 것을 본질로 하는 활동이라고 설파했다. 이는 일본에서 처음으로 전개된 미학 논쟁이었다.

1899년 도쿄제국대학에서 세계 최초로 '미학'(Aesthetik) 강좌가 개설됨으로써, 이런 논쟁은 당시 학계/언론계의 큰 쟁점으로 떠올랐고, 오가이의 이상주의는 지배적인 해석으로 통용되기에 이른다. 다카야마의 미학은 이에 대한 반론을 시도하는 것이었다. 그는 미학의 범위가 "헤도닉(hedonic)의 범위 안에서 추구되어야 한다"[7]라고 주장하면서, 오가이가 하르트만에 기대어 주장한 이상주의를 반박했다. 이때 논쟁의 쟁점은 아름다움의 기준이 어디에 있느냐는 것이었는데, 이상주의에 따르면 아름다움은 초역사적인 '규범'에 의해 가늠되는 반면, 다카야마는 그런 규범은 주어진 지식을 전제로 하는 것이지 "직접경험으로서는 인정될 수 없다"[8]고 주장했다. 즉 다카야마는 어떤 지식이나 규범 이전의, 쾌/불쾌(헤도닉의 여부) 등의 직접경험에서 미의식이 가늠되어야 한다고 본 것이다. 그가 니체를 본능 해방의 철학자로 소개한 것도 이 맥락에서이며, 박종홍이 인상 깊게 기록하고 있는 "우리는 모름지기 현대를 초월하지 않으면 안 된다"도 이런 사유의 궤도 속에서 이해될 수 있다.

따라서 박종홍은 철학을 접하기 시작했을 때부터 '현대를 초월한다'는 선언과 함께했던 셈이다. 이때 현대는 오가이의 이상주의에서 대표되듯이, 인간의 삶을 보편적 지식이나 규범으로 해석하고 규율하는 시대라고 할 수 있다. 19세기 말에서 20세기 초 사이의 일본에서는 니체나 베르그손 등에 기댄 본능과 생의 철학이 새로운 철학으로 각광을 받고 있었고, 에른스트 마흐(Ernst Mach, 1838~1916)의 경험론이나 페히너(Gustav Theodor Fechner, 1801~1887)의 정신물리학 등이 소개되던 시기였다. 도무지 하나의 경향으로 읽힐 수 없는 이들 사상의 계보가 일본에서 하나의 흐름을 만들어 낸 것은 바로 위에서 언급한 지적 분위기 때문이었다고 할 수 있는데, 생(生), 본능, 순수경험(마흐), 유물론적 심리학(페히너) 등은 모두 문학과 미학에서는 이상주의를, 인식론에서는 주지주의(主知主義)를 반박하기 위해 수용된 것이라 할 수 있다. 이 시기 일본의 젊은 철학자들은 모두 서구로부터 유입된 과학 중심주의와 합리적 계몽주의를 벗어나, 삶의 직접적 경험과 본능에 기초한 사유를 전개하려 했던 셈이다. 그 대표적인 인물이 바로 니시다 기타로(西田幾太郎, 1870~1945)였으며, 박종홍은 다카야마와 함께 니시다의 철학을 탐독함으로써 이 시기 일본 사상계의 자장 안에서 철학적 사유를 개시했다고 할 수 있다.

---

7) 高山樗牛, 『美術及び美術史』, 10쪽.
8) 같은 책, 25쪽.

[철학개론류의 책에 싫증이 나서 ─인용자] 그리하여 니시다라는 사람의 책에 흥미를 느끼기 시작하였다. 『의식의 문제』라는 것을 제일 먼저 읽었다고 기억된다. 그리고 『예술과 도덕』이라는 책을 읽었다. 모두가 나의 철학적인 사색을 북돋우어 주는 데 도움이 되었다. 다른 사람들은 니시다의 『선의 연구』라는 책이 좋다고들 하여 세상에 널리 알려졌었다지만, 나에겐 그리 대단하다고 생각되지도 않았다. 베르그손이나 듀이의 영향으로서 근본경험이라는 것을 내세우게 된 것이라고 보여졌고 主客 未分이니 해 보았자 에트바르트 하르트만의 무의식의 철학이 그보다는 나을 것같이 생각되었던 것이다. 「자각과 반성에 있어서의 직관」이라는 책은 힘이 들었다. 그러나 이것은 그 당시에 유행하던 신칸트학파의 노선을 따라 꾸준히 끈기 있게 사색을 전개한 것이고, 그렇다고 새로운 경지를 개척한 것 같지는 않았다. 하여간 나는 니시다의 책만은 신간이 나오는 대로 그 이후에도 계속하여 거의 빼놓지 않고 읽노라고 하였다. 이것은 나만이 아니라 아마 그 당시 거의 일반적인 경향이었음직도 하다(1962, 『전집 VII』, 254~255쪽).

여기서 중요한 것은 박종홍이 니시다 철학을 폄하하고 있다는 사실이 아니다. 여기서 알 수 있는 사실은 박종홍이 니시다를 경유하여 당대 철학계의 흐름을 받아들일 수 있었다는 점이다. 니시다는 경험론에서 심리학으로, 피히테에서 신칸트학파로, 신칸트학파에서 헤겔로 종잡을 수 없이 스스로의 철학적 입장을 변경해 나간 인물이다. 이를 달리 말하자면 그만큼 유럽 철학계의 움직임에 민감했었다는 이야기고, 박종홍은 니시다를 통해 당대 유럽 철학의 흐름을 체감할 수 있었던 것이다. 여기에 니시다가 가장 총애했던 제자인 미키 기요시(三木淸)가 더해진다. 박종홍의 결혼식 들러리를 설 정도로 친분이 있었고, 경성제대 시절 일상적으로 철학 토론을 벌였던 이재훈은 다음과 같이 회상했다. "일본 철학자 가운데선 박 군은 특히 미키 기요시를 높이 평가하고 있었습니다. 특히 미키가 당시 일본 사상계를 풍미하고 있던 마르크시즘을 하이데거의 존재론적 입장에서 해석하려는 시도에 큰 흥미를 보이고 있었던 것 같아요."[9]

미키는 1923년 마르부르크 대학에서 하이데거의 세미나에 출석했던 유일한 외국인이었다. 1923년은 하이데거 철학의 성립을 따질 때 매우 중요한 해이다. 이해 세미나의 주제는 바로 아리스토텔레스의 『자연학』이었기 때문이다. 1989년도에 뒤늦게 세상에 나온 이른바 『나토르프 보고서』는 『존재와 시간』의 초고로 간주되는 텍스트인데, 하이데거는 1922년 마르부르크 대학에 초빙되기 위해서 당시 철학과 주임 나토르프에게 이 논문을 보냈다. 이 논문의 원 제목은 『아리스토텔레스에 대한 현상학적 해석』으로, 『존재와 시간』의 철학사적 토대가 이 논문에서 서술되어 있다. 미키는 바로 이 보고서 내용을 다룬 세미나에 참석했던 것이며,[10] 그 덕분에 『존재와 시간』이 나오기도 전에 『파스칼에 있어서의 인간의 연구』라는 파스칼에 대한 실존주의적 연구서를 출간할 수 있었다. 이 책은 일본에서, 아니 세계에서 최초로 출간된 하이데거 연구서라고 할 수 있으며, 박종홍의 하이데거 수용은 당시 경성제대 학생들이 그랬던 것처럼 이 미키 기요시를 통해서 이뤄졌다.[11]

---

9) 최정호 엮음, 『스승의 길: 박종홍 박사를 회상한다』, 1977, 일지사, 37쪽.
10) 三木淸, 「讀書遍歷」(1940), 『三木淸全集 1』, 東京: 岩波書店, 1966, 420쪽 참조.
11) 박종홍이 경성제대에 입학한 것은 1929년이다. 이후 박종홍이 졸업한 1934년까지 일본에서 하이데거 관련 논문을 발표한 인물은 미키 기요시와 다나베 하지메(田邊元)를 필두로, 교토제국대학 철학과의 소수에 한정된다. 그 중에서도 미키 기요시는 대학에 소속된 것이 아니라 활발한 저널리즘 활동으로 이 시기 가장 널리 읽힌 철학자였다.

이렇듯 박종홍은 다카야마-니시다로부터 미키 기요시에 이르는 일본 사상계의 자장 속에서 철학적 사유를 습득했다. 그가 본격적인 철학도가 되는 1929년 이후, 일본 사상계의 키워드는 바로 '위기'와 '불안'이었다. 1925년 치안유지법 성립, 1928년 공산당 대검거, 1929년 대공황 등 1920년대 중반 이후의 일본 사회는 사상 탄압과 불황으로 큰 전환기를 맞이하고 있었다. 사상계도 예외는 아니었다. 1929년 미키 기요시는 "사상의 문제는 이제 사상의 위기의 문제로 나타나고 있다"[12]면서, 스스로의 시대가 기존 사상이 전회하는 시대임을 강조했다. 그런데 미키는 단순히 정치적이고 경제적인 '위기'가 '사상'에 미치는 영향을 논한 것이 아니다. 그는 '사상의 위기'란 사상의 생명이라고 주장하면서, 이를 사상의 새로운 가능성을 여는 계기라고 파악했다. "사상의 위기의 필연성을 통찰한 사상가는 자유로운 사상가이며, 그의 눈앞에 위기는 소위 말하는 위기로서 존재할 수 없다."[13] 왜냐하면 사상의 위기란 기존의 사상이 그 타당성을 상실하고 독단론으로 빠져드는 현상을 말하며, 이 자유로운 사상가야말로 이 독단론을 비판하여 새로운 사상을 여는 자이기 때문이다.

따라서 미키가 말하는 위기는 기존 사상의 가치나 의미를 끝까지 비판하여 해체하고, 새로운 사상을 정초하는 계기에 다름 아니다. 그런 의미에서 자유롭고 비판적인 사상가는 언제나 스스로를 '위기' 속에 자리매김해야 한다. 이를 미키는 다음과 같이 말한다.

피히테는 『현대의 특징』에서 지상 생활의 다섯 가지 근본 시기를 나누

---

12) 三木淸, 「危機における理論的意識」(1929), 『三木淸全集 2』, 241쪽.
13) 같은 글, 243쪽.

어, 그가 사는 현대를 그 중 한가운데의 시기, 즉 인류 역사의 제3시기에 해당한다고 간주한다. 그리고 이를 '죄악이 완성된 상태'라고 특징짓고, 그런 현대를 위기로 파악하는 실천적 중요성을 역설했다. 그러나 만약 피히테가 말하듯이 인류 역사의 전 시기가 선험적으로 구성될 수 있다면, 그 안에서 특히 현대가 위기적 시기라고 하는 주장은 납득하기 힘들다. 그 체계 안에서는 모든 시기가 이미 이념적으로 주어져 있기 때문에, 그 안에서 현대는 하나의 과도기이기는 하지만, 특별히 위기의 의미를 가질 수 없기 때문이다. 이와 달리 현재가 절대적인 의미를 가질 때 처음으로 위기도 사유될 수 있다. 위기는 순간으로부터 순간으로 비약하는 비연속적인 시간에서 생각할 수 있는 것이며, 이런 시간은 주체적인 사실적 시간에 다름 아니다. 그러므로 위기의식은 존재에 대한 사실의 초월 관계의 일면적 의식으로서 생겨나는 것이다.[14]

미키는 현재, 즉 지금 이곳을 절대적으로 사유할 때 위기가 사유될 수 있다고 말한다. 위기는 어디까지나 순간으로부터 순간으로 도약하는 절단 속에서 배태되며, 어떠한 외재적인 규칙이나 준칙도 타당하지 않을 때, 게다가 그것이 '주체적인 사실적 시간'일 때 사유될 수 있다. 위의 인용문에서 미키는 하이데거와 신칸트학파의 용어법을 섞어 가며 위기의 철학적 해석을 시도하고 있다. '존재에 대한 사실의 초월 관계'는 바로 그런 해석을 잘 나타내 주는 부분이다. 여기서 미키는 존재라는 용어로 하이데

---

14) 三木淸, 「危機意識의 哲學的解明」(1932), 『三木淸全集 5』, 東京: 岩波書店, 1966, 24쪽. 여기서 상술할 수는 없지만 박종홍, 안호상, 박치우, 신남철 등이 주축이 되어 만든 최초의 한글 철학잡지 『철학』 2호에 실린 박치우의 「위기의 철학」은 이런 미키의 논의를 그대로 차용한 것이다.

거가 말한 '실제적 사실성'(Tatsächlichkeit)을 지시하고 있으며, 이 실제적 사실성은 주관과 분리되어 주어진 대상들의 세계로, 이 세계가 의미를 상실하고 해체되는 것이 '위기'에 다름 아니다. 이때 주관과 대상세계(객관)는 분리되어 존립하기를 그치게 되고, 이 무의미의 세계 속에서 사유는 '위기의식', 즉 '주체적인 사실적 시간'으로 생성한다. 이를 달리 말하면, 주관과 객관을 분리하여 질서 짓던 기존 의미의 망이 해체되고, 새로운 의미의 망이 생성되는 단절의 순간이야말로 위기를 사유하는 의식이며, 미키는 하이데거의 '근본적 사실성'(Faktizität)을 바로 이 단절의 절대적 순간을 사유하는 것으로 읽은 셈이다. 그리고 미키는 이런 절대적 순간의 사유를 바로 "변증법적 사유"[15]라고 불렀다. 이를 변증법이라 명명하면서 미키는 위기를 질서의 붕괴와 창조로 정식화하는 길을 찾으려 했던 것이다.

박종홍은 미키에 의해 이렇게 '위기의식'과 접목된 하이데거를 수용했다. 그는 하이데거의 웅장한 존재론에 만족하지 못했다기보다는, 서구 형이상학의 해체자로서의 하이데거를 '위기'라는 현재의 시간 속에서 접목시키려 했던 것이다. 즉 하이데거가 서구 형이상학의 존재 망각을 현대의 기술 지배와 더불어 문제로 삼았다면, 박종홍은 전쟁을 통해 기존 질서의 붕괴와 도래하지 않은 새로운 질서 사이의 심연에 머무르는 사유를 전개하고자 했던 셈이다. 그래서 "때는 위기, 철학이 그 사명을 다하여야 될 때"(1935, 『전집 I』, 386쪽)는 박종홍이 처했던 객관적인 정황이었다기보다는, 박종홍의 철학이 고개를 들기 위해 요청된 순간이었다. 그래서 그는 하이데거가 현존재의 존재를 통일하는 '심려'(Sorge)라고 부른 존재론적

---

15) 三木清, 「危機における理論的意識」, 244쪽.

양태를 넘어서는 계기를 요청했다. 이제 박종홍과 하이데거의 조우를 살펴볼 차례이다.

## 3. 하이데거를 읽는 박종홍

1956년, 박종홍의 1년간의 외유를 마치고 귀향길에 독일에 들렀다. 이 방문의 주요 목적은 바로 하이데거를 만나는 일이었다. 그는 토트나우베르크의 하이데거 산장을 방문한 뒤 다소 흥분된 어조로 감회를 전달한다.

> 하이데거 교수는 1926년, 지금으로부터 31년 전에 『존재와 시간』이라는 그의 획기적 명저 첫 장에 씌어 있듯이 이곳 토트나우베르크의 그와 같은 생활 속에서 그의 스승 후설에게 드리는 헌사를 집필하였던 것이다. …… 하이데거 교수의 그러한 생활 속에서 현대철학의 중요한 산 역사가 한 페이지씩 만들어지고 있는 것이다. 현대의 지식인으로서 그의 이름을 모를 사람이 거의 없을 정도인 그는 이미 현대인의 정신생활에 커다란 영향을 주고 있지마는 두고두고 20세기 철학사를 길이 빛낼 것이다(1957, 『전집 VII』, 114쪽).

그가 당대의 서구 철학자들과 만난 감상은 지금 전집에 실려 있는 일기에서 엿볼 수 있는데, 하이데거만큼의 흥분된 어조를 찾아볼 수는 없다. 물론 위의 인용문은 공간된 글이라는 차이가 있지만, 또 다른 공간된 글에서 야스퍼스를 평가하는 것과 비교해 볼 때, 박종홍이 얼마나 하이데거를 흠모해 마지않았는지를 가늠해 볼 수 있다. 이 글을 발표한 직후 박종홍은 『하이데거 연구』라는 책의 간행을 예고했고, 그 서문과 1장을 썼지만 이 책은 끝내 간행되지 못했다.[16] 아마도 이 책이 출간되었더라면, 학위논문으로부터 20년이 지난 1950년대에 박종홍이 어떻게 하이데거를 평가했는지를 알 수 있었을 것이다. 그렇지만 해방 후에 집필된 여러 철학개론의 하이데거 부분을 통해 인품이 아니라 하이데거 철학에 대한 박종홍의 평가를 엿볼 수 있다.

> Heidegger는 內向的인 현실 파악의 극치라고 할 선험적 결단성에 의하여 본래적인 자기 존재를 세상 사람으로부터 탈환함으로써 나를 세계에서 이탈시켜 공중에 부동하는 고립적 존재로 만들고 마는가 하면, 간단히 그런 것은 아니다. 현존재는 세계-내-존재(In-der-Welt-sein)로서 세계성을 가진다. 시간성이 존재 이해를 가능하게 하는 것도 시간이 통일된 지평(Horizont)을 현시하기 때문이다. 그리고 Heidegger는 선구적 결단성에 의하여 탈환된 본래적인 자기 존재를 통하여 비로소 본래적인 공동 존재가 생겨진다고 보려는 것을 여기서 주의하고 싶다. 내향적인 고독한 나는 여기서도 다시 사회로 나올 길을 찾지 않을 수 없음을 본다. 그러나 그러한 또 하나의 새로운 사회가 어떻게 전개될 것인가. 일상적 세속적인 현실 사회의 퇴폐성을 剔抉 부정하는 면이 매우 세찬 데 비하여 본래적인 실존에 의하여 형성되어야 할 새로운 사회에 대한 적극적인 건설성이 희박함을 지적 아니할 수가 없다. 더구나 구체적인 행동에 있어서 어떻게 형성되어야 할 것인가는 아직은 Heidegger에 있어서 찾아볼 길이 없다(1954, 『전집 Ⅲ』, 294쪽).[17]

---

16) 이 책의 서문과 1장은 『전집 Ⅲ』, 382~408쪽 참조.
17) 박종홍이 쓴 철학개론서에서 하이데거 항목은 거의 내용이 동일하다.

여기서 박종홍은 하이데거 철학의 공백을 바로 "본래적인 실존에 의하여 형성되어야 할 새로운 사회에 대한 적극적인 건설성"이라고 파악하고 있다. 하이데거는 인간존재가 그 본래적 존재로 되는 길이 너무나도 '향내적'이었다는 것이다. 이는 많은 연구자들이 박종홍의 변증법적 논리의 핵심으로 보는 향내적 태도와 향외적 태도의 통일이라는 착상으로 이어지는 분석이다. 그런 의미에서 박종홍의 변증법은 하이데거와 헤겔의 종합의 길이었다고도 평가할 수 있겠지만, 여기서 중요한 것은 그의 변증법에 대한 상세한 분석이 아니다. 오히려 주목해야 할 점은 박종홍의 변증법의 한 축이 하이데거였다는 점, 더 나아가 그의 변증법은 바로 하이데거철학의 공백을 파악하는 데에서 비롯되었다는 점이다. 왜냐하면 위의 인용문에서 나타나는 하이데거 평가는 1934년도에 제출된 그의 경성제대졸업논문을 그대로 요약한 것이기 때문이다. 따라서 그의 실천적 사유는 하이데거 독해로부터 연원한 것이며, 미키 기요시를 경유한 하이데거 독해는 그 결정적인 역할을 했다고 볼 수 있다. 이때 문제는 과연 향내적인 본래적 존재가 향외적으로 나아가 형성될 '공동존재'와 그것을 가능케 하는 '구체적 행동'이 어떤 것이냐는 것이다. '우리'라는 박종홍 철학의 고유성이 드러나는 것은 바로 이 지점이다.

1934년에 제출된 박종홍의 졸업논문은 『하이데거에 있어서 Sorge에 관하여』(ハイデッガーに於けるSorgeについて)라는 제목의 비교적 짧은 작품이다. 총 8절로 나뉜 이 논문에서 박종홍은 전반부 6개 절을 할애하여 『존재와 시간』의 서론과 1부를 무난하게 요약/정리하고 있다. 우선 그는 하이데거의 존재 물음의 구조를 설명한 후, 현존재의 존재론, 즉 기초존재론이 요청되는 까닭을 현존재의 '이해'(Verstehen)라는 존재구조에 주목하여 요약하고 있다. 세상의 존재자들 중 유일하게 존재(sein)라는 말

을 통해 존재를 이미 이해하고 살아가는 '현존재'(Dasein) 분석에서 존재 분석은 시작되어야 한다는 하이데거의 말을 박종홍은 충실히 요약하고 있는 것이다. 『존재와 시간』의 서론과 1편 전반부를 요약한 이 부분에서 박종홍이 강조하는 부분은 바로 이 기초존재론이 "현존재의 완전한 존재론을 전개하는 것도 아니요, 또한 결코 하나의 구체적 인간학을 논술하고자 하는 것도 아니"(『전집B I』, 210쪽)[18]라는 점이다. 이는 이 논문의 커다란 방향성을 제시해 주는 부분이다.

물론 이 지적은 하이데거 자신에 의한 것을 박종홍이 옮긴 것이다. 그러나 박종홍은 그저 이 부분을 인용한 것이 아니라, 스스로의 독해를 특징짓는 큰 틀을 제시하기 위해 강조했다. 우선 기초존재론이 현존재의 완전한 존재론이 아니라는 점은 하이데거의 논의가 무언가를 결여하고 있음을 암시한다. 박종홍은 이 논문의 마지막 두 개 절에서 이에 대한 비판을 전개한다. 다음으로 기초존재론이 하나의 구체적 인간학이 아니라는 것은 박종홍이 하이데거 철학에서 가장 주목하는 지점이다. 박종홍이 하이데거 철학을 필생의 과제로 삼은 것도 이 지점이라고 해도 과언은 아니다. 이 논문의 전반부 6개 절은 바로 이 지점의 독해에 할애되고 있다. 따라서 이 논문을 읽어 나갈 때 주목해야 할 점은, 박종홍이 구체적 인간학을 벗어난 '인간존재에 관한 연구'의 가능성을 하이데거로부터 추출하고 있다는 점이고, 그의 하이데거 비판은 바로 이 가능성에 대한 제언이라고 할 수 있다.

그렇다면 구체적 인간학을 벗어난 인간존재에 관한 연구란 무엇

---

18) 이 논문은 일본어로 쓰였으며, 번역은 인용자에 의한 것이다. 또 형설출판사의 전집은 형언할 수 없는 일본어 오타로 인해 독해 불가능한 상태임을 지적해 둔다.

인가? 박종홍은 기초존재론의 물음이 비롯되는 현존재의 존재양태에서 논의를 시작한다. 그는 하이데거를 따라 현존재의 존재양태를 실존성(Existenzialität), 근본적 사실성(Faktizität), 퇴폐성(Verfallenheit)으로 본다. 실존성이란 범주(Kategorien)라는 존재론적 특성과 구분되는 것이다. 범주는 존재자들을 차이와 위계의 체계로 환원한다. 예를 들어 물이 물병에, 물병이 책상 위에, 책상이 교실에, 교실이 학교에, 학교가 서울에, 서울이 한국에…… 하는 식으로 존재자의 존재구조가 상위의 범주로 무한 소급해서 구조화하는 것이 범주적 존재이다. 이때 인간은 유와 종으로 짜여진 커다란 카테고리표상(上)에서 차이와 위계에 따라 분류되는 존재자가 되며, 이런 구조 안에서 인간학은 차이와 동일성이라는 상대적인 규정을 통해서만 정초될 수 있다. 실존성은 그런 범주적 차이와 위계와 구분되는 존재론적 구조로, '거기 있음=현존재(Dasein)'를 규정하는 상하위의 근거가 없는 상태이며, 그렇기에 세계 안에 존재하는(in der Welt sein) 것(세계 속에 존재하는 인간)이 아니라, 범주적 구분 이전에 이미 세계와 함께하는 '세계-내-존재'(In-der-Welt-sein)로 존재하는 구조이다.

이 '세계-내-존재'가 세계와 관계하는 양태가 바로 '근본적 사실성'이다. 이는 이미 살펴보았듯이 실제적 사실성(Tatsächlichkeit)과 구분되는 양태라고 할 수 있다. 후자는 이미 어떤 식의 주관이든, 아니면 상위의 범주이든, 그 앞에/아래에 주어진 존재자(Vorhandensein)들의 존재양태이다. 그러나 근본적 사실성은 그러한 주관이나 범주적 연관이 아니라, '이해'(Verstehen)를 통해 구조화된 존재양태라고 할 수 있다. 이는 일상적 인간존재가 세계와 맺는 관계인데, 바로 '기분'(Stimmung)의 상태가 가장 특징적인 양태라고 할 수 있다. 어떤 보편적 지식이나 범주적 이해 이전에 인간존재는 일상적으로 세계 안에 존재하는데, 이때 인간존재는 세계를 대상화하는 것이 아니라 그것과 기분을 통해 관계 맺고 있다는 것이다. 이런 인간존재와 세계의 관계 맺음이야말로 근본적 사실성이다.

이렇듯 실존적이고 근본적 사실성에 바탕한 존재구조를 갖는 인간존재는 일상성 속에서 존재한다. 일상적 세계 안에서 인간은 사물과 도구적 연관으로 세계를 형성하며(망치는 망치라는 개체이기 이전에, 손-못-벽-액자 등과 함께 하나의 근본적 사실성을 형성한다), 타인과 '소문'(Gerade)으로 연관되어 세인(世人, das Man)들의 세계를 형성한다. 이를 하이데거는 퇴폐성(Verfallenheit)이라고 부른다. 이 도구 연관성과 타인들의 세계 속에서 인간존재는 세계에 매몰되어 스스로의 고유성을 자각하기를 멈추기 때문이다. 즉 실존적이고 근본적으로 사실적인 현존재의 존재 방식은, 도구와 타인들 속에 내던져짐으로써 스스로의 고유성을 상실한 채로 존재하고 있는 셈이다.

박종홍이 구체적 인간학이 아닌 인간존재에 대한 탐구를 하이데거에서 시작하는 까닭이 여기에 있다. 딜타이(Wilhelm Dilthey)든 막스 셸러(Max Scheler)든, 인간학은 어떤 식으로든 보편적 지식이나 범주를 통해 인간을 파악한다. 그러나 하이데거는 어디까지나 그런 지식이나 범주가 성립하기 이전의 세계를 통해 인간존재를 파악하려고 한다. 지식과 범주를 괄호 쳐 두고 인간존재를 바라봤을 때 드러나는 존재양태가 바로 실존과 근본적 사실성이며, 이러한 존재양태는 바로 일상적인 퇴폐성 속에 매몰되어 있는 인간존재를 사유의 출발점으로 삼을 수 있게 한다는 것이다.

박종홍은 하이데거가 이런 인간존재의 실존적 통일성을 '심려'(Sorge)에서 찾았다고 분석하면서, 이는 키르케고르의 실존주의와 구분되는 점이라고 지적한다(『전집B I』, 243쪽). 위에서 박종홍이 주목한 하이데거의 기초존재론은 인간존재의 존재양태를 합리적이고 논리적인 의미에서의 '근거 없음'으로 특징짓는 것이라고 할 수 있다. 왜냐하면 지식이나 범주 이전에 이미 세계와 연관을 맺으면서, 게다가 그 존재를 '이해'하면서 존재하고 있는 인간존재는 개념적으로 파악하기(begreifen) 불가능한 존재이기 때문이다. 이를 달리 말하면, 인간존재는 이미 근원적으로 의미의 망 이전에 세계와 더불어 존재하며, 그런 한에서 미키가 말한 의미에서 '위기'의 존재라고 할 수 있다. 키르케고르의 단독자는 바로 이러한 실존적 인간이었다고 할 수 있는데, 그는 이 실존적 인간이 절대적 초월자와 조우하기 위해서는, 즉 까닭 모를 이 위기를 극복하기 위해서는 '도약'이 필요하다고 보았다. 그러므로 키르케고르의 실존은 어디까지나 초월의 계기를 이 세계 바깥에 구하는 것이었다.

그러나 하이데거는 초월의 가능성을 세계 바깥에 구하지 않는다. 하이데거는 이 위기(하이데거는 이를 불안Angst이라고 불렀다)에서 벗어날 가능성이 아니라, 끝없이 이 위기 안에 머무르면서 스스로의 존재양태를 직시할 것을 요구했다. 유한한 존재인 인간이 스스로가 없어지는 경험, 즉 죽음이라는 불가능한 경험을 경험하려고 하는 시간의 지평 속에서 하이데거가 존재의 근원적 구조를 밝히려 했던 까닭이 여기에 있다. 하이데거에 대한 박종홍의 비판은 여기에 집중되어 있다. 그는 이러한 하이데거의 실존적 결단이 매우 강도 높은 주장임을 인정하면서도(『전집B I』, 244쪽), 그것으로 기초존재론이 완전한 존재론을 위한 준비작업이 될 수는 없다고 본 것이다. 왜냐하면 모든 추상적이고 보편적인 지식이나 범주를 괄호치고, 어디까지나 가장 구체적이고 일상적인 인간존재의 양태로부터 출발했음에도, 종국에 하이데거는 '불안' 안에 머무는 내면적 인간이라는 매우 "일면적 추상"(『전집B I』, 248쪽) 결론에 다다랐기 때문이다.

박종홍은 이에 대해 "어디까지나 구체적인 전체적 입장에서 나아가야 한다"(『전집B I』, 248쪽)고 반박했다. 그리고 그는 이 구체적이고 전체적인 입장을 셀러의 '공동사회'를 인용하며 암시한다. "이 공동사회는 하이데거가 말하는 existenzial이나 das Man이 아니다. 우리는 우선 개인으로서 존재하기보다는, 그런 구체적인 사회적 존재로서 우선 먼저 존재한다고 볼 수는 없을까?"(『전집 I』, 247쪽)라고 묻는다. 여기서 박종홍은 하이데거가 공백으로 남겨 놓은 구체적이고 전체적인 구체적 실존으로 길을 튼다. 바로 그 전체적이고 구체적인 실존이 '우리'에 다름 아니다.

철학하는 것의 주체이며, 동시에 과제인 것은 우선 대중적 인간으로서의 사회적 존재인 '우리'라고 파악할 수가 있다. 이것은 고립된 개인적 주관을 속 깊이 파 내림으로부터 홀로 얻을 수도 없는 것이요, 또는 만인 공통의 인간성을 추상함으로 말미암아 홀로 얻을 수 있는 것도 아니다. 이때에 여기에 있는 이 대중적 인간으로서의 사회적 존재가 가장 구체적인 존재로서 문제가 되는 것이다. 우리의 철학이 진실로 가장 구체적인 '우리'의 철학이어야 할 것이라면 우리의 철학은 단지 공막한 인간학일 수가 없게 된다(1935, 『전집B I』, 384쪽).

따라서 박종홍에게 '우리'는 맑스주의적인 노동계급도, 자연적으로 존속되어 온 '민족'도 아니다. 또한 그에게 '우리'는 개인보다 상위의 범주로 설정될 수 있는 것도 아니다. 그것은 공막한 인간학의 저편에서 "가장 구체적인 존재"로서 존재하는 실존이다. 이러한 그의 사유를 하이데거의 '세계-내-존재'가 아니라, 위기를 절대적 계기로 하는 '우리-내-존재'(In-dem-Uri-sein)로의 철학적 전회라고 명명할 수 있을 것이다. 이러한 그의 철학적 전회는 1930년대의 이른바 '전환기' 담론 속에서 민족주의와 맑스주의를 넘어서려고 한 시도였다. 이제 이 전회가 전면에 드러나 있는 1930년대 박종홍 철학의 단편들을 살펴볼 차례이다.

## 4. '세계-내-존재'에서 '우리-내-존재'로

1933년, 최초의 한글 철학잡지 『철학』이 발간된다. 그 창간호의 권두를 장식한 논문은 박종홍의 「'철학하는 것'의 출발점에 관한 일 의문」이었다. 여기서 박종홍은 자신의 철학이 강단철학이 아님을 강조한 후, 철학의 출발점을 개념이나 인식 이전의 구체적 존재 파악으로 삼아야 한다고 역설한다. 이때 박종홍이 비판의 대상으로 삼은 것은 바로 '로고스' 개념이다.

대체 나는 이미 '로고스'의 형태를 갖추어 '로고스' 자신의 지배를 받고 있는 개념적 사실에서 '철학하는 것'의 출발점을 찾을 수 있는 것인가. '로고스'로 규정된 개념적 사실을 동일한 '로고스'로서 해결하는 것을 종래에는 가장 학적인 태도라고 보아 왔을는지도 모른다. 그러나 나는 '로고스' 이전의 생생한 사실 자체에 한 걸음 더 올라가야 할 것이나 아닌가. 현실적 지반을 망각할 때에 철학은 진부한 우상 앞에서 배회하게 되는 것이나 아닌가. '로고스' 이전으로 소급함은 대단히 模糊 불확실한 기초 위에 철학을 건립하려는 愚擧에 불과한 것일까. 아니 거기에는 우리의 일상생활에 있어서의 실천을 동반한 자명적인 존재 이해가 있을 것이다. 거기에서 우리의 출발점으로 삼을 수는 없는가(1933, 『전집BⅠ』, 328쪽).

박종홍은 이 출발점을 "실천적인 제일차적 근원적 존재"라 명명하고 이를 "현실적 존재"로 칭한다(같은 쪽). 그러고는 "나의 결론은 이러하다.

우리의 '철학하는 것'의 출발점은 '이 시대의, 이 사회의, 이 땅의, 이 현실적 존재 자체에 있지나 않는가' 하는 것"(『전집B I』, 331쪽)이라 말한다. 여기서 중요한 점은 박종홍이 말하는 '이 시대, 이 사회, 이 땅'이 결코 다른 시대, 사회, 땅과 비교하여 획득되는 인식이나 개념이 아니라는 점이다. 이 글의 자매편이라고 할 수 있는 「철학하는 것의 실천적 지반」(1934, 『철학』 2집)에서 박종홍은 '현실적 존재'란 일상의 현실을 인식(erkennen)이 아니라 숙지(bekennen)하는 존재라고 말한다(『전집B I』, 333쪽). 이는 하이데거가 현존재의 존재 방식을 특징지었던 '이해'(Verstehen)와 일맥상통하는 것으로, 독일어 Verstehen의 일차적 의미가 '알아-듣다'임을 생각해 보면, 인간은 이미 일상적으로 타인과 세계를 '알아-듣고' 살아감을 철학의 출발점으로 삼겠다는 뜻이라 할 수 있다. 이러한 현실적 존재의 존재 방식을 박종홍은 '실천'이라고 불렀다.[19] 따라서 '이 시대, 이 사회, 이 땅의 현실적 존재'는 "각기 다른 개념적 인식의 특수성을 그저 비교 연구함으로써 도달되는 것이 아니요, 현실적인 실천적 지반에 대한 내면적 제 관계를 규명하는 태도"를 통해 철학의 출발점이 될 수 있는 것이다.

그렇기 때문에 박종홍이 말하는 철학의 출발점은 철학의 종착점이기도 하다. '이 시대, 이 사회, 이 땅의 현실적 존재'란 철학적 사유가 출발하는 거점임과 동시에, 철학적 사유가 내면적인 여러 관계들을 통해 규명해야만 하는 존재성이기도 하기 때문이다. 그래서 이 시기 박종홍 철학은 주객 구분에 기초한 인식론이나 헤겔적인 역사철학으로부터 멀리 떨어져

---

19) 그런 의미에서 기존 연구가 상식 수준에서 이해되는 이론과 실천이라는 대당을 박종홍 철학에 대입시킨 것은 섣부른 해석이었다고 할 수 있다. 박종홍에게 '실천'이란 타인과 세계와 교섭하며 살아가는 존재 방식 자체를 일컫는 용어이기 때문이다.

있었다고 할 수 있다. 그는 철학이 출발점, 즉 현실적 존재에 머무르는 것이 '철학하기'의 본령이라고 생각했다. "출발점에 대한 의문이 결국 '철학하는 것' 자체에 대한 의문이 될 것"(1933, 『전집B I』, 320쪽)이기에 그렇다. 따라서 박종홍이 '현대'를 스스로의 철학적 사유에서 고유한 출발점으로 삼은 것은 당연한 일이었다. 그리고 이 '현실'은 "한계상황"이라 정의된다.

그러면 현대는 어떠한가. 대개 역사 진행의 과정에 있어서 특히 일정한 사회가 한계상황에 처하게 되는 일이 있다. 여기에 한계상황이라 함은 종국적인 窮迫에 헤매이는 사람의 존재양태를 이름이다. 견디기 거북한 막다른 골목의 곤란 밑에서 인제는 力盡하여 그 앞에 一死 가 남아 있을 뿐인 그러한 사람의 존재적 窮迫인 것이다. 이러한 죽음 앞에서는 모든 권위도 기세를 쓰지 못한다. 이때에는 사람에게 속한 존재의 전체가 문제가 된다. 이때의 문제는 가장 구체적인 것이다. …… 한계정세에 처한 사람은 觀想적 사유로서가 아니요 一層 감성적인 구체적 실천으로 자기의 곤경을 극복하는 수밖에 없을 것이다. …… 우리가 현대에 있어서 문제로 삼는바 실천은 실로 사람의 감성적 사회적 활동을 이름이며 따라서 거기에서 파악되는 현실적 존재 이외의 다른 것일 수가 없다. 우리의 감성적 실천 앞에는 무릇 어떠한 관념적 존재도 희박한 관조와 더불어 사라지고 마는 것이다(1934, 『전집B I』, 341~343쪽).

이렇듯 박종홍에게 '현대'는 '한계상황'이며, '감성적인 구체적 실천'이 철학적 문제가 되는 시기이다. 그런데 이러한 그의 주장이 이 시기의 언설적 상황 속에서 발화된 것임에 유의해야 한다. 그가 "시초에는 실천적 지반으로부터 생겨났으며 그것의 파악이요 표현이어서 그 실천적 지반을 살리고 발전시킴에 도움이 되었던 이론이 그의 절대적이며 전제적인 위치를 점함에 미쳐 지금은 도리어 그 지반의 발전을 억제하며 고정시키는 한갓된 형식으로 변하고 마는 것"(『전집B I』, 345쪽)이라고 지적할 때, 염두에 두고 있는 것은 다름 아닌 맑스주의의 이론주의적 편향이었기 때문이다.[20] 그렇기 때문에 박종홍은 "본질상 사회적"(같은 쪽)인 '감성적이고 구체적인 실천'을 사유할 때 '민족'이라든가 '계급'이라든가 하는 '개념'이나 '범주'를 배제해야만 했다. 왜냐하면 기존의 '민족'이나 '계급'이라는 말은 현실적 존재를 이론적이고 개념적인 인식으로 포착하는 외재적인 파악 방식이었기 때문이다. 그래서 박종홍은 '우리'라는 일상어를 선택한다.

감성적 실천 그것이 그의 본질상 사회적임을 말하였거니와 동일한 처지에서 사회적으로 생활하고 있는 이상 동일한 제약이 나의 '철학하는 것'을 좌우할 수 있을 것이다. 여기에 철학은 나의 철학이라기보다도 우리의 철학으로서 나타날 것이다. '철학하는 것'의 출발점은 개인으로서의 내가 아니요 동일한 실천적 지반을 가진 우리인 것이다. 따라서 '철학하는 것'의 실천적 지반도 '나'라는 것을 전면에 두고 논할 것이 아니라 '우리'의 그것을 찾아야 할 것이다. 실로 나는 나의 실천이 나의 '철학하는 것'을 어떻게 규정하고 있는가 하는 문제가 곧 우리의 실천이 우리의 '철학하는 것'을 어떻게 규정하고 있는가 하는 문제가 되리라고 생각한다(『전집B I』, 346쪽).

---

20) 1933~1934년 사이에 일본에서 대대적인 전향이 일어났고, 이를 매개로 맑스주의의 이론주의적 편향이 비판의 도마에 올랐던 사실을 상기해야 한다.

　　이렇게 박종홍은 '우리-내-존재'로서의 '나'를 통해 철학적 전회를 이루고자 했다. 이때 '우리'란 당연히 '조선 사람'이었는데, 문제는 이 철학적 전회가 '조선 사람'이라는 규정에서 어떤 독특성을 지니느냐에 있다. 박종홍은 「'우리'와 우리철학 건설의 길」에서 다음과 같이 주장한다. "나 역시 금일의 조선 사람의 일원으로서 이미 생존하였다는 것만은 부인할 수 없는 사실이 아닌가? …… 나의 생이 최중하니 만큼 내가 이 시대에 이 사회에 이 땅에 태어났다는 것보다도 더 엄숙한 사실을 또한 어디에서 구할 수 있을 거이랴. …… 나는 나라고 하는 독특한 나이기 전에 이러한 평범하고도 엄숙한 사실로서의 나로서 먼저 생존하고 있다. …… 평범한 사실이 곧 엄숙한 사실이라는 소이도 그 근거가 결국 이 밖에 있는 것이 아니다"(1935, 『전집B I』, 383쪽). 박종홍은 '조선'이라는 땅에 '조선 사람'으로서 사회적으로 태어났다는 '단순한 사실' 외에 확실한 것은 없다고 주장한다. 그렇다면 과연 이 '조선'은 전혀 개념이나 인식이 아닌, '구체적인 감각적 존재'인 '현실적 존재'임을 주장할 근거는 어디에 있는가? 즉 조선이 '민족'이라는 보편 범주[類]하에서 일본/프랑스/독일/영국……등의 종차(種差)로 확정될 수 있는 하위 범주가 아니라, "실천적인 제일차적 근원적 존재"임을 어떻게 논증할 것인가? 박종홍의 '우리-내-존재'로의 철학적 전회는 바로 이 물음에 답하는 일을 과제로 삼는 것이었다. 1935년의 「조선의 문화유산과 그 전승의 방법」에서 박종홍은 이 과제에 답하려 시도했다.

　　'조선의' 문화유산이라고 하는 명제 자체가 이미 문화유산상으로 본 조선의 특수성을 전제 시인하고 있음은 사실이다. 그러나 우리들의 현실적 사회적 생활이 전체적으로 일정한 사회적 '그룹'을 형성케 된 今日에 있

어서는 그 의미하는바 특수성을 단지 세상에서 고조하고 있는 편협된 소
위 민족성과 동일시할 수가 없을 것이다. 아니 이 동일시할 수 없다는 점
이 있기 때문에 우리의 과제의 문제성은 그 중요한 의의를 특히 현대의
우리들에게 대하여 가지고 있는 것이 아닌가. 나의 이 소론이 기도하는
바 첫째 목적은 '조선의'라고 하는 그 특수성을 那邊에서 찾을 것인가 하
는 것을 사정이 허용하는 정도 내에서 힘써 闡明하여 보려는 데에 있다
(『전집BI』, 367쪽).


여기서 박종홍은 맑스주의와 민족주의를 비판하고 있다. 이 글의 전
체적인 논지는 '조선의 문화유산'이 맑스주의적으로 편향된 계급적 해석
에 기대어서도, 그렇다고 배타적인 민족주의에 기초한 특수성에 대한 강
조로 끝나서도 안 된다는 것이었다.[21] 위의 인용문에서 "사회적 '그룹'"을
형성하고 있다는 지적은 '조선의' 문화유산이 특정 계급의 산물임을 지적
하는 말이며, "편협된 소위 민족성"이라는 말은 배타적 민족성을 지칭하
는 말이다. 다소 문장이 애매하기는 하나 글의 전체적 논지에서 봤을 때,
사회적 그룹에 의해 형성된 문화를 민족성으로 확장하는 일도, 거꾸로 민
족성을 하나의 사회적 그룹에서 비롯된 계급적 산물로 환원하는 일도 '조
선의 문화유산'을 사유하는 데에 적합하지 않다는 것이 박종홍의 주장인
셈이다. 그래서 박종홍은 "동일시할 수 없다는 점이 있기 때문에 우리의
과제의 문제성은 그 중요한 의의를 특히 현대의 우리들에게 대하여 가지
고 있는 것이 아닌가"라고 물음을 던진 것이다. 그렇다면 박종홍은 민족

---

21) 이 글에서 박종홍은 백남운을 거론하면서 맑스주의를 비판하고 있다. 이 시기 박종홍이 조
  선의 지식인을 거론하면서 비판을 전개한 것은 이 글이 유일하다.

으로도 계급으로도 환원되지 않는 '조선의 문화유산'이 '현대의 우리들'에게 '중요한 의의'를 갖는 까닭을 무엇으로 봤는가? 여기서 박종홍은 주관적 파토스에 기초한 '전승'이라는 '실천'의 계기를 요청한다.

우리는 苦悶과 불안으로 둘러싸인 허무의 심연 앞에서도 우리의 현 단계적 입장을 꿋꿋이 인내 사수하여 나아가는 때에 비로소 주관적인 '파토스'의 긴장은 지속되어 조선의 문화유산을 전승하는바 변증법적 지양의 중대한 순간을 실현할 수가 있는 것이다. 아니 이러한 '파토스'의 긴장으로써 된 고민과 불안의 死線상에서 오히려 꾸준한 노력을 게을리 아니하여 자기의 최선을 다하는 사람으로서야 비로소 변증법적 지양의 방법을 몸소 체험하여 그의 절실한 객관적 인식도 또한 가능한 것이다. 우리의 목적하는바 문화유산의 전승이 한 위대한 창조적 전승이어야 하니만큼 우리의 노력은 침통한 색조를 띠지 않을 수 없는 것이며 여기에 비로소 우리는 자아에 각성되어 자기를 인식하는 새로운 심안이 열리는 것이라고 생각한다. 그리고 우리의 중대한 과제인 문화유산 전승의 역할을 다할 수 있는 사람은 오직 이 무서운 시련을 용감하게 견디어 나아가는 사람일 것이다(『전집BⅠ』, 382쪽).

전승이 바로 창조라는 박종홍의 논법을 궁극으로 밀고 나가면, '조선의 문화유산'은 지금 이곳의 절대적 순간에 주관적 파토스를 통해 위기를 견뎌 내는 일을 통해서만 전승 가능한 것이다. 따라서 조선의 문화유산은 과거로부터 내려오는 고정된 실체도 아니고, 특정 계급이 스스로의 이익에 맞게 창조한 이데올로기도 아니다. 그것은 오직 모순과 부정 사이에서 드러나는 창조의 순간 그 자체라고 할 수 있다. '조선＝우리'는 이렇듯 박종홍에게 '절대적 순간'의 '실천'이었으며, 그것이 바로 '우리-내-존재'라고 명명할 수 있는 '현실적 존재'에 다름 아니었다. 그래서 박종홍에게 '조선=우리'란 지금 이곳의 위기라는 존재성을 현시하는 용어였다. 그의 다음과 같은 말은 그런 맥락에서 이해되어야 한다.

> 실로 우리에게 닥친 위기, 우리에게 직면된 한계상황이고 보니까 비로소 참된 의미에 있어서 위기인 것이요 한계상황인 것이올시다. 그러면 우리란 그 누구인가. 草根木皮로나마 생명을 유지할 방도가 이제는 끊어진 男負女載로 만주의 광야, 西伯利亞의 荒原을 유랑한다고 하든, 일본 내지의 도시를 거리거리 헤매인다고 하든, 조선 사람은 영원히 조선 사람일 것이올시다. 향토를 잃어버린 그들이나 향토를 멀리 떠나면 떠날수록 원망스러우면서도 그리운 마음, 지긋지긋하면서도 보고 싶은 情懷, 더 一層 그들의 뇌리에서 사라질 줄을 모를 것이올시다(1935, 『전집B I』, 396쪽).

여기서 피히테가 주장한 것과 같은 '운명공동체'(Schicksalsgemein-schaft)를 읽어 낼 수도 있다. 그렇지만 지금까지의 논의에 비춰 볼 때 박종홍은 그런 '운명'의 '공동성'을 피히테와 같이 내면의 동질성 속에서 찾지 않았다. 그의 '우리'는 어디까지나 '위기'라는 관계구조를 갖는 세계적 실존이다. 따라서 박종홍의 '우리-위기-한계상황'은 하이데거의 '세계-불안-시간'이라는 코롤라리(corollary)와 동일한 궤를 이루는 철학적 얼개라고 할 수 있다. 박종홍이 보기에 하이데거는 현존재의 존재구조를 철저히 개인의 실존성에서 찾으려 했지만, 그 스스로는 현존재의 존재구조가 '우리'라는 사회적이고 역사적인 실존성을 근원으로 하는 것으로 간주했던 셈이다.[22] 이를 통해 박종홍은 이른바 '전환기'의 세계질서 재편에 나름의 철학적 대응을 하고자 했다. 즉 그는 '우리-내-존재'라는 철학적 전회를 통해 맑스주의와 민족주의라는 '현대'의 질서를 뛰어넘는 창조의 논리를 주장하고자 했던 것이며, 이때 총력전/위기/전환기는 박종홍에게 사유의 자유가 펼쳐지는 공간이었던 것이다.

## 5. 위기의 철학, 결단의 윤리

지금까지 '우리-내-존재'로 명명할 수 있는 1930년대 박종홍의 철학적 전회를 살펴보았다. 당대의 맥락에서 보자면 이 전회는 맑스주의와 민족주의에 대한 극복의 의미를 갖는 것이었으며, 시시각각 변화하는 정세에서 '조선=우리'를 철학적으로 기초 지우려는 시도이기도 했다. 이를 바꿔 말하자면, 이론적으로 규정된 '민족'이 아니라 구체적 현실 속에서 '우리'라는 운명공동체를 사유하는 것이 1930년대 박종홍의 철학적 과제였던 셈이다. 과연 이 시도가 성공했는가? 이에 대해 섣불리 답을 하기는 어렵다. 아니 여기서는 불가능하다고 해야 옳을 것이다. 무엇을 척도로 성공을 가늠할 것인지를 이 단계에서 확정할 수 없기 때문이다.

이 글에서 시도하고자 했던 것은 다만 1930년대 박종홍의 철학적 사유를 충실하게 복원하고, 그가 당대의 총력전 체제를 철학을 위한 절호의

---

22) 물론 이는 하이데거 철학에 대한 불충분한 이해에 바탕하고 있다. 하이데거에게 현존재란 '개인'과 중첩될 수 없는 존재론적 범주에 붙여진 용어인데, 박종홍은 부지불식간에 이를 '개인' 혹은 '나'와 동일시하고 있기 때문이다. 이에 대해서는 하이데거의 '현존재'와 '언어'를 다룬 Giorgio Agamben, *Language and Death: The Place of Negativity*, trans. Karen Pinkus and Michael Hardt, Minnesota: Minnesota University Press, 1991 참조.

기회로 여겼음을 살펴보는 일이었다. 이를 통해 그는 총력전 체제하의 삶
이 '결단의 윤리'를 담보해야 함을 주창할 수 있었다.

하여간 위험에 처한 현대의 세계의 현실은 우리의 철학적 욕구를 一層
자극하여 마지 않는다. 그리고 비록 각기 사회와 민족의 현실적 정세를
따라 철학의 경향이 각이하다고 아니할 수 없으나 모두 기성의 관념 형
태를 되풀이하는 우를 버리고 그러한 기성의 관념을 현실이라는 용광로
안에 던지고 다시 실현적 지반 위에 신흥의 철학을 건설하려고 노력하고
있는 것이다(『전집B Ⅰ』, 365쪽).

현대처럼 일상적 윤리에 있어서 일정한 표준이 없이 거의 혼란된 상태
에 가까운 형편을 현출한다는 것도 역사상 그리 많은 일은 아닐 것이다.
…… 결단, 이것이 곧 현대가 요구하고 있는 윤리라고 나는 생각한다.
…… 결단은 全인간으로서의 모험이다. 전체적인 생을 내걸고 시작하는
'게임'이다. …… 결단, 그것은 전면적이기 때문에 모든 부문에 대해서
다시금 넓은 요구를 가지게 된다. …… 결단의 윤리가 비록 현대라는 시
대의 제약을 받아 요구된다고 볼 수 있기는 하나 가장 본질적인 특성은
오히려 이 현대라는 제약을 꿰뚫고 넘어서 다시금 그 제약을 좌우함으
로써 새로운 明日을 건설할 수 있는 윤리라는 데 있다. 실로 현대는 현대
자신의 혼란을 구할 수 있는 진정한 반역자, 자기부정자로서의 결단의
윤리를 요구하고 있다. 모태를 박차고 나올 신생아의 얼굴이 그리울수록
현대가 요구하는 것은 결단의 윤리다(『전집B Ⅰ』, 422~423쪽).

박종홍은 현대철학의 과제를 기성의 관념 형태를 버리고 현실로 뛰

어드는 것이라 보았다. 물론 이때 철학이 한편에 있고 뛰어들어야 할 현실이 다른 한편에 있는 것이 아니라, '현실로 뛰어드는 일' 자체를 박종홍이 '철학' 그 자체라고 생각했음은 말할 필요가 없다. 따라서 박종홍에게 '철학'이란 '위기'에서 꽃피는 사유의 정수였다. 그것은 바로 '전(全)인간으로서의 모험'이자 '전체적인 생을 내걸고 시작하는 게임'인 '결단의 윤리'에 다름 아니었고 말이다. 그래서 박종홍의 1930~1940년대는 삶의 의미로 충만한 시기였음에 틀림없다. 눈앞에서 수많은 젊은이들이 제국의 총알받이로 끌려 나갈 때, 그리하여 '우리'가 위기에 처할 때, 그의 사유는 더할 나위 없이 빛을 발하는 것이었을 터이기에 그렇다. 그런 의미에서 박종홍은 '제국'도 '민족'도 아닌 '철학'에 복무했던 것이라 할 수 있다. 훗날 '4·19 시민혁명'(1960)과 '5·16 군사쿠데타'(1961)의 이념적 연속성을 주장하면서 '우리'의 갱생 가능성을 설파한 이 철학자는 권력에 복무했다기보다는 스스로의 '철학'에 충실했던 것이다. 물론 거듭 말하지만 그 정치적 귀결을 가늠하는 것은 이 글의 범위를 뛰어넘는 일이다. 하지만 철학이 권력에 복무했다기보다는, 모든 삶과 현실을 철학에 복무시켰다는 사실은 그가 흠모해 마지않았던 하이데거의 정치적 숙명을 연상케 한다는 점에서 현대 한국지성사 연구에 녹록지 않은 과제를 던져 주고 있는 것만큼은 확실하다고 할 수 있으리라.

# 7장 동원된 향토예술
— 황더스와 태평양전쟁 시기 부다이시의 개조

스완순(石婉舜)[*]

## 1. 서문

부다이시(布袋戲)[1]는 주로 손으로 조작하는 인형극을 말하는데, 타이완 특유의 것이 아니라 중국 동남 연안에서 처음 기원한 것으로 초기 이민자들을 따라 바다를 건너 타이완으로 들어온 것이다. 부다이시가 타이완 사회에 들어온 이후 예술가들은 시대의 변화와 사회 변화 및 사람들의 심미 의식의 변화에 따라 끊임없이 이를 새롭게 변형시켜 왔고, 그 결과 각 세대의 타이완인들은 모두 자기 세대만의 부다이시와 관련된 경험을 가지고 있다고 할 수 있다. 오늘날 타이완의 부다이시는 신묘극장(神廟劇場)[2]에서 여전히 활발하게 공연되고 있을 뿐 아니라, 이미 영화와 텔레비전이

---

* 타이완 청쿵대학(成功大學) 타이완문학과 겸임강사
1) 장중시(掌中戲)라고도 불렸으며, 명나라 말엽 중국 푸젠(福建) 지방 취안저우(泉州)에서 시작된 타이완의 대표적 인형극 예술이다. 길거리에서 설탕 장수들이 사람들을 모으기 위해 목각 인형으로 전설이나 역사물 등을 공연했던 것이 시초로서, 인형의 몸에 손을 넣고 무대 밑에서 움직이는 방식의 인형극이다. —— 옮긴이

라는 매체의 변화를 겪으며 (예를 들어 '벼락 부다이시'처럼) 새로운 종류
가 나오기도 하였고, 또한 실험극장에서 인간과 인형의 경계를 넘어서 연
출되는 등 다원화되는 양상을 보이고 있다. 2006년 초에 타이완 정부 부
처에서 주관하는 '타이완을 대표하는 이미지'에 대한 투표 캠페인이 있었
는데 부다이시는 심지어 1위의 영예를 안기도 하였다.[3] 위의 사례들에서
보듯이 부다이시는 타이완 문화의 중요한 지위를 표상하고 있다는 것을
알 수 있다.

　이 글에서 필자는 일제 통치 말기 문화 현상에 대한 관심에서 더 나
아가, 태평양전쟁 시기 부다이시의 개조라는 사례를 통해 태평양전쟁 발
발 전후 일본 대정익찬회(大政翼贊會)[4]의 '지방문화 진흥론'이 식민지 문
화정책으로 실현되어 가는 과정을 살펴보고, 지식인이 이 과정에서 수행
한 역할을 고찰해 보며, 이와 동시에 오랜 시간 소홀히 여겨졌던 부다이시
의 일정 기간의 역사적 진행 과정을 보충해 나갈 것이다.

---

2) 중국 송·금 시대에 등장하여 명대에 번성했던 극장의 형태로, 사찰에서 봉헌의 의미로 연극
　을 행하던 공간을 칭한다. 송·원대의 민간 상업 극장이었던 '거우란'(勾闌)이 전란으로 쇠락
　하게 되었는데 명대에 와서는 이 거우란 문화가 회복되지 못하고 대신 신묘극장이 번성하여
　상업적 연극 연출을 대신하게 된다. 신묘극장은 극장 내 희곡 연출의 목적, 배우와 관중의 신
　분, 연출의 레퍼토리, 공연의 방식, 연출의 순서 등에서 다른 극장과는 다른 독특한 형태를 가
　지고 있다. ― 옮긴이
3) 2005년 11월부터 2006년 2월까지 타이완 정부 신문국에서는 'SHOW 타이완! 타이완의 이
　미지를 찾아서'라는 전 국민 투표 캠페인을 열어서, "전 국민의 타이완이라는 이 땅에 대한
　관심을 환기시키고 공통된 정서를 모으며 나아가 타이완을 대표하는 이미지를 찾아내어 국
　제적으로 빛을 발하게 하여 타이완의 국제적인 인지도를 높이고자 한다"라고 선언하였다.
　최후의 24개 상징물 중 부다이시가 두각을 나타냈는데, '위산 산'(玉山), '타이베이 101 빌딩'
　(당시 세계에서 가장 높은 빌딩) 등 인기 있는 상징물들과 경쟁하여 1위를 차지하였다.
4) 1940년 7월 일본의 제2차 고노에 후미마로(近衛文發) 내각의 기본국책요강(基本國策要綱)
　을 기반으로 신체제운동을 추진하기 위하여 1940년 10월에 창립된 일본의 관제 국민조직이
　다. ― 옮긴이

## 2. 태평양전쟁 이전의 연극 현황

식민지로 몰락하기 이전 타이완 사회[5]의 극장 문화는 전통적으로 신묘극
장에 속해 있었으며 상업적 연극은 전혀 발달하지 않았었다. 식민지 근대
화는 사람들의 연극 관람 생활에 커다란 변화를 가져왔는데, 무엇보다도
근대 도시 공간 계획으로 인한 극장 재건을 통해 극장이 사람들의 생활 속
으로 들어오기 시작했다. 1900년대부터 타이완 각지의 대도시와 지방에
서 속속 극장이 세워졌고, 교통이 발달하고 극장 경제가 빠르게 돌아가면
서, 사람들은 원래부터 익숙해 있던 신묘극장의 연극에서 맛보던 즐거움
뿐 아니라 새로운 연극 관람 경험을 갖게 되었다.[6]

새로운 생활은 반드시 새로운 형식적 요구를 자극하게 된다. 우선
'연극' 방면에서 볼 때 1920년대 초 극장에서는 '거자이시'(歌仔戲)[7]라는
새로운 장르가 탄생하였다. 무대 기술과 녹음 기술이 크게 발전하게 됨에
따라 이 장르는 1930년대 극장의 주류가 되어 갔다. 문헌 기록에 따르면
중일전쟁 발발 전까지, 거자이시의 크고 작은 연극단들은 이미 300여 개
에 이르렀다. 그 밖에도 타이완 사회에는 일찍이 '인형극'의 전통이 활발
히 남아 있었는데 부다이시, 쿠이레이시(傀儡戲)[8]와 피잉시(皮影戲)[9] 세

---

5) 여기에서 반드시 설명해야 하는 것은 청 제국 통치하에서의 '타이완 사회'는 반드시 원주민
   과 한인이 공동으로 구성한 '원한사회'(原漢社會)를 가리킨다는 것이다. 그러나 이 글에서의
   토론은 취지에 한정하여 단지 한인사회의 극장 문화만을 가리키는 것으로 하겠다.
6) 일본 통치 초기 극장의 번성과 보급에 관해서는 石婉舜, 「搬演'台灣': 日治時期台灣的劇場,
   現代化與主體形構」, 台北: 國立台北藝術大學 戲劇學系 博士論文, 2010.
7) 거자이시는 대략 1922년 전후에 극장에 경쟁적으로 출현하였다. 그 예술 형태는 당시에 성행
   했던 민간 사찰회 활동의 가무 소극인 '라오거자이'(老歌仔)를 결합하였으며 또한 동시에 극
   장에서 유행하는 연극 요소들을 흡수하였다. 레퍼토리들은 주로 옛날 복식을 입고 연출하는
   중국의 역사·전설 이야기가 많았고, 다른 작품들 중 부분적으로 현대극이 있었다.

종류가 있었다. 그 중 피잉시는 남부 지방에 국한되어 전파되어 있었고, 쿠이레이시는 종교 제사의 일환이어서 오락적 연출은 없었다. 단지 부다이시만이 남북에 걸쳐 널리 유행하고 있었고, 일제 통치 시기에 지역적 특색에 맞게 빠르게 발전되어 거자이시와 마찬가지로 전국 서민 극장에 보급되어 있었다. 일반적으로 부다이시의 연극 규모는 크지 않아서, 두 명의 배우(주연배우와 보조자)와 네 명의 악사로 조성된다. '시평'(戲棚)은 부다이시를 연출할 때 사용하는 목조 무대로 중일전쟁 이전에는 주로 '육각붕'(六角棚, 높이는 약 5, 6척 정도이며 길이는 약 2척)이 사용되었다. 부다이시 연출은 주로 제사일이나 기념일에 어울려서 함께 공연되었고 길거리 무대에서 공연되기도 하였다.[10]

예술가들이 풍부한 창조력을 보여 주면서 이 장르의 보편적 유행을 보여 주는 과정에서도, 거자이시와 부다이시는 지식인의 관심을 끌지 못했으며 심지어 지식인의 인문학 관련 글 속에서는 때론 부정적으로 드러나고 있었다. 오늘날 볼 수 있는 일제 통치 기간의 연극 문헌들은 대부분 일본인이 식민지의 신기하고 색다른 풍속들을 관찰하고 조사한 기록이며, 타이완 지식인 자신의 글은 찾아보기 힘들다. 1930년대 문단이 향토문학과 민간문학에 대한 관심과 열기를 불러일으키게 되면서 이러한 상황에 비로소 변화가 약간 생기게 된다. 비록 그렇다 하더라도 1930년대

---

8) 한나라 때 시작하여 당나라와 송나라 때 번성하였던 꼭두각시극. 인형의 몸에 줄이 달려 있어 사람의 손으로 줄을 움직이면서 공연하는 방식으로 연출되었다. —옮긴이

9) 소나 양의 가죽으로 만든 인형의 그림자를 이용하여 고사(古事)를 연출해 내는 극. 인형은 가죽을 얇게 펴서 빛이 통과하도록 만들어졌다. 이 인형들을 하얀 천(스크린) 뒤에 놓고 그 뒤에서 빛을 비추면 그림자와 빛이 막에 비춰지는 방식으로 공연하였다. 장이머우(張藝謀) 감독의 영화 「인생」 등에서 등장한다. —옮긴이

10) 呂理政, 『布袋戲筆記』, 台北: 台北風物雜誌社, 1991, 39~46쪽.

당대 부다이시 극단 중 여전히 전통 연출 노선을 유지하고 있는 부다이시 극단(소서원小西園 극단, 1980년대). 사진 제공 장우창(江武昌).

일본 군국주의의 대두는 타이완총독부가 동화정책을 더 빠르게 실시하도록 영향을 주었으며, 1937년 중일전쟁이 발발하자 황민화 운동의 진행 속도는 더욱 빨라진다. 본래 한(漢) 문화의 색채에 속했던 신앙과 습속, 문화 활동 등이 매서운 압제와 주도면밀한 사회 통제를 받게 된 것이다. 짧은 3~4년 사이에 타이완 고유의 문화 습속 등은 모래먼지처럼 빠르게 유실되어 버렸다. 연극 방면에서는 타이완총독부의 '구극(舊劇) 금지주의'가 '사묘(寺廟) 정리 운동'의 유행과 함께 철저하게 집행되었고, 신묘극장에서 상연하던 부다이시는 순식간에 연출 공간을 상실하게 되었으며, 극장에서 끊임없이 열연하던 거자이시 연극단은 휴업을 하거나 다른 형태로 전환해야 했다. 또 다른 방면에서는 원래 소수 지식인들만이 제창하고 지지했던 '신극'(新劇)이 당시 예술형식상의 '정치적 올바름' 때문에 뜻밖의 활약을 하게 된다. 관중들의 시각에서 볼 때 당시 가장 큰 충격을 받은 곳은 도시 이외의 대다수 농촌 지역이었고, 신묘극장이 더 이상 존재하지 못

함으로 인하여 사람들은 이제 일상적 오락의 중요한 원천을 잃어버리게 되었다.[11]

위에서 언급한 급진적이고 난폭한 황민화 운동은 1941년 4월, 황민봉공회(皇民奉公會)가 성립된 후 조정 국면에 들어간다. 황민봉공회가 개시한 황민봉공운동은 일본 정부 '대정익찬회'의 '신체제' 정신을 지속적으로 받아들였다. 그 의도는 식민지에서 물질적, 정신적인 모든 것이 '국방'을 위해 존재하는 전체주의 체제를 함께 실현해 나가고자 하는 것이었다. 게다가 소위 '문화정책'에 있어서도 '대정익찬회'의 문화부가 제출한 '지방문화 진흥론'에 따라, 식민지 타이완의 특수성에 착안하여 과거에 명백히 과격했던 정책을 조정하고자 한 것이었다. '황민화'는 이때 다시 문화정책으로 정립되었다. "황민화 문제는 곧 일본 국토의 일부분이 현실적으로 한(漢) 문화권 내에 존재한다는 사실을 승인하는 것이었으며, 이를 장차 어떻게 통합할 것인가의 문제였다."[12]

7월에 황민봉공회 중앙본부는 오락위원회를 설립하여, 앞으로 연

---

11) 石婉舜,「'黑暗時期'顯影: '皇民化運動'下的台灣戲劇(1936.9~1940.11)」, 石婉舜·柳書琴·許佩賢 編,『帝國裏的'地方文化': 皇民化時期的台灣文化狀況』, 台北: 播種者, 2008, 113~174쪽.

12) 이 단락의 글은 타이베이 제국대학 교수였던 나카무라 데쓰(中村哲)가『타이완시보』(台湾時報, 타이완총독부 기관보)에 실은 '황민화의 재검토'라는 특집 원고의 서론 격에 해당하는 글이다. 中村哲,「文化政策としての皇民化問題」,『台湾時報』253号, 1941, 6~12쪽을 자세히 살펴볼 것. 나카무라는 이 글에서 이전의 황민화 정책을 비평하였으며, 이후 황민화 실시 정책은 반드시 타이완인의 반응에 관심을 가지며 진행해야 한다고 지적한다. 편리성과 합리성의 원칙하에서 타이완인들을 변화시키도록 이끌고, 한편으로 치우쳐서 타이완인이 일본식 생활방식과 문화로 개조하는 것을 강제해서는 안 된다는 것이다. 그 밖에도 역사학자 우미차(吳密察)는 앞서 언급한 전문적인 글이 신임 총독 하세가와 기요시(長谷川淸)의 '황민화 정책 조정 선언'의 성질을 갖추고 있다고 지적하고 있다. 상세한 것은 吳密察,「『民俗台灣』發刊的時代背景及其性質」, 石婉舜·柳書琴·許佩賢 編,『帝國裏的'地方文化'』, 49~82쪽을 살펴볼 것.

연출 중인 부다이시 예술가. 사진 제공 장우창(江武昌).

예·영화·음악 등의 영역을 통제하는 사무기관을 기획 및 준비하였다. 이 위원회는 황더스(黃得時), 장원환(張文環), 셰훠루(謝火爐) 등 세 명의 본성인(타이완인)을 포함하여 모두 23명의 오락위원을 임명하였다.[13] 그 중 황더스는 일찍이 1930년대 초기 타이완 문단에서 향토문학과 민간문학에 대한 관심의 흐름을 불러일으키면서, 원주민의 가무, 타이완인의 '거자이'(歌仔)와 거자이시를 직접 '향토문학'의 세 가지 주요 내용으로 정의하였다.[14] 1941년 황더스는 『타이완시보』의 '황민화의 재검토' 특집 원고에 참여하여 「오락으로서의 황민화극」(娛樂としての皇民化劇)이라는 글을 발표하여 과거 경직되었던 교조적 '황민화극'을 비판하고 오락성이 연극

---

13) 오락위원의 명단에는 총독부의 주관관원부 경무과장과 부보안과장 외에도 주로 대학교, 대학원 및 미디어 분야에 재직하는 예술·문학계의 오피니언 리더들이 망라되어 있었고, 이들이 정책 결정의 역할을 담당하였다. 자세한 것은 石婉舜, 「一九四三年台灣'厚生演劇研究會'研究」, 台北: 國立台灣大學 戲劇學系 碩士論文, 2001, 22~25쪽 참조.

14) 林巾力, 「'鄕土'的尋索: 台灣文學場域中的'鄕土'論述研究」, 台南: 國立成功大學 台灣文學研究所 博士論文, 2009, 117쪽 참조.

활동의 중요한 본위임을 강조하였다.[15] 곧이어 황더스는 사라져 가는 민속의 의미를 살려 내기 위하여 『민속타이완』(民俗台灣)을 출간하여 민속과 관련된 조사와 연구를 발표하였다. 예를 들어 고향인 수린(樹林) 신좡(新莊) 지역의 풍토와 인문에 대한 조사를 실시한 후, 「신좡 거리의 역사와 문화」(新莊街の歷史と文化)라는 논문을 쓰는 등 그 관심을 분명히 나타냈다.

또 다른 타이완인 오락위원 장원환은 1930년대 도쿄 유학 시절에 신극을 접했었기에, 개인적으로는 소설 창작에 뜻을 두고 있었음에도 신극 운동에 우호적인 태도를 갖고 왕래했다. 타이완으로 돌아온 후 1939년, 그는 「타이완의 연극 문제와 관련하여」라는 논문을 발표하여,[16] 당시 주류 연극[17]이 시대와 '너무나 많은 오차'를 가지고 있으며 "만약 자본이 있다면 나는 그 형식을 활용하여 우수한 가극을 만들어 내고 싶다"라고 언급하였다. 글의 마지막에는 당국이 "정기적인 연구회를 만들어서 어떻게 극단 단원을 가르칠지에 대해 사고해야 한다. 극본을 제작하여 각 극단에 제공하는 것도 하나의 방법"이라고 건의하면서, 연극 발전에 대한 관점과 방안을 상당히 살펴보고 있다. 그 밖에도 장원환은 당시 '향토'와 '민속'의 개념에서부터 확대해 나가 농촌에서 소재를 찾은 소설을 연이어 창작하기 시작하였다. 예를 들어 『밤의 원숭이』(夜猿)에서의 산 풍경이라든가

---

15) 이 글의 각주 12번 참조.

16) 張文環, 「台灣の演劇問題に就いて」(上·下), 『台湾日日新報』 1939年 7月 29日字; 8月 1日字 참조.

17) 이것이 가리키는 것은 '황민화 운동'이 격렬해졌을 때, 거자이시단이 신극 연출에서 전환한 '가이량시'(改良戲) 연출을 말한다. 이러한 연출은 연극단에 속해 있던 이들이 임기응변으로 말한 것이어서 종종 '양두구육'의 상황이 있었다. 石婉舜, 「'黑暗時期'顯影: '皇民化運動'下的台灣戲劇(1936.9~1940.11)」.

『거세당한 닭』(閹雞)에서 나오는 처구시(車鼓戲)[18] 등을 들 수 있다. 결과적으로 민간의 주류 연극에 대한 이 두 오락위원의 관심과 평가가 다른 점이 있다는 것을 알 수 있다. 그러나 만주사변 후에 향토문화가 많이 유실되었고 대중적 오락성이 상당히 부족하다는 점에 있어서는 관점이 일치하고 있다.

오락위원회가 성립된 후 8월과 9월 사이에, 정부 측에서는 『타이완일일신보』(台湾日日新報)라는 어용신문에 '지방문화'와 '건전오락'에 대한 토론 글을 연재하였다. 그 중에는 대정익찬회 문화부장 기시다 구니오(岸田國士)가 '외지 문화'의 문제에 대해 『타이완일일신보』의 탐방취재에 응하여 작성한 전문적인 글도 포함되어 있다. 그는 우선 대정익찬회의 문화사업에서 장차 '내지와 외지의 구별이 완전히 없어질 것'을 강조하였고, 이는 곧 내·외지 문화를 똑같이 바라보게 될 것이라는 의미였다. 이어서 구체적인 실행 방법에 대해 대답하며 기시다 구니오는 다음과 같이 언급하였다.

타이완은 타이완의, 조선은 조선의 특수성에 기초하여, 나아가 가장 좋은 일본을 탐구한다는 것이 무엇인가? 다시 말해서, 문화사업의 가장 중요한 의의는 외지인들이 장차 그들의 희망을 솔직하게 표명해 낼 수 있도

---

18) 처구시는 민난(閩南)으로 전파된 후 그 지역의 음악과 공연 형식과 결합하여 가무소극, 즉 노래와 춤이 있는 연극으로 변하였다. 처구의 '처'(車)는 민난어로 날다 혹은 춤춘다는 뜻이다. 이 공연 양식은 농처구(弄車鼓) 혹은 처구농이라고도 불리는데, '농'(弄)이라는 글자에도 '춤'[舞蹈]이라는 의미가 포함되어 있다. 이 공연 양식은 타이완으로 이주해 온 사람들을 따라 민간에서 성행하였으며, 특히 민국 초년 거자이시가 아직 형성되기 이전에 민간에서 더욱 인기를 끌었다. 처구의 공연은 매우 자유로워서 마을의 광장에서 혹은 도시의 큰 길거리나 골목길에서 모두 수시로 연출되었다. 하지만 가장 성대한 공연은 신을 영접하는 영신대회가 열릴 때 무대 위에서 열리는 공연이었다. ― 옮긴이

록 하는 데 있다. 사람들에게 지배하에 굴복당하는 위치에 있으면서 과거처럼 차별받는 것을 느끼게 하는 것은 좋지 않다. 그런 것은 앞으로의 화근이 될 것이다. 따라서 마치 제멋대로 하던 딸이 결혼을 한 후 천천히 가족과 환경에 순응해 나가는 것처럼, 곧 상호 간의 임의성을 고쳐 나가고 하나로 융합하여 생활을 지속해 나가야 할 것이다. 만약 내·외지인이 서로 모두 이러한 정신을 가지고 있다면, 무슨 말이 더 필요하겠는가.[19]

기시다는 내·외지 문화의 차이점을 직시하고 서로를 존중할 것을 요구하며 융합을 추구한 후의 '신일본'을 언급하였으며, 의심할 여지없이 이 글에서 앞서 설명한 것처럼 '황민화 문제는 곧 일본 국토의 일부가 현실적으로 한(漢) 문화권에 속해 있다는 것을 승인하는 것이며 어떻게 이것을 통합하느냐의 문제이다'라는 총독부의 입장을 재차 확인하였다. 그와 동시에 '신전체주의'[20]하에서의 식민지의 위치를 정하였다.

이런 배경하에서 오락위원회는 구체적인 행동을 전개한다. 우선 '타이완향토연극연구회'를 설립하는데, 이는 '향토연극의 부활을 도모'하는 연구 단체로 장원환과 황더스가 모두 이사직을 맡았으며, 장원환은 또한 사무이사 중 한 명이었다. 또 바로 이어서 '인형극 시연회'(偶戲試演會)를 개최하여 부다이시, 피잉시 등 '구극'(舊劇)이 부활하여 상연될 수 있는지의 여부에 초점을 맞추어 결정적인 논의를 진행하였다.

---

19) 「外地文化の諸問題/翼賛会文化部長岸田氏との一問一答」, 『台湾日日新報』 1941年 8月 28日字를 참고할 것,
20) 신전체주의 이론은 소화연구회(昭和硏究會)의 미키 기요시(三木淸)가 제안하였다.

## 3. 1941년 황더스와 '인형극 시연회'

결정적인 때는 바로 1941년 10월 3일이었다. 이날 황민봉공회 중앙본부는 인형극 시연회를 열었고, 황더스는 희극 금지로 인해 오랜 시간 공개 연출되지 못했던 부다이시와 피잉시, 쿠이레이시 등의 전문가들을 찾아내어 그들의 뛰어난 재주를 보여 주었다. 시연회가 열리기 전날 저녁, 황더스는 『싱난신문』(興南新聞)과 『문예타이완』(文藝台灣) 두 개의 주요 신문에 동시에 부다이시를 주제로 하는 글 「부다이시의 오락성」, 「오락으로서의 부다이시」를 발표하였다.[21] 글의 발표 시기로 봤을 때, 이 두 편의 글은 의심할 여지없이 황더스가 전시 문화 통제하에서 부다이시의 발전적 미래를 위하여 공개적으로 요청하고 주장한 결정적인 보고서라고 볼 수 있다.

「오락으로서의 부다이시」 첫머리에서 황더스는 다음과 같이 밝혔다.

대정익찬회 문화부의 지방문화 신(新)건설에 관한 당면 방책 중에 지방문화의 전통 유지 및 발양(發揚)의 항목이 있다. 이것을 타이완에 적용해 보면 우리는 유지하고 발양해야 할 타이완 섬 특유의 향토예술이 있다는 것을 발견할 수 있다. 그 중 가장 우선적으로 다루어야 하는 것 중에 하나가 부다이시이다. 부다이시란 흔히 말하는 인형극으로 지금으로부터 약 250년 전 대륙의 푸젠 지방에서 타이완 섬으로 전래된 것이다. 그 후 긴 세월 동안 점차 타이완색이 입혀져 지금은 타이완의 훌륭한 향토예술이

---

21) 黃得時, 「布袋戲の娛樂性」, 『興南新聞』 1941年 9月 30日字, 4쪽; 「娛樂としての布袋戲」, 『文藝台灣』 3卷 1號, 1941, 62~63쪽.

되었을 뿐만 아니라 또한 가장 대중성을 지닌 오락으로 도처에서 크게 환영받게 되었다.

황더스가 주로 지적한 것은, 부다이시가 취안저우에서 동쪽으로 전해진 이후 역사의 흐름 속에서 점차 그 원형을 잃고 예술적 표현이 이미 타이완인들의 풍토와 결합한 지방화 현상을 현저히 띠기 시작하여 '타이완의 맛과 색'을 형성했기에, 부다이시는 '타이완 본섬 특유의 향토예술'로 타이완 지방문화에 충분히 공헌할 만하다는 것이었다.

그는 또한 '타이완의 맛과 색'에 대해 더 심도 있게 설명하면서, 부다이시의 '타이완적인 특성'(台灣性)은 희곡 음악 중 '북관'(北管)을 변형 및 채택하여 표현한 데 있으며, 또한 원래 '남관'(南管)[22], '조조'(潮調) 음악[23]을 위주로 하는 중국식 부다이시의 '문척'(文齣) 성향과는 달리 '무척'(武齣)의 유행을 이끌었다는 데서 나타난다고 생각했다. 그 중에서도 예술가의 혁신적인 창작인 '비첨주벽'(飛簷走壁), '도창자'(跳窗仔) 등 고난도의 기예가 가장 특색 있다. 역사적 고찰을 통해 부다이시가 향토예술을 대표

---

22) 남관과 북관은 타이완 민간 양대 음악 체계이다. 남관 음악은 부드럽고 오래 지속되는 멜로디를 가지고 있다. 주요 악기는 비파를 위주로 하여 통소와 삼현 및 이현 악기가 보조한다. 연주할 때는 노래와 연주 모두 가능하며 취안저우 지역 옛 곡조와 어울리고 감정이 풍부한 특징이 있다. 북관 음악은 타이완에 전해진 시기가 남관에 비해 늦어서 대략 청 건륭 시기(1736~1795)나 가경 시기(1796~1820) 혹은 더 늦을 수도 있다. 광둥성과 푸젠성에서 타이완으로 전해졌으며, 민난어(閩南語)가 아닌 하카어(客家語) 계통의 희곡을 모두 북관이라고 칭한다. 북관의 악기는 대부분 타악기 위주로 되어 있고 곡조는 높고 격렬하다. 남관이 고대의 서정적 가곡이었다면 북관은 당시 유행하던 음악이라고 할 수 있다. — 옮긴이
23) 민간 속칭으로는 도조(道調)라고도 한다. 일반적으로 중국 광둥성의 차오저우(潮州) 지역에서 유행하던 음악을 가리킨다. 민난 장저우시(漳州市)의 둥산현(東山县), 핑허현(平和县) 등 현과 차오저우 인근에서 민난어를 사용하였기 때문에 이 악곡을 써서 반주를 하였다. 노래할 때에는 지방 방언을 사용하였고, 음악 곡조는 곤강(昆腔, 중국 곡조 중 하나) 등의 영향을 받았으며, 연속 악곡체를 위주로 하였다. — 옮긴이

일제 점령 시기 치아이(嘉義) 지방 사원에서의 부다이시 연출. 사진 제공 장우창(江武昌).

할 수 있다고 증명한 것 이외에도, 황더스는 부다이시가 복원되어 재연되어야 하는 실질적인 이유를 열거하였다. ① 세련된 백화문을 사용했다. ② 권선징악을 강조하는 내용은 사회 교화에 도움이 된다. ③ 무표정의 인형을 표현 수단으로 삼아 풍속을 해친다는 우려를 불식시킬 수 있다. ④ 대사를 인형사(人形師) 한 사람이 책임지므로 프로그램 혁신이 쉽다. ⑤ 극단 규모가 6인을 넘지 않기에 지방순회에 유리하다. ⑥ 비용이 저렴하다. ⑦ 무대장비가 간편하다. 이 중 세번째 이유가 다소 견강부회 격인 점을 제외하면 나머지 이유는 오늘날의 관점에서 보아도 부다이시의 특징과 상당히 맞아떨어진다.

시연회 당일의 과정 및 각 측의 의견에 대해 당시 현장에 참여했던 황더스는 다음과 같은 기록을 남겼다.[24]

백문이 불여일견이라고, 같은 해 10월 3일, 나의 도움으로 황민봉공회 중앙본부 사무실에서 부다이시는 피잉시(그림자연극), 16밀리 영화, 쿠

---

24) 이 절의 1941~1942년 사이 부다이시 개조 과정의 자세한 정황과 관련해서는 黃得時, 「人形劇とその歴史」, 『台灣文學』 3卷 1號, 1943, 38~41쪽 참조.

이레이시와 함께 제1회 시연회 기회를 가졌다. 당일의 상영 내용은 전혀 손을 대지 않은 종래 그대로의 극이었다. 당국 및 위원들은 모두 그 뛰어난 기술에 크게 놀라 이를 향토예술로서 보전해야 한다는 데 의견 일치를 보았다. 그러나 오락으로서 일반 민중에게 보여 주는 것에 대해서는 각본 내용을 엄선하면 종래대로 상연해도 괜찮다는 의견과 종래의 기술을 토대로 한층 더 새로운 인형극을 만들 것을 주장하는 두 가지 의견으로 나뉘었다. 그 후 동 위원회의 연극 관계자가 여러 차례 토의를 거듭한 결과 다음과 같은 진정서를 제시했다. "총독부 및 황민봉공회의 지도 및 원조하에 향토예술로서의 부다이시, 쿠이레이시 및 피잉시 등의 재래극을 모태로 하는 일본식 신인형극이 타이완 섬에서 신속히 탄생하고 이를 위해 연구 보존 기관을 설립하길 간절히 바란다. 신인형극의 진행 방향은 이와 같이 결정되었으며, 중앙총본부의 위탁하에 인형극 양성에 착수한다."

시연회 전에 발표했던 두 편의 전문적인 글과 바로 위에서 인용한 글로 볼 때, 황더스는 이번 시연회의 주관인이었을 뿐 아니라, 인형극 원래의 맛을 회복하여 상연할 의도를 가진 중요한 추진자였다. 시연회 당일에 출신, 배경, 입장이 서로 다른 오락위원회 위원들이 모두 부다이시 원래의 맛과 색을 가지고 있는 연출을 직접 감상한 뒤 그 예술적 가치를 일제히 인정하였다. 다만 향후 어떻게 발전을 시킬지에 대해서는 의견이 분분하였다. 한쪽에서는 기존의 입장을 되풀이하면서 부다이시 부활의 흐름을 금지하지 말아야 한다고 주장했고, 다른 한쪽에서는 '과거의 기술을 토대로 새로운 인형극으로 재창조해야 한다'고 주장했다. 열띤 논쟁 끝에 결국 '부다이시, 쿠이레이시와 그림자극 등 향토예술을 모체로 한 일본 신인형극'을 발전시키자는 결론을 내렸다. 시연회를 준비했던 황더스는 '신인형극'을 촉진·발전시킬 책임자로 파견되었다.

그 후 5개월간의 개조와 시험을 거쳐, 3월 23일 중앙본부 회의실에서 2차 시연회를 개최하고,「화평촌」(和平村)[25]과「국성야합전」(國姓爺合戰) 두 편의 개작극을 공연했다. 이로써 앞서 언급한 소위 '과거의 기술을 토대로 새로운 인형극으로 재창조'하는 것이 구체적인 실천의 형태로 나타났으며 개조의 요점은 다음과 같다.

① 기존의 관현악·연주 대신 서양악단과 반주음반을 사용한다.

② 일본식 복장과 기존의 복장을 겸용한다.

③ 대사는 변사가 현장에서 일본어로 전달한다.

④ 무대에 조립식 세트와 배경을 더하여 가능한 한 입체감을 표현한다.

이때 연극의 레퍼토리와 복장, 언어라는 층위에서 '황민화'를 분명히 엿볼 수 있다. 음악과 무대 개조의 항목 중에서 특히 "무대에 조립식 세트와 배경을 더하여" 입체감을 만들어 낸다는 항목은 전통적으로 목조 무대 연출이라는 고정불변의 제한을 뛰어넘어서 연출하도록 하여, 시각적 표현력을 강화하도록 한 것으로 대담하고 참신한 '근대화'의 시도였다.

황더스 자신의 말에 따르면 제2회 시연회는 "기대했던 것보다 결과가 좋았기 때문에" 이때 이후의 개조 방향이 확정되었다. 이어 '신국풍인형극단'(新國風人形劇團), '소서원인형극단'(小西園人形劇團)이 구성되

---

25) 황더스가 시나리오를 썼지만 현재 극본이 전해지지 않는다.

어 황더스 주재로 집중 훈련을 했고, 5개월 뒤 3차 시연회를 개최해 「월형반평태」(月形半平太)와 「수호황문·강호지권」(水戶黃門·江戶之卷) 등 일본 역사극에서 소재를 따온 프로그램을 공연했다. 이 공연은 "다행히 각 관계자의 호평을 얻어, 이 정도면 거리에 나가서도 충분히 건전한 오락으로서의 역할을 할 수 있을 뿐만 아니라 황민의 심신을 단련하거나 일본 정신의 선양에도 크게 도움이 될 것이라고 하여 연극협회 가입을 인정받았다". 1개월 후 공연이 극장에서 공식적으로 상연됨으로써 1년에 걸친 부다이시 개조 작업이 완성되었음을 알렸으며, 부다이시는 지난 5년간의 공연 금지 기간에서 마침내 벗어나 '일본 신인형극'의 새로운 모습으로 개조되어 세상에 나왔다.

## 4. 인형극 개조자의 관점과 관심

1942년 5월 황더스가 부다이시 개조에 착수한 시기, 일본 대정익찬회는 '인형극연구위원회'를 조직했는데, 전쟁 기간 일본에서 전개된 인형극 운동이 바로 여기에서 시작되었다. 이 운동의 발상은 나치 독일에서 그 모티브를 따온 것으로, 일본 특유의 인형극 전통을 만드는 것 외에도 현대 인형극을 창시하여 인형극 운동을 국가 운동의 일환으로 삼아 국가 전시 문화정책 실시에 도움이 되고자 하는 의도를 가지고 있었다.[26] 일본 국내에서 나타난 새로운 물결에 대해 황더스는 예리하게 파악해 냈다. 뿐만 아니라, 당시 그가 재직하고 있던 『싱난신문』에 그가 청탁을 했다고 연상할 수

---

26) 川尻泰司, 『日本人形劇発達史·考』, 東京: 晚成書房, 1986, 229~240쪽.

있을 법한 글이 한 편 실렸다. 이 글은 대정익찬회 선전부장 하치나미(八
並璉一)가 쓴 짧은 글로 「인형극에 기대한다」[27]라는 기고문이었다. 이 기
고문의 다음 단락은 타이완 부다이시와 관련이 있다.

분라쿠(文樂) 꼭두각시인형으로 일찍부터 세계적으로 명성을 떨친 우리
나라이다. 또한 각지에는 향토예술로 전해지는 것도 많고 그 부활은 근
래 예능에 관심이 있는 인사들의 관심사가 되고 있다. 인형이 지금까지
국민 계발의 선상에 동원되는 일이 없었던 것이 오히려 이상할 정도였
다. 생각건대 명인 수준에 달하지 않으면 이것을 조종하기 어려웠기 때
문이기도 할 것이다. 이 점에서 장갑식 손가락 인형은 제작이나 조종이
매우 쉬우며 어떠한 산간벽지에서도 손으로 쉽게 만들 수 있다는 특징을
지닌다. 게다가 무대에는 움직임이 있고, 즉흥적으로 필요한 이야기를
만드는 것도 가능한 점 등의 여러 특징이 있다. 야마토(大和) 일가 등도
인형을 배우로 하여 마을과 공장, 인조 상회(隣組常會)[28]에서 활발한 활
동을 전개했으며 하루빨리 전해지기를 간절히 바랐다.

상술한 내용에서 하치나미는 타이완의 부다이시에 주목하기는 했어
도 그에 대한 인식은 오히려 너무나 제한적이어서, 타이완에 소위 '장갑식
손가락 인형'이라는 일종의 손가락으로 조종하는 인형극 전통만 있다고
파악한 듯하다. 주목할 만한 것은 하치나미가 일본의 대표적인 인형극 '분
라쿠'를 제시하면서 분라쿠의 예술적 가치가 비록 세상에서 공인되었지

---

27) 八並璉一, 「人形劇に期待す」, 『興南新聞』 1942年 4月 6日字, 4쪽.
28) '인조'는 제2차 세계대전 당시 국민 통제를 위해 만들어진 지역조직이다. — 옮긴이

만 인형사의 조종 기술이 단번에 전수되어 보급되긴 어려워서 전쟁 동원에 공헌할 수 없었다고 언급했다는 점이다. 대정익찬회 선전부장의 이러한 견해에 대해 오늘날 분라쿠라는 체제가 방대하고 기예가 뛰어난 인형극 형태에 대해 조금이라도 아는 사람이라면 의외라고 느끼지 않을 것이며, 이것이 당시에는 더더욱 대표적인 견해로 여겨졌다. 대정익찬회는 이로 인해 나치 독일의 방식을 좇아 '현대 인형극'을 주축으로 하는 인형극 운동을 전개했으며, 이를 통해 '분라쿠' 연출의 이동성과 기동성이라는 부족한 부분을 메웠다.

그렇다면 타이완의 부다이시 개조 기간에 발생한 일본 인형극 운동에 대한 황더스의 견해는 어떠했을까?

일본인형극협회가 설립되어 …… 성대한 발대식을 거행하고 본격적으로 인형극 추진에 나섰으나 이것은 이른바 일종의 아마추어 연극으로 인형도 헌 엽서, 헌 신문, 헌 천, 나뭇조각 등의 재활용품을 이용하여 만들고 무대도 테이블이나 당지(唐紙)를 이용하는 등 그때그때의 사건이나 문제를 즉흥적으로 간단한 연극으로 만들 수 있지만 극적 효과가 떨어지기 때문에 일시적인 좌흥(坐興)[29]으로 끝나는 것이 대부분이다.[30]

황더스는 이러한 현대 인형극에 기예의 전통이 부족하다는 한계가 있다고 생각했으며, 이 인형극은 기껏해야 토막극의 표현에만 적합하고 다채로운 희극적 효과를 나타내기에 부족하다고 여겼다. "말하자면 일종

---

29) 앉아서 관람하는 것을 의미한다. ― 옮긴이
30) 黃得時,『無表情の表情: 本島人形劇の将来』,『台湾時報』302号, 1945, 36~39쪽.

황민화극 「구라마 덴구」의 재연출(이완란亦宛然 연출, 2007). 사진 제공 장우창(江武昌).

의 아마추어 희극"인 것이다. 여기에서 부다이시에 대한 황더스의 자부심이 드러남을 알 수 있다. 어쩌면 황국중심주의의 희극 풍조가 황더스로 하여금 타이완 부다이시의 특색과 잠재력을 더 깊게 깨닫게 했을 수도 있다. 타이완 부다이시와 일본의 '분라쿠', '현대 인형극'을 같은 선상에 놓고 비교할 때, 일종의 부다이시 배우의 기예(오늘날의 소위 '무형문화재')를 보존하고 다양한 극과 연극인의 생존 공간을 유지할 수 있을 뿐만 아니라 제국의 방침을 위반하지 않는 개조 구상이 점차 모습을 드러내었다.

…… 타이완 섬의 인형극은 전적으로 역사 이야기를 주로 다루며 길게는 몇 주에서 몇 개월간이나 연속으로 상연할 수 있다. 그 중에는 희극도 있고 비극도 있으며, 검극도 있고 인정극(人情劇)도 있어 대체로 극으로서 꼭 필요한 요소는 모두 갖추고 있다. 특히 그 동작의 민첩성, 격렬한 대결, 빠른 장면 전환 등은 다른 어느 연극도 따라올 수 없는 부분이다. 따라서 이것을 일본식의 신인형극으로 부활시키기 위해서는 역사를 다

론 '시대극', 그 중에서도 특히 '검극'이 적합하다. 전국 각지를 순회공연하고 있는 신인형극도 대체로 이런 맥락에서 만들어진 것이다. 그 내용은 '미토 고몬'(水戶黃門)을 비롯해 '구라마 덴구'(鞍馬天狗), '미야모토 무사시'(宮本武藏), '구로즈킨'(黑頭巾), '사루토 비사스케'(猿飛佐助) 등이 있으며, 이 운동을 제창한 나는 이와 같은 공연들이 도처에서 호평을 얻고 있는 것에 대해 매우 고무되고 있다.[31]

이는 곧 황더스가 공식적인 역사의 좌표에서 다시금 부다이시가 생존의 기회를 찾아 새로이 그 위치를 세우도록 해준 것이었다. 황더스는 부다이시의 예술적 표현 특징을 잘 알고 있어서 원래 한(漢)민족의 전설과 이야기를 보여 주던 '사극'이나 '검협극'(劍俠劇)을 일본 민족의 전설과 이야기로 변환하여 공연하는 '시대극' 혹은 '검극'으로 바꾸었다. 이러한 개조 방식은 한편으로는 상연 내용상 정치적 올바름에 부합하는 것이었으며, 다른 한편으로는 예술을 표현하는 데 있어서 지속적으로 그 장점을 표현하면서도 예술가들이 쉽게 전환하고 적응할 수 있도록 하려는 발상과 의도를 가지고 있었다.

부다이시 개조와 동시에 피잉시, 쿠이레이시 또한 비슷하게 개조하였고, 이 과정에서 점차 부다이시는 주로 역사극을, 피잉시는 동화극이나 이야기극을, 쿠이레이시는 현대극을 공연하는 기능상의 구분이 생겨났다. 전쟁이 끝날 때까지 총 7개의 인형극단이 개조되어 통제기관의 계획 하에 전쟁에 동원되었으며, 타이완 섬 각지를 돌며 순회공연을 했다.[32]

---

31) 黃得時,『無表情の表情: 本島人形劇の将来』.
32) 같은 글.

중일전쟁 이후 하루아침에 일자리를 잃은 민간 예술가들에 대해 살펴보자. 이들은 '풍악을 금지'했던 암흑기 5년을 거치면서 가능한 모든 새로운 생계 수단을 모색하고 계획하며 돈을 벌어야 했는데, 일단 다시 익숙한 무대로 돌아갈 기회가 생겼으니 그 무엇이 이보다 더 흥분되었겠는가? 비단 예술가들뿐이었겠는가. 평소 연극을 보는 것이 농한기의 유일한 즐거움이었던 벽촌의 농민들에게도 이는 더할 나위 없이 좋은 소식이었다. 부다이시 명인인 황하이다이(黃海岱)는 말년에 당시의 모습을 이렇게 회고한다.

우리들은 비록 공연 허가를 받은 극본을 가지고 있긴 했지만 관중들의 요구를 만족시키기 위해 공연한 후 반나절은 감찰관 선생을 초청해서 술을 마시며 즐겁게 해주면서 몰래 연극을 조절해서 한 단락 정도는 타이완극을 넣어 상연했었다. 그 당시를 생각해 보면, 징과 북이 중국 음악 연주를 시작하면 무대 아래 관객들은 잠시 후면 볼 만한 연극을 상연하겠구나 하고 예감했었다. 때로는 한 단락을 더 상연한 후에도 관객들의 박수 소리가 그치지 않아서 한 단락을 더 하고 또 한 단락을 더 해나가서 밤이 깊어져서야 비로소 북소리가 멈춰지곤 했다.[33]

이러한 연극단과 관객 사이의 신체적 암호는 두말할 것 없이 식민통치의 폭력성이 피식민자의 '은밀한 비밀'에까지 침투하기는 어렵다는 것을 보여 준다.

---

33) 謝德錫 編, 『五洲園: 黃海岱』, 台北: 西田社布袋戲基金會, 1992, 55쪽. 강조는 필자.

## 5. 맺음말

황더스는 1941년 부다이시에 관련된 두 편의 글 이후에도 1943~1944년 사이에 「인형극과 그 역사」, 「무표정한 표정: 타이완 인형극의 장래」 등 인형극 역사에 대한 글을 계속해서 발표하였다. 이 글들 속에서 황더스는 취안저우의 부다이시가 타이완에 들어와 황민화 운동이 진행되기 전까지 지역화되는 과정을 '타이완 인형극사의 제1단계'라고 명쾌하게 일컬었으며, '황민화'라는 공적인 역사 좌표 속에서 개조와 실험을 진행한 시기를 '타이완 인형극의 제2단계'라고 칭한다. 이러한 역사적 해석 전략에 대해서 우리는 두 가지 점에 주목할 만하다. 첫째, 위에서 언급한 황더스의 인형극사 관련 글은 동시대에 제기된 타이완 문학사 이론의 틀과 호응하며, 또한 이는 '타이완'을 하나의 문학사의 서사 주체로 삼는 민족문학사관이라는 점이다. 둘째로, 황더스는 '지방문화'가 열어 놓은 언론 공간을 빌려서 '부다이시＝향토예술의 정수'라고 표명하였고, 나아가 「타이완 인형극사」(台灣偶戲史)라는 논문을 써서 스스로 이 운동을 이끌었다. 이는 1930년대 신문학운동 중에 출현했던 타이완 문화민족주의론의 정치적 함의를 거듭 천명하는 것이다.[34]

그 밖에도, 그는 1941년 말 인형극 시연회를 열어서 인형극이 반드시 개조의 방식을 통해 그 '부활'을 이루어야 한다는 방침을 확립하였다. 이 소식이 전해진 후 스와이민(世外民)은 타이완인의 입장에 서 있는 『싱난

---

34) 황더스의 문학활동과 문예사상에 관해서는 다음 글들을 참조할 것. 柳書琴, 「誰的文學? 誰的歷史?: 日據末期台灣文壇主體與歷史詮釋之爭」, 石婉舜·柳書琴·許佩賢 編, 『帝國裏的 '地方文化'』, 175~218쪽; 吳叡人, 「重層土著化下的歷史意識: 日治後期黃得時與島田謹二 的文學史論述之初步比較分析」, 『台灣史研究』16卷 3期, 2009, 133~163쪽.

전후 이후 부다이시의 주류 연출 형태는 실제로 전쟁 중 부다이시 개조로 인해 발단되었다
(오주원五洲園극단 연출, 1988). 사진 제공 장우창(江武昌).

신문』에 글을 실어 부다이시 개조는 '애정과 인식'에서 시작되어야 한다
고 호소하였다.[35] 이후 계속해서 전쟁이 종결될 때까지, 타이완인의 문화
계는 개조가 완성된 후의 '신일본 인형극'에 대하여 어떠한 평론이나 건
의를 발표하지 않았다. 도대체 우리는 당시 지식인들의 침묵을 어떻게 이
해해야 하는 것일까?

반세기가 지난 후인 1990년대에 와서, 1943년에 타이완연극협회[36]
에 재직했던 린뒤안추(林搏秋)는 자신이 당시 인형극 개조 사업 집행을
받아들일 수 없어서 반년도 채 되지 않아 사직을 결정하였다고 밝혔다. 그
가 언급한 이유는 전쟁 당시 연극 개혁에 대한 식민 당국의 터무니없는 인
식을 분명하게 보여 주고 있다.

---

35) 世外民, 「布袋戲の事ども」, 『興南新聞』1941年 11月 20日字, 4쪽.
36) 1942년 3월 성립한 연극 일원화 체제기관으로 오락위원회가 준비하여 설치하였다.

부다이시에서도 인형이 유카타를 입고 사무라이 칼을 들도록 고치라고 했다. 그렇다면 어떻게 입히고 어떻게 고치라는 것인가? 부다이시 인형은 한 손으로 검을 드는 데 반해 일본도는 양손으로 잡아야 하며 양손으로 칼을 들면 다른 사람과 다툴 수 없고 손을 움직일 수 없다. 나는 발과 손동작이 다르다고 설명했지만 그들은 조금 바꾸면 되지 않느냐고 대답했다. 가장 안타까운 것은 궈자이보(國財伯)의 쿠이레이시 인형이다. 최고의 인형극단인데 그마저도 바꿔야 한다니! 내가 이것은 안 되는 일이며, 받아들일 수 없다면 당신들은 공연을 바라서는 안 된다며 대신 사정을 부탁했다. 모두 줄에 달린 것들인데 어떻게 고치란 말인가? 칼을 들고서 어떻게 조종하나? 명백하게 서로 다른 것인데 말이다.[37]

린퉈안추의 반세기가 지난 후의 증언은 부다이시 개조에 대한 당시 문화인사의 반응에 대해 보충 설명해 주고 있을 뿐 아니라, 개조 임무를 맡은 황더스가 처한 곤란한 상황도 지적하고 있다. 특히 린퉈안추가 타이완연극협회에서 일했을 때는 그가 일본 유학을 마치고 막 고향에 돌아온 때였다. 당시 22세의 젊은 나이였던 그가 타이베이 문화계와 아무런 인맥 관계가 없었음에도 불구하고 이로 인해 사직한 것을 보면, 그것은 개인적인 책임감에서 비롯된 행위임을 알 수 있다. 상대적으로 황더스와 타이완 문단은 인연이 깊어서 그는 오랫동안 타이완 언론계의 대표 신문인 『타이완신민보』(台灣新民報)에서 문예부 편집장을 담당하며 문화계의 의견과 동정을 관찰하였다. 개인 이념의 실천과 현실적 실현 가능성을 모두 고려

---

37) 石婉舜, 『林摶秋』, 台北: 國立台北藝術大學, 2003, 77~82쪽.

한다는 전제하에서 비록 입장이 근접한 사람이라 하더라도, 개인의 사회적 지위와 문화적 사명이 같지 않음을 반드시 참작해야 한다. 시각, 관심, 전략 그리고 취사선택에 있어서 차이가 있는 상황은 특히 주의해야 한다.

결국, 황더스가 주도한 인형극 개조는 전후에 이르러서는 흔적도 없이 사라진 것은 아닐까? 필자는 학자 뤼리정(呂理政)이 필드스터디(field study)를 근거로 결론을 내고 정리한 것에서 그 답을 찾고자 한다.[38]

이후 전쟁이 나날이 격화되는 가운데 극단은 잦은 공습 틈에서도 연출을 했고 이는 전쟁 막바지까지 지속되었다. 타이완 광복 이후에 일본풍의 부다이시는 이미 구름과 연기처럼 사라져 버리기는 했지만, 이 시기 부다이시는 대형 무대 세트, 서양 음악 반주 및 신(新)극장 개념을 받아들이기 시작했고 이는 광복 후 부다이시가 형식이나 내용 면에서 점차 새로운 변화를 꾀하게 되는 중요한 요소 중 하나였다.

결과론적으로 본다면 타이완의 부다이시는 태평양전쟁 당시 황더스가 주도하여 개조를 마친 후 마침내 '일본의 신인형극'의 일환으로 타이완 각지에서 재연되었고, 이 새로운 연극의 플롯과 내용이 이데올로기적으로 제국주의 문화의 통제를 벗어나기 어려웠다는 점은 자명한 사실이다. 그러나 최근 연구 성과들은 일본 통치 시기 타이완 문화인의 전시(戰時) 정신 사상과 '협력/융통 전략'의 폭로, 그리고 많은 연구자들이 지적한 식민지 문화계가 가졌던 일본 통치 말기의 복잡함과 긴장감에 대해서,

---

38) 呂理政, 『布袋戲筆記』, 17쪽..

현대 연구자들이 전후에 이미 식민지 상황에서 벗어난 민족주의의 입장
에서 전쟁이라는 특수한 상황에서의 문화 현상이라고 경솔하게 단순화하
거나 평가해서는 안 된다는 사실을 일깨워 준다. 부다이시의 개조 과정 중
에 황더스는 '대동아 예능 공영권' 내에서 '분라쿠' 혹은 '현대적 인형극'
이 기동성과 예술성이 부족한 것 등의 문제를 부다이시가 어떻게 보충할
수 있을지에 대해 결코 강조한 적이 없다. 이것을 볼 때 황더스는 인형극
개조에 대해 수동적인 태도를 취했다고 볼 수 있으며, 이는 궁극적으로 현
지의 정체성을 유지하려는 배려임을 알 수 있다. 이로 인해 황더스는 타이
완 부다이시 연구에서 선구적인 공헌을 하였으며 잊혀질 수 없는 인물인
것이다.


옮긴이 _ 김수현(중앙대학교 첨단영상대학원 영상이론 박사과정)

# 3부 차이와 욕망, 혹은 균열의 정치학

# 8장 전쟁과 멜로드라마
— 식민지 말기 선전 극영화의 조선 여성들[*]

백문임[**]

## 1. 시작하며

나라에 바치자고 키운 아들을

빛나는 싸움터로 배웅을 할 때

눈물을 흘릴소냐 웃는 얼굴로

깃발을 흔들었다 새벽 정거장


사나이 그 목숨이 꽃이라면은

저 산천초목 아래 피를 흘리고

기운차게 떨어지는 붉은 사쿠라

이것이 반도 남아 본분일 게다

---

[*] 이 글은 2008년 12월 타이완중앙연구원 근대사연구소가 개최한 국제 학술대회 "Gender, War and Modernity"에서 발표한 논문을 수정, 보완한 것이다. 이 글의 초고에 대해 진지한 코멘트를 보내 준 다카시 후지타니(Takashi Fujitani)에게 감사드린다.
[**] 연세대학교 국문학과 부교수

살아서 돌아오는 네 얼굴보다

죽어서 돌아오는 너를 반기며

용감한 내 아들의 충의충성을

지원병의 어머니는 자랑해 주마[1]


이것은 중일전쟁이 발발하고 조선에서 지원병 제도가 실시된 후 유행했던 군국가요의 가사로, 어느 조선인 지원병의 '어머니'의 목소리를 담고 있다. 유명한 작사가 조명암에 의해 만들어진 이 노래에서, 조선의 중년 여성은 일본을 '국가'로 인식하고 있으며 그 국가에 '바치려고' 아들을 키웠고 이 아들이 살아서 돌아오기보다는 '죽어서 돌아오기'를 자랑스럽게 기대하고 있다고 말한다. 자기 아들을 기꺼이 군대에 바칠 뿐만 아니라 그가 국가를 위해 목숨 바치도록 격려하는 이러한 강건한 어머니상은 군국주의 시기 일본의 대중매체를 통해 유포되었던 '군국의 어머니'를 모방한 것으로, 전쟁이 시작된 후 조선에서 반복적으로 생산되었던 이미지이다. 일본에서도 젊은 남성들을 전쟁터로 보내는 것을 그 가족, 특히 어머니들이 받아들일 수 있도록 오랜 기간 이러한 이미지를 활용한 선전에 공을 들였지만,[2] '왜놈'의 전쟁을 위하여 사랑하는 아들을 전쟁터에 보내려고 하지 않았던 조선의 어머니들을 설득하는 것은 좀더 복잡한 문제였다. 기록에 의하면 조선인들은 전통적으로 "병사를 하천한 직업"으로 여기고

---

1) 조명암 작사, 고가 마사오(古賀政男) 작곡, 서영덕 편곡, 장세정 노래, 1941, 오케레코드. 「지원병의 어머니」. 일본 군국가요에서 「구단의 어머니」(九段の母), 「황국의 어머니」(皇國の母)와 함께 어머니를 주제로 한 3부작으로 꼽히는 「군국의 어머니」(軍國の母, 1937년 발매)가 원곡일 가능성이 높은 것으로 추정된다. 이준희, 「일제 침략전쟁에 동원된 유행가: '군국가요' 다시 보기(11)」, 2003년 8월 18일, http://www.ohmynews.com/NWS_Web/view/at_pg.aspx?CNTN_CD=A0000139334(접근일: 2008년 10월 30일).

"병역과 죽음은 필연적인 관계를 지니는 것"이라고 인식해 왔으며, "지원병의 다수가 어머니 및 처, 할머니", 그 중에서도 어머니를 납득시키는 데 매우 고심했다고 한다. 이에 따라 1938년 지원병제 실시 이후 조선총독부의 여성 정책은 "황국의 어머니 없이 황국의 건병(建兵)은 없다"는 구호로부터 "반도 부녀자에 대한 교육"의 재편, 강화, 그리고 "모성의 존재양식"에 대한 재정의에 이르기까지 폭넓은 것이 될 수밖에 없었다.[3]

식민지 조선인을 병력으로 동원하는 문제는 사실 한일합방 직후인 1913년부터 일본인과 조선인에 의해 제안되기도 했고 만주사변 이후인 1934년 제국의회에서 청원된 뒤에는 징병제 실시를 위한 준비위원회가 결성되기도 했다. 중일전쟁 발발 후 이 논의는 본격적으로 진행되어 마침내 1938년 '육군특별지원병령'이 시행되는데, 그 실시의 목적은 첫째, "일제의 침략전쟁이 확대되고 또 장기화됨에 따라 예상되는 병력의 부족을

---

2) 일본 공군의 활약을 그린 영화를 만든 야마모토 사쓰오(山本薩夫)는 "젊은이들은 전쟁에 나가고픈 열망을 표출한 반면 그 가족들은 거기에 반대했다. 그 중에서도 반대가 가장 심했던 것은 어머니였고 그 다음이 할머니였다. 이러한 저항은 징병제가 가장 강렬히 요청되었을 때도 심했다"고 증언한다. Peter B. High, *The Imperial Screen: Japanese Film Culture in the Fifteen Years' War,* 1931-1945, Madison: University of Wisconsin Press, 2003, p. 377. 한편 피터 하이는 전쟁기 일본 영화 중 전투 액션 영화와 정신주의 영화를 구별하면서, 후자에서는 전쟁을 정신전쟁으로 인식하고 진정한 적은 일본인들의 내면에 있는 유약함인 것으로 묘사했다고 말한다. 특히 1939~1941년 정신주의 영화들은 불완전한 영혼을 가진 존재들의 문제(서구화된 개인주의, 자식들에 대한 부모의 이기적인 소유욕 등)를 다루는데, 이것을 극복하는 '군국의 어머니'는 정신주의 영화의 상투적 인물형(stock character)이다. 신문과 교과서에서도 이런 어머니는 완고하고 탈속적인 이미지로 등장한다. 한편 사토 다다오(佐藤忠男)는 일본 대중문화에서 두드러지는 이 어머니상이 20세기 초 신파 멜로드라마의 어머니상과 얽혀 있다고 말한다. 메이지 시절부터 하층민 가족은 아들을 도쿄에 있는 대학에 보내려고 극단적인 행동을 하는 것으로 그려지는데, 특히 어머니와 딸은 모든 행복을 제쳐 두고 여기에 매달린다는 것이다. Peter B. High, Ibid., pp. 390~395.

3) 홍종필, 「일제시대 조선에 있어서 지원병 제도의 전개와 그 의의에 대하여」, 『명지사론』 제8호, 1997, 92쪽. 한편 전쟁기 조선에서의 여성 동원 문제에 대해서는 가와 가오루, 「총력전 아래의 조선 여성」, 『실천문학』 통권 66호, 2002; 이상경, 「일제 말기의 여성 동원과 '군국의 어머니'」, 『페미니즘 연구』 제2호, 2002 참조.

조선인들을 동원함으로써 해결"하려는 것, 둘째, "조선인들에게 일본 정신 즉 황국의식을 완벽하게 주입시키는 데 유효한 방법"으로 활용하려는 것이었다.[4] 이때 가장 중요한 문제는 조선인의 '교육', 즉 일본의 국체의식에 기반을 둔 정신교육을 철저히 하는 일이었으며, 조선인이 충분히 황민화되지 못했다고 판단할 경우 언제든지 지원병 제도는 포기된다는 것이 전제되어 있었다. 지원병 제도와 곧이어 시행된 징병제는 이제 피식민자에게도 '국방의 중책'이 맡겨졌으며, 이는 식민지 조선과 일본이 별개가 아니라 '하나'('내선일체')임을 가시적으로 표현할 수 있는 기회라고 선전되었다. 이 선전은 식민지 조선인들을 '제2의 황군'으로, 즉 일본의 국민으로 공식적으로 호명하는 것처럼 보였다. 조선의 남성들은 "300년 문약정치(文弱政治)로 긴 병에 걸리고 마비되고 빼빼 말랐던 조선 사람이 새로운 힘을 회복하고 새로운 기운을 떨쳐서 대동아(大東亞) 새로운 천지에 지도자"[5]가 될 수 있으리라는 전망을 부여받았고, 조선의 여성들은 남성들을 전장에 보내고 후방에서의 일에 충실함으로써 이 대의에 복무하리라는 전망을 부여받았다.

그러나 전쟁에 참여함으로써 온전한 일본 국민이 될 수 있다고 하는 주체 호명(interpellation) 과정 및 그에 응답하는 조선인의 반응에는 숱한 결여 혹은 과잉의 흔적이 스며 있다. 우선 '조선인'과 '(일본) 국민' 사이의 간극이 사라진다는 것을 조선인과 일본인의 제도적 평등의 차원으로 인식하고 그것을 요구했던 조선 지식인들과, "내선일체의 근본 전제는 (권리와 의무상의 내선의 동일화가 아니라) 황국신민화에 있으며, 사심을 버

---

4) 최유리, 「일제말기 식민지 지배정책 연구」, 국학자료원, 1997, 180쪽.
5) 주요한, 「반도청년에게 여(與)함, 징병제와 반도청년의 각오」, 『대동아』 제14권 제5호, 1942.

리고 공(公)을 받들어, 진정으로 천황폐하의 민(民)이라고 철저하게 자각하는 것이 모든 제도보다 선결하는 문제"[6]라는 조선총독부의 시각 사이에는 긴장이 존재하고 있었다. 또한 조선군 당국은 조선인들이 일본인과의 차별을 극복할 수 있는 기회로, 드디어 천황의 '적자'로 등극할 수 있는 기회로 지원병제를 받아들이며 지원병을 "영웅시"하고 "특수한 사회적 지위를 얻은 것같이 오인"함으로써 "명예심"이 조장되는 것에 대해 불안감을 숨기지 못했다.[7] '제국군인'으로서 조선인과 생사를 같이하지 않으면 안 되었던 군 당국의 입장과, 이것을 위해 조속히 조선인을 '황민화'해야 했던 조선총독부의 입장, 그리고 "이 천재일우의 기회를 바로 이용해서 국민다운 국민이 되고 사람다운 사람이 되"기 위해 "그저 군인이 될 뿐 아니라 특히 우수한 군인이 되어야 하겠습니다. 평균점 이상의 성적을 내야 하겠습니다. 절대로 내지 동포에 뒤지지 않겠다는 굳은 결심이 있어야 하겠습니다"[8]라고 흥분하는 조선 지식인들의 상충하는 판타지는, 지원병

---

6) 國民總力朝鮮聯盟防衛指導部,, 「內鮮一體ノ理念及其ノ具現方策要綱」(1941). 장용경, 「'조선인'과 '국민'의 간극」, 『역사문제연구』 제15호, 2005, 286쪽에서 재인용.

7) 홍종필, 「일제시대 조선에 있어서 지원병 제도의 전개와 그 의의에 대하여」, 80쪽. 실제로 조선군과 조선총독부가 가장 경계했던 것은 지원병 제도가 조선인의 정치에 대한 참여 요구로 이어지는 것이었으며, 이는 조선군 당국이 애초에 기대했던 지원병의 자질에 조선인 지원자들이 미치지 못한다는 사실, 즉 30년 동안 일본의 통치하에 있었던 조선에서 성장한 남성들이 충분히 황민화되지 않았다는 사실을 깨닫고 당혹해했던 것과 관련되는 것이기도 하다. 또한 일본군 당국이 제시했던 조선인 지원병의 조건은 정신적, 신체적으로 건강할 뿐 아니라 계급적, 사회적으로도 그 영향력이 있을 수 있는(출신 성분이 좋은) 계층 출신 남성이지만 자원자의 대다수는 궁핍한 살림에 도움을 얻고자 했던 농촌 출신의 하층 남성이었다. 이들은 평균연령도 20세가 넘고 건강상태도 좋지 못했으며 더욱이 기혼자가 (1938년 당시) 4분의 1이나 되었다(표영수, 『일제강점기 조선인 지원병 제도 연구』, 숭실대학교 박사학위논문, 2008, 38쪽). 또한 이들을 훈련하는 과정에서 군 당국은, 조선인들이 '국체'(國体)라든가 '신사참배' 등 황군의 정신적 자질로 요구되는 것들에 대해 무지하며 조선의 습관과 문화 등에 젖어 있음을 발견하고 당혹스러워 했다. 그리하여 훈련소의 교육 내용은 군대의 예비훈련에 더해 '확고한 국체정신 함양'을 위한 일상적인 '교양과 교육'에 초점을 맞추게 되었다.

8) 주요한, 「반도청년에게 여(與)함, 징병제와 반도청년의 각오」.

제도 선전의 표상들에서도 여전히 은폐되지 않는다.

'군국의 어머니'의 목소리를 빌린 위의 노래 가사에 나오는 "반도 남아"와 "웃는 얼굴로 깃발을 흔들었다"와 같은 표현은 이 판타지에 내포된 모순 지점을 건드린다. "반도"란 식민지 말기에 "조선"이라는 용어를 대체한 것으로, 제국의 한 지방으로서 '조선'의 지리적 특성을 가리키는 말이다. '내선일체'의 상상력 속에서 이제 제국과 식민지의 차이는 단지 공간적인 차이로만 나타날 뿐이라는 의미가 여기에 내포되어 있지만, "반도"라는 단어가 피식민자에 의해 발화되는 순간 제국과 식민지 사이의 권력의 차이 및 위계질서는 재확인되고 재강화되기 때문이다. 저 조선의 어머니는 일본의 어머니와 같지 않다. 그녀의 아들은 "반도"인으로서, 결코 제국의 국민이 될 수 없는 열등한 존재이기 때문이다. 이렇듯 '제2의 황국신민'으로서의 아들이 목숨을 버리기 위해 전장에 나갈 때, 정말로 그 어머니는 아들이 떠나는 기차역에서 "웃는 얼굴로 깃발을 흔들" 수 있었을까? "반도 남아"가 '내선일체'라는 표어에 가려진 '결여'를 환기하는 단어라면, "웃는 얼굴로 깃발을 흔들"었다는 것은 이 표어에 '과잉'되게 충실함으로써 의혹을 파생시키는 표현이 아닐까.


## 2. '군인됨'을 둘러싼 젠더 정치학

나는 이러한 '결여'와 '과잉'이 중일전쟁 이후 조선에서 제작된 선전 극영화에서도 표현되고 있다고 보며, 이렇게 문화적 생산물이 모순을 드러내면서 그것을 상상적으로 해결하는 양상을 지원병 조선 남성의 '젠더화된 욕망'(gendered desire) 및 멜로드라마적 스타일을 통해 살펴보려고 한다. 특히 지원병을 다룬 영화들 중 멜로드라마적 스타일을 통해 관객의 관심을 두 가지(즉 조선인 남성이 지원병이 되기로 결심하는 동기와, 이 남성과 관계를 맺고 있는 여성들 ──어머니와 아내 혹은 애인 ──의 반응)에 집중되도록 만든 작품들에서, 이들의 '이별'이 예고되거나 확정되는 순간, 즉 극적인 갈등이 최고조에 다다른 순간들이 어떻게 처리되는가를 분석할 것이다. 결론을 앞당겨 이야기하자면, 선전 극영화에 차용된 멜로드라마적 스타일은 조선 남성의 군인됨 및 '남성화'의 정당성에 의문을 제기하게 만들고, 기이하게도 조선 여성이 시각적, 청각적인 것과 언어적인 것으로 분열되어 있는 장면들을 생산한다. 이는 호미 바바[9]가 지적한바 식민지 담론 전략인 정형화(stereotype)에 핵심이 되는 '양가성'을 잘 보여 주는 것으로, 조선 남성을 군인 - 황민 - (온전한) 남성이라는 새로운 주체성으로 구성해 내기 위해 조선 여성을 타자화하는 양상이 드러나는 순간들이다. 조선 남성의 주체화가 단정적이고 균질적이 되어 갈수록 그와 얽혀 있는 조선 여성은 불안하고 모순적으로 재현되는데, 나는 이 여성들이 특히 언어적인 것과 시각적, 청각적인 것으로 분열되어 있는 순간들에 주목할 것이다.

중일전쟁의 발발을 전후로 일본의 지배 관료들은 "어떠한 고아한 문장이라든가 또는 귀로 듣는 것보다도", "제일 빠르게 인간의 머리에 들어"[10]가는 영화의 영향력에 주목하기 시작하였고, 특히 오락 기관이 적기 때문에 영화의 지도력과 영향력이 뛰어났던 식민지 조선[11]에 영화 통

---

9) 호미 바바, 『문화의 위치』, 나병철 옮김, 소명출판, 2002, 145~176쪽.
10) 마쓰오카 요스케(松岡洋右), 「세계거두의 영화관」, 『삼천리』 1941년 6월호, 195쪽.
11) 총독부의 조사에 의하면 1938년도 오락장(연극장, 영화관, 경마장, 마작장, 당구장 등) 입장객 중 영화관 입장자가 과반을 점령하였다(「1년간 연극, 영화 관람객과 입장료」, 『삼천리』 1940년 5월호, 227쪽). 또 1941년 말 조선의 라디오 청취자는 11만여 명으로 인구의 0.5%에 지나지 않았으나 영화의 관객은 1,400만 명에 가까웠고 매년 200만 명씩 증가하고 있었다. 극장 이외에 가설흥행장의 유·무료 관람인원을 합하면 1938년에 이미 1,600만 명을 초과하는 상황이었다(「조선영화인협회 결성기념 '영화문화와 신체제' 특집」, 『삼천리』 1941년 7월호, 181쪽).

제 체제를 확립함으로써 전시 동원의 효과적인 선전 수단으로 영화를 이용하려 하였다.[12] 선전 극영화의 소재로서 두드러지는 지원병, 즉 조선 남성이 제국의 군인이 되는 문제는, 국민정신총동원운동 차원에서 조선연맹을 통해 행해졌던 지원병제 선전 활동과 궤를 같이하는 것이기도 했다. 조선연맹의 선전 활동의 대상은 군인이 될 연령대의 "일반 청년"뿐만 아니라 "학교 생도, 아동 특히 중등학교 이상의 생도" 및 "가족 중 특히 주부 및 노인"[13]이었다. 1920년대 후반부터 조선의 영화관객 수는 급속하게 증가하여 1942년에는 1927년의 7.6배에 달하는 인원을 동원하고 있

---

12) 1940년 1월 '조선영화령'의 공포로 제작·배급·흥행 등 조선 영화에 관한 모든 것은 총독부의 엄격한 통제를 받기 시작했다. '조선영화령'의 주요 내용은 영화사업과 종업자의 등록제, 외국영화의 배급 제한, 우수 영화 장려, 국책영화 의무 상영, 대본 사전 검열, 국가가 인정한 영화를 상영할 때를 제외하고는 연소자(6~14세)의 영화관 입장 금지 등이었다. 1941년 도조(東條) 내각이 들어서면서 조선총독부는 조선의 모든 영화사를 해체하고 전시체제를 위해 단일 회사로 통합하라는 명령을 내려, 1942년 9월 법인 조선영화주식회사와 이것을 감독하는 영화기획심의회가 창립된다. 조선어 유성영화는 상영금지령이 내려지며, 그동안 제한되었던 외국영화의 수입이 전면적으로 금지된다(이준식,「일제 파시즘기 선전영화와 전쟁 동원 이데올로기」,『동방학지』, 제124권, 2004, 710쪽; 김동호 외,『한국영화 정책사』, 나남출판, 2005, 82~105쪽).

13) "육군특별지원자 응모에 관한 건 ─. 지원병 제도 취지의 보급 철저를 도모하기 위해 ① 각 애국반 또는 최하급 연맹에서 본건에 관한 좌담회를 반복해서 개최할 것, ② 다시 상급연맹의 주최로 강연회를 개최할 것, ③ 가족 중 특히 주부 및 노인의 인식을 심화할 것, ④ 학교 생도, 아동 특히 중등학교 이상의 생도의 인식을 심화할 것, ⑤ 사회적 상당 지위에 있는 가정의 자제로서 졸업 전 응모시켜 대중에게 활모범(活模範)을 보일 것, ⑥ 일반 청년의 동경심을 함양할 것, ⑦ 포스터, 인쇄물 등을 배포할 것"(표영수,「일제강점기 조선인 지원병 제도 연구」, 63쪽에서 재인용).
한편 김영희는 지원자들 중에는 군면, 주재소 등 관청의 지목을 받아 거의 강제로 지원하게 된 사람들도 있었지만, 물질적 후원과 '일등국민'에 대한 동경심을 자아내는 사회적 분위기 조장, 그리고 지원병 후원회 등에서 지원자와 그 가족에게 경제적 대우를 해주는 데 자극을 받아 결정을 내린 사람들도 있었음을 지적한다. 1941년도 지원자 14만여 명에 대한 조사에서 지원 동기는 '자발적으로 지원한 자' 35%, '관청의 종용으로 지원한 자' 55%, '기타' 10%로 나타났는데, 김영희는 이 중 '관청의 종용'이 물질적 후원, 사회적 선택자라는 자부심을 심어 주는 선전, 군에서 장교로까지 진급할 수 있는 가능성 선전, 제대한 후의 직장 보장 선전 등에 이끌린 것을 의미하는 것이지 철저한 강제를 의미한 것은 아니었다고 본다(김영희, 「국민정신총동원운동의 전개 형태와 그 침투」,『한국근현대사연구』제22집, 2002, 245~255쪽).

었고,[14] 1941년 당시 관객 성비는 남성이 83.25%, 여성이 16.75%였다.[15] 한편 1942년 총력연맹 문화부원은 자신이 방문한 극장의 관객 중 3분의 1은 학생, 3분의 1은 직업청년 남녀였고 젊은 부인도 많았다고 적고 있다.[16] 1940년 '조선영화령' 제정을 전후해 일제는 조선에서는 영화가 끌어 들일 수 있는 관객의 수가 많고 따라서 일본보다 영화 통제의 중요성이 더 크다는 담론을 집중적으로 내놓기 시작했다. 특히 지원병제나 징병제 실시 와 관련해 청소년층이 선전의 주요 대상으로 부상함에 따라 학생을 선전영 화의 관람에 동원하는 것을 중시[17]하는 한편으로, 여성 관객에게 말을 거 는 수사학을 동원하지 않을 수 없었던 것이다. 실제로 "여성영화"로 선전 되었던 「조선해협」(박기채 감독, 1943)이나 여성 캐릭터의 태도가 결정적 인 역할을 하는 「사랑과 맹서」(愛と誓ひ, 최인규 감독, 1945) 이외에도 조 선군 보도부가 제작한 「병정님」(兵隊さん, 방한준 감독, 1944)이 직접적으 로 조선의 '어머니'를 수신자로 한다[18]는 것은, 최근 공개된 선전 극영화

---

14) 이준식, 「일제 파시즘기 선전영화와 전쟁 동원 이데올로기」, 706쪽.

15) 「영화관객: 고상영연(高商映研)의 조사」, 『매일신보』 1941년 7월 13일자.

16) 우에다 다치오(上田龍男), 「오락방담」, 『조광』 1942년 7월호.

17) '조선영화령'의 내용 중 우수영화 지정 제도와 연소자의 영화관 출입금지 제도는 서로 연관
    되어 효과를 발휘했는데, 전시 동원 정책을 좀더 잘 선전하는 '우수영화'를 조선인들이 보도
    록 한다는 기본 방침에 의해 특히 청소년들이 '추천영화'를 관람하는 경우에는 '연소자의 영
    화관 출입금지 제도'의 규제를 완화함으로써 단체로 선전영화를 관람하도록 유도했다. 선
    전영화의 주된 타깃은 청소년층이었다. 이준식, 앞의 글, 711~733쪽.

18) 「병정님」은 텍스트 자체가 '조선 총독이 조선의 아들 가진 어머니들에게 보내는 편지'라고
    말할 수 있을 정도로, 병영생활의 편안함과 안전함을 설득하는 데로 모든 요소가 수렴된다.
    일본의 선전영화에서 '군국의 어머니'의 위치가 상당히 중요한 반면 "조영의 선전영화에서
    는 여성, 그 중에서도 '어머니' 대신 아내와 누이의 역할이 중요"(박현희, 『문예봉과 김신재:
    1932~1945』, 선인, 2008, 184쪽)하다는 점을 염두에 둔다면, 「병정님」은 다소 예외적이라고
    할 수 있을 정도이다. 이 영화는 "병영은 군인의 가정"이라는 구호를 그대로 시각화하기 위
    하여 어머니들을 설득할 수 있는 소품들(약, 군의관, 만주饅頭, 단팥죽, 꽃, 새장 등)을 동원하
    고, 마침내 그 아들들의 목소리를 통해 그들이 어머니 품보다 더 나은 '가정'에 편입되어 행
    복한 삶을 살고 있음을 발화하도록 만든다. 영화의 첫 부분에 조선 총독이 친히 쓴 편지가

의 텍스트들을 통해 확인할 수 있다.[19]

  선전 극영화에서 조선 남성은 군인이 됨으로써 온전한 제국의 주체성뿐만 아니라 성인 남성성을 획득할 가능성을 부여받게 되는데, 이는 식민지 젠더 담론이 변화한 것과 관련된다. 조선 남성의 병역(soldiering) 문제를 분석한 다카시 후지타니는 조선 남성을 전쟁에 끌어들이기 위해 일제는 '남성화된 식민자'와 '미성숙하고 여성화된 피식민자'라고 하는 전형적이고 엄격한 이항대립을 유지하는 것이 불가능해졌다고 말한다.

  조선 남성의 남성화(masculinization)는 일본인이 되는 길이었고, 일본인이 되는 것은 곧 성인 남성성(manhood)을 성취하는 길이었다. 반대로 조선인으로 남아 있는다는 것은 계속 여성화(feminization)와 미숙함

---

학도병의 어머니들에게 전달되었다면, 영화의 끝 부분에는 병영에 있는 아들들이 쓴 편지가 어머니들에게 전달된다. 총독의 메시지가 아들들의 목소리로 되풀이됨으로써 어머니들이 그 메시지의 진실성이 증명되었음을 인지하는 구조인 것이다. 두 개의 숏, 즉 군인이 된 아들을 바라보는 히라마쓰의 어머니(및 여동생)의 숏과 야스모토의 어머니의 숏은, 마치 좋은 가정에 양자로 보낸 아들을 바라보는 어머니의 안도감을 묘사하는 것처럼 보인다.

19) 박현희는 "「지원병」, 「사랑과 맹서」, 「젊은 모습」과 같이 조선에서 제작된 지원병 선전영화가 대부분 하층계급 남성이나 어린 청소년에게 말을 걸고 있다는 점, 그러나 그 방식은 서로 다르게 수행되고 있다는 점은 중요하게 구별되어야 한다"라고 말하면서, "「조선해협」은 타깃으로 하는 관객층이 군인으로 가야 할 남성들이라기보다는 '총후', 즉 후방에 남을 군인의 부인과 가족들이다"라고 지적한다(박현희, 『문예봉과 김신재』, 108쪽). 각 영화를 관람한 관객들의 계급적·성별적 분석 기록을 찾기 힘든 현재 상황에서, 그리고 모든 영화 텍스트를 접할 수 없는 상황에서, 선전 극영화가 말 걸고 있는 대상을 일반화하거나 유형화하기는 힘든 것이 사실이다. 또한 하나의 텍스트가 한 종류의 관객과만 소통할 수 있는 약호를 생산하는 것도 아니다. 따라서 확인할 수 있는 시각 텍스트를 통해 연구자는 각 영화가 주요하게 말 걸고 있는 대상, 주요 장면에서 말 걸고 있는 대상 등을 유추할 수 있다. 예컨대 「지원병」(안석영 감독, 1940)과 「사랑의 맹서」는 하층계급 남성이나 청년들을 주된 관객으로 상정하지만 갈등이 생산되고 상상적으로 해결되는 지점에서는 성년 여성의 동일시를 유도하거나 회피한다는 것, 「조선해협」이 전반적으로 성년 여성을 주된 관객으로 상정한다는 것, 「병정님」이 노골적으로 어머니들을 대상으로 한다는 것 등 '선전'을 목적으로 한 영화들이 구사하는 다양한 전략 및 그 (성공적이었든 아니었든) 효과의 차이를 분석하는 일이 중요할 것이다.

(infantilization)에 머무는 것을 의미했다. 세계 다른 지역의 식민주의에서와 마찬가지로, 일본 제국주의 담론은 남성주의적인 제국주의의 지배가 정당하고 자연스러운 것이라는 방식으로 피식민자를 미숙하고 여성적인 것으로 취급했다. 예컨대 조선 남성은 무(武)보다 문(文)을 숭상해 온 오랜 전통 때문에 여성화되어 있다는 식이었다. 그러나 일본의 전쟁과 국가에 조선인들을 끌어들여야 할 필요로 인해, 남성화된 식민자와 여성화된 피식민주체라고 하는 견고한 이분법을 유지하는 것이 불가능해졌다. 대신에, 비록 미성숙하고 여성화된 조선 남성이지만, 후기 식민지 담론과 실천은 이들이 국가에 대한 봉사를 통해 (일본인) 성인 남성성을 획득할 기회를 부여했다. 따라서 후기 식민주의와 일본 내셔널리즘은 (균일한 결과만을 가져온 것은 아니지만) 젠더화된 욕망을 생산하고 또 그 욕망을 성취할 기회를 제공함으로써 피식민자들에게 동기부여를 하고자 했다.[20]

즉 피식민자가 제국의 군인이 됨으로써 미성숙하고 여성적인 존재에서 성숙하고 남성적인 존재로 변화할 수 있다는 담론과 실천들이 전쟁기에 생산되었고, 후지타니도 다루고 있듯 선전 극영화는 이것들이 펼쳐지는 주요한 장이었다. 박현희는 조선의 선전 극영화에는 "황국신민화와 같은 '사상의 주입'을 위한 선전보다는 상대적으로 군인 동원을 위한 '지원병 영화'가 주를 이룬다. …… 당시 일본 본토의 선전영화들이 주로 '천황의 신민'으로서의 자랑스러운 정체성 주입과 그에 따른 자연스런 결과

---

20) Takashi Fujitani, "Total War at the Movies: Late Colonial Fims on Korean Soldiers in the Japanese Military", 연세대학교 국문과 BK21사업단 강연, 2008년 5월 14일. 한국어 번역은 인용자.

로서 군인 동원을 기대하던 것과는 큰 차이가 있다"[21]라고 지적하는데, 현재 접할 수 있는 영화 텍스트들만 놓고 보았을 때 이러한 지적은 타당해 보인다. 그리고 이는 앞서 말했듯 지원병제 및 징병제 선전 정책에서 그 주된 타깃이 청년층과 가족들, 특히 여성이었다는 사실과 호응하면서, 선전 극영화에서 제국의 군인이 되는 조선 남성 및 그를 떠나보내는 조선 여성이 주된 소재가 되었던 사정, 거기에 멜로드라마적 스타일이 중요한 전략으로 활용되었던 사정을 이해할 수 있게 해준다. 그렇다면 조선 남성이 지원병이 되기로 결심하는 순간, 그리고 그것에 대해 조선 여성들이 반응하는 순간은 이 영화들에서 가장 드라마틱한 순간이자 제작자 입장에서는 관객들에게 가장 설득력 있게 제시할 수 있는 테크닉을 필요로 하는 순간이라고 할 수 있다. 제국의 군인이 됨으로써 조선 남성은 비로소 주체성을 획득하게 되는데, 그것은 가족 간의 혹은 연인 간의 관계 또한 더 나은 것으로 고양시킬 것인가, 아니면 그것을 파괴시키는 대가를 치러야 하는 것인가 하는 의문과 회의를 불식시켜야 하는 순간이기 때문이다.

그런데, 후지타니는 조선인 남성이 군인이 되자마자 "여성 욕망의 남성화된 대상"(masculinized object of feminine desire)이 된다고 말한다.[22] 즉 군인이 됨으로써 남성성을 획득하고 이성에게 성적 매력을 호소할 수 있게 된다는 것이다. 그러나 이는 군인이 되는 조선인 남성에 대한 조선인 여성의 응시, 혹은 조선인 여성의 반응 숏(특히 표정과 몸짓으로 드러나는 심리)에 대한 다소 단순한 해석에 근거한 것이다. 분명, 선전 극영화에서 조선인 남성은 군인이 됨으로써 남성화되며 타자의 욕망의 대상이 됨으

---

21) 박현희, 『문예봉과 김신재』, 26쪽.
22) Takashi Fujitani, "Total War at the Movies", pp. 11~13.

로써 주체성을 획득하는 측면이 있는데, 이때 욕망의 주체는 조선 여성이 아니라 제국의 여성 혹은 남성이기 때문이다. 예컨대 「너와 나」(君と僕, 허영 감독, 1941)에서 군인이 된 조선 남성은 조선 여성과의 이성애적 결합이 아니라 일본 여성과의 결합을 이룬다. 이때 일본인 여성이 조선인 남성이 상징질서(symbolic order)에 진입했음을 알리는 기표라면, 조선인 여성은 조선인 남성의 '남성화'를 위해 배제되거나 억압된 것의 기표이다. 「지원병」(안석영 감독, 1940)에서도 조선 남성은 (순박한 시골 처녀이든 '모던걸'이든) 조선 여성과의 이성애적 결합을 포기하는 대가를 치르면서 '남성'이 된다. 그러면 조선 여성과의 이성애를 향해서가 아니라면 이 조선 남성은 무엇을 위해 '남성'이 되어야만 했던 것일까? 그리고 전쟁터로 떠나는 조선 남성의 뒤에 남겨진 조선 여성은 여기에 대해 어떻게 반응하는가? 관객들은 이 이성애 커플을 둘러싼 멜로드라마에서 무엇을 읽어 냈을까?


## 3. 군인이 되기 위해서는 버려야 할 것들: 「너와 나」, 「지원병」

먼저 조선인이 세운 영화사가 제작한 「지원병」[23]과 조선인이 쓴 시나리오를 조선총독부와 일본육군성 보도부가 후원하고 조선군 사령부가 제작한 「너와 나」를 살펴보자. 이 작품들은 표면적으로는 일본 제국을 위해 조선인 남성들이 전쟁터에 나가는 데 대한 대중의 의혹과 반발심을 무마하고 조선인을 새롭게 일본의 '국민'으로 호명하는 식민지 통치 이데올로기

---

23) 다음 기사를 종합하면, 이 작품은 1940년 초에 제작이 완료되었고 1940년 8월 일본에서 공개되었으나 조선에서는 1941년 초에야 지방에서부터 개봉되었다고 할 수 있다. 김정혁, 「조선 영화의 현상과 전망」, 『인문평론』 1940년 4월호, 125쪽; 「지원병 '일본단편'서 배급」, 『조선일보』 1940년 5월 23일.

에 부응하거나 그것을 선전하려는 목적을 드러내지만, 그것이 일차적으로 의식했던 대상은 조선총독부 및 제국의 관료였던 것으로 보인다. 「지원병」을 제작한 최승일, 박영희, 안석영은 1920년대와 1930년대 초 조선 문화계에 만연했던 사회주의 운동에 가담했던 사람들이고, 「너와 나」의 각본을 들고 조선총독부와 일본 영화사를 찾아다니며 제작지원을 얻어 냈던 허영은 조선인임을 숨기고 히나쓰 에이타로(日夏英太郎)라는 이름으로 16년간 일본에서 활동하며 두각을 나타낼 기회를 찾고 있던 인물이다.[24] '최초의' 지원병 영화를 만들어 전쟁 말기까지 조선 문화계의 지도층으로 활약할 수 있었던 전직 사회주의자들과, 총독부와 군부의 도움으로 일본 및 만주의 스타급 영화인들을 기용할 수 있었던[25] 재일 조선인이 이 영화들을 통해 드러냈던 것은 일차적으로는 자기 자신(의 정치적 입장)이었다. 전직 사회주의자들에게 「지원병」은 전향각서와 같은 것이었고, 허영에게 「너와 나」는 일본인 여성과의 사이에서 낳은 아들을 일본인으로 키우기로 했다는 그 자신의 선언과 동격에 놓인 것이었다. 「지원병」

---

24) 허영은 1908년경 만주에서 태어나 쇼와 초기 일본으로 밀항하여 이름을 바꾼 뒤 조선인임을 숨긴 채 마키노영화사(マキノ映画製作所), 쇼치쿠(松竹) 영화사, 신코키네마(新興キネマ) 교토촬영소 등에서 경험을 쌓았다. 1940년 무렵 일본에서 조선 영화가 주목을 끌기 시작하자 자신이 조선인임을 밝히고 1941년 조선에 돌아온다. 「너와 나」는 그의 데뷔작이고, 이후 일본군 선전반에 소속되어 인도네시아로 건너가 선전영화 「호주에서 부르는 소리」(濠洲への呼び声, 1943) 등을 제작한다. 内海愛子·村井吉敬, 『シネアスト許泳の'昭和'』, 東京: 凱風社, 1987.

25) 조선총독부와 조선군 사령부는 「너와 나」 제작에 지원을 아끼지 않았다. 미나미 지로(南次郎) 총독과 조선군 사령관이 지원병 훈련소 수료식 장면에 직접 출연하는가 하면 영화 촬영을 위해 철도를 증편했고, 일본과 만주의 스타 배우들(리샹란李香蘭 포함)과 스태프를 기용하도록 압력을 넣어 주었다(박계주 외, 「『너와 나』를 말하는 좌담회」, 『삼천리』 1941년 9월호, 114~115쪽). 이 영화는 일본과 조선에서 동시 개봉되었으며, 학생을 비롯한 많은 사람들이 반강제적으로 영화 관람에 동원되었다(조선총독부 학무부장은 "될 수 있는 한 모두가 보도록" 지시를 내렸다). 나승회, 「침략전쟁 시기 친일 예술인의 변신에 관한 고찰: 장혁주와 허영을 중심으로」, 『일어일문학』 35집, 2007, 265~271쪽.

은 "주인공을 전장으로 데려가지도 않고 끝난", 뭔가 부족한 영화로 평가 되었고 「너와 나」는 (요란한 제작 과정에도 불구하고) "아마추어리즘과 직 접적인 연설조"라는 조소를 얻었으나,[26] 이 조선인 영화인들은 이 '수행' (performance)으로서의 영화 제작 행위를 통해 조선총독부 및 일본 관료 들로부터 '인정'을 얻어내는 데 성공했던 것이다.

허영은 「너와 나」의 제목에서 '너'는 일반 내지인의 총칭이요, '나'는 일반 조선인의 총칭으로서 "너와 나는 굳게 손을 잡고 대동아공영권의 초 석이 되자는 것을 의미"한다고 설명하면서, "반도 민중도 훌륭한 일본인 이라는 것을 생활을 통해서 나타내고 있는 부면을, 아직 조선을 인식치 못 한 내지 동포에게 알리려"[27] 이 영화를 만들게 되었다고 말한다. 실제로 최초의 조선인 지원병 전사자 이인석을 모델로 하고[28] 내선결혼, 정오의 묵도, 부여신궁 참배 등 시사적이고 선정적인 주제로 어필하려는 의도를 텍스트 가득 담아 놓은 각본은 "진정성이 느껴지기엔 너무 훌륭한"(too-good-to-be-true sentiment),[29] 즉 '과잉'된 제스처로 읽혔으나, 정부는 이를 묵인하고 후원을 결정하였다.

한편 고향 농촌에서 마름으로서 지주의 땅을 관리하고 있던 지식인 춘호가 지원병제가 실시된다는 소식을 접하고 떠나기까지의 과정을 다룬 「지원병」은 이상을 꿈꾸는 우울한 인텔리겐차와 그를 사랑하는 소박한 시골 처녀를 식민지의 로컬 컬러를 드러내는 미장센(아름다운 자연풍경

---

26) Peter B. High, *The Imperial Screen*, pp.308~314.
27) 박계주 외, 「「너와 나」를 말하는 좌담회」, 114~115쪽.
28) 조선인 지원병 최초의 전사자인 이인석은 대중매체를 통한 선전 재료로 빈번히 활용되었다.
    2009년 도쿄필름센터에서 「너와 나」의 프린트 일부가 발견되어 같은 해 5월 한국영상자료
    원에서 공개되었는데, 영화의 오프닝에는 전투 중 전사하는 이인석의 이야기가 묘사된다.
29) Peter B. High, Ibid., p.309.

과 물레방앗간, 우물가, 그리고 한복을 입은 순진한 조선 여성) 속에서 그리고 있다.[30] 표면적으로 춘호는 두가지 갈등 속에 놓여 있는 것처럼 보인다. 하나는 지주가 그로부터 마름 자리를 박탈하려는 상황이고, 다른 하나는 조선인이라는 한계 때문에 군인이 될 수 없다는 상황이다. 그러나 위의 두 가지 갈등은 춘호라는 캐릭터의 성격을 매우 모호하게 만드는데, 비록 마름 자리를 박탈당한다고 해도 그와 그의 가족은 아버지가 남겨 주신 재산 덕분에 먹고살기에 어렵지 않고 더욱이 춘호는 버려진 산비탈 밭을 개간하려는 의욕을 갖고 있었기에, 그가 '군인'이 되어야 할 필연적인 이유는 없기 때문이다. 그는 왜 그토록 '군인'이 되고 싶어 하는 것일까? 그는 '중학교도 마치지 못한 농부의 아들'로서 '서울(로 상징되는 근대화된 세계)'에서 활동하지 못하는 자신의 상황에 대해 자괴감을 갖고 있으며, 이것은 군인이 되지 못하는 '조선인'이라는 한계와 결합하여 그를 더욱 우울하게 만든다.[31] 산비탈을 밭으로 개간하겠다는 의욕이 과거 프롤레타리아 문예의 남성 주인공이 가졌을 법한 농촌운동의 흔적을 보여 주는 것이라면, 근대화된 세계 혹은 전쟁에 참여할 수 없다는 우울은 이 의욕과 상충하는 것이다. 즉 프롤레타리아 문예의 남성 주인공이 농촌운동을 위해 근대화

---

30) '로컬리즘' 혹은 '로컬 컬러' 담론은 1930년대 중반 조선의 문화 엘리트들이 내세웠던 전략이다. 카프 영화의 실패를 목도하면서 영화인들은 영화 제작의 '기업화'가 중요하다는 인식으로 눈을 돌리기 시작했고, 이를 위해 일본 제국의 여러 변방들에 조선 영화를 수출함으로써 활로를 개척하려 하였다. 이때 수출을 위한 아이템으로 조선의 '향토색'을 담은 영화가 떠올랐는데, 제국의 지방으로서의 조선의 향토성이란 전근대적인 것, 농촌의 풍광 및 습속, 그리고 여기에 결부되는 '구(舊)여성'의 이미지로 자리잡게 되었다. 이에 대해서는 이화진, 「식민지 영화의 내셔널리티와 '향토색'」, 『상허학보』 제13집, 2004 참조. 그러나 일본의 조선 영화 통제가 본격화되는 1940년 즈음에 가서는, 이렇게 향토색을 강조하기 위해 농촌의 '궁상맞을' 그리는 것에서 탈피해야 한다는 문제 제기가 생겨난다. 조선총독부의 입장에서는, 조선을 더 이상 전근대적이고 어두운 현실만이 존재하는 곳이 아니라 제국의 근대화에 힘입은 '명랑'한 곳으로 그려야 한다는 요구를 하기 시작한 것이다.

된 세계를 떠나온 존재인 반면, 춘호는 마치 어쩔 수 없이 농촌에 갇혀 있는 것인 양 우울증을 앓고 있기 때문이다. 따라서 춘호의 지원 결심은 과거 프롤레타리아 문예의 남성 주인공의 세계관을 위배하는 것이며, 좀더 확장해서 해석하자면 과거 카프 맹원이었던 이 영화의 제작 주체들의 '전향'의 태도를 명백히 보여 주는 행위라고 할 수 있다.

마침내 춘호는 군인이 됨으로써, 우울하고 자신감이 결여되었던 상태에서 벗어나 마침내 진정한 '남성'이 되는, 일종의 성장 및 남성화 과정을 밟는다. 그런데 「지원병」이 흥미로운 것은 춘호에게 있어서 인생의 전환점이 되는 순간, 즉 당당한 일본의 군인이 되기로 하는 순간에 그의 어머니와 약혼녀가 보이는 모호한 반응에 카메라가 주의 깊은 시선을 할당하고 있다는 점 때문이다. 그가 출정하기 위해 어머니에게 작별인사를 하는 장면에서, 관객은 어머니의 모습이 화면에 비춰지기 전 "몸조심해라"라고 말하는 그녀의 목소리를 먼저 듣는다. 그 후 인사를 하는 춘호가 등장하고, 그 다음에서야 어머니가 아무 말 없이 그를 바라보는 모습이 비춰지는데, 카메라는 10여 초간 그녀를 미디엄 숏으로 잡으며 미세하게 그녀로부터 멀어진다. 관객은 육체와 동떨어진 목소리를 먼저 접한 후 역시 목소리가 없는 어머니의 육체를, 카메라를 향해 정면으로 서 있는 이 늙은 조선 여성의 모호한 표정과 침묵을 맞닥뜨려야 한다. 한편, 당대 최고의 여배우 문예봉의 스타 이미지, 즉 조신하고 순박한 조선 여성으로서의 이미지에 부합하는 캐릭터의 분옥은 춘호의 결심을 듣는 순간 "지원병이오?"라며 얼굴을 찡그리면서 놀란다. 그녀는 춘호가 "왜, 놀랐소?"라고 묻

---

31) 「지원병」에서 이렇게 주체화되지 못한 조선 남성의 '우울'의 문제를 분석한 글로 Takashi Fujitani, "Total War at the Movies"; 이영재, 『제국 일본의 조선 영화』, 현실문화연구, 2008 참조.

영화 「지원병」. 아들을 전송하는 조선인 어머니의, 목소리 없는 육체.

자 "아니오"라고 대답하고 잠시 후 "군인이 되세요. 나라를 위해서 훌륭한 군인이 되세요"라고 말하는데, 이때 "군인이 되세요. 나라를 위해서 군인이 되세요"라는 문장은 이어지는 것이지만, "군인이 되세요"가 분옥의 육체로부터 발화된다면, 곧이은 "나라를 위해서 군인이 되세요"라는 문장은 카메라가 인물로부터 컷 된 후에 목소리로만 들려온다. 즉 육체와 목소리가 분리됨으로써 "군인이 되세요 / 나라를 위해서 군인이 되세요"라는, 반복과 강조의 표현 사이에 미묘한 간극이 발생하는 것이다.[32] 그리고 그 직후 분옥과 춘호는 둘 다 말을 멈춘다. 이 침묵의 시간 동안 이 커플은 이 영화에서 가장 아름다운 미장센을 형성하게 되는데(머리를 땋고 앞치마를 두른 분옥이 우물가에서 물을 긷고 춘호가 그것을 도와주는 장면), 이 장면 및 감미로운 서양 음악은, 마치 식민지 '로컬 컬러'와 애틋한 멜로드라마의 완벽한 조합을 만들어 내는 것처럼 보인다. 그러나 내러티브상에서 이 장면은 주인공 남녀의 이별이 예고되는 가장 드라마틱한 순간이며, 관객의 관심의 초점이 분옥의 반응에 모아지는 클라이맥스이다. 그녀를 탐내는 덕삼 부자에게 그녀를 남겨 두고 춘호는 떠난다고 하는데, 분옥은 어떻게 반응할 것인가? 물론 그녀가 마침내 "군인이 되세요"라고 반응하는 것을 관객은 의외의 것으로 받아들이지는 않았을 것이다. 영화의 첫 장면에서부터 분옥은 '애국부인회'의 띠('총후부인'의 상징)를 두르고 등장하기 때문이다. 그러나 문제는 그녀가 처음 춘호의 결심을 듣고 이 말을 하기까지의 표정과 몸짓, 육체로부터 이탈된 목소리, 그리고 그 이후의 침묵이다. 이 긴장의 표현은, 어머니의 침묵과 마찬가지로, 조선 관객이 여성들과 동일시하며 겪는 내면의 갈등을 보여 주는 순간이기 때문이다. 더욱이 영화의 서두부터 분옥은 춘호를 존경하지만 그의 '뜻'을 깊이 이해하지는 못하는 것으로 그려지며, 그래서 그가 언제고 자신을 버릴 수 있을 것이라는 불안을 숨기지 못한다. 그녀는 서울의 '모던걸'과 함께 있는 춘호를 보고 질투에 불타기도 한다. 마지막 장면에서 입대하는 춘호를 배웅하러 나간 분옥은 기차가 떠나기 직전까지는 걱정과 우수에 가득 찬 표정을 짓고,

---

32) 이는 달리 말하자면 육체와 탈육체화된 목소리로 분열되어 있는 장면들이라고 할 수 있다. 조선 여성들의 탈육체화된 목소리는 조선 남성의 군인됨 및 남성화를 '인증'해 주는 내용("몸조심해라", "나라를 위해 군인이 되세요")을 발화하고 있기에, 그것이 육체로부터 이탈되어 있다는 것은 의미심장하다. 탈육체화된 목소리, 즉 미셸 시옹(Michel Chion)의 용어로 하자면 '아쿠스마티크(acousmatique)한' 소리는 발성영화가 도래한 이후에 나타난 목소리로, "음원은 보지 못한 채 소리를 듣는 청취 상황"에서 접하게 되는 소리이다(미셸 시옹, 『영화의 목소리』, 박선주 옮김, 동문선, 2005, 37~52쪽). 발성영화는 '시각화된 소리'(화면 안의 시각 이미지에서 유래하는 소리)를 만드는 것에서 시작되었지만 곧 화면에 소리의 출처가 보이지 않은 채 들려지는 소리들을 실험하게 되었고, 조선에서는 발성영화가 제작되기 시작한 1935년 이후에야 이 테크닉을 시도했던 셈이다. "잘 다녀오거라"라는 탈육체화된 목소리가 들려진 직후 관객은 그 목소리의 출처, 즉 어머니를 탈음성존재화된 것으로 접하게 되고, "군인이 되세요"라는 분옥의 시각화된 소리는 곧이어 탈육체화된 목소리로 변하여 "나라를 위해 군인이 되세요"라며 허공을 채운다. 조선 남성의 군인됨 및 남성화를 인증해 주는 목소리가 조선 여성의 육체로부터 분리됨으로써, 관객은 보는 것과 듣는 것 사이의 관계 변화를 경험한다. 이 경우 '인증'은 (내러티브상으로는 출처가 명확하지만) 그 육체라는 출처가 없이 이루어지는 셈이며, 이는 조선 남성의 군인됨과 남성화를 인증해 줄 육체 혹은 실체가 잠시 동안이나마 부재한 순간으로 경험될 수 있는 것이다.

영화는 분옥의 클로즈업으로 끝난다. 여기에서 비로소 그녀는 춘호를 향해(그리고 카메라와 관객을 향해) 환한 미소를 지어 보이는데, 이것을 춘호의 군인되기, '남성되기'에 대한 '인증'의 기호로 보아야 할 것인가는 여전히 모호하게 남는다. 춘호는 '남성'이 되었을지는 모르나, 그것은 조선 여성과의 이성애적 결합을 포기하거나 그녀를 배제함으로써(혹은 끝까지 그녀의 인증을 얻지 못한 채) 이룩되는 것으로 보인다. 그러면 춘호가 남성이 됨으로써 획득하는 것은 무엇인가? 관객은 이 조선 남성과, 그를 포기해야만 했던 조선 여성들 중 누구에게 더 감정이입을 하게 되었을까? 「지원병」은 제국의 군인이 되기 위해서 조선 남성이 포기했던 것이 사회주의 사상뿐만 아니라 조선 여성이기도 했다고 말하는 것처럼 보인다.


## 4. '젠더화된 욕망'의 효과: 「젊은 모습」, 「조선해협」

이 문제에 대해서는 조선영화주식회사가 창립작으로 가장 야심차게 준비하여 일본의 유명감독 도요타 시로(豊田四郎)가 핫타 나오유키(八田尙之)의 시나리오로 제작한 「젊은 모습」(若き姿, 1943)을 통해 우회적인 대답을 얻을 수 있다. 법인 조선영화주식회사가 설립되면서 일제는 정책적으로 조선과 일본 또는 만주국과의 합작 사업을 추진했다. 그것은 한편으로는 일본과 만주의 스타급 영화인을 동원함으로써 관객 동원에서 효과를 얻기 위한 것이었고 다른 한편으로는 조선인과 일본인이 같이 만든 영화를 통해 내선일체가 실현되고 있음을 보여 주기 위한 것이었다. 특히 징병 선전영화에 대한 일본 영화인의 참가가 활발했다. 무엇보다 조선총독부와 조선 군부는 "조선만의 프로파간다가 아니라 식민 본국에 조선총독부와 조선군의 입지를 알리는 영화"를 만들기 위해[33] 지원을 아끼지 않았다. '징병제 실시 기념'으로 제작된 「젊은 모습」은 반도의 차세대 청년, 특히 학교를 졸업하자마자 징병의 대상이 될 중학교 5학년 학생에 초점을 맞추었다는 점에서, 조선인 남성에 대한 제국의 시선을 단적으로 드러낸다고 할 수 있다.

일련의 중학생이 훈련소에 한 달간 입소하여 군인정신을 함양한다는 이야기를 담은 이 영화는, 일본인 배속장교와 조선인 선생 사이에, 그리고 조선인 선생과 조선인 학생 사이에 유사 아버지-아들 관계라는 의미를 강하게 내포시킨다. 여기에서 초점의 대상이 되는 것은 10대 초중반의 '젊은' 조선인 학생들의 육체로서, 조선인 남성이 '남성화'됨으로써 누구의 응시의 대상이 되는가를 노골적으로 보여 준다. 조선인 선생 마쓰다는 군인이 될 수 없는 자신의 육체와 달리 장차 군인이 될 수 있는 '젊은' 육체를 가진 학생들을 선망의 시선으로 바라보며, 훈련소에 입소하면서 신체검사를 위해 발가벗겨진 조선인 학생들의 육체는 일본 군인들과 (보이지 않는) 천황의 응시의 대상이 된다. 여성과의 이성애적 관계에 대한 관심이 깨끗하게 소거된[34] 이 영화에서 비로소, 조선인 남성이 '남성화'된다는 것의 의미가 명확히 드러나는 것이다. 조선인 '남성성'이란 젊은 '육체'로 환원되는 것이며, 이 육체에 주어지는 응시와 거기에 내포된 욕망이

---

33) 조선총독부, 조선군, 조선영화주식회사는 내지에 뒤지지 않는 조선군의 위용을 드러내기 위해 이 영화를 제작했고, 그럼으로써 조선에 독자적인 문화선전 기구가 필요하다는 점을 설득시키려 했다. 이화진, 「식민지 영화의 내셔널리티와 '향토색'」, 162쪽.

34) 이 영화에서 유일한 이성애적 관심은 조선인 선생 마쓰다와 조선인 여성 에이코를 둘러싸고 일어나는데, 에이코는 일본인 배속장교인 기타무라 소좌가 마쓰다 선생이 미혼인 것을 안타까워하여 그에게 소개시켜 준 사람이다. 이들은 기타무라 소좌의 집에서 맞선을 보지만, 마쓰다는 에이코가 '제국의 국민'으로서 자질을 갖고 있는가에만 관심을 갖는다. 그는 처음 만난 에이코의 게으름(집안일을 손수 하지 않는다)을 비난하고 나아가 '조선 여성'의 문제점을 질타한다. 로맨스가 삭제된 이 만남이 마쓰다의 '아버지' 역할을 하는 기타무라 소좌가 지켜보는 앞에서 이루어진다는 점은 흥미롭다.

란 제국, 전쟁, 그리고 죽음에의 욕망인 셈이다. 일본인 장교는 조선 남성들에게 이렇게 말한다. "제군의 몸은 중요하다. 천황폐하의 방패니까. 끊임없이 연마하라." 이것은 단순히 동성사회적(homosocial) 관계라고 말할 수 없다. 아버지-선생의 욕망에 복무하기 위해 조선 여성을 배제하고 '남성'이 되어야만 했던, 혹은 그렇게 되기를 원했던 조선 남성은 아버지-선생과 동등한 관계에서 동성사회적 유대를 이루는 데 성공할 수 없기 때문이다.

조선영화주식회사 설립 1회작이자 일본과 조선 동시개봉의 부담 속에서 제작된 「젊은 모습」이 여러 차례 심의를 거치면서 제작기간이 길어지는 동안 먼저 개봉된 영화가 있었으니, 바로 「조선해협」(1943)이다. 이 영화는 애초에 조선영화주식회사의 제3회 작품으로 기획되었으나, 단 1개월여 만에 촬영이 끝나고 심의도 곧 통과되어, 이보다 앞서 기획된 작품들보다 먼저 개봉하게 되었다. 조선영화주식회사의 다른 작품들과 달리 「조선해협」은 처음부터 조선에서만 개봉될 예정이었기에 까다로운 심의를 거치지 않았는데, 조선에서 의외로 많은 관객을 모아 이후 조선영화주식회사의 제작 방침에 영향을 끼치게 되었다. 즉 일본(및 만주) 스태프와의 합작 형식으로 대규모 제작비를 들여 제작된 「젊은 모습」이 조선 관객들에게 별 관심을 끌지 못한 반면 대다수 스태프가 조선인으로만 구성된 저예산 영화 「조선해협」이 흥행에 성공을 한 덕에,[35] "조선 영화는 조선 사람이 만드는 것이 좋다"는 인식을 불러일으켜 이후 「병정님」, 「거경전」

---

35) 「조선해협」은 경성, 평양, 부산에서만 약 14만 관객을 동원하였고 총수입 약 8만 원을 거두어, "첫 작품으로서는 반도 영화에 전례 없는 흥행성적을 보여 주었다"는 평가를 받았다(경성일보사, 『조선연감』, 1944, 528쪽).

(巨鯨傳, 방한준 감독, 1944), 「태양의 아이들」(太陽の子供達, 최인규 감독, 1944) 등의 작품이 조선인 스태프의 손에 맡겨졌다는 것이다.[36] 그런데 「조선해협」이 흥행에 성공한 데에는 조선 대중물의 멜로드라마적 구도가 큰 역할을 했으리라 추측할 수 있을 정도로, 이 영화는 「지원병」처럼 조선 남성이 지원병이 되는 과정을 그리고 있으면서도 그것보다는 뒤에 남겨진 여성의 운명을 전면화하고 있다. 박현희 역시 「조선해협」이 "자유로운 소재 선정, 좋은 만듦새, 문예봉이라는 스타파워, 그리고 거기에 더해 배급과 개봉의 루트에서도 좋은 조건을 만나 흥행에 성공했다"고 분석하면서, 이 작품이 "여성들의 영역, 일상생활에서 취한 조선적 '현실'"을 다룸으로써 선전영화의 이정표 구실을 했다고 본다.[37]

이 영화는 완고한 부호의 맏아들로 전쟁에 나가 전사한 성경(成炅)의 장례식과, 그 부호의 망나니 둘째 아들 세이키와 하층 출신 긴슈쿠 사이에 아이가 잉태되는 일이 동시에 이루어졌음을 알리며 시작한다. 전통적인 유교 질서에서 '맏아들'의 가장 큰 임무는 대를 잇고 조상을 섬기는 것인데, 이 집안은 그 맏아들을 전쟁터에 보냄으로써 큰 위기에 빠진 것이다(성경은 결혼하지 않은 것으로 그려진다. 즉, '후사'를 남기지 않은 것이다).

---

36) 한국예술연구소 엮음, 「이필우」, 『이영일의 한국영화사를 위한 증언록』, 소도, 2003, 292쪽, 이필우 인터뷰 중에서.

37) 박현희가 소개한 당시의 광고들을 보면 실제로 이 영화가 '여성영화'로 선전되었음을 엿볼 수 있다. 예컨대 "청춘의 감각에 휩싸인 아름다운 여성영화입니다! 조선 영화 화형여우(花形女優) 십 인의 대경연"(『조광』 1943년 6월호의 포스터 광고 문구), "비애의 상처와 생활의 괴로움! 그리고 가혹한 운명과 싸우면서도 오직 진실 일로(一路) 사랑하는 사람을 기다리는 여인의 거룩한 심정!"(『매일신보』 1943년 7월 16일 1면 하단광고) 등이다(박현희, 『문예봉과 김신재』, 138~151쪽). 한편 개봉 당시의 평문에서는 이 영화가 지원병제를 다루고 있음에도 불구하고 사사로운 사건들로 인해 이 주제가 밀려났다고 불평하는 것을 발견할 수 있다. 평자는 이 영화가 "저속층"에게 호소하는 "대중성에 급급"했다고 비난한다(이춘인, 「영화시평: 각본, 연출, 연기—「조선해협」을 보고」, 『조광』 1943년 8월호, 79쪽).

그러나 동시에 둘째 아들에게 자식이 생김으로써 새로운 희망이 싹트게 된다. 이 영화는 흥미롭게도 이 둘째 아들이 아버지로부터 버림을 받았고, 그와 그의 애인과 태중의 아이는 아버지로부터 인정을 받지 못하고 있다는 갈등 상황에서 시작한다. 이것은 대중물의 전형적인 상황으로, 시댁에서 인정받지 못하는 긴슈쿠의 눈물겨운 수난사가 시작되고, 그녀의 희생을 통해 그녀가 이 집안에 받아들여지는가의 여부가 관심의 초점이 된다. 이 구도를 활용하면서 이 영화는, 갈등을 극적으로 타결하는 계기로서 세이키의 입대를 끌어들인다. 그가 제국의 군인이 되기로 결심함으로써 그는 아버지의 자랑스러운 아들로 인정받고, 마침내 긴슈쿠과 그녀의 아들도 이 집안에 받아들여지게 된다.

후지타니는 이 영화에서 세이키가 군인이 됨으로써 (아버지로 대표되는) 과거 조선의 완고한 관습과 계급갈등이 깨어지고, 인간적 감정과 연애, 젊은 세대의 희망을 가로막는 장벽이 타파된다고 해석하는데,[38] 세이키가 군인이 되는 것이 그 모든 갈등을 해결하는 열쇠가 되는 것은 사실이지만, 조선의 관습과 장벽들이 타파되기보다는 그 관습 안으로 젊은 세대가 수용된다고 보는 것이 더 타당하다. 즉 세이키의 입대를 통해 아버지 세대의 관습이 타파되는 것이 아니라, 세이키 세대가 그 관습 안에 안착한다(그의 입대에 대해 아버지와 가족들은 강한 환영을 표하고, '마침내' 세이키를 가족의 일원으로 인정해 준다). 그리고 이를 긴슈쿠의 운명과 관련시키자면, 대중물의 수난 이야기의 주인공이었던 불운한 하층 여성이 세이키의 입대를 대가로 치르고 그의 가족의 일원으로 받아들여지는 이야기가 된다. 더

---

38) Takashi Fujitani, "Total War at the Movies", pp. 13~14.

욱이 그녀는 아들 둘을 모두 전쟁에 내보낸 부호의 집안에 '대'를 이을 아들을 낳아 준 존재가 아닌가. 또한 아버지의 입장에서 볼 때, 그는 모든 아들을 제국에 바침으로써 '명분'을 획득했을 뿐만 아니라, 대를 이을 후손을 얻음으로써 또 다른(유교적) '명분' 또한 얻는 것이다. 이 모든 것이 세이키의 입대를 통해 가능해진 것이어서, 이 영화는 마치 세이키를 희생시켜 다른 모든 것을 얻는 피식민자 가족의 이야기처럼 보이기도 한다.

한편 이 영화에서도 극적 구조와 관객들의 감정이입을 이끌어 내는 장치는 세이키가 떠난 후 뒤에 남겨질 긴슈쿠의 감정을 향해 집약되어 있다. 전형적인 멜로드라마적 스타일(세이키의 저택 문앞에서 서성거리는 긴슈쿠를 그리는 장면의 롱테이크와 감상적인 음악, 세이키가 떠난 후 홀로 아이를 키우느라 공장에서 일하는 긴슈쿠의 묘사, 세이키와 긴슈쿠의 엇갈린 만남, 전쟁터로 떠나는 세이키의 마지막 모습을 놓치고 마는 기차역 신의 타이밍, 이 어긋남에 서스펜스를 부여하는 교차편집 등등)[39]은 영화의 후반부 마침내 긴슈쿠가 쓰러질 때까지 그녀의 '고통'을 계속해서 강화시키고, 그

---

39) 프랑코 모레티(Franco Moretti)는 "감동적인"(moving) 문학작품의 특성을 설명하면서, 독자들이 눈물을 흘리게 되는 이유는 정교하게 가공된 시간성(temporality) 때문이라고 말한다. 독자들은 주인공들이 슬퍼하기 때문에 울기도 하지만, 욕망이 결국 좌절되었음을 "너무 늦게"(too late) 깨닫게 되는 "바로 그 순간"에 울게 된다는 것이다. 눈물은 언제나 시간의 돌이킬 수 없음, 그리고 그에 대한 인물들(독자들)의 무기력함의 소산이라는 것이다. 린다 윌리엄스(Linda Williams)는 이 논의를 멜로드라마 영화에 끌어들여 '울음'이라는 신체적 반응을 일으키는 타이밍을 분석하는 데 활용한다(Linda Williams, "Film Bodies: Gender, Genre and Excess", *Film Quarterly* Vol.44, No.4, 1991, pp.11~12). 「조선해협」은 집과 행진 장소와 기차역에 늘 '너무 늦게' 도착하는 긴슈쿠와 그로 인한 엇갈림의 시간성을 정교하게 활용함으로써 서스펜스를 부여할 뿐만 아니라 관객의 안타까움을 조장한다. 박현희 역시 당시 김기진의 평문(「『조선해협』을 중심으로」 ①~②, 『매일신보』 1943년 8월 8~9일자)에 "백만의 경성 시민의 눈물을 자아내었다" 등 "눈물"이라는 단어가 많이 등장한다는 것을 지적하며 "조선에서 멜로드라마가 선전영화의 주요 양식이 될 것"을 예표했다고 진단한다(박현희, 『문예봉과 김신재』, 146쪽).

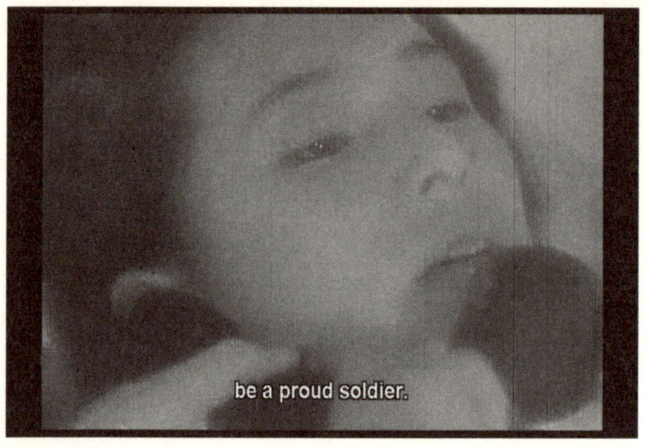


영화 「조선해협」. "빨리 회복하셔서 전쟁에 공을 세우세요." 일본어를 발화하는 고통스런 목소리.

런 그녀가 보상과 구원을 받는 것이 정당하다고 하는 윤리적 판단을 조장한다. 세이키의 입대는 그녀의 '고통'을 완화시키기는커녕 배가시키는 것으로 그려져서, 심지어 전쟁과 긴슈쿠 중 어떤 것을 선택하는 것이 그에게 더 옳은 일이었던 것일까 하는 회의가 들게 만들 정도이다. 그래서 이 영화에서 가장 서스펜스가 넘치고 스펙터클한 장면, 즉 입대를 위해 거리행진을 하는 세이키와 그를 바라보는 긴슈쿠의 클로즈업이 교차편집된 장면에서 세이키는 (후지타니의 해석처럼) '여성 욕망의 남성화된 대상'으로 그려진다고 해석하기 어렵다. 긴슈쿠의 응시는 드디어 '남성화'된 세이키를 향한 성적인 욕망에 가득찬 애욕의 응시가 아니라, 자신과 아기에게 눈길 한번 주지 않고 스쳐 지나가는 세이키에 대한 원망과 망연자실함에 가득한 것으로 읽힌다.[40] 그래서 정면만 응시하며 열을 맞춰 걷는 세이키는, 전쟁이나 제국과 같은 '대의'를 '바라보고' 있는 것이 아니라, 긴슈쿠를 '외면하고' 있는 것으로 그려진다. 즉 멜로드라마의 관습상 이 장면에서 세이키는 보아야 할 것을 보고 있는 것이 아니라 보아야 할 것을 보지 않고 있는 셈이다. 따라서 이 영화는, 군인됨 및 '남성화'로부터 조선 여성을 배제하는, 그녀의 인증을 필요로 하지 않는 조선 남성을 그리는 영화가 되었고, 관객으로 하여금 그의 뒷모습을 침묵 속에서 망연자실하게 바라보는 여성의 시선에 다시 밀착하게끔 만드는 영화가 되었다.

후반부의 목소리를 통한 해후 장면, 즉 전쟁터에서 부상당한 세이키와 과로로 쓰러진 긴슈쿠가 전화로 통화하는 장면은 그래서 또 다른 해석의 여지를 열어 놓는다. 후지타니의 지적대로, 대화하는 커플 사이에 조선해협의 일렁이는 물결을 삽입함으로써 이 영화는 일본과 조선을 하나로 묶는다고 하는 '내선일체'의 이데올로기를 시각화하려 했을지도 모른다. 그러나 문제는 이 조선해협이 화면에 비춰지는 동안 관객의 귀에 들려오는 긴슈쿠의 대사가 그 내용은 '애국'으로 가득 찬 것("빨리 회복하셔서 전쟁에 공을 세우세요")인 반면 그 톤은 고통으로 가득 찬 것이라는 사실이다. 그녀는 프로파간다의 내용을 발화하고 있지만 힘없이 헐떡이는 톤을 통해서는 죽어 가는 자신과 세이키를 갈라놓는 조선해협을 한탄하고 있는 셈이다.[41] 그래서 조선의 병원 숏과 일본의 병원 숏 사이에 삽입된 조선

---

40) 개봉 당시 김기진 역시 "지원병의 시가행진의 예에서 성기[세이키―인용자]를 발견하고도 어쩌지 못하는 금숙이[긴슈쿠]의 경이와 초조와 □□의 장면"을 "사실 관객에게 '눈물을 짜주십시오'라고 요청하는 장면"의 예로 지적하고 있다(김기진, 「『조선해협』을 중심으로 ①」).

41) 당대 최고의 조선 여배우로 주로 순박한 역을 연기한 문예봉이 일본어 대사에 능통하지 못했다는 점은 흥미롭다. 일본어 영화의 제작 초기부터 조선인 배우들의 미숙한 일본어 발음은 영화 제작의 큰 애로사항으로 지적되어 왔다. 한편 1944년 당시 조선인 중 일본어 해독이 가능했던 것은 20%에 지나지 않았다(여성 중 89%는 글을 모르는 문맹이었다). 이런 이유로, 「조선해협」에서 긴슈쿠 역의 문예봉이 미숙한 일본어로 말하는 이 대사는, 당대 조선 관객에게 더욱더 신뢰할 수 없는 내용으로 받아들여졌을 수 있다.
한편 김기진은 이 영화가 "당국으로부터 프린트 5본 가운데 2본의 조선어판의 허가가 내렸으니까 미구에 시골서는 조선말로 된 것을 □□하게 될 수 있을 것"(김기진, 「『조선해협』을 중심으로 ②」)이라고 말하는데, 여기서 '조선어판'이 조선어 재녹음 혹은 더빙과 같이 조선어 소리를 필름에 입히는 것을 의미하는 것인지 자막을 의미하는 것인지는 명확하지 않다.

해협의 물결은, 이 숏들(긴슈쿠와 세이키, 그리고 조선과 일본)을 연결해 주
는 것이기보다는 이들 간의 공간적(정서적, 그리고 정치적) 거리를 심화하
는 것처럼 읽히기도 한다.


## 5. 마치며: 제국의 '분열'된 타자

이렇듯 선전 극영화에 차용된 멜로드라마적 스타일은 조선 남성의 군인
됨 및 '남성화'의 정당성에 의문을 제기하게 만들고, 기이하게도 조선 여
성이 시각적, 청각적인 것과 언어적인 것으로 분열되어 있는 장면들을 생
산한다. 이 점은 조선에서 제작된 최초의 '협력' 영화로서 대중물의 가장
인기있는 주인공이자 식민지 시대 내내 '조선'을 대표하는 시각적 표상이
었던 '기생' 여성을 등장시킨 「군용열차」(서광제 감독, 1938)[42]에서 흥미
롭게 예표된 것이었다. 경성에서 중국 북부 전쟁터로 석탄과 물을 실어 나
르는 군용열차의 조종사로서 충량한 제국의 국민으로 성장하는 점용은
누이인 영심이 '기생' 노릇을 하여 뒷바라지를 한 덕분에 그 자리에 오르
게 된 것이고, 군용열차의 내부기밀을 빼내 적국의 스파이에게 넘겨주다
가 자책감에 못 이겨 자살을 택하는 원진은 애인인 영심의 몸값을 지불하

---

42) 사실 이 작품은 당시에 국책 선전 혹은 '협력'의 차원보다는 조선의 성봉영화사와 일본의
   도호(東宝)영화사의 합작품으로서 철도국 헌병대의 후원으로 대규모의 기차 촬영을 했다
   는 점 등에서 화제를 모았다(「성봉영화원 동보 췌인에 참가: 제1회작은 '군용열차', 2월 하순부
   터 촬영 개시」, 『조선일보』 1938년 1월 22일자; 「영화계」, 『청색지』 1938년 6월호, 30쪽). 감독인
   서광제 자신은 당시 외국영화 수입 금지로 불황에 빠진 일본 영화계가 '대륙열'에 편승하여
   "대륙영화 진출의 조그만한 시험으로" 조선 영화사와 제휴를 했던 사례(서광제, 「조선 영화
   의 장래: 동경 영화계의 근황을 보고, 조선 영화의 시장 문제」, 『조광』 1938년 8월호, 227~232쪽)
   로, 그리고 조선 영화인의 입장에서는 "내지의 영화회사와 기술적 또는 경제적 제휴에 있어
   서의 여러 가지 모순과 불합리"를 경험한 사례(서광제, 「조선 영화와 '신쎄리틔': 1년간 조선 영
   화계 총결산」, 『조광』 1938년 12월호, 68쪽)로 「군용열차」를 언급한다.

기 위해 첩자 노릇을 하게 된다. 영화는 기생 영심의 고달픈 삶, 즉 어쩔 수 없이 남성들의 술 시중을 드는 기생으로서의 삶을 보여 주는데, 흥미로운 것은 이러한 영심의 가련한 처지가 원진으로 하여금 심리적 갈등을 일으키게 하는, 영심의 육체와 분리된 그녀의 목소리로 표현된다는 점이다. 어느 날 밤 원진은 "어서 저를 구해 주세요. 저는 원진 씨만 믿고 세상을 사는 여자예요"라고 속삭이는 영심의 목소리를 환청으로 듣고 거기에 사로잡힌 듯 첩자 노릇을 하기로 한다. 군용열차의 자랑스러운 조종자인 점용과 제국의 배신자인 원진은, '기생'인 누이/애인으로서의 조선 여성의 문제를 어떻게 '처리'하느냐에 따라 상반된 길을 걷는 것이다. 그녀를 뒤로하고 제국에 충성한 남성은 건강한 여성(점용의 파트너인 순희 역은 일본 여배우 사사키 노부코가 맡았다)과 밝은 미래를 향해 나아갈 수 있지만, 그녀에 사로잡힌 남성은 조국을 배신하고 파멸의 길을 가게 된다. 힘찬 기차 바퀴의 움직임이 상징하는바 '미래'를 향한 커플은 구원되고, '기생'의 목소리가 상징하는바 '과거'에 얽매인 커플에게는 희망이 없는 것이다.[43]

　이 영화에서 조선 여성은 내러티브상으로도 말썽을 일으키는 존재, 남성의 주체화를 방해하는 혹은 그것의 발목을 잡는 존재이면서, 육체와 분리된 목소리를 통해 막강한 힘을 발휘하는 존재이다. 여기에서 흥미로운 것은 영심이 또 다른 탈육체화된 목소리를 통해 등장한다는 사실이다. 첩자 노릇을 한 원진이 죄책감 속에서 환청으로 듣게 되는 영심의 또 다른 목소리는 "저 하나 구하자고 그 더러운 짓을 하셨어요? 어리석은 짓을! 더

---

43) 이 두 커플의 상반된 운명은 이들 각각의 데이트 장면을 교차편집으로 보여 줄 때 깔리는 음악의 차이에서도 확연히 드러난다. 보트를 탄 점용-순희 커플 장면에서는 밝고 낭만적인 서양 음악이, 산등성이에 무기력하게 앉아 있는 원진-영심 커플 장면에서는 어둡고 비애 어린 조선 음악이 쓰인다.

러운 스파이"라며 그를 비난한다. 첫번째 환청이 내러티브상 가련한 기생으로서 영심의 캐릭터와 호응하는 것이라면(즉 탈육체화된 목소리이기는 하되 이미 영심의 가련한 처지를 목도한 관객에게는 '시각화된 소리'일 뿐이라면), 이 두번째 환청은 영심의 캐릭터로부터 유추하기 힘든 내용과 목소리 톤(낮고 냉정하며 경멸감에 가득한)으로 이루어진 것이면서[44] 결국 원진으로 하여금 선로에 몸을 던지게끔 만든다.[45] 그래서 영심은 육체와 목소리로 분열되어 있으면서 그 목소리도 피식민 하층 여성의 목소리와 제국의 목소리로 분열되어 있다고 할 수 있다.

「지원병」에서 언어화되지 않던 어머니와 분옥의 반응, 즉 '애국부인회' 띠와 "나라를 위해서 군인이 되세요"라는 약호 체계와 호응하지 않던 이 여성들의 반응이나, 「조선해협」에서 역시 언어화되지 않던 긴슈쿠의 응시, 그리고 "어서 회복하여 전쟁에서 공을 세우세요"라는 분절화된 상징체계에 균열을 일으키던 그녀의 목소리 톤은, 일찍이 이 「군용열차」에서 드러났던 조선 여성의 분열된 상황을 계승하고 있다. 이 조선 여성들이 아무리 언어적 상징질서의 일원인 것처럼 표현된다고 하더라도("군인이

---

44) 이 목소리는 지금까지 발굴된 선전 극영화 중에서 가장 기이한 목소리, 마치 지옥에서 들려오는 것과 같은 목소리이다. 여기에서 영심은 미셸 시옹이 말한바 "음성존재"(Acousmêtre, '아쿠스마티크'acousmatique와 '존재'être를 합성하여 만든 신조어), 즉 발성영화에서 모습을 드러내지 않고 (다른 소리들이 아닌) 목소리로서 중요한 역할을 하는 전지전능한 신과 같은 존재가 된다.
45) 원진이 자살 전에 듣는 환청에는 이 외에도 점용의 목소리("원진, 자네와 난 이 세상에서 둘도 없는 친한 친구이지? 바른 말을 해주게")가 있다. 두번째 환청에 이어지는 이 세번째 환청의 내용은 그러나 그 직전에 점용이 원진을 추궁하던 것, 즉 원진과 관객이 이미 들은 내용(구체적인 표현과 목소리 톤은 다르지만)이라는 점에서, 영심의 그것과는 차이가 있다. 다시 말해 원진은 잠자리에 들기 전에 점용이 했던 말을 '다시 떠올림'(상기함)으로써 양심의 가책을 느끼는 것이기 때문에, 여기에서 들려오는 점용의 목소리는 엄밀히 말해 '환청'이 아니라 '반복되는 소리'라 할 수 있다.

되세요", "공을 세우세요", "배신자"[46]), 그녀들은 결국 조선 남성의 주체화, '남성화'에 협력하기는커녕 오히려 발목을 잡는 성가신 존재들일 뿐이다. 조선 남성은 조선 여성을 떠나야만 온전한 주체가, '남성'이 될 수 있다. 그러지 못하고 그녀들에 사로잡힌다면, 분절되지 않은 소리와 음향의 세계, 즉 제국의 언어로부터 벗어난 세계에 머문다면, 그들은 기차 선로에 피를 뿌리며 사라져야 하는 것이다.[47]

이는 인종적·문화적 위계화를 꾀하는 식민지 담론이 가져오는 불가피한 효과이기도 하다. 여성적, 유아적인 것으로부터 분리됨으로써만 피식민 남성은 군인 - 황민 - (온전한) 남성으로 호명될 수 있으며, 그 과정을 일종의 '성장담' 형식으로 다루는 선전 극영화는 이 성장 과정, '분리'의 과정을 강조하기 위해서라도 이 과정에서 배제되고 억압되는 (여성적, 유아적) 가치들을 드러낼 수밖에 없기 때문이다. 호미 바바의 표현을 빌리자면, 피식민 남성을 정형화하기 위해서는 정형화의 양가성, 즉 "항상 이미 알려진 '제자리'에 있는 것과, 불안하게 반복되어야 하는 어떤 것 사이에서 동요하는"[48] 성격이 수반될 수밖에 없는 셈이다.

---

46) 공교롭게도 이 대사들은 모두 배우 문예봉에게서 발화되는 것으로 그려진다. 선전 극영화에서 조선의 여배우, 특히 문예봉과 김신재의 공통점과 차이점에 대해서는 몇몇 연구가 진행되어 왔는데(손이레, 「식민지 대중의 근대적 정서에 관한 연구: 유성영화 시기 여배우 문예봉을 중심으로」, 한국예술종합학교 석사논문, 2007; 이화진, 「'국민'처럼 연기하기: 프로파간다의 여배우들」, 『여성문학연구』 통권17호, 2007; 박현희, 『문예봉과 김신재』), 극 중 목소리의 관점에서 볼 때 김신재의 목소리가 그 육체 및 발화 내용과 조화를 이룬다면(「사랑과 맹서」가 가장 극명한 예일 것이다), 문예봉의 목소리는 그 육체 및 발화 내용과 충돌하는 사례를 가장 많이 보여 준다는 점도 덧붙여 지적할 수 있을 것이다.
47) 태평양전쟁 시기 일본 영화에는 전쟁터의 적군이 아니라 일본인 마음속의 적이 진정한 적이라고 하는 정신주의적 경향이 팽배했음을 염두에 둔다면, 조선 선전 극영화에서 제국의 주체가 되고자 하는 조선 남성에게 있어서 진정한 적은 마음속에 갈등을 일으키는 원인, 그 중에서도 '조선 여성'으로 표상되는 어떤 가치였다고 할 수 있다.
48) 호미 바바, 『문화의 위치』, 146쪽.

1940년 조선인 지원병의 훈련소를 방문한 한 여성 문인은 훈련병들이 "반도 사람에게서 보지 못하던 굳센 팔, 힘센 다리"[49]를 지니고 있다는 데 경탄을 표한다. 또한 신문과 잡지에서는 조선 남성이 군인이 되는 데 적극적으로 협력했던 여성들의 이야기를 '미담'이라 칭하며 앞다투어 소개한다. 이는 제국의 호명에 화답하는 언어들이라 할 수 있다. 반면 선전 극영화의 조선 여성들은 침묵하거나 눈을 크게 뜨고 조선 남성을 바라보거나, 서툰 일본어 대사로 마지못해 힘없는 목소리로 제국의 언어를 흉내 내거나, 탈육체화된 속삭임을 통해 조선 남성을 사로잡는다. 한편으로 이는 뒤늦게 시작된 조선의 토키(talkie) 영화에서 조선 여성의 목소리가 처음으로 스크린에 울려퍼지기 시작하는 순간 제국의 언어체계에 사로잡혀야 했던 운명을 웅변하는 아이러니이기도 하다. 조선 여성은 무성영화 시절에는 변사의 목소리를 빌려서 말을 할 수 있었고, 토키 시대가 시작되고 얼마 지나지 않아 제국의 언어체계를 빌려 말을 할 수밖에 없었다. 즉 조선 영화에서 조선 여성의 목소리는 매우 오랫동안 그 발화 내용과 불화 관계에 있었다. 따라서 일본어 대사가 스크린을 장악하여 그녀들이 불완전한 발음으로나마 제국의 메시지를 전달하려 했을 때에도, 그 목소리는 '국어'나 발화 내용 등 분절화된 의미 체계와는 다른 방식의 소통 체계에 속하는 것이었는지도 모른다. 조선 여성은 침묵이나 표정, 몸짓, 그리고 힘없는 목소리 톤이나 환청 속의 속삭임 등 언어적 상징질서 이외의 시각적·청각적 자질들을 통해 영화적 의미 체계를 형성했고, 그것을 통해 조선 관객에게 메시지를 전달했다. 전쟁이 식민지의 남성을 주체화와 '남성화'의 길로 호

---

49) 모윤숙, 「문사부대와 지원병」, 『삼천리』 1940년 12월호.

명할 때, 스크린의 식민지 여성은 육체와 결합된 목소리로, 혹은 분절된 발화로 그것을 인증해 주는 상징체계의 외부에 존재했던 것이다. 그녀는 조선 남성의 주체화를 위해 배제되고 억압되어야 하는 가치를 표상하면서 동시에 그 주체화 과정에 필수적으로 수반되는 불안과 동요를 표상함으로써, 식민지 담론 전략인 정형화의 양가성을 폭로하는 동시에 이 정형화 담론을 통해 어떻게 주체화가 가능해지는가를 이해하게 해주는 셈이다.

# 9장 망각된 '항전' 영화감독 허페이광

― 식민지 시기 어느 타이완 출신자가 상상한 "우리"

미사와 마미에(三澤眞美惠)[*]

## 1. 머리말

총력전 체제하에서 일본의 식민통치를 받고 있던 타이완인[1]은 어쩔 수 없이 '일본인'으로서 전쟁에 동원되었다. 그러나 그 중에는 중국 대륙에서 일본과의 전쟁, 즉 '항전'(抗戰)에 참가한 사람도 있었다. 특히 이 글에서 다루는 허페이광(何非光, 부모로부터 받은 이름은 허더왕何德旺, 허페이광

[*] 일본 니혼대학(日本大学) 중국어중국문화학과 부교수

[1] 이 글에서 말하는 '타이완인'이란 일본의 식민지 통치하에서 '일본인'을 가리키는 '내지인'(內地人)과 구별하여 '본도인'(本島人)이라고 불린 사람들, 즉 타이완에서 나고 자란 한족(漢族)을 가리킨다. 그렇다고 그것이 '타이완'을 대표하는 민족이 한족이라는 것을 함의하는 것은 결코 아니다. 다들 알다시피 타이완은 한족 이외에도 소수민족을 포함하여 다양한 종족(ethnic group)으로 구성된 다민족 사회다. 이 글에서는 중국 대륙에서 나고 자란 수많은 '중국인'과 마찬가지로 한족이면서도 다른 국가에 의해 식민지 통치를 받은 타이완에서 나고 자라 표준 중국어와는 다른 '타이완어'(푸젠성福建省 남부의 지방언어인 '민난어'閩南語가 타이완에 정착하여 변화한 언어의 속칭이며, 이 언어가 타이완을 대표하는 언어라는 것을 함의하는 것은 아니다)를 모국어로 하고 있던 허페이광에 대해 서술하기 때문에 편의상 '타이완인'이라는 말을 사용한다. 또한 '중국인'이라는 말 역시 극히 근대적이고 다의적이라는 것은 말할 것도 없다.

은 배우로 데뷔한 후 스스로 지은 이름)은 1930년대 초 상하이에서 영화배우가 되었고, 중국군의 근거지인 충칭(重慶)에서는 '항전' 극영화를 감독했으며, 항전 후에도 홍콩·타이완·상하이 등지에서 극영화를 감독한, 당시 중국어권 영화계에서는 꽤 이름이 알려진 존재였다.

그러나 그 경력과 지명도에도 불구하고, 중화인민공화국이 성립한 이후 1990년대 중반에 이르기까지 허페이광은 그가 거주하고 있던 중국 대륙에서도, 고향인 타이완에서도 거의 잊힌 존재나 마찬가지였다. 그 망각이 작위에 의한 것이었다는 것은, 1985년에 출판된 『항전영화 회고』[2]에 붙은 70명이 넘는 '항전 시기 충칭에 있던 영화인' 목록에 허페이광의 이름이 기재되어 있지 않다는 사실을 보면 분명해 보인다.[3] 왜냐하면 허페이광이야말로 '항전 시기 충칭에서' 극영화를 가장 많이 감독한 '영화인'이기 때문이다.[4] 1980년대에는 대륙의 영화 잡지, 1990년대에는 타이완의 신문 각각에 그의 '사망 기사'가 실리기도 했는데,[5] 생존해 있던 허페이광은 그 오보를 보고 화를 내기는커녕 "날 기억하고 있는 사람도 있구나,

<hr>

2) 范國華·查全仁·黃必康·鄒齊魯·韓世熹·饒成德 編,『抗戰電影回顧(重慶): 重慶霧季藝術節資料匯編之一』, 重慶: 重慶市文化局 重慶市電影評論學會籌備組 重慶市電影發行放映公司, 1985, 233~385쪽.
3) 반(反)우파 투쟁이나 문화대혁명에서는 허페이광뿐만 아니라 다른 많은 '항전' 영화인들 역시 가혹한 비판 투쟁에 휩쓸렸다. 그러나 그들 대부분은 문화대혁명 후에 명예를 회복했고 역사 서술에서도 배제되는 일은 없었다.
4) 스둥산(史東山) 역시 항전기 충칭에서 허페이광과 마찬가지로 네 편의 극영화를 감독했다. 그런데 허페이광은 홍콩에서 또 한 편의 '항전' 극영화 「신생명」(新生命)을 감독했다. 일본군이 홍콩에 상륙하자 난을 피하려고 이 작품을 흙속에 파묻었는데 전후에 파 보니 이미 부패한 상태였다고 한다.
5) 타이완의 신문기사는 黃仁, 「懷念三個走紅中國大陸的台灣影人」, 『聯合報』 1995年 10月 25日字, 37쪽. 중국 대륙의 기사 내용은 1980년대 창춘영화제작소(長春電影製片所)의 영화 잡지에 나온 "타이완으로 돌아가 처형되었다"라는 것이었다. 루훙스(陸弘石)의 허페이광 인터뷰, 陸弘石, 「爲了'忘却'的紀念: 何非光訪談錄」, 第七屆中國金鷄百花電影節執委會學術研討部 編, 『重慶與中國抗日電影學術論文集』, 重慶: 重慶出版社, 1998, 254~266쪽.

하고 감격했다"[6]고 한다.

　　망각의 끝, 즉 상기(想起)의 시작은 1995년의 베이징 '항전전영학술
연토회'(抗戰電影學術硏討會)와 1996년의 광저우(廣州) '중항대전영연
토회'(中港臺電影硏討會)라는 영화인 모임에 허페이광이 공식적으로 초
빙된 데서 확인할 수 있다. 반세기 이상의 망각을 거쳐 허페이광은 드디어
중국 대륙 및 출신지인 타이완의 공적 담론 안에서 재평가되기 시작한 것
이다. '항전' 영화감독으로 알려진 허페이광이 왜 반세기에 가까운 시간
동안 망각되었던 것일까? 고려해야 할 대전제로서 중국 공산당과 중국 국
민당에 의한 역사 서술의 문제가 있다.

　　일본이 패전한 후 중국 대륙에 성립한 공산당의 중화인민공화국과
타이완으로 후퇴한 국민당의 중화민국은 각각 그 지역의 주민을 '중국
인'으로 만드는 국민 형성 정책을 실시했다. 조엘 로망(Joël Roman)의 말
처럼 "침묵 속에 봉인된 내전의 각성을 회피하는 거대한 집단적 기억상
실에 의해 비로소 국민은 전체로서 유지된다"[7]라고 한다면, 말 그대로 내
전을 통해 양 지역에 창출된 아이덴티티는 각각 다른 집단적 기억상실을
요청했다. 그 결과 허페이광은, 그가 머물렀던 중국 대륙에서는 '타이완
의 공작원', '일본의 스파이', '반혁명의 죄인'으로 끊임없이 비판의 대상
이 되었고, 고향인 타이완에서는 "공산주의의 길을 선택한 자"로서 무시
되었다. 다시 말해 허페이광은 '항전'의 주체인 '중국을 구성하고 있던 두
세력이 분열되어 대립하는 가운데, 그 각각에 '우리'[8]와 대립하고 있는

---

6) 黃仁 編, 『何非光図文資料彙編』, 台北: 國家電影資料館, 2000, 15쪽.
7) ジョエル ロマン, 大西雅一郎 訳, 「二つの國民概念」, 『國民とは何か』, 東京: インスクリプ
　ト, 1997, 31쪽.

'그들'과 결부된 기억을 불러일으키는 존재, 각각의 국민국가 서사 속에서 마뜩찮은 존재로서 역사 서술의 틈새기로 미끄러져 떨어졌다고 볼 수 있다.

그러나 모든 것을 '내전'으로 돌려 버리면, 중요한 문제가 빠져 버리고 만다. 다시 말해 국민당과 공산당 양당의 대립으로 환원할 수 없는 일본의 제국주의·식민주의의 문제, 허페이광의 개인적인 맥락, 그리고 내셔널리즘 자체가 가진 억압적인 측면이 빠져 버리고 마는 것이다. 이러한 문제들은 1995년 이후 상기(想起)의 문맥에서도 거의 언급되지 않았다.[9] 이 글의 과제는 중국과 타이완 쌍방의 '국사'(國史)적 기술이 배제하고, 상기(想起)의 담론에서도 회피되고 있는 이 문제들을 사정 범위에 넣고, 그가 출연한 작품과 감독한 작품에 대해 논하는 것이다.[10]

---

8) '우리'라는 말은 인칭대명사라는 성격에서 보아 처음부터 문맥 의존적이며, '상상의 공동체'를 가리키는 경우에도 복수(複數) 집단이 중층적으로 함의되는 경우가 있다. 또한 더욱 추상적인 포섭의 개념으로 쓰이는 일도, 독자에 대한 호소로 쓰이는 일도 있는, 한없이 융통성이 있는 말이라고 해도 좋다. 그래서 이 글에서는 혼란을 피하기 위해 통상의 지시대명사나 독자에 대한 호소로 사용하는 경우에는 아무런 기호도 붙이지 않고, 문맥 안에서 특정한 '상상의 공동체'를 의미하는 경우에는 작은따옴표(' ')를 붙이며, 추상적인 개념으로 쓸 때는 큰따옴표(" ")를 붙이기로 한다. 이 같은 분석적 구별은 미완성 원고를 읽어 준 야마우치 후미타카(山內文登)의 지적에서 시사를 받아 도입한 것임을 밝힌다.

9) 허페이광의 작품을 재평가하는 1995년 이후의 상기의 문맥에 대해서는 앞에서 든 第七屆中國金鷄百花電影節執委會學術硏討部 編, 『重慶與中國抗日電影學術論文集』; 黃仁 編, 『何非光圖文資料彙編』 외에 다음을 참고할 것. 封敏, 『愛國主義影片賞析與史話』, 北京: 敎育科學出版社, 1996; 陸弘石·舒曉鳴 編, 『中國電影史』, 北京: 文化藝術出版社, 1998; 李道新, 『中國電影史(1937~1945)』, 北京: 首都師範大學出版社, 2000. 허페이광의 장녀가 쓴 다음 평전은, 허페이광 개인의 문맥을 중시한 것으로 중요하다. 何琳 編, 『銀海浮沈: 何非光畵伝』, 台中: 台中市文化局, 2004.

10) 허페이광의 족적에 대해서는 지면 관계상 이 글에 담지 못한 부분도 많다. 자세한 사항은 다음 글을 참고할 것. 三澤眞美惠, 「植民地期台湾人による映画活動の軌跡: 交渉と越境のポリティクス」, 東京: 東京大学大学院 総合文化研究科 地域文化研究専攻 博士論文, 2006. 한편 이 글은 『'제국'과 '조국'의 틈새: 식민 시기 타이완 영화인들의 교섭과 월경』('帝國'と'祖國'のはざま: 植民地期台湾映画人たちの交渉と越境)이라는 가제로 이와나미쇼텐(岩波書店)에서 간행될 예정이다.

허페이광. 사진 제공 타이완 국가영화자료관(國家電影資料館).

　이를 위해 이 글에서 착목하는 것은, 그가 식민지하의 타이완에서 자란 유소년 시절부터 충칭에서 감독으로 활약하게 되기까지의 그 모든 경험의 총화인 '신체'이고, 그 신체에 각인된 '타자성'이다. 왜냐하면 허페이광이 배우나 감독으로 활약하게 된 데는 그가 좋아하든 싫어하든 간에 성장의 과정에서 그의 몸에 익힌(또는 몸에 밴) 언어, 몸짓, 지식, 기술이 깊이 관련되어 있기 때문이다.

　그런데 타이완과 한국을 비교하는 이 책과의 관련성에서 말하자면, 허페이광은 양 지역에서 '우리'를 상상하는 방식이 얼마나 달랐는가를 보여 주는 구체적인 예 가운데 하나라고 할 수 있다. 즉 식민지 시기 조선인의 경우에는 '조국'의 지리적인 규모가 한반도와 일치된 것으로 상상되었던 것에 비해 식민지 시기 타이완인의 경우에는 '조국'의 지리적인 규모가 타이완이라는 지리적인 규모를 넘어 중국 대륙을 포함하여 상상된 경우가 있었다는 것이다. 바꿔 말하자면 식민지 통치하에서 '일본인으로서의 우리'를 상상할 것을 강요당하는 가운데 '일본인과는 다른 우리'를 상상할 때, 타이완에서는 '타이완인으로서의 우리'와 동시에 한족이라는 입장에서 '중국인으로서의 우리'를 상상하는 사람이 적잖이 존재했다는 것이다. 물론 그것은 다민족·다중언어로 구성된 타이완의 다양하고 중층적인 '일본인과는 다른 우리'('한족으로서의 우리'와 '원주민으로서의 우리', 한족 중에서 '타이완어를 쓰는 우리'와 '하카어客家語[11]를 쓰는 우리'······, 원주민 중에서 '부눈족布農族으로서의 우리'와 '저우족鄒族으로서의 우리'······ 등) 중의 하나에 지나지 않는다. 그러나 실제로 거주하는 지리적 규모의 외부에서 귀속할 만한 '다른 국가'를 찾아낼 수 있는가 없는가 하는 의미에서 보면, '일본인과는 다른 우리'를 상상하는 정황은 타이완과 한반도에서 미묘하게 달랐던 것이 아닐까? 이것을 자세히 서술하기 위해서는 별도의 글이 필요하겠지만, 허페이광의 사례는 이러한 문제를 고찰하기 위한 하나의 계기를 보여 주는 것 같다.

## 2. 식민지로부터의 탈출

허페이광은 1913년 타이중(台中)에서 태어나 그 지역의 명문 중학으로 알려진 타이중일중(台中一中)에 입학한다. 그러나 학교에서 일본인에게 '짱꼴라', '바보'라는 말을 듣고 싸움을 벌여 '자퇴'를 하게 된다.[12] 그가 다

---

11) 중국 남방에서는 하카어가 광범하게 쓰이고 있다. 주로 광둥성(廣東省) 동부와 북부, 푸젠성 서부, 장시성(江西省) 남부, 광시성(廣西省) 동남부, 타이완, 쓰촨성(四川省) 등지에서 사용하고 있다. 하카어는 남방 방언이지만 북방 이민들이 남하하면서 영향을 주어 형성되었으며, 한족 이외의 기타 민족도 많이 쓰고 있는 것이 특징이다. 사용 인구는 약 4%. ― 옮긴이
12) 허페이광의 말. 陸弘石, 「爲了'忘却'的紀念」, 55~56쪽.

니고 있던 타이중일중은 타이완인 '사신계급'(士紳階級, 토착지주 자산계급 지식인)이 총독부가 추진하는 학교제도에 만족할 수 없어서 스스로 창립한 첫번째 중학교이며, 학력도 높고 민족주의적 경향이 강한 학교로 알려져 있었다. 허페이광이 학교를 그만둔 해인 1927년에는 민족 차별에서 기인한 타이완인 학생의 동맹 휴교 사건인 '타이중일중 사건'[13]도 일어났다. 이 사건에서 학생 동맹 휴교를 지휘한 사람은, 당시에 이미 대담한 항일운동가로 알려진 장선체(張深切)였다. 장선체는 허페이광의 형 허더파(何德發, 11명의 형제자매 중 허페이광은 남자 형제 7명 중의 막내였고 허더파는 여섯째로서 그와 나이 차가 적어 사이가 좋았던 형)의 친구이기도 했다.[14] 허페이광의 '자퇴'가 그 사건과 직접적으로 관련되었는지 어떤지는 불분명하지만 중퇴의 배경에 타이완인과 일본인 사이의 민족적인 대립이 있었다는 것만은 분명하다.

　　타이중일중을 중퇴한 허페이광은 학업을 지속하기 위해 도쿄로 유학을 간다. 당시의 도쿄는 매력이 흘러넘치는 모던 도시로, 허페이광은 근대문학이나 영화의 포로가 된다. 그러나 유학 중에 그는 형 허더파가 죽었다는 소식을 듣는다. 앞에서 말한 것처럼 허더파는 장선체의 친구이기도 하고 일본과 중국에 유학한 지식인이었는데, 경찰로부터 '적색분자'로 간주되어 '여권'을 몰수당하고 항상 감시에 시달리며 심문을 받고 구치되기

---

13) 1927년 타이중일중 기숙사의 일본인 조리사와 학생 사이에 문제가 발생하자, 학교 측은 기숙사의 자치권을 인정하지 않고 학생들의 발언권을 완전히 금지했으며 기숙사 학생은 사감의 명령에 절대 복종해야 한다는 등의 일방적인 통고를 내렸다. 그리고 경찰 권력을 동원하여 학부형 회의를 소집했는데, 이에 반발한 학생들이 동맹 휴교를 하자 강제적으로 학생 200여 명을 기숙사에서 쫓아낸 사건을 말한다. 「台中一中學生罷學的眞相」, 『台灣民報』 1927年 5月 29日字, 5~9쪽.
14) 張深切, 『張深切全集(2): 里程碑(黑色的太陽) (下)』, 台北: 文経社, 1998, 547~548쪽. 이 책의 허페이광에 관한 기술에 대해서는 천수룽(陳淑容) 씨에게서 많은 도움을 받았다.

도 하는 과정에서 정신적으로도 육체적으로도 피폐해졌고 결국 발광했던 것이다.[15] 허린(何琳, 허페이광의 딸)에 따르면 허더파는 발광한 후 구속되어 병사했다고 하지만, 천더싼(陳德三, 허페이광의 공학교 시절의 동급생)에 따르면 병사가 아니라 자살이었다고 한다.[16] 어쨌든 식민지 권력의 박해를 받은 결과 죽었다는 것만은 틀림없는 사실이다. 같은 해인 1928년, 아버지를 대신하여 장남이 경영하는 정미업도 무거운 세금과 대형 정미소에 의한 시장 독점으로 도산하는 처지에 몰린다. 그렇게 되자 생활비나 학비가 끊겼고, 허페이광은 유학 생활을 단념하지 않을 수 없었다.

타이중으로 돌아온 허페이광은 영화사의 발기인 중의 한 사람으로 이름을 올렸고,[17] 1930년 장선체가 조직한 '타이완연극연구회'에 참가하는 등 다채로운 활동을 전개한다.[18] 그러나 이러한 활동 때문에 허페이광은 경찰로부터 '불량소년'으로 지목되어 감시를 당하게 된다. 탈출구를 찾던 허페이광은 친구의 연줄만 믿고 상하이로 갈 결심을 하는데, 요주의 인물로서 경찰의 감시를 받고 있었기 때문에 중국으로 갈 '여권'[19]이 허가되지 않았고, 결국 여권 없이 상하이로 건너간다.[20]

---

15) 何琳 編, 『銀海浮沈』, 11쪽.

16) 필자의 서면 질의에 대한 천더싼 씨의 답변(2002년 2월 23일) 중에서. 천더싼 씨의 누이는 허페이광의 형에게 시집을 갔기 때문에 그들은 인척 관계다. 천더싼 씨는 허페이광의 조카인 하민장(何敏璋) 씨에게 소개받았다. 하민장 씨는 타이완영화자료관의 쉐후이링(薛惠玲) 씨에게서 소개받았다.

17) 「籌備光亞影片募股成績優良」, 『台灣民報』 1929年 8月 11日字, 2쪽.

18) 呂訴上, 『台湾電影戲劇史』, 台北: 銀華出版, 1961, 300쪽.

19) 타이완에서 중국으로 도항할 경우, 일본인은 여권이 필요하지 않았지만 타이완인은 반드시 여권을 신청할 필요가 있었다. 여권 제도에 관한 문제에 대해서는 다음을 참조할 것. 梁華璜, 「日據時代台民赴華之旅券制度」, 『台湾總督府的'對岸'政策研究』, 台北: 稻鄉出版社, 2001, 131~182쪽.

20) 何琳 編, 『銀海浮沈』, 15쪽.

중학교에서의 민족 차별, 박해를 받다 죽은 형, 가업의 도산, 문화활동에 대한 경찰의 감시 등 소년 시절에 뚜렷이 각인된 식민지 지배에 의한 억압 체험은 허페이광으로 하여금 식민지 타이완으로부터, 그리고 '제국' 일본으로부터의 탈출을 꿈꾸게 하는 충분한 이유가 되었을 것이다.


## 3. 은막의 '타자'

상하이로 간 허페이광은 당초 가족의 기대에 부응하기 위해 한방의에게 사사하지만 동향의 뤄펑(羅朋)이 이미 영화계에 있어서 엑스트라로 영화에 출연하게 되는데, 이 일을 계기로 그는 배우로 전신한다. '허페이광'이라는 이름은 이때부터 사용한다.

그러나 허페이광은 당시 "자신이 타이완인이라는 말을 할 수 없었다".[21] '여권'을 갖고 있지 않았기 때문만이 아니라 대륙에는 타이완인에 대한 편견이 있었기 때문이다.[22] 당시 중국 대륙으로 건너간 타이완인은 '타이완적민'(台灣籍民)으로 불렸는데, 그 중에는 조약상의 특권을 찾아 외국 국적을 취득한 '적민'도 있었다. 외국 국적의 특권을 배경으로 악행을 저지르는 '타이완유맹'(台灣流氓), '타이완태구'(台灣呆狗) 등의 무뢰한 집단은 타이완총독부가 대륙으로의 세력 확대를 기도한 정책이나 타이완군의 모략 등과 결부되는 일도 있어서, 떳떳한 직업을 갖고 있던 타이완적민까지 대륙의 중국인에게 '일본 제국주의의 주구'로서 백안시당했

---

21) 陸弘石, 「爲了'忘却'的紀念」, 56쪽.
22) 앞의 글. 또한 허린의 저서에 따르면, 허페이광이 상하이에 도착한 직후 타이완인에 대한 대륙의 편견을 가르쳐 주며 "절대 타이완인이라고 말해서는 안 된다"고 입막음을 한 사람은 뤄펑이었다고 한다. 何琳 編, 『銀海浮沈』, 22쪽.

다.[23] 중국 대륙에서 "일본 제국의 식민지에서 태어난 피식민자"로 살아가는 어려움이 타이완인인 허페이광만의 어려움이 아니었다는 것은 상하이에서 가장 유명한 남성 스타 중의 한 사람이었던 조선인 김염(金焰, 1910~1983)[24]이 받은 차별에 관한 일화로부터도 잘 알 수 있다.[25] 배우가되기 전 소년 시절, 김염은 톈진의 난카이(南開) 대학의 운동회 경기 중에 어떤 중국인이 "저놈이 빠른 건 이상한 일이 아냐. 일본의 주구니까"라고 외치는 것을 듣고 도중에 돌아와 그 중국인을 두들겨 패 주었고, 그 결과 퇴학을 당하는 처지에 빠졌다고 한다.[26] 아직 단역밖에 얻을 수 없었던 시기의 허페이광은 김염에게 사사한 적도 있었다고 한다.[27] 거기에는 같은 식민지 출신자로서의 공감이 작용했는지도 모른다. 그들은 일본의 식민지 지배에 의한 탄압을 피해 자유를 찾아 떠난 중국에서도 일본 제국주의가 초래하는 부조리하고 우회된 차별에 직면하지 않을 수 없었던 것이다.

　　이러한 과정에서 그는 먼저 '악역' 배우로서 이름을 떨쳤다. 허페이광이 장기로 삼은 '악역'에는 크게 나누어 두 가지 계통이 있었다. 「모성의 빛」(母性之光, 부완창 卜萬蒼 감독, 1933)이나 「나쁜 이웃」(惡隣, 런펑니엔 任彭年 감독, 1933), 「스포츠의 여왕」(スポーツの女王, 쑨위 孫瑜 감독, 1934)에서 보이는 '호색적인 서양적 부르주아 계급'이라는 악역과 「열혈

---

23) 若林正丈, 『海峽: 台湾政治への視座』, 東京: 研文出版, 1985, 162~219쪽; 近藤正巳, 『総力戦と台湾: 日本植民地崩壊の研究』, 東京: 刀水書房, 1996, 449~455쪽.
24) 1930년대에 활동한 한국 출신의 중국 영화배우. 주요 작품은 「야초한화」(野草閑花, 1930), 「도화읍혈기」(桃花泣血記, 1931), 「대로」(大路, 1934), 「장지릉운」(壯志凌雲, 1936) 등이 있다. 상하이인민대표대회 대표, 중국영화작가협회 이사로 활동했다. 국가 일급배우로 임명되었으나, 문화대혁명 기간에는 수용소에 들어가 어려운 생활을 했다. ── 옮긴이
25) ニム ウェールズ·キム サン, 『アリランの歌: ある朝鮮人革命家の生涯』, 松平いを子 譯, 東京: 岩波書店, 1987, 139쪽.
26) 같은 글, 139쪽.
27) 張深切, 『張深切全集(2): 里程碑』, 417쪽.

「다시 만나자, 상해!」(再會吧, 上海!)에서의 허페이광(맨 오른쪽).

충혼」(熱血忠魂, 위엔충메이袁叢美 감독·각본, 1938)이나 「보가향」(保家鄕, 허페이광 감독, 1939), 「일본 간첩」(日本間諜, 위엔총메이 감독·각본, 허페이광 조감독, 1943)에서 보이는 제국주의의 앞잡이로서 중국 인민을 살육하는 '일본 군인'이라는 악역이다.

사실 같은 타이완 출신이면서 상하이 영화계의 미남 주연배우로서 잘 나가고 있던 뤄펑과 달리, 허페이광은 처음에는 좀처럼 뜨지 않아 고민하고 있었다.[28] 그래서 그가 찾아낸 활로가 자신의 신체성을 악역으로 살리는 것이었는지도 모른다. 다시 말해 '호색적인 서양적 부르주아 계급'이라는 악역은 허페이광이 '남방' 출신의 이국적인 분위기(「모성의 빛」의 남양 광산의 주역, 「나쁜 이웃」의 외부인)나, 근대도시 도쿄를 경유하여 익힌

---

28) 張深切, 『張深切全集(2): 里程碑』, 547~548쪽.

'모던보이'적인 동작(「모성의 빛」, 「나쁜 이웃」, 「스포츠의 여왕」에서는 모두 세련된 양복을 입고 지팡이, 여송연, 샴페인, 자동차 등의 소도구를 자유자재로 다룬다)을 매력적으로 발휘할 수 있는 배역이었다고 할 수 있을 것이다. 충칭에서 허페이광의 동료였던 왕위(王珏)의 말을 빌리자면 허페이광은 위엔충메이와 나란히 "전통적인 악역 ──지저분한 모습의 좀도둑이나 교활함──이 아니라 양복을 입은 세련된 악역"의 대표자로서, 이를테면 "악역의 '국제화'를 행한" 것이다.[29]

그러나 중일전쟁의 발발은 스크린 위에서 필요로 하는 악역의 수요를 바꾸어 놓았다. 당시 그를 '일본 군인' 역으로 기용한 위엔충메이 감독은 인터뷰에서 다음과 같이 말했다. "허페이광에게 악역, 일본 군인을 연기하게 했더니 제일 잘했다. 지금까지 그만큼 잘한 사람은 없었다! 허페이광은 일본 교육을 받았기 때문에 일본에 대해 잘 이해하고 있었다. 그래서 연출하는 것도 쉬웠다. 극 중에서 그는 일본어도 표준 중국어도 사용했지만, 일본어 쪽은 정말 잘했다"(허페이광의 모국어는 표준 중국어가 아니라 푸젠성 남부의 지방언어 '민난어'가 타이완에 정착하여 변화한 '타이완어'다 ── 인용자 주).[30]

위엔충메이 감독의 이 발언은 '악역, 일본 군인' 연기에 허페이광이 제일 잘 어울렸던 이유가 허페이광이 일본의 교육을 받아 표준 중국어보

---

29) 필자의 왕위 씨 인터뷰(2002년 11월 20일, 타이완의 사단법인 국가영화자료관 회의실에서). 왕위 씨는 1918년에 태어난 랴오닝성(遼寧省) 안둥(安東) 사람이다. 전쟁 전까지 베이징에서 학생이었던 왕위는 전쟁 발발과 함께 학생들끼리 자주적으로 항전 선언대를 조직하여 베이징에서 남하, 한커우(漢口)에서 중국전영제편창(中國電影製片廠中製)에 채용되었다. 전후에는 타이완 영화제작소에서 근무한 후 1957년 이후 이탈리아로 건너가 마카로니 웨스턴 등 다수의 영화에 출연했다.
30) 「最好的反派演員: 袁叢美談何非光, 薛惠玲訪問」, 『何非光図文資料彙編』, 81~85쪽. 인터뷰 일시는 1999년 7월 12일.

「모성의 빛」에서 슈린(書麟) 역을 맡은 허페이광. 사진 제공 타이완 국가영화자료관(國家電影資料館).

다 오히려 일본어를 유창하게 할 수 있었고 일본인과 같은 연기를 할 수 있는 허페이광의 신체성에 있었음을 보여 주고 있다. 또한 당시의 영화 잡지에서도, 충칭 영화계에는 수많은 인재가 모여 있었는데 그 중에서도 허페이광은 "모든 전쟁영화에서 일본인 역을 맡았다"라고 전하고 있다.[31]

'호색적인 서양적 부르주아 계급'은 중국 프롤레타리아 계급의 적이고 '제국주의의 앞잡이인 잔인한 일본 군인'은 민족 해방을 지향하는 피억압자인 중국 인민의 적이다. 다시 말해 스크린 위에서 허페이광의 신체는 '단결해야 할 우리'가 누구인지, 그 경계선을 보여 주기 위한 타자, 즉 '증오해야 할 그들'을 표상하고 있었다고 할 수 있을 것이다.

다소 이야기의 앞뒤가 바뀌었지만, 상하이에서 악역 배우로서 일정한 지명도를 얻게 된 허페이광은 그대로 충칭으로 향한 것이 아니다. 사실 1935년 12월 갑자기 일본영사관의 특고과(特高課)에 체포되어 타이완으로 '보호 송환'당한 사건이 있었던 것이다.[32] 체포된 이유는 '여권을 소지하지 않은 것'이었는데, 같은 해에 공개된 허페이광의 출연작이 항일을 제

---

31) 「何非光在重慶走紅」, 『電影週刊』 1939年 5月 24日字, 1260쪽.

재로 한 「혼광」(昏狂)과 국민당에게 불편한 노동 투쟁을 그린 영화 「눈물자국」(淚痕)이었다는 사실은 시사적이다. '보호 송환'되던 당시의 실망감을 돌아보며 허페이광은 나중에 "식민지인으로서의 괴로움은 당사자가 아니면 그 누구도 알 수 없을 것이다"라고 말했다.[33]

## 4. 감독으로서의 이야기

일단 타이완으로 돌아간 허페이광은, 도쿄에서 유성영화 기술을 배우고 중국인 유학생이 하던 연극 활동에 참가하는 등의 활동을 거쳐 1937년에 다시 중국 영화계로 복귀하기 위해 상하이를 거쳐 타이위엔(太原)으로 향했다. 처음으로 그가 직접 쓴 각본 「한북풍운」(寒北風雲)에서 주연을 맡기 위해서였다. 그러나 그 작품을 촬영하는 중에 루거우차오(蘆溝橋) 사건[34]이 발발하여 제작은 중지된다. 중국군이 "일본어를 할 수 있는 대적(對敵) 선전공작원"을 모집하자 거기에 응모한 허페이광은 우한(武漢)에서 국민정부 군사위원회 정훈소전영고(政訓所電影股, 나중의 '중국전영제편창'中國電影製片廠)에 참가하여 항전의 대후방인 충칭으로 들어간다.

---

32) 허페이광 자신의 말. 陸弘石, 「爲了'忘却'的紀念」, 56쪽. 다만 필자가 그의 조카인 하민장 씨를 인터뷰한 것에 따르면, 1935년의 귀향은 "반역자로서 가출한 것이나 마찬가지로 떠난" 허페이광이 그동안 걱정만 끼친 어머니의 건강 상태가 좋지 못하다는 것을 알고 일시 집으로 돌아온 것이 아니었을까 하고 기억하고 있었다(필자에 의한 인터뷰. 2001년 5월 15일, 타이페이시 통화지에通化街에 있는 하민장 씨의 자택에서. 하민장 씨는 국가영화자료관의 쉐후이링 씨로부터 소개받았다).

33) 陸弘石, 「爲了'忘却'的紀念」, 56쪽.

34) 1937년 7월 7일, 루거우차오에서 일어난 일본군의 자작 발포 사건으로서 중일전쟁의 발단이 되었다. 이 사건을 계기로 일본군과 중국 국민당 정부는 전쟁 상태로 돌입했고 그 후 전선이 확대되었다. ― 옮긴이

충칭에서 허페이광은 '항전' 영화의 각본·감독으로 데뷔한다. 데뷔작 「보가향」의 각본을 쓴 동기에 대해 그는 '중국전영제편창'이 충칭으로 이전한 뒤에 읽은 어떤 신문기사를 회상하고 있다. 그 기사는, 일본인이 중국 동북지방에서 중국인 장정을 끌고 가 '농아'(聾啞)로 만드는 주사를 놓고, 부녀자를 '위안부'로 데려갔다는 내용이었다.[35] "이 기사를 보고 나는 금방 타이완을 떠올렸다. 왜냐하면 나의 부모로부터 일본인이 타이완에 왔을 때 저질렀던 소살(燒殺), 생매장 등의 일화를 들은 적이 있었기 때문이다."[36] 따라서 「보가향」에는 중국 농촌에서 벌어진 일본군의 횡포와 농민들의 저항이 그려져 있고, 동시에 식민지 타이완에서의 저항의 기억도 새겨져 있다고 할 수 있을 것이다.

그렇기는 해도 허페이광이 각본가·감독으로 데뷔한 것은 결코 쉬운 도정이 아니었다. 이 글에서는 자세히 서술하지 않았지만, 좌파 '문인'이 모인 중국전영제편창의 편도(編導)위원회 '각본감독위원회'에서는 '배우' 출신의 허페이광에 대한 멸시와 괴롭힘이 있었다. 그런데도 허페이광은 농촌에서의 항일 봉기를 제재로 한 「보가향」을 설비가 필요 없는 올 로케이션으로 촬영하고, 스스로 잔학한 일본 군인을 연기하여 기회를 자기 것으로 만듦으로써 "모두의 주목을 받았다".[37] "게다가 다음 작품(일본인

---

35) 陸弘石, 「爲了 '忘却' 的紀念」, 60쪽. 다만 허린의 저서에서는 "난징대학살에 관한 기사"라고 되어 있다. 何琳 編, 『銀海浮沈』, 47~48쪽.

36) 陸弘石, 「爲了 '忘却' 的紀念」, 60쪽. 허페이광이 1913년에 태어난 점에서 보면, 그의 부모는 청년시절에 일본의 가혹한 타이완 정복 과정과 타이완 주민의 격렬한 반항을 체험했을 것이다. 예컨대 일반 주민이든 게릴라든 일괄적으로 모두 살육하고 민가에 불을 질러 그 희생자 수가 헤아릴 수 없었던 1896년의 윈린(雲林) 학살사건은 한자신문이나 영자신문에 보도되어 국제문제가 되었다. 許世楷, 『日本統治下の台湾』, 東京: 東京大学出版會, 1972, 120~122쪽.

37) 필자의 왕위 씨 인터뷰.

포로를 기용한 기획 「동아지광」東亞之光 ─ 인용자 주)은 그 사람밖에 찍을 수 없는 것이었다."[38] 일본인 포로로부터도 "일본을 잘 아는 사람"이라는 평가를 받은[39] 허페이광은 '항일전쟁'을 하나의 기회로 전환시켜, 식민지에서 태어나 유학을 통해 얻은 일본에 관한 지식을 배우로서만이 아니라 감독으로서의 업적으로도 연결시켰다고도 할 수 있다.

허페이광은 항전 기간에 충칭에서 네 편의 영화를 감독한 것 외에도 중국전영제편창이 자료 부족으로 제작을 중지한 기간에는 홍콩으로 가서 계속 '항전' 영화를 감독했다. 항전 승리 후에는 홍콩·타이완·상하이 등 각지에서 연거푸 극영화를 감독했다. 감독으로 데뷔한 지 불과 10년, 게다가 제작 상황이 아주 어려운 시기에 모두 12편이나 되는 영화를 감독한 것이다.

그러나 전시에 허페이광이 찍을 수 있던 영화는 단 하나의 장르, 즉 항전을 위한 정책 선전영화뿐이었다. 정책 선전영화에서는 제작 측(중국전영제편창의 경우라면 '편도위원회')의 의도를 거스르는 것은 허락되지 않는다. 그렇다면 정책 선전영화에서 감독 개인으로서의 표현, 감독의 독자적인 이야기는 할 수 없었던 것일까? 허페이광이 충칭에서 감독한 작품을 훑어볼 때, 거기에는 정책 선전영화인데도 허페이광이 아니면 살릴 수 없는 개성, 그의 독자적인 이야기가 들어 있다는 것을 알게 된다. 그것은 '우리＝중국인'과 '그들＝일본인'의 대립을 그리면서 '그들'을 추상적인 존재로 그리는 것이 아니라 얼굴이 있는 존재로 그린 것이었다. 그것이 가

---

38) 필자의 왕위 씨 인터뷰.
39) 江都洋, 「映画「東亞之光」について」, 『眞理の鬪ひ』(在華日本人民反戰革命同盟会 機関紙) 11号, 1940; 鹿地亘資料(仮称), マイクロ フィルム, No.1-115(東京大学 文学部 中文硏究室蔵).

「동아지광」의 한 장면

장 특징적으로 드러난 작품은 「동아지광」(1940)과 「혈천앵화」(血濺櫻花, 1944)다.

「동아지광」은 일본인 포로가 포로수용소의 교육에서 감화를 받고, 중국 사람들을 살육해 온 것을 깊이 후회하고 반전(反戰) 활동을 한다는 내용인데, "전무후무한 전쟁영화의 기적"이라는 높은 평가를 받았다.[40] 한편 「혈천앵화」는 일본 유학 중에 친구가 된 중국인 청년과 일본인 청년이 각각 공군에 들어가 서로 싸우게 되는 비극을 그리고 있다. 인상적인 것은 남편이 출정했기 때문에 처자가 빈곤과 병에 시달리는 '일본인의 고충'이 극명하게 표현되어 있다는 점이다. 이 영화들은 모두 '적'으로서의 일본인을 피도 있고 눈물도 있는 똑같은 인간, 얼굴이 있는 존재로 그리고 있다. 그렇다면 이런 영화가 어떻게 '항전' 영화일 수 있는 것일까? 그것은 최종

---

40) 「「東亞之光」獻演盛況」, 『新華日報』1941年1月1日字; 范國華 外編, 『抗戰電影回顧(重慶)』, 195~196쪽.

적으로 일본인 병사가 자신의 잘못을 인정하고 중국인에게 공감하여 반전을 위해 일치단결하는 의지를 갖게 된다는 결말 때문이다. 거기에서는 '우리'와 '그들'의 차이를 일방적으로 강조함으로써 '그들'을 배제하는 것이 아니라 '그들'이 만약 '우리'와 함께 억압된 사람으로서의 과제를 나누어 가질 수 있다면 연대가 생겨날 것이라는 이야기를 읽어 낼 수 있을 것이다.

다만 정책 선전영화로 미끄러져 들어간 감독 허페이광의 이야기에는 그 서사 구조 안에 미묘한 문제가 포함되어 있다는 것도 지적해 두지 않으면 안 된다. 다시 말해 "우리"와 "그들"의 연대가 항상 "우리"의 논리에 "그들"을 회수하는 형태로 이루어지는 서사 구조가 갖는 문제인 것이다. 사실 이것은 당시 일본 측이 리샹란(李香蘭, 1920~)[41]을 주연으로 하여 제작한 일련의 정책 선전영화의 서사 구조와 유사하다. 리샹란·하세가와 가즈오(長谷川一夫, 1908~1984) 주연의 '대륙 3부작'[42]은 "일본인 침략자에 대한 중국인의 적대심을 거론하며 그것을 '오해'라는 형태로 다시 만들어 내거나",[43] 일본인 남성의 '인내와 배려'가 중국인 여성의 '오해'를

---

41) 만주에서 출생한 가수이자 여배우. 제2차 세계대전까지는 리샹란이란 예명으로 살았고, 대전 후부터는 원래 이름인 야마구치 요시코(山口淑子)로 살고 있다. 원래는 일본인으로 부친의 친구가 지어 준 이름으로 가수 생활을 시작했고, 항전 기간 동안 만주국에서 사람들에게 이용당해 만주국 찬양, 군국주의 미화, 대동아공영 등의 내용을 담은 노래를 불러 좋지 않은 시선을 받았다. 특히 양심 있는 중국 지식인과 민중들의 반대를 불러일으켰다. 하지만 중국 가요사 및 이후 중화권 노래에 대한 이야기에서는 빼놓을 수 없을 정도로 많은 영향을 남겼다. 대전 후에는 일본에 귀국했는데, 처음에는 중국인으로 판정되어 입국을 거부당했으나 친구의 도움으로 베이징의 양친에게 호적을 받아 일본인임이 증명되었다. 이후 가수 생활도 했으나, 주로 영화배우로 활약했다. 1974년, 1980년, 1986년에는 참의원에 선출되어 의정활동을 하기도 했다. ― 옮긴이
42) 와타나베 구니오(渡辺邦男) 감독의 「파이란의 노래」(白蘭の歌, 1939, 도호東宝영화사·만주영화협회), 후시미 오사무(伏見修) 감독의 「지나의 밤」(支那の夜, 1940, 도호영화사·허베이영화공사). 와타나베 구니오의 「열사의 맹세」(熱砂の誓ひ, 1940, 도호영화사·허베이영화공사).
43) ピーター・B・ハーイ, 『帝国の銀幕: 十五年戦争と日本映画』, 名古屋: 名古屋大学出版会, 1995, 242쪽.

「화련항」 연기자들의 단체 사진. 첫번째 줄에서 모자를 쓰고 있는 사람이 허페이광이다. 『電影欣賞』 90期, 1997, 111쪽. 사진 제공 허페이광의 부인 주자웨이(朱家衛) 여사.

풀고 연애를 성취한다는 서사 구조를 갖고 있었다. 다시 말해 '우리＝일본인'과 '그들＝중국인'의 대립이, 연애에서의 '말괄량이 길들이기'라는 드라마를 통해 '우리＝일본인' 측의 논리로 회수되는 구조인 것이다. 반대로 허페이광 감독의 작품을 다시 보면 거기에서도 그와 똑같은 서사 구조를 확인할 수 있다. 즉 「보가향」에서는 농촌 내부의 대립으로부터 의견이 합치되어 항일로, 「동아지광」에서는 중국 인민과 일본인 포로의 대립이 전쟁 종결을 향한 단결로, 「기장산하」(氣壯山河, 1943)에서는 버마 화교 아가씨와 중국인 병사의 대립(아가씨의 연모를 병사가 거절한다)이 해소되어 항일로, 「혈천앵화」에서는 중국인 병사와 일본인 병사의 대립이 전쟁 종결을 향한 단결로 나아가는 형태로, 처음의 이항대립은 드라마에 의해 회수되고 있는 것이다.

　　그러나 물론 중국을 침략하면서 '대륙 3부작'을 제작한 일본 영화계와 일본의 공습을 받으면서 영화를 제작하던 중국 충칭의 영화계는 발화의 위치가 전혀 다르다. 허페이광의 영화에서 이항대립의 회수는, 중국의 관객이 나날이 이어지는 싸움 속에서 늘 빼앗겨 온 자신의 이미지를 스크린 위에서 탈환하기 위한 방도였다고 볼 수 있다. 허페이광이 그려 낸 것은 억압받는 자로서의 과제를 나눠 가질 수 있다면, 어떠한 '그들'도 '우리'의 동료로 만들 수 있는 강력함을 가진, 주체적으로 질서를 회복하는 '우리'의 이미지인 것이다. 그것이야말로 전시하의 중국에서 가장 필요하다고 생각된 '항전하는 중국인으로서의 우리' 이미지였다고 할 수 있을 것이다.

그렇다면 '항전'이라는 위치를 벗어났을 때 허페이광의 영화는 어떤 전개를 보여 줄 수 있을까? 1947년의 '2·28 사건'[44) 후에 타이완에 초빙되어 찍은 「화롄항」(花蓮港, 1948)을 검토해 보기로 하자. 이 영화는 허페이광으로서는 유일하게 고향 타이완에서 찍은 작품이다. 이야기의 축은 산지(山地)의 위생 개선을 목표로 하는 평지(平地)의 한족 청년 의사와 타이완 원주민 소녀의 '로미오와 줄리엣' 같은 비극적인 사랑이다. 종족이 다르다는 이유로 대립하는 원주민 소녀와 한족 청년. 그러나 연애라는 드라마를 통해 소녀는 한족 청년이 주장하는 '위생적' 또는 '진보적'인 세계관에 동조한다. 그러나 원주민과 한족의 대립은 두 사람의 사랑을 허락하지 않는다. 마지막 장면은, 구습의 하나인 '퉁양시'(童養媳)[45) 로서 의붓오빠와 결혼하게 된다는 것을 안 소녀가 자살하고 두 지역 사람들이 구습과

---

44) 1947년 2월 27일 저녁, 담배 암거래를 단속하면서 일어난 폭행 사건을 계기로, 그때까지 쌓여 있던 정부에 대한 불만이 한꺼번에 폭발하여 전국적인 반정부 운동으로 발전했고, 이에 대해 정부가 수많은 인명을 빼앗으며 탄압한 사건이다.
45) 주로 장래에 그 집의 며느리로 삼기 위해 양녀로 사들여 성인이 될 때까지 하녀로 일을 시키는 여성, 또는 그렇게 돈과 맞바꿔 어린 여자아이를 다른 집에 넘기는 구습을 가리킨다.

대립을 뉘우치는 모습으로 끝난다. 소녀의 자살이라는 드라마를 통해 대립이 회수되는 것이다. 그러나 2·28 사건 후 타이완에서는 국민당 정권에 의해 타이완 주민에 대한 보복적인 학살이 일어났다. 이러한 정치적 배경을 상기하면서 보면, 이항대립의 회수라는 서사 구조 자체는 허페이광 감독의 항전기 작품과 마찬가지지만, 「화롄항」은 억압하는 측의 논리로 발화하고 있는 작품이라는 사실이 분명해진다. 다시 말해 허페이광 감독의 항전기 작품이 일본 측과 마찬가지인 정책 선전영화의 서사 구조를 가지고 있으면서도 억압당하는 자의 위치에서 발화함으로써 그 한계를 피할 수 있었다면, 「화롄항」에서는 억압하는 자의 위치에서 발화함으로써 그 한계가 드러난 것이라고 말할 수 있을 것이다.[46]

## 5. 맺음말

소년 시절부터 이미 피할 수가 없었던 일본 식민주의. 청년기에는 영화배우로서 비약할 수 있는 좋은 기회를 '보호 송환'으로 빼앗아 버린 일본 제국주의. 그 제국주의에 의해 고통받는 중국인이 가진 식민지 출신자에 대한 적대시나 멸시. 타이완인이라는 사실은 식민지 타이완에서도, 식민지 본국 도쿄에서도, 국제도시 상하이에서도, 항전의 근거지 충칭에서도 각 장소에서의 "우리"에 자연스럽게는 통합되지 못한다는 것을 의미했

---

46) 그러나 「화롄항」도 1951년 9월 27일 내정부(內政部)가 공포한 '반란시기국산영화처리법' 제3조에 의해 제작사·감독·각본·배우 모두가 '공산주의자를 추수하는' 자[附匪]로 간주되어 상영이 금지되었다. 黃仁·王唯 編, 『臺灣電影百年史話』, 台北: 中華影評人協會出版, 2004, 207쪽. 또한 젠더를 둘러싼 질서의 유지라는 점에서 보면 전전(戰前)의 「기장산하」에서 버마 화교 아가씨와 중국인 청년 장교를 그린 방식에도 마찬가지의 구조가 있다.

다. 허페이광은 자원하여 항전에 참가했지만, 충칭에서 감독이 된 후에도 아내에게조차 자신의 출신을 좀처럼 꺼낼 수 없었고,[47] 동료가 그의 출신을 알고 있다는 것을 알면서도 기록으로 남긴 '인사 조사표'에는 적(籍)을 "푸젠성 취안저우"로, 연락처를 "샤먼(廈門) 쓰밍로(思明路) ×호"로 기입했다.[48] 식민지에서 태어난 타이완인이라는 사실이 '중국인으로서의 우리' 안에서 얼마나 무거운 족쇄가 되었는지 알 수 있을 것이다. 허페이광이 출연하거나 감독한 작품은 이렇게 해서 그의 신체에 각인된 중층적인 폭력의 흔적인 '타자성'과 떼려야 뗄 수 없이 결부되어 있다.

예를 들어 은막 위의 배우로서 허페이광의 신체는 스크린 위에서 '단결해야 할 우리'가 누구인지를 획정하는 '그들'(호색적인 서양적 부르주아, 잔악한 일본 군인)로서 소비되었다. 당시의 중국 영화시장에는 '단결해야 할 우리'의 경계를 보여 주는 '증오해야 할 그들'을 요구하는 욕망이 있었고, 허페이광에게는 자신을 그 '우리'의 욕망에 적합한 '그들=타자'로서 내놓으려는 승인에 대한 욕망이 있었으며, 거기에 양자가 공명하는 공간이 있었다고 볼 수 있다.

그러나 허페이광이 감독으로서 영화를 통해 말하려고 한 것은, "그들"이 결코 한결같이 배제해야 할 대상이 아니라, 억압받는 자로서의 과제를 나누어 가질 수 있다면 "우리"와 "그들"은 연대할 수 있다는 서사였

---

47) 何琳 編, 『銀海浮沈』, 74쪽.

48) 「何非光人事登記卷」 1943年 6月 26日~1951年 12月 28日, 中華民國國史館所藏侍從室個人檔案[1000026308]. 허페이광이 직접 이 서류에 기입한 날은 1943년 4월 10일이다. 이 기록의 존재는 三澤眞美惠, 「何非光, 越境する身體: '忘却'された台湾出身の抗日映画人」, 『年報地域文化研究』 第6号, 2003을 집필하던 시점에서도 분명히 알고 있었지만 유족에 대한 영향을 고려하여 공표하지는 않았다. 그러나 허페이광의 장녀인 허린이 쓴 평전에서 유족 스스로 허페이광이 '중앙훈련단'(中央訓練團)에 입단한 경력이나 국민당에 입당한 사실을 언급했기 때문에 지금은 이 글에서 그 사실을 말해도 별 지장이 없을 거라고 판단했다.

다. 그것은 항일전쟁이 한창일 때 중국 사람들이 주체성을 되찾기 위한 서사이기도 했다.

다만 '항전' 영화에서 허페이광의 서사가 안고 있던 한계, 즉 국민국가로서의 질서 회복을 목표로 "우리"의 논리에 "그들"을 회수하려는 선전영화로서의 한계는, 전후 2·28 사건 후 타이완에 초빙되어 감독한 「화롄항」에 여실히 나타나 있다. 그렇다면 감독으로서 그의 서사는 그 자신을 망각한 '국사'(國史)적인 서사를 넘어설 가능성을 가질 수 없었던 것일까?

항전 승리 직후에 허페이광이 감독한 작품, 즉 타이완에 초빙되어 「화롄항」을 감독하기 전에 홍콩에서 감독한 「모부인」(某夫人, 1946)이라는 작품이 그 해답을 주는 것 같다. 「모부인」은 정부나 당의 선전영화가 아니다. 은퇴한 군벌 장교에게 시집간 배우 출신의 여성이 전란의 와중에 이산한 전(前) 남편이나 그 비밀을 알게 된 비서에게 그녀의 출신을 빌미로 협박당한다는, 계급 비판을 포함한 서스펜스 영화다. 가까스로 전쟁에서 살아남은 여성이 이번에는 계급('천한 신분'으로 여겨지는 배우 출신이라는 것이 알려져서는 안 된다)과 젠더('처녀성'의 관점에서 결혼 경력이 있다는 것이 알려져서는 안 된다)에 의해 끊임없이 고통을 받는다. 이 영화에서 대립은 회수되지 않는다. 대립은 대립인 채 남고, 그녀는 "신분이나 출신이 뭐란 말이야!"라고 외치며 추운 바람 속으로 홀로 뛰쳐나간다. '우리'(이 영화에서 그녀를 배척하고 호화로운 저택에 남아 그녀의 뒷모습을 지켜보는 측)는 그녀의 메시지를 들으면서 그저 남겨질 뿐이다. 이 영화에서 허페이광은 '우리'가 그녀의 고통에 대해 철저하게 무력하다는 것, 그 무력함을 말하려고 한다. 하지만 여기에서 '우리'는 이미 '항전하는 중국인으로서의 우리'라는 국민국가의 틀로는 다 묶을 수 없는 중층성을 갖고 있다는 것에 주의해야 한다. 즉 영화에 등장하는 사람들은 "항전에서 살

아남은 중국인"이라는 의미에서 똑같은 '우리'일 텐데도 마지막 장면에서
는 '배우라는 "천한 신분"이 아닌 우리', '남성으로서의 우리'라는 각종 '우
리'의 울타리를 쳐서 그녀를 배척하는 것이다. '타자로서의 그녀'에 대해
국민국가로 회수하는 서사와는 다른 이야기 방식을 찾는 것. 「모부인」은
서사 구조에서도, 발화의 위치에서도 전후 허페이광 감독의 작품과는 분
명히 달랐고, 선전에서 벗어난 허페이광의 새로운 서사의 가능성을 보여
주었다고 할 수 있다. 그러나 이러한 이야기는 과연 관객을 찾아낼 수 있
었을까? 찾아낼 수 있었다면 어떤 의미에서인가. 이 점은 당시 동아시아
사의 유동적인 상황에 입각해 검토해야 할 과제다.

'망각'이 각각의 국민국가가 요청하는 집단적 기억상실이고, '상기'가
그 역사 서술에서의 '공백의 발견'이라고 한다면 '망각'에도 '상기'에도 각
지역, 각 시대의 ─ 그러므로 신축(伸縮)이 자유자재인 ─ "우리"의 정치
가 그 배경에 있을 것이다. 바로 그렇기 때문에 '공백'을 메우려고 "우리"의
논리로 '망각'을 일방적으로 회수하는 것은 삼가야 할 것이다. 오히려 허페
이광이 「모부인」에서 가능성을 보여 준 새로운 이야기, 즉 타자를 타자로
서 지시하는 이야기에서 '공백' 자체와 마주할 수는 없는 것일까? '일본인'
연구자인 필자의 입장에서 본다면 그것은 식민지 사람들의 신체에 지울
수 없는 '타자성'을 새겨 넣으면서 휴전에 의해 식민지를 '망각'해 온 '일본
인으로서의 우리'의 '전후'[49] 역사 기술 문제와 겹치는 문제이기도 하다.

---

49) 劉進慶, 「'戰後'なき東アジア·台湾に生きて」(構成·注作成: 駒込武), 『前夜』 9号, 2006,
   231~232쪽. 2004년 4월 25일에 도쿄 외국어대학에서 열렸던 려진칭(劉進慶) 씨(1931~
   2005, 타이완 태생, 타이완 경제연구자)의 강연록. 려진칭 씨는 강연 모두에서 "'전후'란 뭐냐?
   아시아에 '전후'가 있었는가"라고 묻고 "'전후'라는 말은 일본인밖에 쓰지 않는다. 일본인
   이 자기들 마음대로 쓰면서 독점하고 있을 뿐이다. 아시아 사람들에게는 전혀 '전후'가 아니
   다"라고 말했다(앞의 글).

마지막으로 허페이광의 후반생에 대해 아주 간단히 언급하고자 한다.[50] 중화인민공화국이 성립된 이후 이유도 모른 채 영화계에서 축출된 그는 1959년 6월 '반혁명죄'로 공민권을 박탈당하고 1961년까지 강제노동을 해야 했다. 문화대혁명기에는 다시 비판을 받아 감금되었고 그의 처자식도 박해를 받았다. 1979년 「타이완 동포에게 고하는 글」을 발표함으로써 타이완 출신자에 대한 처우가 개선되었고 가까스로 '반혁명죄'는 무죄 선고를 받았다. 하지만 영화인으로서 공적 기관에 참여하는 것이 허락된 것은 그로부터 15년이 지나서였다.

80세가 넘은 인생 최후의 나날, 그가 바랐던 것은 고향 타이완으로 돌아가는 것이었다. 그의 건재함을 알게 된 신구(新舊)의 친구들은 1997년 허페이광의 영화 회고전과 심포지엄을 기획하여 허페이광을 귀향시키려는 계획을 세웠다. 서양에 가는 것보다 더 복잡한 절차가 하나하나 처리되고, 11월에는 허페이광이 타이완으로 돌아갈 예정이었다. 그러나 허페이광은 84세의 생일인 8월 14일 갑자기 쓰러져 입원했고, 9월 6일 세상을 떠나고 말았다. 고대하던 귀향을 불과 두 달 남겨 놓은 시점이었다.

옮긴이 _ 송태욱(연세대학교 국어국문학과 강사)

---

50) 후반생에 대한 서술은 주로 앞에서 든 黃仁 編, 『何非光図文資料彙編』; 何琳 編, 『銀海浮沈』 참조.

# 10장 전시체제기의 욕망정치
## — 경제불황과 전시호황 '사이', '사이보그-되기'의 역설

소영현[*]

## 1. 전시체제기와 경제·일상·문화라는 국면

> 長期經濟建設은 …… 日滿支 三國의 共存共榮, 有無相通의 眞正한 經
> 濟協同體의 結成을 보기 以前에 對支經濟開發 自體가 我國의 財政經
> 濟에 長期에 亘한 負擔을 加重할 것이 必然일 뿐 아니라 我國 財界의 基
> 調는 …… 財政經濟上의 諸困難을 克復키 爲하야서는 現在의 戰時經
> 濟體制의 全面에 亘한 統制强化가 必至일 것이다.[1]

> 世界의 情勢는 時時刻刻으로 變하고 獨波間에는 벌서 武力衝突이 發
> 生하야 歐洲의 危機를 告하고 있다. 그러나 東洋에는 東洋으로서의 事
> 態가 있고 東洋民族엔 東洋民族으로서의 使命이있다. 그것은 東洋新秩
> 序의 建設이다. 支那를 歐羅巴的 桎梏으로부터 解放하야 東洋에 새로

---

* 연세대학교 국학연구원 HK 연구교수

1) 이건혁, 「국가총동원법 전면 발동 문제의 제11조 적용 경위」, 『조광』 1939년 1월호, 44쪽.

운 自主的인 秩序를 建設함이다. 이리하야 바야흐로 東洋에는 커다란 建設이 경영되면서 있다. 政治的 工作에 經濟的 再編制에 産業開發에 治水灌漑에 交通施設에 敎育改善에 모든 人力과 物力이 놀날 만한 能力을 發揮하면서 新秩序建設의 大目標를 向하야 一路邁進하고 있다. 이때를 當하야 文學者는 무엇을 하여야 할 것인가?[2]

일제 말기 식민 정책의 이념적 기반이었던 내선일체론에 의거해서 조선이 전쟁 수행을 위한 대륙 전진 병참기지가 되어 갔음은 주지의 사실이다.[3] 정치사회적인 맥락에서 들여다보자면 '국가총동원법'(1938)이 통과되면서 시작된 전시 동원 체제의 법제화는 3, 4차에 걸친 교육령의 개정, 육군특별지원병제도의 실시, 창씨개명, 국민정신총동원운동, 국민총력운동, 징병제도의 실시로 구체화되었다. 이러한 제도적 장치들을 토대로 체계적 수탈의 기초가 마련되었고, '대동아공영권' 건설을 지향하는 국가총동원 체제가 수립되어 갔다. 요컨대, 중일전쟁 이후에 조선을 포함한 동북아 삼국에서는 격화되어 가는 전쟁의 추이에 따라 전면적인 체제 변화의 국면을 맞이하고 있었다.

물론 그 변화 국면은 법제화의 측면, 경제적 측면 혹은 문화와 일상의 국면에서 서로 다른 강도로 구체화되고 다른 속도로 전면화되고 있었다. 변화 국면이 식민주체와 피주체 사이의 힘의 불균형에서 기인한 것이자 행사된 권력과 그에 대한 반응·역반응 과정에서 생성된 것이었기 때

---

2) 「건설과 문학」, 『인문평론』 1939년 10월호(창간호), 권두언, 2쪽.
3) 내선일체론은 중일전쟁 발발 직전인 1938년 8월에 조선 총독으로 부임한 미나미 지로(南次郎) 총독이 내세웠던 조선 지배 정책의 대표적인 슬로건이다.

문이다.[4] 변화 국면을 부상시킨 이 작용과 반작용의 메커니즘을 둘러싸고 특별히 눈여겨보아야 할 것은 불균형한 힘을 외화하고 있는 '발화된 지점들' 그리고 '발화 주체와 타자' 간의 상호작용이라고 해야 한다. 변화 국면 혹은 그것을 가시화한 메커니즘에는 중립적이라거나 객관적이라고 규정하기에는 적합하지 않은, 어떤 잉여의 지점들이 내장되어 있기 때문이다.[5] 엄밀하게 말해 그 변화 국면은 지역 구도와 제국-식민 구도의 유동성을 반영할 수밖에 없는 한 단면이라는 점에서 그 자체로 불균질한 지층을 드러낼 수밖에 없다고 해야 할지도 모른다.

5호(농촌) 혹은 10호(도시) 단위의 애국반을 세포조직으로 하는 가옥 단위의 연맹, 관청과 학교, 회사와 공장을 중심으로 하는 직장 단위의 연맹을 구성하고 국책과 국민을 잇는 촘촘한 연결선을 만들면서 일상을 통제하고자 한 국민정신총동원연맹이 보여 주듯, 중일전쟁 이후의 조선(인)의 일상은 전체주의적 통제 시스템에 틈새 없이 포획되고 있었다.[6] 위

---

4) 시각과 권력의 양가성 문제에 관해서는 레이 초우, 『원시적 열정』, 정재서 옮김, 이산, 2004, 1부 참조.

5) 이러한 맥락에서 이 글에서는 일본에서 발간되었던 잡지 『모던일본』의 임시간행본인 조선판(1939년 11월호와 1940년 8월호)에 특히 주목해 보고자 한다. 『모던일본』 조선판은 『모던일본』의 특집호에 해당하며, 마해송의 적극적인 노력으로 출판이 성사되었다. 1939년 11월호가 예상 밖의 반향을 불러일으키자 1940년에 추가 발행이 이루어졌다. 대중잡지의 성격을 띠고 있으면서도 조선판인 이 잡지에는 일상과 문화, 순수문학과 대중문화의 다채로운 층위들이 공존했으며, 무엇보다 제국의 주체들이 조선인을 향해 발화하거나 혹은 조선의 지식인이 제국을 향해 발화하는 이질적인 이데올로기의 층위들이 병존했다. 『모던일본』 조선판이 흥미로운 것은 이 잡지에 발화의 위치와 대상의 차이에 따른 부정합의 다양한 지점들이 드러나 있었기 때문이다.

6) 물론 국민정신총동원연맹 '애국반'은 농촌에서는 예상 밖의 성과를 거둔 것이 사실이다. 1940년에 접어들어 경성에 쌀이 부족해졌을 때, 식량 재고를 조사하고 배급표 제도를 마련하는 과정에서 애국반의 활약이 일정한 성과를 거두었던 것이다. 그러나 생산활동과 일상생활이 직결되어 있던 농촌과는 달리 도시에서는 애국반 활동이 그리 큰 성과를 거두지 못했다.

로부터 강요된 변화에의 요청은 효율적인 동원과 수탈을 위한 전시체제로의 형질 변경 요청이었음이 분명하다. 그러나 '내선결혼' 문제를 두고 보더라도, 식민자와 피식민자 사이에서 이루어진 '강요된 요청과 수행된 실천' 사이의 진행이 일직선적이거나 단선적이었다고 보기는 어렵다. '내선결혼'이 실질적으로 가시적인 결과를 마련하지 못했던(/않았던) 사실을 굳이 언급하지 않더라도, '내선결혼'을 주장하는 식민자와 피식민자의 내부에 이미 꽤 이질적인 입장 차이가 존재하고 있었기 때문이다.[7] 다소간 명료해 보이는 법제화 과정조차 어느 쪽에서 바라보는가에 따라 '강요와 수행'의 의미와 해석이 상당히 달라질 수밖에 없음을 단적으로 확인할 수 있는 지점이라고 해야 한다.

이러한 맥락에서 볼 때, 식민 정책의 이념적 기반을 근거 지우는 질문들, 가령 '조선을 어떻게 볼 것인가'와 같은 질문 등은, 불균질한 지층의 보다 복합적인 지점들을 보여 주게 된다고 해야 한다. '조선을 어떻게 볼 것인가'라는 질문이 중요하다고 한다면 그것은 질문의 내용 자체라기보다 이러한 질문을 통해 조선이 다시 새롭게 인식될 필요가 생겼음을 말해 주는 보다 상위의 수준에서인 것이다. 그렇다면 조선은 누구에게 새롭게 인식되어야 하는가. 인식주체에 관한 인식 없이 이 질문에 대해 무언가를

---

7) 조선총독부의 내선결혼 정책이 공식화된 것은 1938년 9월 이후로, 9월에 열린 조선총독부 시국대책조사회의 자문사항 가운데 내선일체 강화 건('내선인의 통혼을 장려할 적절한 조치를 강구할 것')에 관한 언급이 있은 이후인데, '내선결혼' 역시 다층적인 시차를 고려하지 않고는 그 의미망을 들여다보기 어려운 문제 가운데 하나였다고 해야 한다. 가령 총독부 당국자의 입장에서 '내선결혼'은 내선일체의 자연스러운 귀결이지 첩경이 아니었으며 이러한 맥락에서 '조선인성(性)'의 탈각이 주요 의제로 등장했다면, 내선일체의 철저화를 주장했던 대표적인 일체론자 현영섭의 경우가 말해 주는바, 한편으로 조선에서 그것은 '일본인'이 될 수 있는 매우 유효한 방법으로 받아들여지기도 했던 것이다. 장용경, 「일제 말기 내선결혼론과 조선인 육체」, 『역사문제연구』 18호, 2007, 195~214쪽 참조.

답변하는 것은 사실상 불가능하다. 구체적으로 따져 보기 위해서는 바라보는 시선을 먼저 고려해야 할 필요가 있는 것이다.

예컨대, 식민통치 주체의 시선에서 보자면, 조선에 대한 인식 변화는 1910년대 이후로 지속되어 왔던 식민지 동화정책의 집약화 혹은 동화정책이 내장한 자기모순의 집약적 분출과 연관되어 있었다. 내부 식민지를 구축하는 과정과 마찬가지로, 동화정책을 기조로 삼는 일본의 식민 정책은 풍속 개량에 집중하면서 일본어를 가르치고 이름을 일본식으로 고치게 하거나 혹은 이민족과의 혼인을 장려하는 방식으로 이루어졌다. 내부 균열의 지점들을 내장하고 있으면서도 식민지 시기 내내 유지되었던 이러한 일본의 정책 기조가 이 시기에 이르러 급격한 체계화의 필요성을 요청받게 되었는데,[8] 이는 전쟁과 전시체제라는 전환적인 조건의 변화 때문이었다. '신동아건설'이라는 미명 아래 '남방 진출' 계획과 함께 대륙 진출을 꿈꾸고 있었던 일본의 관점을 취할 때, 그때에야 비로소 조선은 "내지와 만주, 북지(北支)와의 사이를 매개하고 양자를 유기적으로 연결하는 필요 불가결한 고리"[9]로서 재평가될 필요성을 요청받게 되었던 것이다.

---

8) 오해를 최소화하기 위해 덧붙이자면, 식민주체의 식민정책에는 정책 자체와 그 시행 과정을 둘러싼 근본적인 한계와 자기모순이 내장되어 있었다. 식민주체는 동화정책을 통해 항상적으로 안정된 식민체제를 유지하고자 했지만, 그 '안정된 체제'는 피식민주체와의 역동적 상호관계를 통해 불안정한 구조를 유지할 수밖에 없었다. 동화주의에 기반한 식민통치를 표방했지만 불균질한 지층들이 존재했기 때문에 조선을 '안정적'으로 지배하기는 쉽지 않았으며, 따라서 식민주체는 동화정책과 함께 초기 단계부터 무력을 앞세운 강압적 통치를 병행할 수밖에 없었다. 이러한 관점에서 볼 때 식민 지배 논리의 자기분열적 지점을 가장 잘 보여 주는 정책이 바로 내선일체론이었다. 변은진, 「조선인 군사동원을 통해 본 일제 식민정책의 성격」, 『아세아연구』 112호, 2003, 201~203쪽 참조.

9) 노자키 류시치(野崎龍七), 「조선공업의 약진」, 『모던일본』 조선판, 1939년 11월호. 윤소영 외 옮김, 『모던일본과 조선 1939』, 어문학사, 2007, 171쪽.

이에 따라 조선반도가 가지는 정치적·경제적·문화적 사명의 중대함을 강조하는 논리들이, 강제적 변화를 요청받았던 조선의 시선에서는, 과연 어떻게 이해되고 받아들여졌으며 혹은 왜곡되고 거부되었는가를 질문할 필요가 생겨난다. 이러한 질문은, 가령 총체적인 변화 국면을 맞이한 것이 단지 조선 쪽이었다고 말하기는 어렵지 않을까라는 의구심과 결합되어 있다고도 할 수 있을 것이다. 사실, 조선 쪽의 꽤 많은 지식인들이 조선인과 내지인은 계통이 다르고 풍속이 다르며 그 외의 생활 상태나 체질, 용모 등 모든 점에서 서로 다르기 때문에 만사가 서로 맞지 않는 것이 당연하다고 하거나(김동인), 내지인은 대개 조선인의 생활과 사고 추이에 대한 깊은 이해가 없고 우월감에 앞선 편견이 심하다고(신남철)[10] 판단하고 있었다. 구체적인 정황 차원에서만 살펴보아도, 변화에의 요청은 일본-조선-중국을 둘러싸고 여러 지점들에서 동시다발적으로 이루어져야 했던 교차적이고 쌍방적인 작용이었던 것이다.

구체적이고도 실제에 가까운 권력의 작용·반작용 혹은 그 결과를 확인하고 점검하는 작업이 실질적으로 가능한가의 여부를 떠나서,[11] 1940년대 전후의 일상을 들여다보고자 하는 이 글에서는 결국 급격한 변화를 요청했던(/받았던) 식민-피식민 혹은 제국-로컬 층위의 변화와 그 변화와의 상호작용 속에서도 매일 반복되는 것처럼 보이는 '현재들', 그 양자 사이의 불균등한 작용들이 만들어 내는 간극에 주목해 보고자 한다. 그 간극을 '일상'으로 명명하고 일상의 의미를 되새겨 보고자 하는 것이다. '1940년대 전후의 일상'이라는 것은 고정된 채 움직이지 않는 대상도, 탈

---

10) 「조선인이 내지인에게 오해받기 쉬운 점」, 『모던일본』 조선판, 1940년 8월호. 홍선영 외 옮김, 『모던일본과 조선 1940』, 어문학사, 2009, 197쪽.

역사화된 채 어딘가에 놓여 있다가 돌연 모습을 드러내는 발굴 가능한 그런 연구 대상도 아니다. 1940년대 전후의 조선의 일상을 들여다보는 작업은 다양한 주체들과 공간 사이를 통과하면서 불균등하게 나타난 '식민지 근대성'의 효과에 대한 탐색이라고도 할 수 있다.[12] 말하자면 일상 탐색 작업은 일상 자체의 내용물 확인이 아니라 강고해지는 법제화와 교묘해지는 정치사상적 합리화, 서로 다른 주체와 발화의 층위에 기반한 힘과 논리의 강고한 조직 사이로 어떻게 변화의 국면을 들여다볼 틈을 낼 것인가, 어떻게 그 틈들이 드러내는 간극들과 조우할 것인가라는 질문 자체이자 그 모색의 과정인 것이다. 구체적으로 그것은 인용문이 보여 주는바, '통제 강화 정책과 신질서건설론'이 만들어 내는 공간에 대한 입체적 고찰,

---

11) 2000년대 이후로 국문과와 사학과 등을 중심으로 본격적으로 이루어졌던 1940년대 전후의 시기에 대한 연구들이 궁극적으로 다루고자 했던 문제들이 결국 이 불균질한 경제·문화·일상의 국면과 연관되어 있었다고 보아도 무리는 아닐 것이다. 1940년대를 전후한 식민지 조선에 대한 연구는 한편으로 전시 동원 메커니즘이 내장한 폭력성을 드러내고 내선일체론과 황국신민화 이데올로기의 허구성을 폭로하는 이데올로기 층위의 연구에서 집약적 성과를 이루어 냈다. 중일전쟁 발발 이후 태평양전쟁으로 확전되는 시기에 대한 그간의 연구가 '친일과 전향'의 구도 안에서 이루어졌음을 염두에 두면, 1940년대를 전후한 시기의 식민지 조선의 정치사회적 현실과 그 시대를 살아 내야 했던 주체들의 일상에 천착하고자 했던 이러한 연구는 협소한 민족주의적 시각에서 벗어남으로써 그저 '암흑기'라는 이름으로 내버려졌던 역사의 치부를 학문적 논의의 장으로 이끌어 내었으며, 이를 통해 '지배와 피지배' 혹은 '민족과 반민족'이라는 이항대립적 시각틀에서 벗어날 수 있는 새로운 논의의 가능성을 열어 주었음이 분명하다. 특히 최근의 연구들은 '파시즘'의 구도에서 1940년대 전후의 시기를 두고 '수탈과 저항'의 대립 구도를 극복하고 일상 층위의 생활세계에로 천착하고자 하는 흥미로운 시도들을 보여준 바 있다. 미야다 세쓰코(宮田節子), 「조선민중과 '황민화' 정책」, 이형랑 옮김, 일조각, 1997; 최유리, 『일제 말기 식민지 지배정책사 연구』, 국학자료원, 1997; 연세대학교 국학연구원 엮음, 『일제의 식민 지배와 일상생활』, 혜안, 2004; 방기중 엮음, 『일제하 지식인의 파시즘체제 인식과 대응』, 혜안, 2005; 권명아, 『역사적 파시즘』, 책세상, 2005; 방기중 엮음, 『식민지 파시즘의 유산과 극복의 과제』, 혜안, 2006 등. 이와 함께 고창 김씨 일가를 중심으로 조선의 공업화와 자본가의 출현을 다루면서 '수탈과 착취'라는 접근법의 한계를 지적한 바 있는 에커트의 연구가 시사하는 바도 적지 않다. 카터 에커트, 『제국의 후예』, 주익종 옮김, 푸른역사, 2008 참조.
12) 신기욱·마이클 로빈슨 엮음, 『한국의 식민지 근대성』, 도면회 옮김, 삼인, 2006, 85쪽.

즉 경제-문화-일상이라는 국면이 만들어 내는 부정합의 틈새들에 대한 들여다보기가 될 것이다.[13]

## 2. 경제불황과 전시호황의 '사이', 비-엘리트의 존재 방식

정치적이고 이데올로기적인 맥락에서 보자면, '동아협동체' 논의가 활발하던 시절인 1938년에서 1940년 전후의 무렵은 한편으로 지식인들에게 민족문제를 둘러싼 식민지적 상황에 대한 새로운 해결의 가능성이 열리는 것처럼 보이던 시기였다. 동시에 '동아신질서'론이 '대동아공영권'[14] 론으로 바뀌면서 전쟁의 종식이 아니라 확대, 지역질서의 평화적 재편이 아니라 폭력적 재편의 진행으로 옮겨 가던 시기이기도 했다.[15] 이 전이 과정에는 연속적 측면과 불연속적 단층들이 공존했음이 분명할 것이지만, 기억해야 할 것은 엄밀하게 말해 이러한 전이가 지식인의 인식 층위에서 이루어진 것이라는 점이다. 1940년대 전후의 시기에 대한 분석틀이 대개 이 점을 의식적으로 다루지는 않았다고 해야 하는데, 따라서 이 글에서는 1940년대 전후의 조선의 일상을 들여다보기 위해 그간의 연구 경향을 상대화하고 무엇보다 시선을 점차 비(非)엘리트층으로 옮겨 보고자 한다.

물론 전시체제하에서 조선인은 엄격한 감시와 통제를 받았고 무엇

---

13) 이는 테사-모리스 스즈키(Tessa-Morris Suzuki)식으로 말하자면, 중심부가 아니라 '변경' 혹은 '변경지대'를 서사의 중심에 놓는 방식, 즉 통치 이데올로기나 법에 의한 분절을 가로지르는 살아 움직이는 존재들의 생활을 탐사하고자 하는 시도이다. 테사-모리스 스즈키, 『변경에서 바라본 근대』, 임성모 옮김, 산처럼, 2006, 서장 참조.
14) 제2차 세계대전기에 일본 제국주의의 아시아·태평양·오세아니아 지역의 침략 지배를 정당화하기 위한 이데올로기였던 '대동아공영권'은 1940년 8월 이후 매우 빠르게 유포되었다.

보다 여론과 선전에 의해 정보를 철저하게 통제당하고 있었다. 따라서 엘리트 지식인의 범주에 속하지 않았던 존재들, 이른바 일반 대중이라고 명명할 수 있는 존재들이 전시체제기가 불러온 전환의 국면을 어떻게 인식하고 또 변화에 반응했는가, 즉 국면 전환의 시대를 어떻게 맞이하고 있었는가를 파악하기는 쉽지 않다. 당시의 비-엘리트층에서 유포되었던 '전시 유언비어', 각종 낙서나 삐라 등을 통해서나, 전시의 이데올로기적 통제가 결코 일방향적이지도 전면적일 수도 없었음을 포착할 수밖에 없는

---

15) 이 시기의 지성의 움직임을 두고 보자면, 지형도를 그릴 수 없는 불투명한 세계에 대한 원론적인 비판을 반복하는 지성이든, 자기반성의 극단적 실천을 통해 철저한 자기고발과 해체에 이르고자 했던 지성이든, 혹은 불투명한 현실 그 자체로 한 발 더 다가가고자 했던 지성이든, '신체제'로 대변되는 일본발 신체제 구상 논리에서 새로운 희망을 발견했던 지성이든, 1940년대를 전후한 시기에 대한 지성들의 현실 대응은 차별적 논리와 지향의 스펙트럼을 가지고 있었음에도 불구하고 그때까지 적극적으로 추종했고 또 체화되었던 근대 자체에 대한 근본적인 성찰의 움직임과 연동되어 있었다. 물론 이런 논의는 통합된 그림을 그려 낼 수 있는 현실 세계 혹은 그런 세계로 이끌 새로운 주체를 갈망하는, 지향점을 향한 진행 논리 위에서 전개되었다고 할 수 있다. 당대의 지성 다수가 '동아신질서' 구상에서 식민지 혹은 근대 자체의 근본적 모순과 한계를 극복할 가능성을 발견할 수 있었던 것도 그들이 의식 혹은 무의식 차원에서 지향했던 통합에의 열망에서 기인한 것일지 모른다. '근대 초극'을 둘러싼 논의와의 상관성 혹은 당대의 지성들이 원했던 것인가의 여부와도 무관하게, 분명한 것은 1941년을 지나면서 식민지 조선은 한편으로 일본에 의한 통제와 동원의 메커니즘이 강화되는 과정에 놓이게 되었고, 동시에 자발적으로 '이념과 생활의 괴리와 상극을 극복하고 새로운 조화와 통일을 실현해야 한다'거나, '현대 문화가 취해야 할 전환의 방향이 문화의 국민화이고 문학 정신의 국민적 전환'(최재서, 『전환기의 조선문학』)이라고 단언할 수 있는 전적으로 다른 국면, 즉 분열에서 통합으로 나아가는 새로운 국면을 만나게 되었다는 사실이다. 이는 분명 국면의 전환 혹은 체제의 전면적인 형질 변경으로 명명될 수 있을 것이다. 식민지적 지성이라는 문제를 두고, 이러한 전환 국면이 계급이라는 대주체에서 '동양'이라는 또 다른 대주체로의 비약 혹은 이질적인 세대군의 등장으로 정리되었던 것도 이러한 맥락에서 이해될 수 있다. 김철, 「'근대의 초극', 『낭비』, 그리고 베네치아」, 『민족문학사연구』 18호, 2001; 허병식, 「직분의 윤리와 교양의 종결」, 『현대소설연구』 32호, 2006; 김철, 「우울한 형/명랑한 동생」, 『상허학보』 제25집, 2009 등. 기억해야 할 것은 이러한 논의들이 1940년대 전후의 시기를 당대의 지성의 층위 즉 하나의 이데올로기에서 다른 이데올로기로 대전환을 이루는 이데올로기적 전환의 시기라는 이해 지층 위에서 전개되고 있다는 점이다. 그에 따라 학문적 의의에도 불구하고 이러한 연구들이 집중하게 되는 것은 전환의 국면 혹은 그 구체적 변화의 내용이 된다. 말하자면 전환의 국면에 대한 집중이 결과적으로 복잡다단한 형질 변경의 과정 자체는 잡아채기 어렵게 만든다고 할 수 있는 것이다.

것은 그런 사정 때문이기도 하다.[16]

이 글에서 1940년대 전후의 조선 사회를 관통했던 변화 국면을 전쟁 상황과의 전면적인 연동 과정으로, 특히 전쟁을 둘러싼 정치사회적 맥락과 경제적 층위와의 상관성 속에서 고찰해 보려는 것은 비엘리트층의 일상적 층위에 접근해 보고자 하는 이 글의 문제의식의 일환이라고 해야 한다. 물론 전시체제와 경제적 층위에 대한 논의를 통해 강조하고자 하는 것은 그 자체의 변화 내용에 대한 수치화된 지표가 아니라, 경제적 층위로 대표되는 물적 토대의 변화가 불러온 일종의 효과라고 해야 할 것이다.

조선은 실질적으로는 태평양전쟁이 본격화되고 징병제가 실시되기 시작하는 1942년 5월까지도 후방 지대의 위치에 있었음이 분명하다. 그러나 강요된 요청이었다고 할 수 있는 변화 국면은 사실 처음부터 '일면 전쟁과 일면 건설'이라는 이질적인 지향을 보여 주고 있었다. 때문에 '징병제'의 실시가 곧바로 조선에 실질적인 전쟁 경험을 부과했는가의 여부와는 별도로, 변화 국면이 내장하고 있던 지향들, 서로 다른 공간과 결부된 것으로 보이는 이질적인 지향들이 일본과 조선 그리고 중국의 국가적 정체성뿐 아니라 사회 전반에 걸친 변화를 유발하는, 이른바 사회를 진동하게 하는 역설적 힘으로 작용했다고 할 수 있다.

가령, 1940년 전후를 즈음하여 전시체제가 강화되는 경향과 함께 전시의 분위기는 광고 문구에까지 스며들어 전시 감각의 일상화를 촉진하

---

16) 변은진, 「일제의 파시즘 전쟁(1937~45)과 조선민중의 전쟁관」, 『역사문제연구』 3호, 1999, 163~164쪽. 식민지 조선인의 전쟁관에 대해 말하자면, 주로 국외로 나가 전쟁의 정황을 보고 듣거나 간접적으로 듣는 경우 또는 일제의 구체적 정책을 거꾸로 해석해서 정세의 변화를 읽는 경우가 많았다. 그에 따라 식민주체는 1940년을 전후한 시기에 전쟁에 관한 유언비어를 단속하고 비적이나 스파이 활동을 막기 위한 대책에 고심해야 했다.

기도 했다. 『모던일본』 지면에 실린 "식욕, 소화, 변통(便痛) 어느 하나가 무너져도 건강은 총퇴각할 수밖에 없으니, 내일로 미루지 말고 오늘부터 에비오스정으로 위장의 보강공작을 시작"[17]하라는 광고나 "장기적인 건설에 나서는 국민 체위 개선에 가장 효과적이고 산업 전사의 피로회복 영양 보강에 적합한 국책 영양의 필수 항목인 메가네 간유"[18]를 섭취하라는 광고 등이 보여 주는바, 과학 발전에 힘입은 의약품 광고는 전시체제로의 변화 요구를 적극적으로 수용하고 일상의 차원으로 유포하고 있었던 것이다.

조선 경제의 전반적인 규모나 수준과 피부로 느끼는 생활경제의 측면을 보더라도 조선인의 일상에는 경제불황과 전시호황이라는 서로 이질적인 감각이 공존했다. 전시 동원 체제로 형질 변경을 이루어 가는 과정에서 조선의 경제계는 '원료 시대에서 제품 시대로의 전환'의 국면에 놓이게 되었다. '농공병진' 정책을 추진하고자 했던 미나미 총독 시대를 거치면서 병참기지로서의 조선의 활용도를 높이기 위한 광공업과 수산업의 발달이 적극적으로 추진되었던 결과였다. 미나미 총독은 대륙 전진 병참기지화가 함축한 두 가지 의미를 강조했다. 하나가 인적자원의 배양과 육성 즉 반도 민중을 충량한 황국신민으로 만드는 것이었다면, 다른 하나는 국방생산력의 획득을 촉진하는 것이었다.[19] 조선 경제계의 변화는 후자의 요소와 연관되어 있었다.

---

17) 『모던일본』 조선판, 1939년 11월호. 윤소영 외 옮김, 『모던일본과 조선 1939』, 9쪽.
18) 같은 책, 281쪽.
19) 지원병 제도 시행, 교육쇄신, 창씨개명, 국민정신총동원연맹 설립, 신사 설립이 그 구체적인 실천 사항들이었다. 「미나미 총독은 말한다」, 『모던일본』 조선판, 1940년 8월호. 홍선영 외 옮김, 『모던일본과 조선 1940』, 60~70쪽.

조선 경제계의 변화는 내선만지(일본, 조선, 만주, 중국) 간 연락 운수
를 위해 1938년 10월 이후 부산발 북경행 직통 급행 여객열차 등이 신설
되면서 원활해진 내선만지의 교통 상황과도 연관되어 있었다.[20] 편리해
진 교통편과 함께 산업 차원에서 공업 도시인 부산, 경성, 인천, 해주, 평
양, 진남포, 순안, 신의주, 청진, 성진, 원산의 여행(시찰) 포인트를 알려 주
고 있는 '산업인을 위한 조선여행안내' 소개가 이루어지기도 했다.[21] 이러
한 상황에서 직업을 찾기 위해 일본으로 간 조선인이 1938년 말에는 80
만 명에 이르고 있었다. 일본에 간 조선 노동자들의 삶이 결코 풍요롭지
않았으며 실상 노예의 삶에 가까웠음에도 불구하고, 일본과 만주로 이주
하는 조선인의 비율이 점차 증가하고 있었다. 공업 분야를 중심으로 한 제
국주의적 노동시장의 확대와 연동되어 있으며 강제 동원된 비율도 적지
않았지만, 국내외적 인구 이동 현상은 일본의 고도 경제성장이 불러온 변
화의 여파였다.[22] 경성, 인천, 평양, 부산, 진남포, 청진 등 급속히 성장하는
공업 중심지로 향했던 국내에서의 인구 이동이 보여 주었던바[23] 일본으

---

20) 『모던일본』 1940년 8월 조선판에는 조선총독부 철도국의 교통편 소개 광고가 실려 있다
   (294쪽). 철도국은 광고를 통해 여행을 '약진하는 조선을 인식하는 기회'로 내세우면서 대륙
   으로 가는 최단 경로의 철도를 소개하고 이용을 당부했다. 이때 소개된 교통편은 "부산-북
   경 간 직통 급행 대륙흥아호, 부산-신경 간 직통 급행 노조미호와 히카리호, 부산-경성 간
   특급 아카쓰키호"였다. 이 잡지에는 이 외에도 철도시간표가 실려 있었다(487쪽).
21) 「산업인을 위한 조선여행안내」, 『모던일본』 조선판, 1939년 11월호. 윤소영 외 옮김, 『모던
   일본과 조선 1939』, 486~488쪽.
22) 1880년에서 1940년까지 일본의 연간 경제성장률은 3.2~5.5%로, 이는 여타 국가들의 상황
   (공황)을 고려했을 때 놀랄 만한 지속적 성장이었다. 일본은 1937년에 전력 생산과 소비가
   세계 1위, 철강이 6위를 차지하면서 세계 자본주의 체제를 움직이는 일원으로 그 위상을 높
   여 가고 있었다. 김기정, 「세계 자본주의 체제와 동아시아 지역질서의 변동」, 백영서 외, 『동
   아시아의 지역질서』, 창비, 2005 참조.
23) 공업화와 인구 이동 문제에 대해서는 박순원, 「식민지 공업 성장과 한국 노동계급의 성장」,
   신기욱·마이클 로빈슨 엮음, 『한국의 식민지 근대성』, 211쪽 참조.

로부터 넘어온 전시 경제의 여파가 서울을 포함한 경향 각처에 사회구조와 생활감각의 변화를 요청하고 있었던 것이다.

물론 조선 쪽에서 보자면 전시체제로의 전환이 전시 경제통제로의 강화를 촉진해 감에 따라 착취 구조가 보다 노골화되었고 조선 경제 역시 이식 자본의 독점적 지배에 의한 모순 구조를 심화된 형태로 드러낼 수밖에 없었다. 실질적인 생활수준에서 경제불황의 정도가 극심해졌음은 중언할 필요도 없을 것이다. 경성상공업회의소 의원들의 전시 경제 관련 논의를 신고 있는 『조광』 1938년 7월호의 좌담회를 통해 확인할 수 있듯이, 중일전쟁 발발 이후에 조선의 서민 경제는 궁핍을 면치 못하면서 긴축하는 경향을 보여 주고 있었다. 좌담회에서는 한편으로 '경제적 여건이 극빈하여 물건을 사 두려야 둘 수가 없다거나 전쟁 발발 이후 조선 사람들 가운데 경제적으로 나아진 사람은 없다는 식의 생활감각이나, 소비 절약이나 저축 장려 등이 강행되는 와중에 생활비까지 줄여야 하는 고통스러운 경제생활을 영위하고 있는' 현실의 일면이 논의되고 있었다.[24] 식민지 조선 특히 1939년 극심한 가뭄 이후의 조선의 일상은 생활고와 염세적인 분위기가 함께 고조되는 상황이었던 것이다.

도시 하층민 특히 여성의 비참한 생활고를 보여 주는 정비석의 단편 「잡어」(1939)를 통해 단적으로 확인할 수 있듯이, 이제 시대는 대문호가 되는 것보다 월급 자리를 얻는 것이 우선시되는, 경제 일변도 혹은 경제 강박적인 상황으로 접어들고 있었다. 「잡어」의 카페 여급의 한탄처럼, "비상시를 빙자로 물가는 다락처럼 뻗어 오르고, 비상시를 핑계로 팁은 줄어

---

24) 「전시 경제문제 좌담회」, 『조광』 1938년 7월호, 51~58쪽.

만 들고, 비상시를 구실로 노루꼬리만 하던 월급도 깎이고, 그리고 비상시인 까닭에 영업시간은 단축"될 때, "비상시 때문에 지대한 타격을 받은 축"[35]은 당연하게도 하류 중의 하류 계층일 수밖에 없었다. 「잡어」가 잘 보여 주고 있듯이, 카페 여급의 임신 사실이 그녀들을 절망에 빠뜨린다고 할 때, 그 절망은 북지로 떠나 버린 남자에 대한 원망이나 잉태한 아이의 불투명한 미래에서 기인하지 않는다. 이 소설은 그녀들의 절망이 임신 때문에 더 이상 영업을 하지 못하게 되었다는 점, 그리하여 고향에 있는 부모와 세 동생이 함께 굶어죽을지도 모르게 되었다는 점에 놓여 있음을 분명하게 보여 준다. 그리하여 하류 계층의 경제적 생활고가 단지 그들만의 것이 아니었음을 역설해 주고, 경제 사슬의 연쇄 고리에 놓여 있던 조선인의 경제적 고충의 심각성을 가늠하게 해준다.

> "언제나 그렇게 각박한 건 아니구 금년은 전시가 돼서 그렇다우! 생각해 보세요! 만들어지는 간즈메[통조림]라는 게 죄다 제일선의 용사들의 찬 거리가 되는 게거든요. 그러니까 이를테면 우리두 싸움의 한몫을 담당한 병사인 셈이예요. 만약 우리가 하루를 더 쉰다면 제일선의 용사들은 그만큼 배를 주려야 할 게 아냐요?"
> ······
> "그야 물론이죠! 참 북지에 가 보구 싶은 생각 없으세요?"
> "북지에?"
> "네, 북지에 말야요. 오늘 우리 회사 사장이 그러는데 자기가 관계하는

---

25) 정비석, 「잡어」, 『인문평론』 1939년 12월호, 165쪽.

모 방직회사에서 이번에 북지로 진출하게 되었다구 혹 희망자가 있다면
그리루 전근시켜 준다나요."

"그래 미례는 간다구 했수?"

"아이! 오늘 신년인사 때에 그러셨는데 언제 그럴 틈이 있었겠어요. 하여
튼 전 가구 싶어요. 사장 말씀이 뭐라시는구 하니 사변은 곧장 끝날지 모
르지만 건설은 하루이틀에 될 일이 못되니까 이제부터 북지로 갈 사람은
적어두 해골은 북지에 매장할 만한 각오가 있어야 한다나요. 난 그 말에
퍽 매력을 느꼈어요."[26]


그럼에도 비참하고 곤궁한 삶을 가로지르며 "북지에서 백만금을 잡
은 사내로 요새 금의환향한 기쁨에 돈을 물 쓰듯"(「잡어」, 163쪽) 하는 사
람이 있다는 소문이 유언비어처럼 떠돌기도 했다. 인용문이 보여 주는바,
북지에 대한 막연한 기대감은 물론이거니와 "전시의 덕분이기도 하였던"
(「삼대」, 146쪽) 전승 경기가 경성의 번화가를 중심으로 팽창하는 등, 전시
호황의 분위기가 전 조선에 퍼지고 그 여파가 일반 상가에까지 미치고 있
었던 것이다.[27]

1939년 6월 23일 임시각의(臨時閣議)에서 개정 물자동원계획을 결
정하고 그 실시에 대한 성명이 발표되면서 전시체제는 본격화되었다고
할 수 있다.[28] 당연하게도 이후 실질적인 물자 통제가 이루어졌으며, 전쟁
의 진행과 무관하게 전시체제하의 통제정책이 지속되었다. 그러나 흥미

---

26) 정비석, 「삼대」, 『인문평론』 1940년 2월호, 146쪽, 163쪽.

27) 「전시 경제문제 좌담회」.

28) 물자 총동원 수행을 위한 구체적인 정책은 10개의 항목으로 이루어졌는데, 그 핵심은 물자
억제, 물자 소비 절약, 수출 진흥책의 확립이었다.

롭게도 전쟁의 전개에 따라 생활경제의 감각은 벗어날 수 없는 통제의 틀
에서나마 유동적이었다고 할 수 있다. 조선 내에서 광산과 같은 군수산업
에 착수하는 사람들이 늘어나는 추세였고, 오락이나 환락 시설이 활황을
맞이한 것은 말할 것도 없었다. 대개 마약 밀매 등에 주력했다고는 하지만
베이징, 톈진(天津), 지난(濟南) 등 북지에 조선인이 점차 늘어 가고 있었
으며, 소자본을 가진 중소상공업자들이 북지에서 음식점이나 카페, 끽다
점, 유곽, 여관 사업 등에 종사하는 경우도 많아졌다.[29]

　　전쟁과 긴밀하게 연관되어 있는 포목과 철물 관련 상업이 전쟁 이후
각광을 받고 있었거니와[30] 물산동원하에서도 면포상 등의 수입이 급격히
늘어났고 신설 회사가 증가되는 등 특정 부분을 중심으로 조선의 경제계
가 급격한 신장세를 보여 주고 있기도 했다.[31] 비균질적인 형태이기는 했
지만 대륙 러시의 물결을 타고 조선의 특정 지역, 가령 북선(北鮮)과 동해
안 등을 중심으로 사람과 기계와 금이 모여드는[32] 등 전시가 만들어 낸 활
기가 조선 내부에 존재하는 이들에게 돈, 입신, 사회적 지위 변경(/획득)
등의 욕망을 분출할 수 있는 통로를 마련해 주고 있었다. 1930년대 중반
에 열풍처럼 몰아쳤던[33] 모던풍의 문화에 대한 열망이 오락 문화로 저변
확대되고 있었으며, 일확천금을 꿈꾸는 한탕주의가 사회를 움직이는 역
동 가운데 하나로 유포되고 있었다. 전시가 불러들인 호황의 분위기가 조

---

29) 「기밀실: 우리 사회의 제 내막」, 『삼천리』 1938년 8월호, 28쪽.
30) 「기밀실: 조선사회 내막 일람실」, 『삼천리』 1938년 5월호, 23쪽.
31) 이건혁, 「신춘 경제계 전망」, 『조광』 1939년 2월호, 51쪽; 아베 류타(阿部留太), 「조선경제
　　계의 전망」, 『모던일본』 조선판, 1939년 11월호. 윤소영 외 옮김, 『모던일본과 조선 1939』,
　　160~165쪽.
32) 이와지마 지로(岩島二郎), 「북선(北鮮)에서 남선(南鮮)으로」, 『모던일본』 조선판, 1940년 8
　　월호. 홍선영 외 옮김, 『모던일본과 조선 1940』, 281쪽.

선 전역에 널리 유포되고 있었던 것이다.

요컨대, 조선이 맞이한 전환의 국면이란 다수의 조선인들이 '돈'으로 상징되는 자본의 위력에 눈떠 가는 과정이자 극심한 생활난에 시달려야 했던 상황을 가리킨다. 동시에 그 실감으로서의 생활감각과 병렬적으로(아니 매우 비대칭적으로) 전시호황의 여파가 사회 변화에 대한 기대감을 유발했던 상황을 뜻하기도 한다.[34] 여기서 주목할 점은 이러한 전시호황의 분위기에 적극적으로 호응하면서 실질적인 혜택을 입은 조선인이 극히 일부였으며 무엇보다 소수의 상층 엘리트였다는 사실이다. 이데올로기의 지층 변화 위에서 전환의 국면을 맞이하고 존재론적 비약 혹은 전이를 경험할 수 있었던 존재는 식민지 시기를 통틀어 학생 집단 내에서도 0.2% 정도에 불과했던 소수의 엘리트, 즉 고등교육 수혜자들뿐이었던 것이다. 이는 근대 이후로 시대를 이끌어 갈 대표적 주자로 호명되었던 청년들, 그러나 입학난과 취업난에 시달렸던 그들이 중일전쟁 발발 이후에 어떤 상황에 놓여 있었는가를 둘러보는 것만으로도 쉽게 확인할 수 있다.

1930년 전후를 정점으로 한 경제공황이 전쟁 전까지 지속되었으며 점차 전시 경제라는 특수한 상황이 마련되고 있었지만, 중일전쟁 이후에도 여전히 하루가 멀다 하고 신문지상에 등장했던 사회현상 가운데 하나로 청년층의 자살 증가를 빼놓을 수 없다. 중일전쟁의 발발로 인해 고등기

---

33) "우리 조선은 레코드 홍수 시대를 연출"(칠방육인생七方六人生, 「조선레코-드 제작내면」, 『조광』 1936년 1월호, 258쪽)하고 있다거나, "서울만 해도 웬만치 밥술이나 먹는 집이나 심지어 저급 직공의 집에까지도 라디오가 장치되"(안테나생生, 「라듸오는 누가 제일 잘하나」, 『조광』 1936년 1월호, 274쪽)었다는 식의 뉴미디어에 대한 열광으로 표현된 모던 문화 열풍이 1930년대 전반에 걸쳐 지속되었다.

34) 무관하지는 않지만, 이는 1930년대 중후반에 절정을 이루었던 금광열이나 주식, 투기열과는 차별적으로 다루어져야 한다.

술 인력의 수요가 급증했으며, 이에 따라 관립 경성광산전문학교와 사립 대동공업전문학교가 1938년에 설립되었고, 1941년에는 경성제국대학에 이공학부가 창설되었다. 1937년에 접어들면서는 고등 인력의 취업률이 신장되었는데, 특히 자연과학 분야의 학교에서는 졸업 전에 졸업생 전원의 취직이 결정되기도 했다.[35] 말하자면 '생활난'에 시달리는 하위 계층이 이향과 탈향을 통해 도시 빈민으로 떠돌게 되고 '구직'에 실패한 청년들이 줄지어 자살을 하는 동안, 전문학교 졸업 이상의 학력을 가진 고등교육 수혜자들은 폭넓게 열리고 있는 입신출세의 가능성과 만나고 있었던 것이다.

수치와 통계가 말해 주는 조선 경제의 영락의 고저운동과는 별도로, 일상의 경제적 맥락을 들여다보면서 기억해야 할 것은 경제불황과 전시호황의 어느 한쪽만을 통해서는 이 시대를 살았던 존재들의 균열적인 감각을 결코 포착할 수 없다는 점일 것이다. 말하자면 1940년대 전후의 조선인들이 경제불황과 전시호황의 이질적 감각을 한몸에서 겪고 있었다는 점, 경제불황이 육체에 각인한 고통과 전시호황이 불러온 변화의 가능성에 대한 열망을 한몸으로 겪고 있었다는 점, 이질적으로 공존했던 이 양 축의 감각 혹은 그 부정합의 지점들에 대한 고찰 없이는 일상이든 틈새든 비-엘리트(대중이라고도 민중이라고도 명명하기 어려운 존재들)의 존재 방식에 대해 결코 상상할 수도 포착할 수도 없을 것이라는 사실 자체인 것이다.

---

35) 정선이, 「일제강점기 고등교육 졸업자의 사회적 진출 양상과 특성」, 『사회와역사』 77호, 2008 참조.

## 3. '변화에의 열망'이라는 처세 원리, 현실과 함께 춤추기

兩三年 以來 金값은 연해 꼬리를 물고 정중정중 올라, 시방은 每돈중 十四圓 五十錢인데 萬一 거기다가 增産獎勵金까지 加算한다면 十七八 圓이 넉넉 잡히는 셈이다.

政府의 積極的인 産金增産政策과 아울러 이 爆發的인 金價高는 文字 그대루 朝鮮天地를 黃金狂時代로 化하게 했고, 그것이 나아가서는 한 重大한 歷史的 機能까지에 止揚이 되어 가고 있다. …… 시골로 다니면 서 보면, 웬만한 사람으로 金鑛이나 몇 區域 出願해 두지 않은 사람이 없다.

京城에 한번 들여놓으면 旅館의 留宿人가운데 열에 아홉까지가 金鑛業 者이다. …… 醫師는 메스를 집어던지고, 辯護士는 法服을 벗어던지고, 金鑛에로 金鑛에로 달려간다.[36]


병보의 장님 같은 순정을 도저히 감당해 낼 수 없는 짐으로 느꼈고 히도 미를 영영 잃어버렸고, 쓰바키의 세계에조차 환멸을 느낀 지금에 사유리 는 오직 태웅의 세계에 휩쓸려 보는 수밖에 딴 도리가 없어 보였다.

태웅의 세계-병보의 세계에서 출발하여 사유리, 히도미, 쓰바키의 세계 를 거쳐서 비로소 도달할 수 있는, 추악조차가 꽃포기처럼 아름답게 빛 나는, 그것은 인간정신이 도달할 수 있는 최고의 세계, 극치의 세계가 아 닐까.

---

36) 채만식, 「금과 문학」, 『인문평론』 1940년 2월호, 96쪽.

오랫동안 고민하면서 찾아내려고 애쓴 것은 결국 그 세계가 아니었던가. 병보가 서 있는 곳이 인간정신의 아름다움의 최고봉의 하나라면 태웅이 가 짚고 있는 곳도 확실히 다른 한 개의 최고봉임에 틀림없어 보였다. 히도미 쓰바키의 세계는 결국 그 중간이요 내려다보이는 고르체기에 지나지 않아 보였다.

단숨에 이 봉에서 저 봉으로 뛰어 건너다가 떨어져 죽는 한이 있더라도 지금의 사유리는 그 길을 밟을 수밖에 없다고 느껴졌다. 이미 몸은 벼랑 위에 다가선 각오였다.[37]

『인문평론』 창간호인 1939년 10월호에 실린 이효석의 단편 「일표의 공능(功能)」에는 지향해야 할 바를 모르고 그저 '변화' 자체만을 유일한 삶의 철학으로 삼는 '변화 지향형' 인물이 등장한다. 말하자면 "변화라는 것이 그에게는 몸에 지닌 철학이자 처세의 원리"[38]처럼 보이는데, 30세의 소장 법학사인 그는 실질적으로 바꾸지는 못했지만 기자에서 변호사로, 그리고 '부회의원'으로 이동하는 방식으로 끊임없는 사회적 지위 변화에의 열망을 드러냈다. 그가 변화에의 열망에 사로잡히게 된 내막을 따져보는 것보다 더욱 중요한 것은 그런 인물을 바라보는 지식인 주인공의 내면적 공감이다. "의원이 되어야 면목이 서고 행세를 할 수 있다고 거듭 되풀이하는 그의 조바심이 내 일만 같이 마음속에 살아 나왔"(179쪽)다는 주인공의 고백이 드러내는 내면은 유동하는 사회구조 속에서 변화에 몸을 맡기고 싶은 충동에 사로잡히지 않는 조선인을 찾기 쉽지 않았음을

---

37) 정비석, 「잡어」, 190~191쪽.
38) 이효석, 「일표의 공능」, 『인문평론』 1939년 10월호(창간호), 178쪽.

단적으로 보여 준다.

　사회적 지위 혹은 정체성의 변경을 요청받는 이러한 상황은 사회질서의 지속 가능성과 안정성이 보장되지 않은 상황이 불러오는 공포를 수반한다고 할 수 있을 것이다.[39] 때문에 그 변화는 계급 혹은 민족과 같은 전체의 지향과는 무관한 것이자 철저하게 개인적 차원에 한정된 것이라고 해야 한다. 말하자면 그것은 시대 변전 앞에서 지향을 알지 못하고 헤매는 인간존재의 일상화된 자기긍정이자 극단적 자기상실의 표현인 것이다. 정비석의 「삼대」의 주인공 '형세'가 그러하듯이 '변화에의 충동'이 종종 "세상을 부정하고 회의하고 하는 것보다 현실과 함께 춤추면서 살아간다는 것이 얼마나 아름다운 것인가"(「삼대」, 163쪽)를 역설하는 방식으로 표출되는 것은 이러한 정황과 무관하지 않다. 그 선택은 옳고 그름의 판단을 할 수 없으며 미쳐 돌아가는 것처럼 보이는 '시대의 격변' 앞에서 모두가 절감하게 되는 정서, 즉 "미친 사람들과 함께 떠들고 고함치고 하지 않으려면 그 자신의 생을 포기하는 수밖에 딴 도리가 없을 것"(「삼대」, 161쪽) 같다는 판단에서 기인한다. 거기에는 자의든 타의든 현실을 긍정하는 것에 대한 일말의 희망과 현실에 몸을 던지는 것 외에 다른 방법을 알지 못하는 자포자기적 정서가 공존하고 있는 것이다.

　변화에 몸을 맡기려는 욕망이 종종 '돈'으로 상징되는 자본의 힘에 따르려는 방식으로 표출되기도 하는 것 역시 이러한 맥락과 연관되어 있다. 말하자면 전시의 일상을 산다는 것은 사회의 재편을 통해 자본의 논리를 피부 체험으로 받아들일 수밖에 없게 되었음을 뜻하는 것이다. '포-타

---

39) 근대가 내장한 공포에 대한 분석은 지그문트 바우만, 『유동하는 공포』, 함규진 옮김, 산책자, 2009 참조.

불' 축음기에서 흘러나오는 '당고'(탱고) 혹은 등화관제를 빌미로 의붓딸
의 애인들을 유혹하고자 하는 욕망(하는 주체), 재벌가의 딸을 통해 신분
상승을 도모하고자 하는 욕망, '돈'으로 움직이는 세계에는 협잡과 음모가
끼기 마련임을 꿰뚫어 보고 그런 변화에 몸을 실어 일생일대의 기회를 잡
아 보고자 하는 협잡꾼의 욕망(『사랑의 수족관』), 희망의 땅 북지 혹은 북
지로 상징되는 '돈'과 자신의 과거 전부를 바꾸어 보려는 투기적 욕망(「잡
어」) 등이 보여 주는바, 어쩌면 지향점을 알 수 없이 변화 자체만을 요청하
는 그 세상은 참된 사랑이 결과적으로 죄악이 되어 버리고, "실되게 살아
보겠다는 것도 결국은 허황한 꿈"(「잡어」, 181쪽)으로 판명되는 시공간일
지도 모른다.

그리고 바로 그렇기 때문에 역설적으로 그런 시공간을 살아 내야 한
다는 절박한 현실이, '생활의 낙오자'가 되지 않기 위해서는 '거리의 풍속'
을 따르거나 책임에 대한 의식이 없는 세계로 나아가게 하고, 북지라는 미
지의 공간을 희망을 제시해 주는 미래의 시공간으로 받아들이게 하는 것
일지도 모른다. 당연하게도 도시와 시골의 구분 없이, 의사가 메스를 집어
던지고 변호사가 법복을 벗어던지거나 심지어 소설가까지 금광을 향해
달려갈 수밖에 없게 되는 현상도 지향을 알지 못한 채 유동하게 만드는 이
른바 '변화에의 열망'에 들뜬 사회 분위기와 무관하지 않은 것이다.

일상화된 이 변화에의 열망은, 그렇다면 어디로부터 기원한 것일까.
이제껏 둘러본바, 전시체제가 불러온 다층적인 경제상황이 그 한 축이라
면 다른 한 축은 '내선일체'로 요약되는 일본발 식민정책으로부터 유래한
다. '내선일체'라는 식민정책은 전 사회를 유동적인 상황에 놓이게 한 또
하나의 주요한 추동력 가운데 하나였다. '내선일체'를 기조로 하는 동화정
책이 실천의 차원에서 어정쩡한 입장을 반복할 수밖에 없었던 것은 동일

성과 차이를 둘러싼 딜레마에서 기원한 것인데,[40] 이러한 논의가 기대면서 활용한 것은 사회적 위계질서, 특히 위계질서로 계열화된 인종적·계급적·젠더적 차별화의 논리였다.

'내선일체'는 식민지의 위상을 점하고 있던 조선반도를 내지의 층위로 끌어올리는 것을 의미했기 때문에, '내선일체'론의 전면적인 유포 과정은, 그 실현 가능성과는 무관하게, 조선반도에 위계질서의 변동 가능성을 타진해 볼 수 있게 하는 역설의 계기를 마련해 주었다. 가령 '내선일체'의 구체적 실천을 위해 미나미 총독이 허락했던 총독 면회 시간을 활용해서 동아청년 운동의 필요성이 제기되거나 조선 사회에 반드시 실시되어야 할 조항으로 "제1항 행정재판제도 실시의 요망. 제2항 조선인 판검사의 증원 요망, 제3항 사법부 각 장관의 문호 개방 요망'[41]과 같은 것들이 요청되었을 때, 여기서 만나게 되는 것은 식민통치 이념의 빈틈을 겨냥한 피식민주체의 역반응 지점이라고 해야 한다. 말하자면 (식민주체가) 전시체제를 유지하기 위해 동원하고자 했던 피동적 존재인 그들이 지배정책의 균열을 파고들면서 "식민지적 피압박 민족이 아니고 당당한 세계적 대국민

---

40) 새삼 강조할 필요도 없이, 정체성 정치의 복합적 딜레마를 담고 있는 동화정책은 식민주체와 피주체 사이의 관계에 대한 불안정한 논의틀을 내장하고 있다. 진정한 일본인이 되는 것을 지향하는 '내선일체'는 조선인의 일본인 되기를 궁극의 목적으로 삼는 논의이지만, 조선인이 일본인이 되기 위해서는, 즉 정체성의 합일을 이루기 위해서는 역설적인 차이를 인정할 수밖에 없는 이율배반의 논리를 피할 수 없기 때문이다. 동일한 일본인이라 해도 그 안에는 위계화된 질서에 입각한 다른 일본인이라는 논리가 개입되어 있기도 하거니와, 무엇보다 복잡한 문제는 일본인과 조선인의 차이를 인정하자면 조선인의 정치, 경제적 자치를 위한 주장들을 인정하지 않을 수 없으며, 반대로 차이를 부정한다면 동화정책의 근간 자체가 정당성을 획득할 수 없는 상황에 놓이게 된다는 점에 있었다. '내선일체'를 식민주체뿐 아니라 피식민주체들도 서로 다른 맥락에서 이해하고 활용하고자 했던 것은 동일성과 차이를 둘러싼 이 본래적인 딜레마와 연관되어 있었다고 해야 할 것이다.
41) 「총독회견기」, 『삼천리』 1938년 5월호, 33~34쪽.

으로서의 갱생"으로 나아갈 '도'(道)[42]를 마련하고 있었음을 포착하게 되는 것이다. 조선인의 시선으로 재영토화될 때의 내선일체론은 사회 각계각층을 향한 차별철폐론으로 이해될 수 있는 중층적이고도 균열적 지점들을 드러내 주게 되는 것이다.

이때 좀더 엄밀하게 들여다보아야 할 지점은, 위계질서의 논리가 일본인과 조선인 사이뿐만 아니라 조선인 내부에도 관철되고 있었다는 점이며, 이를 통해 조선인은 역설적으로 식민지 조선인이라는 단일한 틀로 포괄되지 않는 다른 측면을 보여 주게 된다는 사실일 것이다. 말하자면 위계화된 질서를 뚜렷하게 드러내기 위해서는 불가피하게 식민지 조선인이라는 틀이 차별적이고 이질적인 존재들로 구성된 복합체임을 앞서서 드러낼 수밖에 없었다고 해야 하는 것이다.

물론 여기서 '식민지 조선인'이라는 단일한 규정틀이 식민지 시기를 통틀어 단 한 번도 구현된 적도 실현될 수도 없는 이념형의 틀이었을 뿐임을 반복해서 강조할 필요는 없을 것이다. 오히려 식민주체와 피식민주체를 둘러싼 정체성 정치 문제와 관련해서 주목해야 할 점은 '내선일체'로 대표되는 동화정책의 딜레마가 불러온 역설적 효과이다. 요컨대, 위계질서를 통해 유포되는 동화의 논리는 한편으로 '식민지 조선인'이라는 단일한 틀의 허구성을 증명하는 역설의 논리가 되었으며, 무엇보다 매우 이질적인 개별의 존재 방식들, '민족' 혹은 '계급'의 이름으로 다 포괄할 수 없었던 잉여의 지점들, '식민지 조선인'의 범주를 구성하는 구체태들을 들여다볼 수 있는 틈을 열어 주었다.

---

42) 「총독회견기」, 42쪽.

이렇게 보자면, 1939년 8월 1일부터 1940년 3월 3일까지 『조선일보』에 연재되면서 현실의 변화를 직접적으로 서사의 소재로 활용했던 김남천의 『사랑의 수족관』이 포착하는 것이 바로 이 견고한 위계질서를 진동하게 만드는 욕망의 다양한 역동들이었다고 할 수 있다. 『사랑의 수족관』에서 서사의 표층을 채우고 있는 것은 그저 일상의 반복만 남은 모던한 도시 풍경과 민족과 계급 지표가 사라진 자리에서 부각되는 개인의 욕망의 오롯함이라고 할 수 있다. 『사랑의 수족관』에서는 전체에서 개인으로, 사상에서 욕망의 주체로 전환되는 장면들이 포착되고 있었던 것이다. 이 소설의 서사가 일견 애정선 위에 놓여 있는 관계도를 중심으로 진행되는 것처럼 보이는 것은 그래서이다.

돌로 만든 대문은 넘어서서 낯익은 정원을 바라보면서도 어쩐지 기분이 그전 같지가 않았다.

경희를 모르던 때나 경희를 알고도 아무런 특수한 관계가 이루어지지 않았을 때처럼 마음이 평상되지 않은 것이다. 이 집의 주인, 이 굉장한 저택의 주인의 딸이 제의 애인이라고 생각하면 그것이 진정 같지가 않고 허망된 꿈처럼 현실감이 감소되어 버린다.

(참말로 그것은 허망된 망상이나 아닌가?)

(경희는 확실히 내의 애인인가? 그는 나에게 사랑한다는 확증적인 표시를 하였는가?)

이런 생각도 일어난다. 그러나 아무리 머리를 털고 생각하여도 이경희는 틀림없는 그의 애인이었다.

(그러면 이경희는 이 집의 딸임에 틀림이 없는 것일까? 확실히 그는 이 집 주인의 딸인가?)

그것임에 틀림이 없었다. '대흥' 재벌의 이신국 씨, 그의 딸임에 틀림은 없었다. 그러나 이런 생각을 되풀이하면서도 어딘가 자기 자신이 이러한 환경에 어울리지 않는 것 같은 거리감을 느끼지 않을 수는 없었다.[43]

이경희가 당대의 일류실업가의 맏딸이란 것을 몰랐던 것은 아니었다. 그가 얼마나 호사스러운 생활을 하고 있을는지 그것을 전혀 알지 못하고 그의 동무가 되고 탁아소의 협동자가 되었던 것은 아니었다. 그것을 몸으로 느끼고, 머리로 생각하면서 그의 친구가 되었고 그의 조력을 받아 오는 것이 아니었던가. 그러나 그때에 아무렇지도 않고 그 전날은 아무런 잡념이 끼이지 않던 것이 김광호, 이 한 사람의 청년의 위치가 결정된 자태로 그의 앞에 나타날 때에 강현순의 생각은 저 자신도 어떻게 할 수 없게 자꾸만 비틀어져 나가는 것이었다.

……

나는 그의 친구 될 자격이 없는 여자였다. 신분이 다르다! 그는 대부호의 영양. 나는 의지할 곳 없는 하나의 직업여성. 내가 어이 그의 우인이 될 수 있으며 그의 사업의 협동자가 될 수 있을 거냐.[44]

개별적인 존재들의 관점에서 정념의 네트워크처럼 보이는 관계도는 한편으로는 철저하게 위계화된 질서에 기반한 것이기도 했다. 협잡과 음모를 통해 입신출세를 성취하고자 하는 청년군이든 직업과 생활에 집중하면서 모든 것에서 시선을 거두어 버리고자 하는 청년군이든 그들의 욕

---

43) 김남천, 『사랑의 수족관』, 인문사, 1940, 276~277쪽.
44) 같은 책, 426, 428쪽.

망의 벡터는 위계질서 속에 놓인 그들의 자리에 대한 인식에서 출발하고 있었던 것이다. 그러나 동시에 그 관계도는 위계적 질서를 유지하거나 교란 혹은 재배치하려는 욕망의 벡터를 보여 주는 것이기도 했다. 이러한 측면에서 이 소설이 담고 있는 테크놀로지에 대한 열망은 위계화된 질서에 나타나는 균열에 대한 해결 방안의 모색으로도 이해될 수 있을 것이다. 말하자면 이 소설을 통해 우리가 확인하게 되는 것은 지금껏 살펴본바, 전시라는 현실이 불러온 불안한 진동과 그 효과라고 해야 하는 것이다.

물론 '이경희'로 상징되는 위계질서의 최상층을 향해 있는 인물들의 욕망의 벡터는, 주인공인 '김광호'를 두고 '이경희'와 연적이 되는 순간 "신분이 다르다!"는 깨달음을 얻게 되는 양재사 '강현순'을 통해서도 알 수 있듯이, 구체적인 위계질서의 변이를 불러올 실행 차원으로 나아가지 못하고 순치되어 버린다. 그들의 욕망은 '미망'·'망령'·'환상'에 불과한 것으로 판명되고 위계질서는 다시 한번 재고착되고 마는 것이다. 그러나 그럼에도 위계화의 유동성을 포착하고 있는『사랑의 수족관』이 보여 주고 있는 바, 이 시기의 소설에서 읽어 내야 하는 것은 한번 열렸다가 다시 닫혀 버리는 국면 전환의 단면들이 아니라 그 틈으로 비어져 나온 욕망의 움직임들이라고 해야 한다. 또한 그 움직임들의 가치는 들끓는 욕망에 불타오르는 군상들과 "일종의 능동적 체관"(김남천, 「맥」)에 이른 '욕망이 소거된' 청년들이 공존했던 그 순간들 자체를 보여 준다는 데 있는 것이기도 하다.

## 4. '사이보그-되기'의 역설 혹은 대용품 근대정신의 아이러니

1941년 7월 23일에 총력연맹회의실에서는 내선에서 유력한 신문잡지사 인사를 초청하고 성전 완수와 총력운동의 전개에 대한 분투를 당부한 바

있다. 문화부에서는 고도 국방국가체제의 완수를 목표로 하고 청신하고
건전한 국민문화의 종합적 발전을 기하기 위해 다음과 같은 발전 방안을
결정·제출한 바 있다.


<blockquote>
1. 과학사상의 보급을 기함          2. 국민교화의 철저를 기함

3. 예술오락의 정화를 기함          4. 출판문화의 쇄신을 기함

5. 생활문화의 질실(質實)을 기함     6. 실천요강의 구현을 기함[45]
</blockquote>


과학사상을 보급하고 국민교화를 강조하면서 풍기단속을 강화해 가
고자 하는 이러한 방안의 세부 항목을 언급하는 것만으로도 확인할 수 있
는바, 이 항목들은 전시체제로의 효과적인 전환을 위한 욕망의 제어 기제
들이다. 이 항목들을 통한 '국민문화' 수립의 궁극적 지향은 욕망이 소거
된 사이보그의 생산으로 향하고 있는 것이다. 철저하게 개인의 욕망을 소
거하고 전체의 일부로서 자신의 위치 감각만을 의식하고자 하는 그런 인
물을 '사이보그'라 명명하는 것도 가능할 것인데,[46] 표면적으로만 보자면,
김남천의 『사랑의 수족관』에서 사회의 위계질서를 회의와 고민 없이 온전
히 내면화하고자 하는 테크노크라트인 '김광호'는 전시체제가 만들어 내
고자 하는 바로 그 인물형이라고 할 수 있다. 이러한 관점에서 보면 그는
신분 상승 열망에서 애욕에 이르기까지 들끓는 욕망을 분출하는 인물들
('송현도', '은주', '신 주사' 등)과는 대척적인 자리에 놓여 있다고 해야 한다.


---

45) 「정보실: 우리 사회의 제 사정」, 『삼천리』 1941년 9월호, 77쪽.
46) 『사랑의 수족관』에서는 이런 현대 청년이 '니히리스트'로 명명된다. 김남천, 『사랑의 수족
    관』, 240쪽.

기억해야 할 것은, 이러한 판단이 지금껏 언급해 왔던바 '변화 국면을 어떻게 바라볼 것인가'의 문제와 긴밀하게 연관되어 있다는 점이다. 말하자면 『사랑의 수족관』의 '김광호'의 욕망 소거는 "어데 먼 곳, 색채도, 자극도, 소란한 소리도 없는 곳, 청춘도 오락도 없는 곳"[47]으로 향하고자 했던 「낭비」의 주인공 '이관형'이 보여 주었던 적극적인 의미의 '선택' 즉 욕망이 들끓는 공간에 등을 돌리고자 하는 자발적인 선택/거부와 다르지 않다고 해야 하는 것이다. 그렇다면 '영화배우에 대한 기호조차 빠르게 바뀌어 가는 시대'(「낭비」)를 배경으로 한 그들의 자발적인 욕망 소거는 어떤 의미를 갖는다고 해야 하는가. 이에 대해 단언적 평가를 내리기는 쉽지 않은데, 여기에는 '식민주체와 피주체' 사이와 같은 이질적인 시각차가 불러오는 불균질한 국면이 은폐되어 있기 때문일 것이다. 즉 '변화를 요청하는 시대'에 대한 입장들, 거기에는 변화를 추인하거나 받아들이는 맥락 즉 관점에 따른 해석 차이가 존재한다고 해야 하기 때문이다.

이러한 복잡한 구도를 염두에 두고 보자면, 욕망을 소거한 새로운 주체의 등장 또한 복합적인 의미망 속에서 섬세하게 고찰될 필요가 있다. 탈-욕망적 주체의 등장은 일면으로 제국이 원하는 사이보그의 출현을 의미하지만, 다른 한편으로 자기상실의 미친 소용돌이의 한가운데서 자기를 지키고자 하는 '타락한/저항적' 존재의 등장을 뜻하기도 하기 때문이다. 그것은 힘겨운(그리고 매우 미약한) 거부 행위일 뿐이지만, '타락한/저항적' 불균질의 존재는 욕망의 소거를 통해 자기를 지키게 되는 방식, 즉 '사이보그-되기'의 역설적 의미망을 관통하고 있다고 해야 하는 것이다.

---

47) 김남천, 「낭비」 3회, 『인문평론』 1940년 4월호, 297쪽.

　　물론 새로운 주체의 등장 혹은 '사이보그-되기'의 의미를 따지는 것보다 중요한 것은 '변화 국면'을 맞이하고 있는 식민지 주체들의 반응에 고정된 의미를 부여할 수 없음에 대한 분명한 인식일 것이다. '경제-일상-문화'라는 국면이 만들어 낸 부정합의 틈새들, 인쇄매체를 통해서는 좀체 포착하기 어려운 엘리트 지식인 범주 바깥 혹은 그런 존재들을 생활세계에 기반한 실정적(positive) 상으로 구현하기는 쉽지 않은 것이 사실이다.[48] 이는 단지 연구대상의 제한성 때문만은 아닌데, 부정합의 틈새는 식민주체 혹은 피식민주체의 시선이 불러오는 불일치뿐 아니라 식민주체와 피식민주체 내부의 이질적 시선을 전제하는 중층의 불일치 구조에서 발생/포착되는 것이기 때문이다. 그럼에도 분명한 것은 『사랑의 수족관』의 '김광호'가 그러하듯이 지원병으로 지원한 청년들 역시 불균질한 의미망, 즉 욕망의 복잡한 메커니즘 안에 존재했음을 새삼 재고할 필요가 있다는 점이다. 그들은 '욕망의 소거'를 욕망하는 방식으로 혹은 반대로 '변화에의 충동'으로 상징되는 외부의 욕망을 욕망하는 방식 ── 그것은 때로 생존의 열망이거나 자포자기적 절망이었으며 또한 입신출세 욕망이거나 처세의 일환이기도 했는데 ── 으로 '욕망하는/욕망을 소거하는' 영역이라는 차원에서 그 의미가 끝없이 탈구되는 전환 국면의 언저리에 존재하고 있었다고 해야 하는 것이다.

　　'스프(스테로플 파이버사의 줄임말 ── 옮긴이)는 국책산업'이다, '순모는

---



48) 역사학계가 보여 준 그간의 연구 역시 이른바 '중간지배층'으로 분류될 수 있는 조선 엘리트의 회색지대적 성격 분석에 집중되어 있다. 『역사와현실』 63호(2007년 3월)에 실린 '특집: 일제하 조선인 엘리트의 사회적 기반과 정체성'의 논문들을 참조하라.

없다'고 대단한 선전을 하는 바람에 자칫 대용품이 진품보다 더 낫다고 생각하는 세상이 되었지만, 그래도 대용품은 역시 대용품이라 진품을 사용하던 정신으로 대용품을 사용하면 양말도 이틀이면 헤지고 양복은 주름투성이가 되어 낙담하게 될 것이다.

### 대용품의 근대정신

그러면 어떻게 그런 번거로움에서 벗어날 수 있을까. 먼저, 대용품을 애용하자는 격언에서 시작되어야 한다. 대용품은 20세기에 커다란 지지를 받아 탄생한 근대적 산물이므로 과거의 사고방식을 가지고 사용하는 것은 맞지 않다. 새로운 병기에는 새로운 병기로 대항하지 않으면 당연히 영국과 프랑스처럼 참담한 패배로 끝나게 될 것이다.

예를 들어 양말의 경우 목면은 험하게 신어 늘어지더라도 "모처럼의 인연으로 사용해 주시는 것이니 좀더 분발해 봅시다"라고 해서 꽤 오래가지만, 이것이 만일 스프사의 물건이라면 전혀 딴판이다. "에이, 심하군. 구멍이나 나라"라며 허약한 대용품은 금방 너덜너덜해지고 만다. 종이처럼 얄팍한 인심이라고 한탄해도 소용없다. 이것이 근대적 산물 특유의 개성이니 말이다.[49]

「아가씨들을 위한 페이지」라는 제목 아래, '멋의 심리학', '대용품의 근대정신', '근대아 중의 우량아'라는 소제목으로 이루어진 위의 인용문은 『모던일본』 1940년 조선판에 실린, 전시체제가 만들어 낸 근대적 상품

---

49) 「아가씨들을 위한 페이지」, 『모던일본』 조선판, 1940년 8월호. 홍선영 외 옮김, 『모던일본과 조선 1940』, 214쪽.

소개의 일부이다. 흥미로운 것은 '여성전용면'(레이디 팩스)의 혁신적 근대성을 강조하는 '근대아 중의 우량아'와 달리, 인용문의 상품 소개에서는 경쾌한 어조의 풍자와 조롱의 뉘앙스가 함께 발견되고 있다는 점이다. 권명아가 전시 동원 체제의 통제 시스템이 내장한 갈등의 지점들을 이른바 '골칫덩이들'로 명명하면서 강조한 바 있듯이,[50] 소극적 일탈로 보이는 이러한 지점들의 의미에 대해서는 전시체제라는 맥락과의 상관성 속에서 좀더 적극적으로 해명해 볼 필요가 있다. 당연하게도 이러한 지점들은 잡지 등의 인쇄매체에서 그다지 중요하지 않은 주변부적 지면을 차지하고 있으며, 잡아채기 쉽지 않은 이질적인 지점들을 그저 뉘앙스의 차원에서만 담고 있을 뿐이다.

대용품이 적극적인 지지를 받고 있는 근대적 산물이라는 점, 따라서 대용품에 대해서는 근대적 사고방식으로 접근해야 한다는 점을 강조하고 있으면서도 위의 인용문은 문면에서 대용품의 부실함뿐만 아니라 근대정신 일반의 맹점까지 지적하는 이중의 뉘앙스를 표현하고 있다. 물론 이러한 표현은 근대에 대한 추종과 한몸을 이루었던 근대 부정(초극) 작업의 일환으로도 볼 수 있겠지만, '식민-피식민'과 같은 시각의 불일치를 보여준다는 점에서 전시체제기의 유동성을 문면화한 예외적인 지점이라고도 할 수 있을 것이다.

바로 이 예외적인 지점을 통해 전시체제가 강화되면서 틈새 없는 통제 시스템이 구축되어 갔던 1940년대 전후를 둘러싸고 '통제와 협력 혹은 수탈과 저항'이라는 틀을 관통하는 복합적 일상의 일면이 포착된다고

---

50) 권명아, 『역사적 파시즘』, 2장 참조.

도 할 수 있을 것인데, 바로 이러한 접근 방식이야말로 하르투니언(Harry Hartootunian)이 말하는바, 불균등한 시공간성에 대한 일상적 사회 경험이자 사회적 실존이 생산되는 조건이나 그 양식으로서 반식민지적인 것에 접근하는 적절한 방법이라고 해야 하지 않을까.[51]

---

51) 해리 하르투리언, 『역사의 요동』, 윤영실·서정은 옮김, 휴머니스트, 2006 참조.

보론 재고와 전망

# 1장 전쟁, 문화, 그리고 세계사
— 우신룽의 시 「결전에 바친다」를 통해 본 새로운 시간의 공간화 논술의 계보

천웨이즈(陳偉智)

세계사란 바로 세계법정이다.
Weltgeschichte als Weltgericht.
– 헤겔

세계사는 언제나 존재해 왔던 것이 아니며, 세계사로서의 역사는 결과였다.
World history has not always existed;　history as world history a result.
– 칼 맑스

만약 헤겔의 세계사라는 관점에서 본다면, 전쟁은 생명력을 완전히 파괴시켜 버리는 절대적인 부정이며, 자유로 인해 전개되는 세계사의 흐름 속에서 비단 필연적인 현상일 뿐만 아니라, 때로는 오히려 긍정적인 결과를 가져오기도 한다. 전쟁과 문화의 상관관계 측면에서, 전쟁은 변증법적으로 문화를 파괴시킴과 동시에 문화를 창조한다.

제2차 세계대전 이전 타이완은 일본의 식민지였는데, 외지(外地)로서 일본에 속하지도 않았고, 중국의 역사 서사 속 '국가'에도 속하지 않았다. 이렇듯 비국가적 사회(non-statist society)였던 존재가 전쟁을 어떻게 경험하고, 전쟁 중 본토와 대비되는 이질성을 가진 외래 국가에 의해 어떻게 개조되며, 심지어 전쟁을 거치며 어떻게 수동적 입장에서 능동적 입장으로 뒤바뀌게 되는가는, 국가의 전쟁 서사 이외의 또 다른 가능성을 제공한다. 비국가적 사회는 세계사가 펼치는 역사적 가능성으로부터 자유로웠고, 곧잘 변증법적으로 발전한 또 다른 예가 되었다. 총력전, 비국가적 사회, 역사적 가능성 사이에는 깊이 음미해 볼 만한 모종의 관련성이 있다.

타이완은 1895년 청일전쟁에서 청 제국이 일본에 패하면서, 국제적인 간섭 속에서 전통 중화 왕조라는 제국의 변방에서 근대 국민제국 일본의 새로운 영토로 바뀌었다가, 1945년 제2차 세계대전 이후에는 전후의 국제질서와 지역질서가 재구축되는 와중에 중화민국의 유일한 영토로 다시 바뀌었다. 타이완의 근대사는 시작부터 전쟁, 특히나 여러 나라가 관련된 전쟁과 계속해서 밀접하게 연계되어 있었다. 근 반세기(20세기 전반)는 근대국가가 18세기 말 탄생한 이래 그 발전, 그리고 전 세계로의 확장에 있어서 최고조에 달했던 시기이기도 했다. 전쟁은 정치체제를 전통 제국에서 국민국가라는 정치형식으로 전환한 것 이외에도, 국민국가를 단위로 하는 새로운 광역적 정치 연대 형식의 생성과 분화의 역량을 조성했다. 왕조 형태의 제국은 근대국가로 변모했고, 비국가적 사회 역시 국가화되었다. 이는 국가가 추상적인 이념에서 구체적인 역사 행위자로 바뀐 것이다.

그렇다면 타이완 같은 비국가적 사회는 어떻게 전쟁을 인식했을까? 기존에 드러난 바로 보자면, 상호 대립되는 일본의 제2차 세계대전 이전 전쟁 동원에 관한 논술과 전후 전쟁을 반성하는 구조, 혹은 혁명사의 연장선으로서의 두 갈래(중국공산당과 중국국민당) 중국의 항일 구조로 인식하고 있는데, 사실상 이 모두는 전쟁 발발의 능동적 주체이자 전쟁의 수동적 주체로서 '국민국가'를 기본적으로 내포하고 있었다. 전쟁은 국민국가의 건국 혹은 건국 과정 중 샛길로 빠져 버린 역사 서사였다. 타이완의 근대사 경험에 있어서도 전쟁은 일본의 전쟁 경험이나 중국의 전쟁 경험 중 어느 한쪽에 속해야만 하는 것처럼 보였다. 이렇게 겉보기엔 두 가지 인식 방식이 서로 달라 보였지만, 사실은 모두가 '국민국가'라는 기존 틀의 역사 서사 속을 맴돌고 있었다.

최근 일련의 연구에서는, 이를 전쟁 동원 중 비국가적 사회의 국가화 과정으로 간주하거나, 아니면 식민지 타이완을 외지의 위치에서 발전해 일본 내지화한 과정으로 여기기도 한다. 이 방면으로는 다음과 같은 주요 연구 성과가 있다. 곤도 미사미(近藤正己)의 『총력전과 타이완: 일본 식민지의 붕괴 연구』(総力戰と台湾: 日本植民地崩壊の研究, 東京: 刀水書房, 1996) 및 린지원(林繼文)의 『일본 타이완 강점 말기(1930~1945) 전쟁 동원 체제의 연구』(日本據台末期(1930~1945)戰爭動員體制之研究, 台北: 稻香, 1996)가 있다. 이 밖에도 전쟁 중 사회문화에 대한 통합은 변증법적으로 지방 정체성의 공간을 창출해 내었기에, 국가화 과정에 대한 협상으로 간주할 수도 있으며, 아울러 협상의 전제가 되는 피식민지 타이완 사람의 집단의식의 성립이라 간주할 수도 있는데, 이에 대한 최근 연구로는 후지 쇼조(藤井省三)·황잉저(黃英哲)·다루미 지에(垂水千惠)가 공동으로 펴낸 『타이완의 '대동아전쟁': 문학, 미디어, 문화』(台湾の'大東亜戰争': 文学·メディア·文化, 東京: 東京大学出版會, 2002), 우미차(吳密察)·황잉저·다루미 지에가 펴낸 『기억하는 타이완: 제국과의 상극』(記憶する台湾: 帝国との相剋, 東京: 東京大学出版會, 2005), 스완순(石婉舜)·류수친(柳書琴)·쉬페이시엔(許佩賢)이 공동으로 펴낸 『제국 속의 '지방 문화': 황민화 시기 타이완의 문화 상황』(帝國裡的'地方文化': 皇民化時期台灣文化狀況, 台北: 播種者, 2008)이 있다.

이 글에서 논하고자 하는 우신룽(吳新榮)에 대해서도 지속적으로 관련된 연구가 있어 왔다. 전기(傳記)에 대한 연구로는 스이린(施懿琳)의 『우신룽전』(吳新榮傳, 南投: 台灣省文獻會, 1999)과 린후이정(林慧婭)의 『우신룽 연구: 타이완 지식인의 정신역정』(吳新榮研究: 一個台灣知識分子的精神歷程, 台南: 台南縣政府, 2005)을 참고하라. 그리고 사회주의 시인의 저항적 이미지에 관해서는 천팡밍(陳芳明)의 「우신룽: 좌익 시학의 기수」(吳新榮: 左翼詩學的旗手, 『左翼台灣: 殖民地文學運動史論』, 台北: 麥田, 2007)를 참고하라. 전쟁 동원 중 지방사회에서의 우신룽의 역할에 대해서는 곤도 마사미의 앞의 책을 참고하라. 우신룽의 일기를 통한 전쟁 기간 그의 활동 관찰은 천추이렌(陳翠蓮)의 『타이완인의 저항과 정체성: 1920~1950』(台灣人的抵抗與認

同: 1920~1950, 台北: 遠流, 2008)을 참고하라. 우신룽의 일기와 글 읽기 활동을 통해 신분 정체성의 전환이라는 개인사를 탐색한 책으로는, 쩡스룽(曾土榮, Shih-jung Tzeng)의 『본도인에서 본성인으로: 타이완인의 민족의식』(*From HontoJin to BenshengRen: The Origin and Development of Taiwanese National Consciousness*, Lanham: University Press of America, 2009)을 참고할 만하다.[1]

상술한 최근의 연구 구도 속에서, 본문은 우신룽을 예로 들어, 타이완인이 두 차례의 세계대전을 겪으며 사상적으로 어떠한 영향을 받았는지 분석하고 있다. 제1차 세계대전 이후 타이완인의 정체성/문화 형성의 공간화 방책의 연장선상에서, 그리고 제2차 세계대전이라는 시대적인 계기 속에서, 전쟁, 세계사, 타이완의 지위는 시간적 의제로 변화되었다. 전쟁은 파괴라는 부정적인 의미 이외에도, 우신룽으로 하여금 새로운 역사적 가능성 ― 세계사 안에서 비국가적 사회의 역사적 가능성을 보게끔 만들어 주기도 했던 것이다.

---

1) 이 책 제목에 나오는 '본도인'(本島人)은 원래 일본어로서 쩡스룽의 원서에서도 일본어 발음대로 '혼토진'이라고 읽고 있다. 이는 일제시대 타이완 사람이 스스로를 지칭하는 말이었다. 여기서는 일제 치하를 상징한다. 그리고 '본성인'(本省人)은 원래 중국어로서 쩡스룽의 원서에서도 중국어 발음대로 '번성런'이라고 읽고 있다. 이는 타이완 사람이 장제스(蔣介石)를 따라 대륙에서 건너온 '외성인'(外省人, 와이성런)과 대비해 스스로를 지칭하는 말이었다. 여기서는 중화민국 치하를 상징한다. ― 옮긴이

# 2장 전쟁 스펙터클과 전장 실감의 동력학
— 중일전쟁기 제국의 대륙 통치와 생명정치 혹은 조선·조선인의 배치

김예림

동북·동남아시아를 대상으로 일본 제국주의의 확장이 강화되던 시기에 조선에서 어떠한 현실적·이념적·감각적 변동이 일어났는가 하는 문제는 지금도 여전히 다면적 해석을 기다리고 있다. 이 시기에 관한 연구가 기존의 저항사적 관점을 벗어나 보다 복잡하고 다층적인 시야를 확보한 지 이제 10여 년이 되어 간다. 이러한 해석적 시도들이 비판적으로 성찰하고 되묻고자 한 것은 제국이 행한 자명해 보이는 부당한 폭력과 억압 속에서, 결코 자명해 보이지 않는 식민지의 상황들 즉 모호하게 비틀리고 뒤섞인 욕망·선망·기대·상처·원한의 혼재가 발생하게 된 경위였다. 이 애매성의 지대가 '민족'을 유일 단위로 하는 억압/저항의 이분법을 벗어날 때 새롭게 발견되고 해명될 수 있음이 인식되기 시작하면서 이러한 문제들의 광범위한 소통과 공유가 가능해졌다. 물론 이 과정에 모더니티에 대한 관심, 풍속사적 관점, 젠더 연구, 포스트콜로니얼리즘, 동아시아론 등이 생산적인 자극을 제공했음은 두말할 필요가 없을 것이다.

이와 같은 지적 환경에서 쓰여진 이 글은 1930년대 후반 이래 식민지 조선 혹은 조선인이 맞닥뜨린 정치적·사회적·문화적 상황을 다루고 있다. 하지만 이 작업을 시작하게 된 보다 심층적인 문제의식을 부각시켜 보자면 그것은 한국에서 '전쟁'이라는 것이 갖는 의미가 무엇이었는지를 묻는 것이었다. 국가 간 충돌로서의 전쟁이든 혹은 일국적 충돌로서의 내전이든, 근현대 한국에서 전쟁은 서로 다른 위치와 입장의 주체들이 '국가'라는 것을 체험하

고 '국민 되기'라는 것을 경험하게 되는 매우 고통스러우면서도 가장 결정적인 계기가 되어 왔다. 통시적으로 볼 때 식민지 시절의 중일전쟁과 태평양전쟁은 그 초기적 장면을 고스란히 드러낸다. 조선 외부에서 발발한 것이었음에도 불구하고, 두 전쟁은 조선에 강력한 영향력을 행사했다. 식민지 조선이 전쟁에 휩쓸려 들어가는 풍경은 제국의 통치 논리뿐만 아니라 식민지 내부의 복잡한 정황 역시 '폭발적으로' 보여 주고 있는 것이다.

이 글은 두 측면을 동시에 살펴보고자, 분할·이동·할당·배치·여탈(與奪)과 같은 제국의 통치술을 염두에 두고 그것의 작동이 서로 다르게 가 닿은 양상을 사회인구학적 구조를 고찰하면서 규명했다. 전시 식민지의 인구학적 구조는 이 글에서 충분히 논의되지는 못했지만, 부족하나마 강조하고 싶었던 것은 전쟁의 영향이 '조선인'에게 균질적으로, 동질적으로 발휘된 것이 아니라는 점이었다. 이는 달리 말하면 '내부의 차이'와 관련된 것이라 할 수 있는데, 나는 차이의 어느 특정한 지점에 서서 사태를 규명하기보다는 차이의 구조 자체가 제국의 통치권하에서 어떤 식으로 발생하고 유지되었는지를 문제화하고자 했다. 이 시기 전쟁을 둘러싸고 가장 많은 말들과 진한 감상들을 남겼던 지식인 집단을 상대화시켜 그들의 주변 혹은 아래를 보려 한 것 그리고 이들 사이의 가려진 틈을 확대시키려 한 것 역시 이러한 의도에서였다. 이처럼 구조 자체를 입체화시켜 드러낼 때, 제국주의 통치 권력과 피식민 하위주체를 종횡의 극점으로 하는 복잡한 역학 관계와 길항 관계를 비판적으로 사유하기 위한 구도가 잡힐 것이라 여겼기 때문이다.

이 구도를 유지하면서 이루어질 앞으로의 나의 작업은 차이의 장소들 가운데 제일 궁벽한 곳을 향해 전개될 듯하다. 재현의 장에서조차 희미할 뿐인, 그러나 당시 지배적 다수의 처소였을, 그런 '흔적'과도 같은 장소 말이다. 이 지점들이 중요한 것은, 이들이 '저항'이나 '핍박받음'의 표지점이기 때문은 아니다. 이들이 제국의 통치건 국민국가의 통치건, 역사적으로 늘 폭력적이었던 통치의 경계선에서 바로 그 한계를 드러냄으로써 강고한 억압성을 질문하도록 추동하기 때문이다. 더불어, 잔인하고 용의주도한 통치에 의해 언제나 배반당하고 외면당하면서도 그 내부로 들어가기를 욕망할 수밖에 없었던, 그리 간단하게 판단할 수 없는 주변부 삶의 문제를 숙고하도록 유도하기 때문인 것이다.

# 3장  식민 도시, 문예 창작, 그리고 지방의 반응
— 총력전 이전 타이베이와 하얼빈의 도시적 글쓰기 비교

류수친(柳書琴)

일본 제국이 확장하던 반세기 동안 식민지였던 조선, 타이완, 관동주(關東州),[1] 준식민지인 '만주국', 반식민지인 상하이, 칭다오 등의 조계지, 혹은 점령당한 중국·동남아·남양[2] 지역의 피점령 지구[3]는 모두 서로 다른 정도(程道)와 형태의 식민지 체제 아래에 노출되어 있었다. 방금 언급된 광대한 지역들 모두 아시아 신흥 제국(즉 일본)의 근대 경험 및 그들의 손을 거친 서양의 지식 속에서 '저항' 혹은 '논의'를 통해, 자신의 민족 혹은 지역의 '근대적 주체'를 구축해 가고 있었다. 식민 도시란 제국주의의 블록 체계 내에 존재하는 연결점이다. 개항 통상, 식민회사 운영, 식민지 여행, 유학, 망명, 유랑, 농·공 이민이나 전장 인원의 이송, 그리고 식민통치 아래의 사람들·물자·기술·정보의 이동은 모두 도시를 출입구로 하고 있었다.

제국 체제는 서로 다른 유형의 식민지 간의 횡적인 연대를 억압하면서 종적인 계급관계를 구축했다. 식민 도시 내에서 표류하던 각국의 엘리트들과 그들의 문화 생산은 각 지역의 반식민지운동 및 문화와 정보의 횡적인 교환을 가능하게 만들었다. 서로 다른 계급의 식민 도시들은 그들 사회 내부의 관

---

1) 중국 북동부 랴오둥(遼東) 반도의 남서단에 위치한 지역으로, 1905년 러·일 강화조약에 의해 일본에 귀속되었다. ─ 옮긴이
2) 주로 말레이시아, 필리핀, 인도네시아 도서 지역 및 주변 반도 지역을 가리킨다. ─ 옮긴이
3) 원문의 '윤함구'(淪陷區)를 의역한 것인데, 이는 주로 1940년대 일본에 강점당한 지역을 일컫는 말이다. ─ 옮긴이

찰과 국제적인 가시성(visibility)에서 차이가 있었다. 예를 들어 식민주의의 세계화(globalization)에서 하얼빈과 타이베이에 대한 관찰은 각기 편중된 부분이 있었다. 또 예를 들어 도쿄와 상하이는 좌익 문화운동하에서 서로 다른 식민지 농촌 이야기를 유통시키고 있었지만, 타이베이, 신징(즉 창춘), 선양 등의 중급 도시에서는 이러한 이야기가 비교적 드물었다. 교차 연구(crossover study)든 병행 연구(parallel study)든 상관없이, 식민 도시의 문예 현상은 언제나 식민지 비교학의 착수 지점이라는 사실은 바뀌지 않는다.

'만주국' 중국인 작가의 도시 글쓰기는 하얼빈과 신징이라는 확연한 두 갈래의 계보를 형성하고 있었다. '동양의 파리'라는 하얼빈은 14년간 적잖이 비판적인 입장의 도시 글씨기가 축적되어 있었다. 그러나 1936~1937년을 경계로 그 수량은 점차 신징에게 압도당할 지경이 되었고, 비판적이던 풍조 역시 중일전쟁 발발 이후 점차 찾아보기 힘들었다. 일본 강점 시기 타이완의 도시 글쓰기는 다음과 같은 그룹들을 포함하고 있었다. ① 1920~1937년 사이에 도쿄·상하이·베이징에서 유학을 했거나 여행을 다녀온 타이완 청년들의 도시 글쓰기, ② 1931~1937년 타이완 내 작가의 도시 글쓰기, ③ 1937~1944년 사이 타이완 통속 작가들의 도시 글쓰기.

필자는 '만주국' 중국인 작가의 도시 글쓰기에 관련된 연구를 전혀 본 적이 없다. 그러나 근래 중국 대륙 학계에서 '도시 문화/문학'에 대한 연구가 빠르게 발전하고 있어서, 그 연구 성과를 기대해 볼 만하다.

타이완에서는 그 연구가 근 10년 사이에 처음으로 근대성 혹은 통속문학에 대한 논의 속에 포함되기 시작했다. 그 중에서도 ①에 속하는 도쿄 유학생들의 도시 글쓰기와 ③의 경우가 다수를 차지했고, 몇몇 소수는 ②를 다루었다. 천팡밍(陳芳明)의 『식민지 모던: 근대성과 타이완 사관』(殖民地摩登: 現代性與台灣史觀, 2004)은 식민 도시의 근대화 및 이에 수반되는 문화 침식 현상을 다루었다. 쉬친친(許秦蓁)의 『모던·상하이·신감각: 류나어우』(摩登·上

海·新感覺: 劉吶鷗, 2008)와 천젠중(陳建忠)의 「도시 근대성과 문학 신감각」
(都市現代性與文學新感覺, 2005)은 비교적 일찍 양안(兩岸, 중국과 타이완)의
식민/반식민 도시 문학의 흐름과 근대성을 비교한 것이다. 호시나 히로노부
(星名宏修)의 「복수의 섬의 수도/복수의 근대성」(複數的島都/複數的現代性,
2007)과 「1930년대 빈곤 묘사로부터 읽어 낸 복수의 근대성」(從一九三〇年
代之貧困描寫閱讀複數的現代性, 2007)은 타이베이라는 식민 도시의 비균질
적인, 그리고 비단선적인 근대성의 특징을 밝혀냈다. 학위논문 중에는 차이
페이쥔(蔡佩均)의 「상상의 대중 독자: 『펑위에바오』, 『난팡』에 실린 백화소설
과 대중문화의 구축」(想像大衆讀者: 『風月報』, 『南方』中的白話小說與大衆文化
建構, 2006), 천리원(陳莉雯)의 「'섬의 수도'와 '연애': 『펑위에바오』 중 유관한
글쓰기의 재현과 상상」('島都'與'戀愛': 『風月報』相關書寫的再現與想像, 2007),
천윈위엔(陳允元)의 「섬의 수도와 제국의 수도: 20~30년대 타이완 소설의 도
시 형상」(島都與帝都: 二~三〇年代臺灣小說的都市圖象, 2008)[4] 역시 자못 참
고할 만하다.

　　생각건대, 식민 도시의 계획 경영은 비록 '근대화'라는 물질적인 경험에
는 적극적이었지만, 공민 의식과 공공 영역의 '근대적' 정신의 성장은 억압했
다. 미래에 만약 현재의 성과를 계승해 좀더 앞으로 개척해 나가고자 한다면,
반드시 식민지의 정치경제 구조를 참고하여 변론과 토론을 진행하면서, 텍스
트성(textuality)[5]의 획일적 분석이 '근대적 묘사'를 '근대적 사실'로 오인하게
만들거나, '식민지의 근대화'를 '근대성'으로 오독하게 만드는 실수를 피해야
만 할 것이다. '만주국'에 대해서는, 하얼빈과 창춘 두 지역의 도시 글쓰기 간

---

4) 여기서 '섬의 수도'란 타이완의 수도 타이베이를, '제국의 수도'란 일본의 수도 도쿄를 의미한
　다. ― 옮긴이
5) 본문성(本文性)이나 문서성(文書性)으로 번역되기도 한다. ― 옮긴이

의 부침과 변화, 그리고 그것이 상징하는 의미를 탐구해 볼 만하다. 타이완에 대해서는, 유학 엘리트의 관점 및 통속작가들의 주장들 외에, 본토(즉 중국 대륙) 좌익 성향을 지닌 타이베이 현실주의 작가들의 현지 관점이 어떻게 전쟁 시기에 본토 '지방문학' 논의의 자원이 되었는지 역시 중요한 과제이다.

# 4장 흔들리는 제국, 탈식민의 문화정치학
## ─황민화의 테크놀로지와 그 역설

차승기

총동원 체제, 전시체제, 신체제 등으로 불리곤 하는 중일전쟁 이후 식민지/제국의 지배 양식과 그 성격에 대한 연구는 대체로 식민지의 인적·물적 수탈과 폭력적 억압을 핵심어로 하여 전개되어 왔다. 식민지/제국 체제 내의 근본적으로 불균등한 권력관계와 제국주의 전쟁이라는 비상사태를 고려할 때, 식민지에 대한 '억압'과 '수탈'은 상식적인 차원에서 자명한 지배의 기술로 여겨져 왔다. 그런가 하면, 이 시기 식민지/제국의 주체화 전략에 대한 연구는 '동화'와 '황민화'를 핵심어로 하여 전개되어 왔다. 일본어 상용화, 창씨개명, 신사참배 등을 강요함으로써 식민지/제국이 노렸던 것은 조선 민족의 '말살'이었던 것이다. 그러나 지금까지의 식민지 연구에서 억압·수탈과 동화·황민화의 행위 주체는 거의 언제나 식민지/제국 일본이었고, 조선(인)은 억압·수탈을 '당하거나' 그것에 '저항'하는 존재로서, 그리고 동화·황민화에 '부응'하거나 그것을 '거부'하는 존재로서 일본의 상대편에 정립되어 왔다. 사실 '일본'과 '조선'을 각각 특정한 의미로 충만한 실체로서 대립시키고 양자의 상호작용을 극화시키는 서술은 조선의 '탈식민지 상태'를 전제하거나 가정할 때 가능하다. 따라서 이 같은 서술은, 당하거나 저항하거나 부응하거나 거부한 정도(程度)를 드러내 줄 수는 있을지 모르지만, 식민지/제국 체제가 재생산되는 복잡한 메커니즘에 대해서는 말해 주는 것이 많지 않다. 또한 당하거나 저항하거나 부응하거나 거부한 자들의 위치가 해방 후 전환되거나 유지되는 실상을 보여 줄 수는 있을지 모르지만, 식민지/제국에서 해방 후까지 지속되는 근대적인 실정성(實定性)들(positivities)은 시야에서 놓쳐지는 경우가 적지 않다.

　이 연구는 이러한 문제의식하에 '황민화'의 생명-정치적(bio-political) 측면을 살펴보고자 했다. 요컨대 식민지/제국이 어떤 통치 전략과 재생산의 기술을 가지고 있었는지를 드러내고, 그 전략과 기술이 어느 지점에서 궁지에 처하게 되는지를 사유해 보고자 했다. 이를 위해, '일본'과 '조선' 사이의 폭력적인 작용과 반작용을 가시화하기보다는, 식민지/제국 내에서의 '내선'(內鮮)의 결합 또는 동일화를 상상하는 지향들에 주목하고자 했다. 이러한 지향들이 식민지/제국의 포섭과 배제의 폭력성을 더 깊은 차원까지 지시해 줄 수 있고, 그것들을 분석함으로써 식민지/제국의 실정성을 비판적으로 드러낼 수 있으리라고 생각했기 때문이다.

　이 연구의 연장선에서 이후 생명(삶)-정치와 죽음-정치의 동일성이 식민지/제국 체제를 어떻게 유지하게 했고 또 어떻게 불가능하게 했는가를 다른 영역들에서 탐색해 보고자 한다. 이는 식민지/제국의 실정성들이 구성되고 전환되는 과정을 분석하는 작업, 그리고 다양한 제도·문학·언어 등을 통해 주체화가 산출되는 과정을 비판적으로 드러내는 작업과 이어질 것이다.

　식민지/제국 체제의 작동 방식에 관심을 두고 있기 때문에 이 같은 연구 전망은 필연적으로 식민지 조선의 범위를 넘어설 수밖에 없다. 더욱이 단지 식민지 모국이 어떤 정책과 기술로 식민지를 지배했는가를 폭로하는 것이 아니라, 식민지/제국 체제가 어떻게 유지될 수 있었는가(뒤집어 보면 어느 지점에서 궁지에 처하게 되었는가)를 밝히고자 하기 때문에, 일본의 상황뿐만 아니라 식민지'들'의 상황이 고려되어야 한다. 그런 점에서 같은 식민지였던 타이완, 형식적으로만 독립국이었던 만주국 등 유사하면서도 구별되는 통치 기술과 헤게모니 전략이 실행되었고 마찬가지로 서로 다른 수행(遂行)들 속에서 각각의 실정성들이 구성되었던 지역들을 시야에 넣음으로써 불균등한 식민지/제국 체제의 구체적인 양태에 한 발 더 접근해 갈 수 있으리라 기대한다.

# 5장 타이완 지식인의 개인 독서사(1920~1945)
## —타이완의 일본어 작가를 중심으로

왕후이전(王惠珍)

필자의 박사논문 『룽잉쭝 연구: 타이완의 일본어 사용 작가의 궤적』(龍瑛宗 研究: 台灣人日語作家的軌跡)에서는, 룽잉쭝(1911~1999)을 주요 연구 대상으로 삼아, 그의 글 읽기와 글 창작 등의 문학 활동 과정을 살펴보면서, 이 작가와 동시대 작가의 동질성과 이질성을 따져 보았다. 타이완의 일본 강점 시기 작가들은 대부분 일본에 유학한 경험이 있었으나, 그는 없었다. 제국의 수도(즉 도쿄)에 대한 그의 두 차례 경험은 1937년 제9회 『가이조』(改造) 현상 공모 창작상을 수여받기 위해서, 그리고 1941년 제1회 대동아문학가대회에 참여하기 위해서였다. 그의 타이완 안에서의 종족성[1]에 대해 말해 보자면, 그는 제2차 세계대전 이전 몇 안 되는 하카(客家)[2] 출신 작가에 속한다. 베이푸(北埔)[3] 린샨(鄰山) 구가 고향이기에 원주민[4]과도 접촉이 있었으며, 제2차 세계대전 이전에 원주민 종족에 대해 글쓰기를 했던 몇 안 되는 작가 중 한 명이

---

1) 이는 중국어 '족군'(族群)의 번역이다. 중국에서는 일반적으로 '종족'(種族)이 'race'에, '민족'(民族)이 'nation'에, '족군'이 'ethnicity'의 뜻을 담당한다. 물론 뭉뚱그려서 'race'의 의미로 '족군'이 사용되는 경우도 간혹 있긴 하지만, 일반적으로 종족, 민족, 족군을 구분하여 사용한다. 이 글의 번역에 있어서는, '족군'을 편의에 따라 '종족성' 혹은 '종족'으로 번역했다. — 옮긴이

2) 하카(또는 커지아)는 주로 광둥성(廣東省)이나 푸젠성(福建省) 부근으로 이주해 온 화베이(華北)인을 가리킨다. 하카의 출현은 화베이 지방이 전란에 휩싸였던 위진 시기 혹은 송대로 거슬러 올라간다. 현재에 이르기까지도 남부 문화에 동화되지 않고 자신들만의 언어나 문화를 고수하며 '하카'라는 정체성을 유지해 오고 있다. — 옮긴이

3) 타이완 신주(新竹)에 위치한 베이푸는 청대 다오광(道光) 연간에 하카인들이 이민 와서 개간한 지역이다. — 옮긴이

다. 개성과 글의 스타일 문제로 인해, 그는 푸젠(福建) 출신[5]들을 위주로 하는 타이완인 문학 그룹과는 관계가 비교적 소원했으며, 일본인을 위주로 하는 『문예타이완』(文藝台灣) 그룹에 몸담고 있었다. 풍경 묘사에 능했던 그는 직장의 인사 이동 문제로 화롄(花蓮)에 칩거하고 있었는데, 화롄의 높다란 봉우리들과 드넓은 바다는 그의 산수 풍경에 대한 글쓰기를 완성시켜 주었다. 그는 제2차 세계대전 이전 타이완 동부의 풍토를 기술한 몇 안 되는 작가 중 하나이다. 이렇게 이질적 성향이 다분한 작가였던 룽잉쭝은, 그의 이러한 특별한 성향 때문에 타이완 신문학의 함의를 더욱더 다원적이고도 풍부하게 드러내 주고 있다.

필자의 학위논문은 주로 룽잉쭝 문학의 이질성에 대해 부각시켰다. 이후로는 연구 방향을 전환하여, 그와 일본 강점 시기 타이완 작가들의 동질성 문제를 천착하면서 「식민지 작가의 문화 소양 문제: 룽잉쭝을 일례로」(殖民地作家的文化素養問題: 以龍瑛宗爲例, 2006)라는 글을 썼다. 그 글에서 필자는 룽잉쭝의 소장도서와 그의 작품들을 상호 대조해 보면서 그가 어떻게 제국의 도서 잡지 등의 출판물들을 통해 자신의 문화 교양을 향상시키고 개인의 문화적 밑천으로 축적했는지를 밝혔고, 더 나아가, 이런 서적들과 창작 사이의 외연적인 관계를 설명했다. 이 때문에 다른 전쟁 이전 타이완 지식인들의 독서 내용과 과정, 그리고 심득(心得) 등도 필자가 관심을 기울이는 의제가 되었다.

---

4) 여기서 '원주민'이란 중국 대륙에서 타이완에 본격적으로 이주를 시작하기 전부터 살았던 토착 부족들을 가리킨다. 일반적으로 '고산족'(高山族)으로 통칭되기도 한다(물론 대부분이 말레이계에 속하긴 하지만, 사실은 다양한 부족들로 나뉜다). 베이푸 근처에는 주로 사이시야트족(賽夏族, Saisiyat)이 살았던 것으로 보아 룽잉쭝이 만났던 원주민 역시 아마도 사이시야트족일 것이다. — 옮긴이

5) 여기서 '푸젠 출신'이란 '福佬人'의 번역이다. 명·청기 대륙에서 타이완으로 이주해 온 대부분의 사람들은 푸젠성 출신이었다. 그리고 푸젠성 출신 작가들은 푸젠 지역의 방언이라 할 수 있는 민난어(閩南語)를 사용했다. — 옮긴이

「타이완 지식인의 개인 독서사(1920~1945): 타이완의 일본어 작가를 중심으로」라는 글에선 다음과 같은 문제들을 탐구했다. '엔본'과 '문고본'은 궁극적으로 식민지 지식인들에게 어떠한 글 읽기의 가능성을 제공했는가? 제국 영토의 확장과 일본어의 보급에 따라, 타이완의 독서 시장은 일본 내지의 서적상들이 이전 잡지와 중고도서를 판매하는 주요 시장이 되었는데, 이러한 물질적인 문화자원의 유통은 식민지 지식인들에게 어떠한 글 읽기 환경을 제공해 주었는가? 그들은 또 어떻게 이런 자원들을 취득한 뒤 효과적으로 개인적인 문화자본의 축적으로 전환함으로써, 식민지 근대화의 지식 토대로 삼았는가? 그 다음으로, 일본 강점기 타이완 작가들의 소장도서와 개인 일기를 연구 자료로 삼아 전쟁 이전 타이완 지식인들에게 가능했던[6] 글 읽기 내용을 설명하고, 그들이 어떻게 일역본 읽기를 통해 개인의 지식체계를 구축해 나갔는가를 설명했다. 마지막으로 제2차 세계대전 당시 '지나'(支那)의 관련 서적 출판 붐이 일었던 와중에 그들이 어떠한 글 읽기 방식으로 '지나'에 대한 그들의 지식과 상상을 구축했는지를 살펴봄으로써, 전쟁 이전 식민지 지식인의 글 읽기라는 사사로운 역사의 대강을 그려 냈다.

앞으로는 연구 방향을 기타 동아시아 지역으로 확대하여, 중국 1930년대 상하이의 자오지아비(趙家璧) 역시 일찍이 일본의 문고본 형식을 모방해 『중국신문학대계』(中國新文學大系)[7]를 발행했던 일[8] 등에 대해서 비교 연구

---

6) "가능했던"은 "可能的"의 번역인데, 여기서 "可能的"는 'potential'의 의미로 쓰인 듯하다. 의역하자면 "잠재적 가능성이었던"으로 풀 수도 있을 것이다. ― 옮긴이

7) 자오지아비가 책임 편집한 『중국신문학대계』 제1집(총 10권)은 1917년부터 1927년까지의 작품 중 우수한 것들을 골라 장르별로 모았으며, 1935년에 간행되었다. 루쉰(魯迅) 등 유명 문인과 학자가 편집에 참여한 것으로도 유명하며, 아직까지도 중국 신문학 연구에 중요한 기본 문헌 중 하나로 간주되고 있다. ― 옮긴이

8) 劉禾, 宋偉杰 等譯, 「『中國新文學大系』的制作」, 『跨語際實踐: 文學, 與被譯介的現代性』, 北京: 三聯書店, 2002, 308~341쪽. [리디아 리우 지음, 『언어횡단적 실천』, 민정기 옮김, 소명, 2005.]

를 시도하려 한다. 일제의 다른 식민지 지역들의 엔본 및 문고본 서적 출판과
유통은 해당 지역의 독서 시장과 토착문화에 대해 어떠한 영향을 끼쳤을까?
이는 필자가 이후 계속해서 주목하고자 하는 의제이다.

# 6장 삶의 위기, 사유의 해방
## — 하이데거를 읽는 박종홍

김항

과연 식민지 조선의 풍경을 '사상'(thought)이라는 단면으로 잘라 낼 수 있을까? 이것이 최초의 궁금함이었다. 법·제도·정치·경제·문학 등 식민지 조선에 대한 앎을 조직해 온 범례들의 목록에 사상을 기입할 수 있을까? 과연 사상이 그 목록에 기입되면 식민지 조선의 풍경은 어떻게 풍부해질 수 있는 것일까? 사실 이런 물음은 기존 연구를 염두에 둔다면 절망에 가까운 것이었다. 해방 후 주조되어 온 '한국 사상사 혹은 철학사'는 식민지 조선의 '사상' 따위에 사상으로서의 자격을 부여하지 않았고, 대학 내의 '철학'이라는 분과 안에서 식민지 조선의 철학사상은 망각된 대상이었기 때문이다. 해방 후 대학에서의 철학 연구를 식민지 조선의 철학 전공자들이 틀 지웠음에도 말이다. 물론 문학이나 비평의 맥락 속에서 '사상'이 언급되기는 했지만, 세계와 인간과 자연에 대한 근본 물음으로서의 '사상'을 최종심급으로 삼아 식민지 조선을 들여다본 연구는 전무했다고 해도 과언이 아니다. 그래서 '사상'을 통해 식민지 조선의 풍경을 도려내 보고자 했다.

박종홍의 식민지 시기 글에서 '우리-내-존재'라는 사유를 도출한 것은 그 시도의 자그마한 성과였다. 아마 식민지 조선만큼 사상이 위기에 처한 국면은 없었을 것이다. 그 까닭은 제국 통치의 폭압성이나 급변하던 세계정세 때문이 아니다. 오히려 중요한 것은 세계와 인간과 자연이 모두 경제·정치·과학·문학의 개념과 용어로 파악되었기에 사상 그 자체는 존재 가치를 상실했다는 점이다. 하이데거를 부연해서 말하자면 존재하는 일 고유의 의미가 망각된 채, 존재를 설명하는 기술적 용어와 개념만이 난무했던 것이다. 아마도 '민족'이나 '계급'으로 대변되는 정치적 주체에 대한 호명 도구들은 기술적으로 인간에게 접근한 극명한 예일 것이다. 박종홍은 하이데거를 따라 이런 '사상의 위기'에 맞서려 했고, 구체적으로는 민족주의와 사회주의에 대항할 수 있는 정치적 주체의 근원적 개시를 사유했다고 평가될 수 있다. 물론 그 시도가 성공했는지 여부를 따지는 일은 이 글의 범위를 벗어나는 일이다. 다만 식민통치가 끝난 이후에도 여전히 정치적 주체 혹은 공동체를 기술적으로 호명하는 사상이 지배적 패러다임을 이루고 있다고 할 때, 사상의 고유성이 위기에 처해 있는 상황 자체는 근본적으로 변화하지 않았다. 아마도 식민 지배의 뿌리 깊은 잔재를 이 지점으로부터 사유할 수도 있지 않을까? 식민지 경험의 비교란 결코 텅 빈 범주들의 전제로부터 가능하지 않을 것이다. 오히려 그런 비교의 범주들이 내포하는 기술적 편향을 과감하게 되묻고 해체하는 일이 요청되고 있는 것 아닐까? 식민지의 풍경을 사상이라는 단면을 통해 보는 일은 그런 되물음과 해체의 첫걸음이라 할 수 있을 것이다.

# 7장 동원된 향토예술
— 황더스와 태평양전쟁 시기 부다이시의 개조

스완순(石婉舜)

타이완 사회는 계엄령이 해제된 뒤[1] 민주화를 지향하면서 오늘에 이르고 있다. 본토 역사문화에 대한 학계의 연구 성과는 바야흐로 신속하게 축적되고 갱신되고 있다. 내가 현대를 살아가는 극장사 연구자 중 한 사람으로서 늘상 고민했던 것은, 연극학 내부의 연구 관심 이외에 극장사 연구가 또 어떠한 입장과 시각을 사람들에게 제공해 주어서, 사람들이 좀더 깊게 그리고 좀더 넓게 자아를 인식하고 극장을 발견하게 할 수 있을까 하는 것이었다. 그 답은 언제나 연극 연출의 집단성과 현장성이란 특징을 지향하고 있었다. 연극이란 일련의 사람들이 또 다른 사람들에게 관람하도록 연출하는 집단성과 현장성을 구비하고 있으며, 연출자와 관중은 모두 하나의 해석공동체(Interpretive Community)를 구성하고 있기 때문이다. 그래서 연극은 필연적으로 관중을 쟁취하려는 영역이 되고, 연극 연구 역시 이 때문에 '타이완 문화'의 특수성과 타이완 사람의 주체성을 토론할 잠재력과 가능성을 지니게 된다.

필자는 『'타이완' 역을 연기하기: 일본 강점기 타이완의 극장, 근대화, 그리고 주체 형성』(搬演'台灣': 日治時期台灣的劇場, 現代化與主體形成, 博士論文, 2010)에서 극장 안의 대중극(Popular Theatre)에 대한 연속성 고찰을 통해 연극 극장의 권력 분석을 시도한 후, 연극은 식민 지배자가 '타이완 사람'의

---

1) 타이완의 계엄령은 대륙에서 도망 온 장제스(蔣介石)가 1949년 발동한 이래, 그의 아들 장징궈(蔣經國)가 1987년 해제할 때까지 계속되었다. — 옮긴이

정체성을 형상화하는 중요 수단인 동시에, 식민통치를 받는 지식인의 중요한 계몽 도구였음을 발견했다. 그리고 식민 지배자와 지식인이 취한 행동 결과에 대한 진일보한 분석을 통해, 전쟁이 끝나기 직전에 타이완 연극에는 식민통치하에서 이미 원래의 중국 극장 문화 계보에서 이탈하여 변위가 일어나고 있었음을 발견했다. 요컨대 식민통치가 타이완에 남겨 준, 확실한 변방성과 고도의 혼잡성이 내재된 극장 해석 공동체는 바로 '식민지 신연극'이었고, 이것은 전후(戰後)로도 계속해서 타이완 사회와 문화의 발전에 영향을 끼쳤다.

상술한 연구 과정 중, 필자는 별도로 태평양전쟁 발발을 전후로 '타이완 연극'의 주제와 관련된 적지 않은 담론들이 집중적으로 출현했다는 점에 주의했다. 예를 들어 「동원된 향토예술: 황더스와 태평양전쟁 시기 부다이시의 개조」에서 논한 것은, 이것이 일본 강점기 이래로 상당히 특별한 현상이라는 것이다. 이 글에서 필자는 지식인 황더스(黃得時)가 관방의 부다이시(布袋戲) 개조 프로젝트를 받아들였던 사례를 통해, 개조의 동기와 과정, 그리고 그 내용을 밝히는 데 중점을 두면서, 이를 빌려 총력전 시기 식민지 지식인의 문화적 시각과 궁극적인 관심의 소재를 분명하게 드러냈다. 이를 통해 문화사의 '암흑기' 속에 오래도록 매몰되어서 주목받지 못했던 사람·사건·사물을 새로이 드러내 보이고, 아울러 진일보한 논의가 가능해지기를 바란다.

미래를 전망해 보건대, 주목하고 고민할 만한 가치가 있는 것은 극장사 글쓰기에 관련된 단위 문제이다. 그 단위는 국가적인 것인가? 민족[族群]적인 것인가? 아니면 지역적인 것인가? 문화적인 것인가? 이런 맥락에서 볼 때, '타이완 부다이시사(史)'에 대한 황더스의 발견과 글쓰기는 바로 극장사 글쓰기에 관련된 단위 문제 연구에 대한 좋은 출발점이다.

# 8장 전쟁과 멜로드라마

## ―식민지 말기 선전 극영화의 조선 여성들

백문임

최근 식민지 시대 영화에 대한 연구는 텍스트의 '발굴'이라고 하는 아카이브 상의 성과에 힘입어 탄력을 받고 있다. 불과 몇 년 전까지만 해도 식민지 시대에 제작된 영화 텍스트는 단 한 편도 남아 있지 않은 것으로 알려져 있었는데, 2004년경부터 중국전영자료관(中國電影資料館) 등을 통해 이 시기 프린트들이 10여 편 발견, 입수됨으로써 좀더 구체적이고 입체적인 조명이 가능해진 것이다.

흥미로운 점은 이렇게 발견된 영화 프린트의 대다수가 1930년대 후반에서 1940년대 중반 사이에 제작된 선전영화들이라는 사실이다. 연구자들은 흥분과 당혹감에 휩싸여 이 텍스트들에 접근할 수밖에 없었는데, 그 첫번째 이유는 물론 말로만 듣던 초기 텍스트를 접할 수 있게 되었기 때문이지만, 보다 흥미로운 두번째 이유는 기존의 영화사 서술이 기반하고 있던 민족주의적 관점의 문제점이 명백히 드러나면서 새로운 방법론의 모색이 필요해졌기 때문이다. 더욱이 2000년대 초중반은 마침 한국 문학과 역사 연구에서도 민족주의적 관점을 비판적으로 쇄신 혹은 극복하려는 시도가 생겨나고, 식민지 시기 대중문화와 복잡한 지적 지형에 대한 연구 성과가 축적되기 시작할 무렵이었다. 그리하여 식민지 말기 선전영화에 대한 연구는, 친일/저항이라는 이분법을 지양하면서 동시에 식민지 시대 대중문화의 형성 및 세계상의 변화 양상을 설명할 새로운 논리를 모색하는 동시대 인문학 연구 경향과의 공조라고 하는, 중층적이면서도 풍부한 담론 지형을 토대로 시작될 수밖에 없었다.

이 연구는 이러한 학문적 맥락 속에서, 지난 몇 년간 생산된 식민지 말기 선전영화에 대한 연구들에서 간과되었던 지점, 즉 이 영화들이 말 걸고 있었던 관객이 누구이며 말 걸기의 전략은 무엇이었는가, 그리고 그것을 위해 활용되었던 시각적·서사적 스타일은 어떤 것이었는가에 주목하였다. 특히 이 영화들의 대다수를 차지하는 소재와 주제로서 '(조선) 남성의 (일본) 군인 되기'라는 것이 실은 조선 여성의 동의 혹은 인증을 필요로 하면서 동시에 조선 여성을 이중, 삼중으로 타자화함으로써 가능해진다는 점에 주목하였다. 최근 몇 년간 생산된 연구들은 주로 조선 남성이 일본 군인이 되어 가는 과정, 다시 말해 내셔널(혹은 에스닉) 아이덴티티의 변화 혹은 확립에만 초점을 맞추어 왔다. 그러나 이 영화들이 '선전'을 가장 중요한 목적으로 하여 제작되었음을 염두에 둘 때, 그리고 선전 대상에는 군인이 될 수 있는 젊은 남성뿐만 아니라 그들을 전쟁터로 내보내야 하는 가족들(특히 여성들)이 포함되었음을 염두에 둘 때, 관객의 동일시와 정서적 반응을 이끌어 내는 장치(장르적 관습과 감각적 스타일)가 주도면밀하게 활용되었다는 사실은 매우 중요하다. 또한 이는 조선 남성을 '군인-황민-(온전한) 남성'이라는 새로운 주체로 구성해 내기 위해 어떤 가치들이 타자화되었는가 하는 문제와 별개로 이야기될 수 없는 문제이다. 이 연구는 조선 남성의 아이덴티티가 단정적이고 균질적으로 되어 갈수록 그와 얽혀 있는 조선 여성은 불안하고 모순적으로 재현된다는 점을, 특히 조선 여성이 언어적인 것과 시각적, 청각적인 것으로 분열되는 순간들에 주목하여 분석하였다. 이는 호미 바바가 지적한바 식민지 담론 전략인 정형화에 핵심이 되는 '양가성'(ambivalence)을 잘 보여 주는 특질이라고 생각하며, 이 양가성이야말로 선전영화가 관객들에게 말을 걸기 위해 전유하면서도 또 의존할 수밖에 없었던 문화적 코드였다고 결론지었다. 조선의 (특히 여성) 관객이란 이데올로기적으로는 선전, 동원의 대상이면서 동시에 그로부터 정서적인 공감을 끌어 내야 하는 대상이었기 때문이다.

이번 워크숍을 통해 전쟁과 일상, 이데올로기와 욕망 등이 얽혀 있는 텍스트로서 식민지 말기 선전영화에 대한 연구는 한국뿐만 아니라 타이완, 일본에서도 이제 막 시작 단계에 있다는 사실을 알게 되었다. 이러한 사정은 아시아 문화연구자들 역시 그간의 역사적 한계와 관습으로부터 자유롭지 못했다는 사실을 말해 주는 것이면서, 새로운 문화적 단계를 경험하고 있는 연구자 세대가 탈식민이라고 하는 공통된 과제에 주목하기 시작했다는 사실 역시 보여 주는 것이라고 생각한다. 앞으로 단순한 인적 교류나 비교 연구를 넘어서서 문화적 생산물 연구 방법론을 함께 모색하는 수준으로까지 토론이 심화되기를 기대한다.

# 9장 망각된 '항전' 영화감독 허페이광

— 식민지 시기 어느 타이완 출신자가 상상한 "우리"

미사와 마미에(三澤眞美惠)

19세기 말 출현한 신홍 매체인 영화는 기존의 다른 매체들에 비해, 두 가지 특징이 두드러졌다. 그것은 바로 식자(識字) 능력 없이도 정보를 전달할 수 있는 '대중성', 그리고 언어에 의지하지 않고도 여러 지역에 유통될 수 있는 '월경성'(越境性)이다. 이 때문에 영화는 실험실에서 나오자마자 곧바로 세계 각지로 보급되었다. 만약 뤼미에르(Lumière) 형제가 1895년 '시네마토그라프'(cinematograph)[1]로 상영한 것을 영화의 탄생으로 간주한다면, 타이완은 공교롭게도 바로 그해에 일본에게 할양되었다. 선행 연구에서 지적하기로는, 1895년에서 오래지 않은 1898년 이미 타이완에 영화가 소개되었다.

그러나 반세기의 식민지 시기 속에서 타이완은, 동일한 시기에 '반식민지' 혹은 '준식민지'라고 불리던 중국이나, 영국에 의해 식민지화되었던 홍콩이나, 마찬가지로 일본에 의해 식민지화되었던 조선반도와도 달랐다. 민족자본으로 제작한 영화는 그저 시험 단계에 머물러 있었고 결국엔 산업화되지 못했다. 아울러 본래 거의 없었던 민족자본 제작 필름은 오늘날 그나마도 흩어져 사라진 듯하다.

게다가 일본의 식민통치를 벗어난 후 타이완을 접수한 중화민국은, 국민당의 이데올로기에 근거해 '중국화' 정책을 추진하는 한편, 타이완 사람의 식

---

1) 뤼미에르 형제가 만든 기계로 촬영과 영사가 모두 가능했다. 일반적으로 이들 형제가 시네마토그라프로 촬영하고 상영한 것을 최초의 영화로 간주한다. ― 옮긴이

민지 시기의 경험을 싸잡아 '노예화'되었던 과거로 간주하면서 아예 중시하지 않았다.

이 때문에 영화사를 포함해, 타이완 고유의 역사문화는 1980년대 이전까지만 해도 학술연구의 대상으로 간주되기가 쉽지 않았다. 타이완 고유의 역사문화가 학술계의 주목을 받기 시작한 것은 아무래도 타이완의 민주화·토착화[2]가 상당히 진행된 1990년대 이후로 보인다.

1990년대 이전, 식민지 시기 타이완의 영화사에 관한 대표적인 연구로는 다음과 같은 성과들이 있다. '광복'된 지 오래지 않은 1947년 식민지 시기 영화 관련 사실들을 정리한 왕바이위엔(王白淵)의 「문화」(文化, 『台灣年鑑』, 台北: 台灣新生報社), 식민지 시기 및 광복 이후의 상황을 개괄적으로 회고한 루수샹(呂訴上)의 『타이완 영화연극사』(台灣電影戱劇史, 台北: 銀華出版, 1961), '반식민'의 관점으로 새롭게 식민지 시기 타이완 영화 활동을 검토한 천궈푸(陳國富)의 「식민과 반식민」(殖民與反殖民. 『今日電影』 165期, 1984), 중국 대륙의 연구자로서 타이완의 영화사를 정리한 천페이바오(陳飛寶)의 『타이완 영화사 이야기』(台灣電影史話, 北京: 中國電影出版社, 1988) 등이다. 앞의 두 편은 작가 자신의 식민지 경험을 반영하고 있기에 그 서술 자체가 원시 사료의 성격을 띠고 있다.

그러나 1990년 이후 발표된 연구들은 비교적 기존의 이데올로기를 벗어나, 이전의 역사 서술을 실증적으로 고쳐 쓰기 시작했다. 그 중에서도 선구적인 역할을 했던 연구 성과로는, 국가영화자료관(國家電影資料館)의 정기 간행 잡지 『영화감상』(電影欣賞)에 연속해서 발표되었던 루오웨이밍(羅維明)의 「'활동환등'과 '타이완을 소개하는 활동사진'」('活動幻燈'與'台灣紹介活動

---

2) 원문은 '본토화'(本土化)이다. 일반적으로 '토착화'로 번역하지만 그대로 '본토화'라 쓰거나 '현지화'라고 옮기기도 한다. 여기서는 '타이완화'되었다는 의미로 쓰였다. —옮긴이

寫眞')[3]과「일본 강점기 타이완 영화자료 발굴의 새로운 현황」(日治台灣電影資料出土新況, 65期, 1993), 스완순(石婉舜)이 기획한「타이완 영화의 선구자: 린보치우」(台灣電影的先行者: 林博秋, 70期, 1994), 그리고 리다오밍(李道明)의「타이완 영화사의 제1장: 1900~1915」(台灣電影史第一章: 1900~1915, 73期, 1995) 등이 있다. 그리고 석사논문으로는 왕원링(王文玲)의『일본 강점 시기 타이완 영화 작업에 대한 연구』(日據時期台灣電影活動之研究, 國立師範大學 歷史研究所 碩士論文, 1994), 홍야원(洪雅文)의『일본 식민지 지배하의 타이완 영화계에 관한 고찰』(日本植民地支配下の台灣映畵界に關する考察, 早稻田大学 戲劇研究所 修士論文, 1997), 미사와 마미에의『일본 점령시기 타이완 영화정책의 연구: 1895~1942』(日本時代台灣電影政策的研究: 1895~1942, 國立台灣大學 歷史研究所 碩士論文, 1999. 이후 2002년 첸웨이출판사前衛出版社에서『식민지하의 은막: 타이완총독부의 영화정책 1895~1942』殖民地下的銀幕: 台灣總督府的電影政策1895~1942年이란 이름으로 고쳐서 출판되었다)가 있다. 그리고 이와 관련된 대표적인 전문 저작으로는 예롱얀(葉龍彦)의『일본 강점기 타이완 영화사』(日治時期台灣電影史, 台北: 玉山社, 1998), 황런(黃仁)·왕웨이(王唯)가 함께 쓴『타이완 영화 100년사 이야기』(台灣電影百年史話, 台北: 中華影評人協會, 2004) 등이 있다.

타이완 식민지 시기의 역사문화에 대한 학술계의 관심은 타이완 영화사 연구를 다양하게 만들기도 했다. 그 중에서도 본문에서 논한 허페이광(何非光)의 경우처럼, 당시 중국 대륙으로 가서 활약하던 타이완 사람도 연구 대상으로 간주되기 시작했다(허페이광에 관한 연구는 본문 속의 논의를 참고하라).

---

3) '환등(幻燈)'이란 일반적으로 슬라이드(slide)를 지칭하지만 여기서의 '활동환등'(活動幻燈)은 영화를 가리키는 듯하다. '활동사진'이란 영어 '모션 픽쳐'(motion picture)를 직역한 말로, 영화의 옛 명칭이다. 이 글에는 '타이완 영화사상 최초의 상영과 촬영에 대한 재고찰'(台灣電影史上第一次放映及拍片活動的再考查)이란 부제가 달려 있다. ― 옮긴이

이 밖에, 2003년 식민지 시기 타이완에서 상영되었던 영화필름이 타이완 남부에서 발견되기도 했다. 국립 타이완역사박물관에서는 이 영화필름들을 구매한 뒤, 타이완 문화건설위원회의 보조금을 얻어 국립 타이난예술대학(台南藝術大學)에 영화필름 복원을 맡겼다. 현재는 이미 정부 사이트에 디지털화가 완료된 이 영화필름들이 공개되었다(http://digimuse.nmth.gov.tw/Jplan/index.aspx).

이 영상 자료들 중 타이완에서 찍은 몇몇 영상자료에서 식민지 시기 타이완 민중 생활의 실상을 살펴볼 수 있다. 역사 연구 영역에 있어서 이 영상자료를 사용하는 것이, 비판 자료라는 측면에 있어서는 비록 방법상의 곤란이 있기는 하지만,[4] 영상자료들은 시간을 초월하여 지금의 우리들에게 문자자료가 전달할 수 없는 정보를 생동감 있게 느끼도록 해준다. 이 때문에 장래 더 많은 연구자들이 적극적으로 이런 영상자료를 사용한다면, 또 다른 역사 서술의 가능성을 기대할 수 있을 것이다.

---

4) 일본 강점기에 제작된 관계로 친일적 성향이나 요소가 강해, 이 영화필름들에 담긴 입장이나 내용을 지금의 역사 연구에서 곧바로 받아들일 수는 없다는 의미이다. ― 옮긴이

# 10장  전시체제기의 욕망정치
— 경제불황과 전시호황 '사이', '사이보그-되기'의 역설

소영현

계몽의 기록이 야만의 기록이라면, 근대의 역사가 곧 식민의 역사다. 예기치 못한 변화 국면으로 명명할 수 있는 이른바 '전시체제기'는 모순적 근대의 결절점이자 은폐되었던 식민지의 갈등이 분출된 문화지리적 대격변장이다. 그러나 야만의 기록과 식민의 역사를 검토하는 것은 계몽의 속성과 근대의 복잡성을 이해하기 위해서가 아니다. 식민의 기억에 대한 아카데믹한 되새김질에는 근대의 어두운 뒷면에 대한 풍부한 이해로부터 근대 '너머'에 대한 어떤 예기로의 지향이 내장되어 있다고 해도 좋다. 말하자면, 경제불황과 전시호황 '사이'라고 하는, 1940년대를 전후로 한 특정한 시공간에 대한 이 책의 궁극적 관심은 탈-식민성으로 향해 있는 것이다.

물론 연구의 지향점을 밝힌다고 '전시체제기'를 어떻게 이해할 것인가를 둘러싼 문제들이 모두 해결되지는 않는다. 사실 어려운 문제들에 대한 해결은 지향점에 놓여 있지 않다. 식민 경험이 무엇이고 식민지에 대한 경험은 무엇이며 탈식민의 상황에서도 극복되지 않은 식민성이란 과연 무엇인가. 식민 공간은 어떻게 이해되어야 하며 과연 이해될 수는 있는 것일까. 또 이런 질문은 어떠한가. 계몽의 속성 혹은 근대의 복잡성을 이해하고 나면 식민 경험, 식민지, 식민성이 무엇이며 또 어떻게 극복될 수 있는가에 대한 온전한 해답을 구할 수 있는가. 그간 근대의 극단에서 근대 너머를 사유하고자 했던 시도들에 대한 검토가 지속되었다. 그러나 그 사유들이 일상의 층위와 맺었던 관계에 대해 단언하기는 쉽지 않았다. 식민지에 대한 연구를 상부구조의 층위

즉 정치적이고 이데올로기적 의도 차원에 머무르게 할 수 없는 것은 이러한 질문들 혹은 풀리지 않는 의혹들 때문이다.

식민지와 식민성에 대한 연구는 이제 추적된 담론들의 물질성과 일상의 층위에서 검증될 수 있는 비균질성을 확보하는 작업을 통해 진전되어야 한다. '전시체제기'의 역동성이 정치적·경제적·문화적 전환 국면에서 발생한 것이라면, 그 역동성의 가치는 전환의 국면에서 드러나는 비균질적인 지점들에 놓여 있다. '전시체제기'는 그간 균질적이고 안정적으로 보였던 식민지의 시스템과 위계화된 사회구조가 내장한 잠재적 불안을 노출시킨 흥미로운 시공간이다. 따라서 '전시체제기'의 역사적 시공간성에 보다 밀착하기 위해서는 근대를 시공간적으로 절합되어 있는 글로벌한 것(the global)과 로컬한 것(the local)의 관계로 풀어 보려는 시도가 필요하다. 모더니티의 최소 단위로서 당대적이면서 역사적인 일상, 불균등하고 비균질적인 욕망 정치의 장 변화에 기민하게 반응해야 하는 것이다.

'전시체제기'에 대한 연구는 당대 사회에서 작동력을 이미 상실한 '민족'이나 '계급' 개념과는 거리를 두어야 하며, 저항-수탈의 구도나 획일적인 규정 단위들을 거부해야 한다. 제국과의 역학관계, 제국 내의 위상, 식민지 간의 위계, 식민지 내의 위계, 혹은 도시화의 정도, 법제화의 양가성 등을 고려하는 공간적 정치학의 맥락을 포괄하고 전시체제기 자체의 시공간성을 고려해야 한다. 위계화된 사회가 내장하는 시각의 불일치와 결과적으로 야기되는 식민-피식민 사이의 비대칭성, 변전의 국면에 대응하는 이질적인 반응들, 근대 혹은 식민 공간의 불균등성에 대한 고찰은 '전시체제기'라는 시공간을 무한히 탈중심화해 가는 이러한 작업을 통해 가능할 것이기 때문이다.